LIBRAIRIE PHILOSOPHIQUE DE LADRANGE

41, rue Saint-André-des-Arts, à PARIS.

# HISTOIRE

DE LA

# SCIENCE POLITIQUE

## DANS SES RAPPORTS AVEC LA MORALE

### Par PAUL JANET

MEMBRE DE L'INSTITUT, PROFESSEUR A LA FACULTÉ DES LETTRES DE PARIS

SECONDE ÉDITION

REVUE, REMANIÉE ET CONSIDÉRABLEMENT AUGMENTÉE

Ouvrage couronné par l'Académie des sciences morales et politiques
et par l'Académie française

NOTA. — La première édition portait le titre : *Histoire de la philosophie morale et politique.*

---

**Œuvres philosophiques de Leibniz,** avec une introduction et des notes par M. PAUL JANET, membre de l'Institut, professeur de philosophie à la Faculté des lettres de Paris. 2 très-forts volumes in-8, ornés d'un beau portrait de l'auteur, 1866.. . . . . . . . . . . . . . . . . . . . . . . . . . . **15 fr.**

**La philosophie de Platon,** exposition, histoire et critique de la théorie des idées, par ALFRED FOUILLÉE, professeur de philosophie au lycée de Bordeaux. Ouvrage couronné par l'Académie des sciences morales et politiques. 2 forts volumes in-8, 1869. . . . . . . . . . . . . . . . . . . . . **16 fr.**

**La philosophie de Malebranche,** par LÉON OLLÉ-LAPRUNE, professeur de philosophie au lycée Corneille. Ouvrage couronné par l'Académie des sciences morales et politiques. 2 forts volumes in-8, 1870. . . . . . **15 fr.**

**Système de logique déductive et inductive,** exposé des principes de la preuve et des méthodes de recherche scientifique, par JOHN STUART MILL. Traduit sur la sixième édition anglaise de 1866, par M. LOUIS PEISSE. 2 forts volumes in-8, 1866. . . . . . . . . . . . . . . . . . . . . . **15 fr.**

**Le fondement de l'Induction** (Thèse). par J. LACHELIER, maître de conférences à l'École normale. 1 vol. in-8, 1871. . . . . . . . . . . **3 fr.**

**De naturâ syllogismi apud facultatem litterarum Parisiensem hæc disputabat,** par M. LACHELIER. Thèse in-8, 1871. **1 fr. 50**

**La psychologie anglaise contemporaine** (École expérimentale), par TH. RIBOT, ancien élève de l'École normale, agrégé de philosophie. 1 vol. in-12, 1870. . . . . . . . . . . . . . . . . . . . . . . . . . . . **3 fr. 50**

**Œuvres d'Aristote**, traduites en français et accompagnées de notes perpétuelles, par M. Barthélemy Saint-Hilaire, de l'Institut. 14 vol. gr. in-8.  121 fr.

(Chaque ouvrage d'Aristote se vend séparément.)

— *La Politique*, d'après le texte collationné sur les manuscrits et les éditions principales. 1 vol. gr. in-8. . . . . . . . . . . . . . . . . . 10 fr.

— *Psychologie*. 2 vol. gr. in-8. . . . . . . . . . . . . . . . . . 16 fr.

    Tome I. — Traité de l'âme, gr. in-8. . . . . . . . . . . . 8 fr.

    Tome II. — Opuscules (*parva naturalia*). 1 vol. gr. in-8. . . . 8 fr.

        De la sensation et des choses sensibles. — De la mémoire et de la réminiscence. — Du sommeil et de la veille. — Des rêves. — De la divination dans le sommeil. — Du principe général du mouvement dans les animaux. — De la longévité et de la brièveté de la vie. — De la jeunesse et de la vieillesse. — De la vie et de la mort. — De la respiration.

— *Morale*. 3 vol. gr. in-8. . . . . . . . . . . . . . . . . . 24 fr.

    Tome. I. — Morale à Nicomaque. Livres i et ii.

    Tome. II. — Morale à Nicomaque. Livres iii à x.

    Tome. III. — Grande morale et morale à Eudème.

— *Poétique*. 1 vol. gr. in-8. . . . . . . . . . . . . . . . . . 5 fr.

— *Physique*, ou leçons sur les principes généraux de la nature. 2 forts vol. gr. in-8, 1862. . . . . . . . . . . . . . . . . . 20 fr.

— *Météorologie*, avec le traité apocryphe : du Monde. 1 fort vol. grand in-8, 1864. . . . . . . . . . . . . . . . . . 10 fr.

— *Rhétorique d'Aristote*, suivie de la Rhétorique à Alexandre (apocryphe) et un appendice sur l'enthymème. 2 vol. gr. in-8, 1870. . . . . . . 16 fr.

— *Traité du ciel d'Aristote*. 1 vol. gr. in-8, 1866. . . . . . . . 10 fr.

— *Traité de la production et de la destruction des choses d'Aristote*, suivi du traité sur Mélissus, Xénophane et Gorgias, avec une introduction sur les origines de la philosophie grecque. 1 vol. gr. in-8, 1866. . . . . . 10 fr.

---

**Histoire des religions de la Grèce antique**, depuis leur origine jusqu'à leur complète constitution, par Alfred Maury, membre de l'Institut, professeur au Collége de France, directeur des Archives du royaume. 3 vol. in-8, 1859. . . . . . . . . . . . . . . . . . 21 fr.

**Les forêts de la Gaule et de l'ancienne France**, aperçu sur leur histoire, leur topographie et la législation qui les a régies, suivi d'un tableau alphabétique des forêts et des bois principaux de la France, par L.-F. Alfred Maury, membre de l'Institut (Académie des inscriptions et belles-lettres), professeur au Collége de France, directeur des Archives du royaume, officier de la Légion d'honneur, etc. 1 beau volume in-8, 1867. . . . . . . 6 fr.

**Essai sur les légendes pieuses du moyen âge**, ou examen de ce qu'elles renferment de merveilleux d'après les connaissances que fournissent l'astrologie, la théologie, la philosophie et la psychologie médicale, par M. Alfred Maury, membre de l'Institut. 1 vol. in-8, 1843. . . . . . 6 fr.

**Histoire de la philosophie ancienne**, depuis son origine jusqu'à la fin de la philosophie néoplatonicienne, par Henri Ritter, professeur à l'Université de Kiel. Traduite en français par M. J. Tissot, doyen et professeur de philosophie à la Faculté des lettres de Dijon. 4 forts vol. in-8, 1855. 30 fr.

**Histoire de la philosophie chrétienne**, par Henri Ritter. Traduite en français par J. Trullard. 2 forts volumes in-8, 1844. . . . . . . 15 fr.

**Histoire de la philosophie moderne,** par Henri Ritter. Traduction française précédée d'une introduction, par M. Challemel-Lacour, agrégé de philosophie. 3 volumes in-8, 1861. . . . . . . . . . . . . . . 18 fr.

**Science de la morale,** par Charles Renouvier, auteur des Essais de critique générale. 2 forts volumes in-8, 1869. . . . . . . . . . . . 15 fr.

**De la science et de la nature,** philosophie première, par F. Magy, agrégé de philosophie. Ouvrage couronné par l'Institut. 1 vol. in-8, 1865.  6 fr.

**Introduction à la philosophie et préparation à la métaphysique,** étude analytique sur les objets fondamentaux de la science critique du positivisme, par G. Tiberghien, docteur en philosophie, professeur à l'Université de Bruxelles. 1 très-fort vol. grand in-8, 1866. . . . . . . 10 fr.

**Psychologie,** la science de l'âme, dans les limites de l'observation, par Tiberghien. 2ᵉ édit. 1 très-fort vol. gr. in-8, 1869. . . . . . . . . . 10 fr.

**De l'esprit moderne au point de vue religieux,** par Lefranc, professeur de philosophie à la Faculté des lettres de Bordeaux. 1 volume in-8, 1869. . . . . . . . . . . . . . . . . . . . . . . . 5 fr.

**Études de théodicée,** par J.-B. Tissandier, professeur de philosophie à la Faculté des lettres de Douai. 1 vol. in-8, 1869. . . . . . . . . . 4 fr.

**De l'âme humaine,** études de psychologie, par Charles Waddington, professeur agrégé de philosophie à la Faculté des lettres de Paris. 1 fort volume in-8. . . . . . . . . . . . . . . . . . . . . . . . . . . 7 fr. 50

**Vie de Jésus ou examen critique de son histoire,** par Frédéric Strauss. Traduite sur la dernière et grande édition allemande, par M. Émile Littré, membre de l'Institut, avec un très-long Avant-propos du traducteur. 3ᵉ édit. française, 1864. 2 forts vol. in-8 de 800 pag. chacun. . . . 12 fr.

**Mélanges philosophiques et religieux,** par Bordas-Demoulin. 1 fort vol. in-8, 1846 . . . . . . . . . . . . . . . . . . . . . 7 fr. 50

**Mémoires pour servir à l'histoire de la philosophie au XVIIIᵉ siècle,** par M. Phil. Damiron, membre de l'Institut, professeur honoraire de philosophie à la Faculté des lettres de Paris. 3 forts volumes in-8, 1858. . . . . . . . . . . . . . . . . . . . . . . 12 fr.

**La Poétique,** par M. F. Hegel. Traduite en français, par Ch. Bénard, professeur de philosophie au lycée Charlemagne. 2 vol. in-8, 1855. . . 12 fr.

**Histoire critique de l'école d'Alexandrie,** par M. Ét. Vacherot, ancien directeur des études à l'École normale. 3 vol. in-8. . . . . 21 fr.

**Histoire comparée des systèmes de philosophie,** considérés relativement aux principes des connaissances humaines, histoire de la philosophie moderne à partir de la renaissance des lettres jusqu'à la fin du XVIIIᵉ siècle, par J.-M. de Gérando, pair de France, membre de l'Institut. 4 vol. in-8. 20 fr.

**Fragments de philosophie,** par William Hamilton. Traduits de l'anglais par Louis Peisse, avec une préface, des notes et une appendice du traducteur. vol. in-8. . . . . . . . . . . . . . . . . . . . . . 7 fr. 50

**SCHELLING, écrits philosophiques et morceaux propres à donner une idée générale de son système.** Traduit par Ch. Bénard, professeur de philosophie au lycée Charlemagne. 1 fort vol. in-8, 1847. 8 fr.

**Manuel de l'histoire de la philosophie,** par Tennemann, traduit de l'allemand par V. Cousin. 2e édition, avec une préface et un avertissement du traducteur. 2 vol. in-8, 1839. . . . . . . . . . . . . . . . . . 12 fr.

**De la logique d'Aristote,** par Barthélemy Saint-Hilaire, professeur de philosophie grecque et latine au Collége de France. 2 vol. in-8, 1838 10 fr.

**De l'école d'Alexandrie,** précédé d'un Essai sur la méthode des alexandrins et le mysticisme et suivi d'une traduction de morceaux choisis de Plotin, par Barthélemy Saint-Hilaire, professeur de philosophie au Collége de France. 1 vol. in-8, 1845. . . . . . . . . . . . . . . . . . . . . . . 5 fr.

**Philosophie morale,** par l'abbé Bautain. 2 vol. in-8, 1842. . . 12 fr.

**De la certitude,** par A. Javary, professeur de philosophie au lycée d'Orléans. Ouvrage couronné par l'Académie des sciences morales et politiques. 1 vol. in-8, 1847. . . . . . . . . . . . . . . . . . . . . . . . . . 6 fr.

**De l'idée du progrès,** par M. Javary. 1 vol. in-8, 1851. . . . . 4 fr.

**Doctrines de la science. Principes fondamentaux de la science de la connaissance,** par J.-G. Fichte. Traduit de l'allemand par Grimblot. 1 vol. in-8, 1848. . . . . . . . . . . . . . . . . 7 fr.

**Méthode pour arriver à la vie bienheureuse,** par J.-G. Fichte. Traduit par M. Francisque Bouillier, inspecteur général de l'Université. 1 vol. in-8, 1845. . . . . . . . . . . . . . . . . . . . . . . . 6 fr.

**Études sur la dialectique dans Platon et dans Hegel,** par Paul Janet, membre de l'Institut, professeur à la Faculté des lettres de Paris. 1 vol. in-8, 1860. . . . . . . . . . . . . . . . . . . . . . 6 fr.

**Études sur le Timée de Platon,** avec le texte en regard traduit en français, avec une introduction et des notes par Henri Martin, doyen de la Faculté des lettres de Rennes. 2 vol. in-8, 1841. . . . . . . . . . . . 15 fr.

**Système de l'idéalisme transcendantal,** par Schelling, professeur de philosophie à l'Université de Berlin. Traduit par P. Grimblot. 1 volume in-8, 1842. . . . . . . . . . . . . . . . . . . . . . . 7 fr. 50

**Bruno, ou du principe divin et naturel des choses,** par Schelling. Traduit de l'allemand par Claude Husson. 1 vol. in-8, 1845. . . . 3 fr. 50

**Lettres philosophiques sur les vicissitudes de la philosophie,** relativement aux principes des connaissances humaines, depuis Descartes jusqu'à Kant, par P. Galluppi, professeur à l'Université de Naples. Traduites sur la 4e édition italienne par Louis Peisse. 1 vol. in-8, 1844. 4 fr.

---

**Table alphabétique et analytique des Œuvres de Voltaire, édition Beuchot.** Éditeur Lefèvre, imprimeur Crapelet. 70 vol. in-8. — Cette table est en 2 forts vol. in-8, en petit texte à 2 colonnes. . . 24 fr.

Il y a quelques exemplaires papier cavalier. . . . . . . . . . . 36 fr.

—      —      papier jésus. . . . . . . . . . . . 48 fr.

---

PARIS. — IMP. SIMON RAÇON ET COMP., RUE D'ERFURTH, 1.

# HISTOIRE

## DE LA

# SCIENCE POLITIQUE

h67h

# OUVRAGES DE L'AUTEUR

HISTOIRE DE LA SCIENCE POLITIQUE DANS SES RAPPORTS AVEC LA MORALE. 2ᵉ édition, revue, remaniée et considérablement augmentée. (*Ouvrage couronné par l'Académie des sciences morales et politiques et par l'Académie française.*) 2 forts vol. in-8. 1871. . . . . . . . . . . . 16 fr. »

LA FAMILLE. Leçons de philosophie morale. (*Ouvrage couronné par l'Académie française.*) 8ᵉ édition. 1 vol. in-12. . . . . . . . . 3 fr. »

ÉTUDES SUR LA DIALECTIQUE DANS PLATON ET DANS HÉGEL. 1 vol. in-8. 6 fr. »

PHILOSOPHIE DU BONHEUR. 3ᵉ édition. 1 vol. in-12. . . . . . . 3 fr. 50

LE MATÉRIALISME CONTEMPORAIN. 1 vol. in-12. . . . . . . . 2 fr. 50

LA CRISE PHILOSOPHIQUE. 1 vol. in-12. . . . . . . . . . . 2 fr. 30

LE CERVEAU ET LA PENSÉE. 1 vol. in-12. . . . . . . . . 2 fr. 50

ÉLÉMENTS DE MORALE. 1 vol. in-12. . . . . . . . . . 3 fr. 50

ŒUVRES PHILOSOPHIQUES DE LEIBNIZ. Édition avec une introduction et des notes, publiée par M. Paul Janet. 2 très-forts vol. in-8, ornés d'un beau portrait de Leibniz. . . . . . . . . . . . . . . . . . 15 fr. »

PARIS. — IMP. SIMON RAÇON ET COMP., RUE D'ERFURTH, 1.

# HISTOIRE

## DE LA

# SCIENCE POLITIQUE

### DANS

## SES RAPPORTS AVEC LA MORALE

PAR

## PAUL JANET

MEMBRE DE L'INSTITUT, PROFESSEUR A LA FACULTÉ DES LETTRES DE PARIS

### SECONDE ÉDITION

REVUE, REMANIÉE ET CONSIDÉRABLEMENT AUGMENTÉE

Ouvrage couronné par l'Académie des sciences morales et politiques
et par l'Académie française

## TOME PREMIER

## PARIS

LIBRAIRIE PHILOSOPHIQUE DE LADRANGE

RUE SAINT-ANDRÉ-DES-ARTS, 41

1872

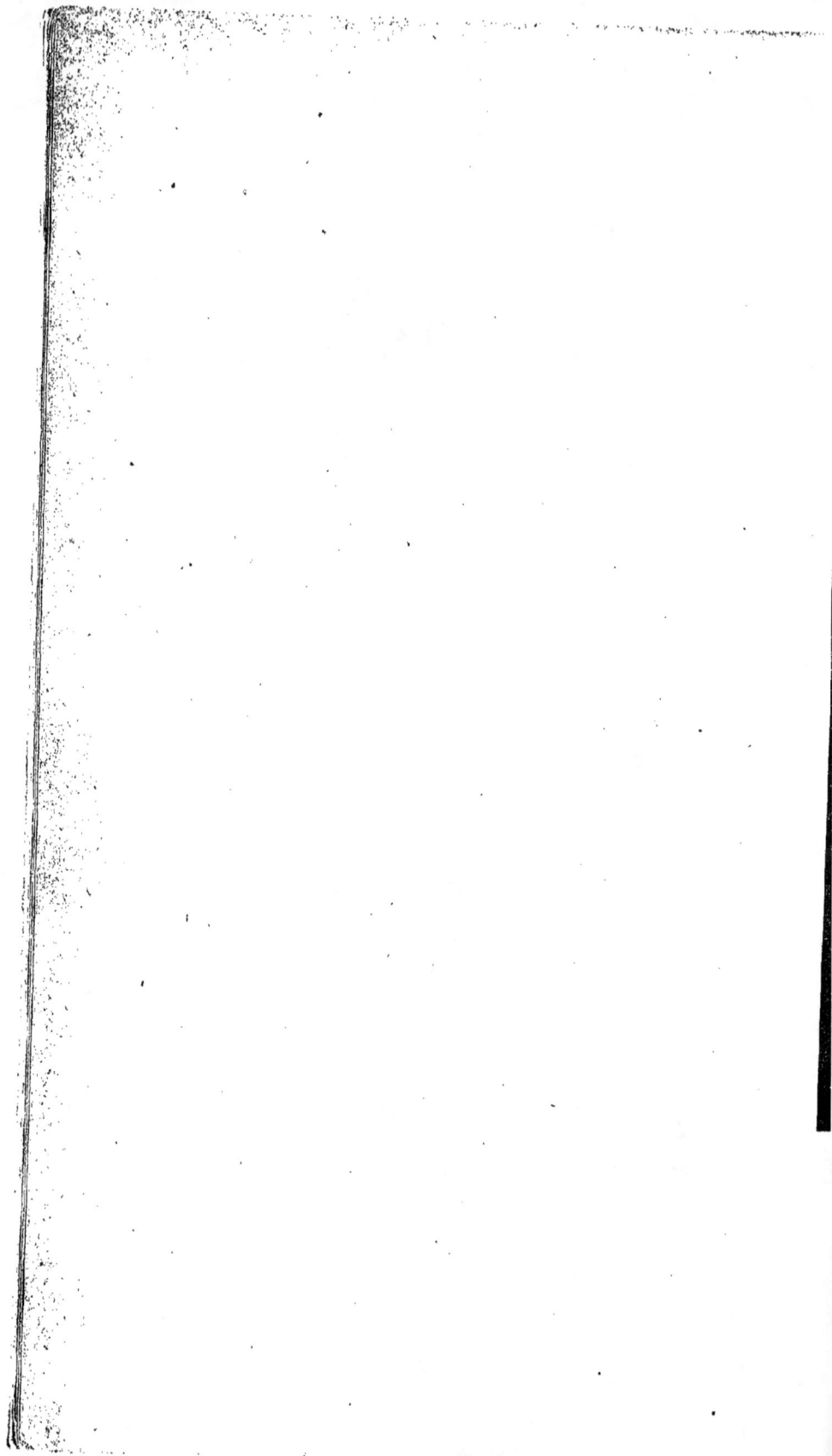

# AVANT-PROPOS

La première édition de cet ouvrage a paru en 1859, sous ce titre : *Histoire de la philosophie morale et politique dans l'antiquité et dans les temps modernes*. Nous le publions pour la seconde fois, sous un titre nouveau : *Histoire de la science politique dans ses rapports avec la morale*. Nous devons donner en quelques mots aux lecteurs, les raisons de ce changement.

Il y a eu dans l'antiquité une véritable philosophie *morale et politique*, c'est-à-dire une union si intime de ces deux parties de la science, qu'elles formaient, à proprement parler, une science unique. Si une telle union eût continué à exister, il y aurait à faire l'histoire de cette science unique, sous deux noms différents. Mais il n'en a pas été ainsi dans les temps modernes. Moralistes et publicistes vont chacun de leur côté. Parmi les écoles de morale, un grand nombre n'ont pas de politique; et parmi les écoles politiques, le plus grand nombre laisse de côté les systèmes de la morale. Cette double histoire, qui a son unité manifeste dans l'antiquité, ne l'a donc plus dans les temps modernes. Elle ne serait qu'une histoire alternative ou parallèle, d'une part de la morale, de l'autre, de la politique: mais l'histoire de la morale à elle seule, si on la voulait faire complète, ou même médiocrement exacte, suffirait à fournir la matière de ces deux volumes, et ne laisserait point de place, par conséquent, à la politique qui avait été notre principal objet. Ainsi, le livre manquait d'unité; la morale était incomplète, et la politique était mutilée. Nous avons donc essayé de ramener notre ouvrage à l'unité, en faisant de la science politique le centre et le but essentiel, et nous avons pu lui donner ainsi tous les développements qui manquaient encore au premier travail.

Ce n'est pas à dire que nous ayons, en aucune façon, abandonné l'idée première, à savoir, l'influence de la morale sur la politique; bien au contraire, notre principal objet a été de faire voir les rapports étroits qui unissent la science politique avec la philosophie morale. Nous voulions surtout nous dégager de la responsabilité d'une histoire complète de la morale, puisque ce n'était pas là ce que nous avions voulu entreprendre; mais nous nous réservions de puiser largement et librement dans cette histoire autant qu'il serait nécessaire pour éclairer et guider la science politique. Au reste, dans l'Introduction, nous examinons avec plus de précision ce qu'il faut entendre par les rapports de ces deux sciences.

Ce changement dans le plan a dû amener nécessairement des remaniements importants, et surtout nous permettre des additions considérables. Nous signalerons principalement le premier et le dernier chapitres, l'un et l'autre entièrement nouveaux, l'un consacré à l'Orient, l'autre aux publicistes de la fin du xviiie siècle. Par le premier, nous avons essayé de remonter aussi haut qu'il nous a été possible ; par le second, nous avons poussé nos recherches jusqu'à l'époque de la révolution : époque que nous nous étions interdit de franchir : car c'était entrer dans un monde tout nouveau. S'il nous est donné plus tard de continuer ces études, c'est à ce point même que nous les reprendrons. Enfin, les lecteurs qui voudront bien prendre la peine de comparer les deux éditions, y trouveront encore d'autres accroissements, et, nous l'espérons, de sérieuses améliorations.

Il nous reste à dire que ce livre, commencé pendant la république de 1848 sous les auspices de la savante Académie, qui a bien voulu depuis nous admettre dans son sein, publié en 1859 sous le second empire, et maintenant publié pour la seconde fois sous une nouvelle république dont nous souhaitons vivement le succès, est resté exactement le même quant aux principes et quant à

l'esprit général. Tel était le mémoire couronné en
1855 par l'Académie des sciences morales, tel le livre publié en 1859, tel est l'ouvrage que nous re-
donnons au public aujourd'hui. A la vérité, il est
une certaine hauteur de principes, où il est assez facile de rester d'accord avec soi-même ; cependant,
quelques-uns de ces principes ont reçu assez d'atteintes dans la période qui vient de finir, pour qu'on
puisse tenir à constater qu'on n'en a jamais abandonné un seul. Dans notre premier mémoire adressé
à l'Académie, nous avions pris pour épigraphe cette
devise du docteur Gilbert Burnet : *Liberty and mode-
ration*. Il nous semble que cette devise n'est pas encore inopportune aujourd'hui.

Paris, 24 décembre 1871.

# INTRODUCTION

---

RAPPORTS DE LA MORALE ET DE LA POLITIQUE

Dans tous les temps il s'est rencontré des écrivains philosophes qui, sans avoir participé aux fonctions publiques, ou les ayant traversées, ont occupé les loisirs de l'état privé à rechercher les principes de la politique. Quelques-uns ont cru devoir s'excuser d'une telle entreprise. Machiavel, qui avait, autant que personne au monde, le droit de traiter ces matières, ayant été mêlé aux plus grandes affaires de son temps, se demande dans la dédicace du *Prince* à Julien de Médicis, s'il est permis à un particulier de donner des leçons à ceux qui gouvernent; et il répond ingénieusement que ceux qui sont dans les vallées peuvent voir beaucoup de choses que l'on n'aperçoit pas sur les hauteurs. J.-J. Rousseau se fait la même objection : « On me demandera si je suis prince ou législateur pour écrire sur la politique. Je réponds que non, et que c'est pour cela que j'écris sur la politique. Si j'étais prince ou législateur, je ne perdrais pas mon temps à dire ce qu'il faut faire. Je le ferais, ou je me tai-

rais. » Ces paroles de Rousseau sont peut-être plus
orgueilleuses que judicieuses. Il est plus facile de
dire ce que l'on ferait étant prince, que de le faire
quand on le devient. D'ailleurs le *Contrat social* est
un ouvrage tout spéculatif, qui ne nous apprend
guère comment il faut agir dans la pratique. Les
paroles de Machiavel sont plus raisonnables; mais
on peut les rétorquer. Car si l'on voit dans la vallée
beaucoup de choses qui échappent sur les hauteurs,
on aperçoit aussi sur les hauteurs beaucoup de choses
que ne voit pas l'habitant des vallées. Ce ne sont point
là des raisons.

Le vrai principe du droit qu'ont les hommes privés qui réfléchissent, de traiter les matières d'État,
sans avoir besoin pour cela d'être ministres ou d'être
princes, c'est le droit dévolu par la nature à la raison
humaine d'observer et d'étudier tous les faits et
tous les objets qui nous entourent, et qui intéres-
sent notre condition. S'il a été permis à l'homme
de sonder le secret du Créateur et de découvrir les
lois du système du monde, lois auxquelles il n'a
point coopéré, et qu'il ne peut qu'appliquer sans y
changer un iota, comment lui serait-il interdit de
pénétrer le secret d'un mécanisme qui le touche de
bien plus près, dont il est partie intégrante, et quelquefois partie souffrante, et qui paraît être l'ouvrage des hommes? Sans doute, s'il s'agit d'une mesure à prendre, l'homme d'État est d'ordinaire le
plus compétent, quoique même alors le bon sens
public ne soit peut-être pas méprisable. Mais re-

chercher le principe et la nature de l'État, en déterminer les conditions éternelles, les formes diverses, les lois de développement, les obligations et
les droits, c'est là l'objet de la science et non du
gouvernement. Celui-ci est trop occupé à agir, pour
avoir le temps de penser. S'il s'avisait d'agiter des
problèmes spéculatifs, il négligerait les affaires et
les intérêts pour le maniement desquels il existe. Il
faut cependant que ces problèmes soient traités et
discutés : autrement le mécanisme de l'État deviendrait bientôt semblable à ces outils grossiers, admirable invention de l'enfance des âges, mais qui
conservés par la routine, défendus par le préjugé,
sont un obstacle à tout progrès. Sans l'examen et la
critique, le monde entier se transformerait en une
Chine universelle.

Il y a donc une science de l'État, non pas de tel
ou tel État en particulier, mais de l'État en général,
considéré dans sa nature, dans ses lois, et dans ses
principales formes. C'est cette science que j'appelle
la philosophie politique, et dont j'entreprends l'histoire.

Cependant, quoique la philosophie politique soit
une science qui ait ses principes propres et ses lois
particulières, quoiqu'elle porte sur un ordre de faits
qui ne doit être confondu avec aucun autre, il est
utile et même nécessaire de ne point la séparer d'une
autre science à laquelle elle est naturellement unie
par mille liens divers, je veux dire la philosophie
morale. Les publicistes anciens n'ont jamais mis en

doute cette alliance de la morale et de la politique;
et les plus grands d'entre eux ont été aussi les plus
grands moralistes de leur temps : Platon, Aristote,
Cicéron. Il n'en a pas toujours été ainsi chez les modernes ; la division des sciences a été le résultat
nécessaire du progrès toujours croissant des connaissances humaines; on a donc vu des moralistes
négligeant presque entièrement la politique, et des
publicistes étrangers à la science de la morale : cette
séparation même n'a pas été sans inconvénient.
Néanmoins, ces deux études n'ont jamais cessé d'in-
fluer l'une sur l'autre, et elles ont une histoire commune.

Nous voudrions, dans cette introduction, exposer
les relations de ces deux sciences, et montrer par
où elles se séparent et par où elles s'unissent. C'est
là un sujet très-vaste et dont nous ne pourrons
qu'indiquer les points principaux. Ce sera en même
temps faire connaître l'esprit de ce livre, et en recueillir la pensée principale, un peu dispersée au
milieu des études si variées et si complexes qui vont
suivre.

Nous rencontrons sur cette question deux doctrines opposées : celle qui sépare entièrement la
politique de la morale, et celle qui absorbe l'une
dans l'autre. La première est celle de Machiavel, la
seconde est celle de Platon. J'appelle machiavélisme toute doctrine qui sacrifie la morale à la politique, et platonisme toute doctrine qui sacrifie la
politique à la morale. Examinons l'une et l'autre.

« Eh quoi! disent ou pensent les partisans avoués ou secrets de Machiavel, prétendez-vous enchaîner aux règles étroites de la morale domestique et privée, les États, les princes et les peuples ? Les devoirs d'un chef d'État ne sont pas les mêmes que ceux d'un chef de famille ; s'il voulait rester fidèle en tout aux scrupules d'une morale étroite, il se perdrait lui-même et son peuple avec lui. On comprend bien que les individus soient gênés et retenus par certains devoirs ; sans quoi la société périrait. Mais la société elle-même n'a d'autre devoir que de se conserver ; et c'est elle seule qui est juge des moyens qu'elle emploie à cet usage. Ce qui est vrai de la société en général, l'est de toutes les sociétés particulières, c'est-à-dire des diverses républiques dont le monde est composé. Ce qui est vrai de la république ou de l'État, l'est aussi du prince qui le gouverne et le représente. Sans doute, comme homme privé, le prince est assujetti aux mêmes devoirs que les autres hommes ; mais comme homme public, il ne relève que de lui-même. Ce qui est vertu dans l'homme privé peut être vice chez l'homme d'État, et réciproquement.

» Supposez un instant pour vraie cette chimère platonicienne d'une république ou d'un prince parfaitement vertueux, vous tombez dans l'impossible et dans l'impraticable. Sans doute, il serait à désirer que les hommes fussent toujours bons ; mais comme en fait ils ne le sont pas, celui qui veut être bon au milieu des méchants est sûr d'être

leur victime : si vous ne trompez pas, vous serez
trompé : si vous n'employez pas la violence à propos, vous tomberez sous la violence. Voyez les
grands politiques de tous les temps : Alexandre se
faisant passer pour Dieu ; Romulus tuant son frère ;
César passant le Rubicon ;  Auguste feignant d'abdiquer l'empire pour le posséder plus sûrement ; et
chez les modernes, Philippe le Bel, Ferdinand le
Catholique, Louis XI, les Borgia, les Médicis, et jusqu'au généreux Henri IV, qui acheta Paris pour
une messe, en voyez-vous un seul qui ait négligé
pour réussir d'employer tous les moyens, tantôt
l'astuce, tantôt le crime ? Voilà la politique des
princes ; mais les républiques sont-elles plus innocentes ? Est-il dans l'histoire un prince d'une plus
insigne mauvaise foi que l'ont été les Romains ? un
tyran plus soupçonneux, plus cruel, plus terrible
que la république de Venise ? un conquérant moins
scrupuleux dans les moyens, que le peuple anglais,
le plus libre des peuples modernes ? Si vous lisez
l'histoire au point de vue de la morale vulgaire, tout
vous révoltera et vous ne comprendrez rien à ces
grandes révolutions. Mais pour l'homme éclairé,
tout s'explique, tout se justifie, grâce à un principe
supérieur, qui est, en quelque sorte, le mystère de la
politique, à savoir le principe de la raison d'État. »

Ainsi parlent les écoliers du machiavélisme, très-
fiers de paraître, selon l'expression d'un d'entre
eux, « déniaisés en politique. » Mais, quoique l'expérience semble leur donner raison, la science et la

conscience se refusent à leur accorder leur suffrage.
Il n'est pas probable que les intérêts les plus graves
des individus et des peuples soient couverts de voile
et de mystère. La raison d'État doit céder la place à
la raison publique, qui elle-même ne peut pas être
en contradiction avec la conscience publique. A
mesure que l'esprit humain s'éclaire, et que l'opinion pénètre dans ces arcanes de la politique,
comme on les appelait autrefois (*arcana imperii*),
beaucoup de choses deviennent impossibles, d'autres plus difficiles; et, sans qu'on puisse entrevoir
encore le moment où s'opérera la réconciliation
complète de la politique et de la morale, il faut
avouer cependant que, depuis trois siècles, de
grands progrès ont été faits, que la politique du
xvᵉ et du xvⁱᵉ siècle nous paraîtrait odieuse aujour-
d'hui, qu'on ne supporterait même pas tout ce
qu'on permettait à Richelieu et à Louis XIV, et que
l'honnêteté est la première condition qu'on exige,
quand on le peut, d'un gouvernement.

Pour discuter avec les politiques, on doit essayer
de mettre, autant que possible, l'expérience de son
côté ; mais, avec les philosophes, cela n'est pas nécessaire. A ceux-ci nous dirons : peu nous importe
ce qui se fait ; nous ne cherchons que ce qui se doit.
Nous savons bien que les hommes ne peuvent être
parfaits; mais si cette raison était bonne, elle vau-
drait contre la morale privée tout aussi bien que
contre la morale publique. Faut-il donc conclure
que les hommes doivent se dispenser de toute

vertu, parce qu'ils ne peuvent atteindre qu'à une
vertu imparfaite? Ainsi des politiques. Accordons-
leur que l'honnêteté parfaite est impossible; il n'en
est pas moins vrai que cette honnêté parfaite est la
loi de leurs actions, et que tout ce qui s'en écarte
est répréhensible. Autrement, c'est faire de l'exception la règle, ou plutôt c'est détruire toute règle,
et abandonner les destinées des peuples à la passion
et au caprice des individus.

On oppose cette maxime périlleuse et équivoque:
*Salus populi suprema lex*. Mais le salut d'un
peuple, c'est la justice elle-même; et s'il fallait
opposer maxime à maxime, je dirais : *Fiat justitia,
pereat mundus*, que le règne de la justice arrive,
dût le monde périr. Mais le monde n'est pas réduit
à cette alternative, de périr, ou de pratiquer la justice : car c'est par elle seule qu'il peut durer. D'ailleurs, il est toujours faux de changer en maxime
générale et absolue ce qui ne saurait être vrai qu'à
la dernière extrémité. Admettez un instant cette
raison mystérieuse du salut public, aussitôt tout
est permis; car il est toujours possible d'affirmer
que telle action, telle mesure est nécessaire au salut
du peuple. Démontrez, par exemple, que la Saint-
Barthélemy n'était pas nécessaire au salut général,
je vous en défie. Car rien ne prouve que si l'on eût
traité sincèrement avec les protestants, ils n'en eussent pas abusé pour diviser le pays, détruire la monarchie et établir la république en France. Ce grand
coup les a abattus pour toujours, et a permis de ne

leur accorder plus tard que des libertés innocentes.
Nierez-vous cela ? On peut vous répondre encore,
comme le fait Gabriel Naudé dans ses *Coups d'État*,
que le coup n'a pas été assez décisif et assez général,
et qu'on ne leur a pas tiré assez de sang. Enfin, il
n'est pas une seule action détestable dans l'histoire que l'on ne puisse justifier par ces principes.

Il faut d'ailleurs distinguer deux sortes de machiavélisme : le machiavélisme princier et le machiavélisme populaire. Ceux qui sont le plus ennemis du premier, ne sont pas toujours assez prému-
nis contre le second. On admet volontiers que tout
n'est pas permis à un prince ; mais on est assez disposé à croire que tout est permis au peuple. Pour
moi, je n'y vois pas de différence. Qu'une injustice
soit commise par un prince ou par un peuple, elle
est toujours une injustice ; j'avoue que les extrémités par lesquelles un peuple défend sa liberté
ou son existence sont quelquefois dignes d'ex-
cuse ; mais je ne puis leur donner mon admiration, si elles révoltent ma conscience. Quelques-uns
ne voient dans le machiavélisme que l'art de tromper ; et, dans leur mépris pour les mensonges des
cours, ils sont pleins d'indulgence pour les basses
fureurs des multitudes. Mais le machiavélisme n'est
pas seulement cette finesse puérile et frivole qui se
sert de la parole pour cacher la pensée : c'est une
politique cauteleuse ou violente, selon le besoin,
tantôt couverte et tantôt déclarée, et qui emploie
aussi volontiers le fer et la cruauté que la fraude et

la trahison : elle peut donc convenir aux peuples
commeaux cours ; et, dans ce sens, le terrorisme lui-
même est machiavélisme.

À l'extrémité opposée se rencontre une doctrine
que j'appellerai le platonisme, du nom de celui qui
l'a le plus illustrée. Cette doctrine subordonne absolument la politique à la morale, établit que la
vertu est la fin de l'État comme de l'individu, se
propose pour modèle le gouvernement de Lacédémone, et remet le gouvernement entre les mains
des sages et des philosophes. Tels sont les traits généraux et constants de la politique de Platon dans
ses deux plus grands ouvrages, la *République* et les
*Lois*. Mais il y a, dans ces deux applications d'une
même politique, une différence capitale. Dans la *République*, la vertu est obtenue sans le secours des
lois, et par le seul moyen de l'éducation. Dans les
*Lois*, au contraire, la vertu est l'œuvre du législateur, l'effet de la surveillance de l'État, en un mot,
de la contrainte. De là deux sortes de platonisme :
le platonisme chimérique, qui se plaît dans la contemplation d'un état impossible, confond la politique avec la pédagogie, et croit à la toute-puissance
et à l'infaillibilité de la science ; le platonisme despotique, qui, moins confiant dans la perfection des
hommes, ne recule pas devant les moyens ordinaires de la politique, et se propose pour fin de rendre
les hommes heureux et vertueux, sans les consulter, qu'ils y consentent ou non, par l'autorité de
l'État.

Il n'est pas difficile de faire voir ce qu'il y a d'illusion dans la première de ces deux formes du système platonicien. Aussi ne faut-il point s'attacher à la combattre sérieusement, car elle n'est, chez Platon, qu'une utopie volontaire ; et il a toujours été permis à la philosophie, comme à la poésie, de se faire un idéal, et de se représenter les choses telles qu'elles devraient l'être, au lieu de les peindre telles qu'elles sont. Mais il n'en est pas de même de ce second platonisme, que j'appelle despotique, et qui a eu plusieurs applications dans l'histoire.

Rien de plus vrai et de plus séduisant, au premier abord, que cette doctrine : l'État doit faire régner la vertu ; rien de plus dangereux dans l'application. Si la fin de l'État est la vertu, il va sans dire que le citoyen ne saurait être trop vertueux, et, par conséquent, l'État trop scrupuleux et trop vigilant. Voilà l'État qui intervient dans la vie domestique, dans la vie privée, dans la conscience même : rien ne lui est fermé ; il entre dans les maisons, il s'asseoit à la table des citoyens, et sa surveillance n'épargne même pas le lit nuptial. Les jeux de la jeunesse, les amitiés, les attachements, les chants de la poésie, les rhythmes musicaux, les doctrines philosophiques, le culte, en un mot l'esprit, l'âme, le cœur, l'homme tout entier devient l'esclave d'une censure étroite et oppressive : l'individu perd tout ressort en perdant toute initiative et toute responsabilité, ou bien un fanatisme desséchant le rend peu à peu étranger à tous les sentiments de l'humanité. J'avoue que l'intervention de l'État dans le gouvernement des mœurs a pu avoir quelquefois, dans l'antiquité par exemple, de salutaires effets ; je ne méconnais pas ce qu'eut de grand et d'utile l'institution de la censure dans la république romaine ; personne ne voudrait retrancher de l'histoire l'austère et noble figure de Caton le Censeur : cette institution peut encore être justifiée, comme un reste du système patriarcal par lequel les républiques ont dû commencer, et où le père de famille avait à la fois le gouvernement et l'éducation, l'autorité politique et la correction morale. Enfin, il faut ajouter que le censeur n'avait à Rome aucun pouvoir par lui-même, et que son autorité était simplement morale. Il n'en est pas moins vrai que la censure des mœurs, prise en soi, est une institution fausse, et qu'elle est étrangère à la vraie destinée de l'État.

Cependant, le platonisme despotique, tel que nous venons de le décrire, a sa beauté et sa grandeur ; mais il peut dégénérer encore, et devient alors ce que j'appellerai le faux platonisme, afin que le divin Platon ne paraisse en rien responsable de cette déplorable dépravation de ses principes. Le faux platonisme est un fanatisme hypocrite, qui, pour établir ce qu'il appelle arbitrairement la vertu, dans les États, ne craint pas d'employer tous les moyens et de violer toutes les lois de la justice et de l'humanité. Je ne parle pas du fanatisme religieux, qui a beaucoup de rapport avec celui-là, mais de cette fo-

lie politique qui, nourrie dans une admiration mal
entendue de l'antiquité, ne voit partout que corruption, vice et immoralité, et ferait volontiers le vide
dans l'univers, ne laissant à la justice qu'un désert
à gouverner.

Quoique très-opposés dans leurs principes, le faux
platonisme et le machiavélisme peuvent se rencontrer dans l'application. Nous en avons un exemple
assez remarquable dans l'histoire de notre révolution. Danton, par exemple, est un politique de l'é-
cole de Machiavel. Assez peu cruel par caractère et
par tempérament, il ne craignit point d'employer
la cruauté pour soutenir la cause qu'il avait em-
brassée. Il semble qu'il ait lu dans Machiavel lui-
même [1] que, « lorsqu'on veut fonder un gouvernement, il faut épouvanter par quelque coup terrible
les ennemis de l'ordre nouveau ; » que « quiconque
veut établir la liberté, et ne fait point périr les fils
de Brutus, périt lui-même infailliblement ; » que
« pour établir une république dans un pays où il y
a des gentilshommes, on ne peut réussir sans les
détruire tous. » Voilà quelle fut la politique de Danton, politique toute machiavélique, comme on voit.
Cependant son cœur, qui n'était pas méchant, finit
par se lasser, et lui-même mourut à son tour pour
avoir voulu la clémence. Mais le mot qu'on lui prête
dans sa prison est encore d'un sceptique et d'un
politique sans idéal : « L'humanité m'ennuie, dit-il. »

(1) Voyez plus loin, t. II, l. III, c. 1.

Ce n'est pas ainsi que finit madame Roland : la liberté et la justice eurent ses derniers adieux. Voici maintenant le faux platonicien, le vrai fanatique, le sombre et implacable Saint-Just, de tous les montagnards le plus original sans aucun doute avec Danton. Ce naïf jeune homme avait lu dans Montesquieu, dans Mably, dans Rousseau, que la vertu est le principe des républiques, et il crut que la révolution ne pouvait être sauvée que par la vertu. Mais, comment établir la vertu dans un État corrompu autrement que par la violence, et, comme le dit encore Machiavel, en faisant couler des torrents de sang ? Ce n'est pas tout. Que faut-il entendre par la vertu ? « C'est, dit Montesquieu, l'amour de la frugalité et de l'égalité. » Mais l'amour de la frugalité est incompatible avec la richesse, et l'amour de l'égalité avec la noblesse. Les riches et les nobles, voilà donc les ennemis de la vertu, les ennemis de la république, les *suspects*. Singulière fortune des destinées et des réputations ! Supposez Saint-Just né dans un temps paisible, sous une monarchie respectée : il eût épanché dans quelques écrits inoffensifs les conceptions de son imagination malade, et son nom se fût ajouté peut-être à ceux des grands rêveurs innocents. Mettez-le, au contraire, dans une révolution et au gouvernement de l'État, c'est un politique farouche et sans pitié.

Une autre forme du même platonisme est la politique théocratique, qui donne pour fin à l'État la vertu religieuse, et pour gouvernement le pouvoir

spirituel. Le platonisme en lui-même n'est qu'une
théocratie philosophique. Au lieu des sages qui
gouvernent la république platonicienne, supposez
des prêtres, et vous êtes dans l'Inde et en Égypte.
Platon, obéissant au génie de la Grèce, a changé les
brahmanes en philosophes. Admettez maintenant
qu'il y ait deux sortes de vertu : la vertu humaine
que Platon a seul connue ; et la vertu religieuse,
qui procure le salut. Admettez encore, qu'au lieu
d'un corps de philosophes recherchant librement et
par la science les principes de la vertu, il y ait un
corps de prêtres chargé spécialement par Dieu d'enseigner la science du salut, n'est-il pas évident que
la république de Platon se changera en une république théocratique, démocratie, aristocratie ou
monarchie, selon les circonstances? Tel fut le gouvernement des jésuites au Paraguay ; tel fut le gouvernement de Calvin à Genève ; tel aspirait à être,
au moyen âge, le gouvernement de la papauté sur
toute l'Europe.

Cette politique soulève d'abord les mêmes objections que le platonisme en général, mais de plus
quelques objections particulières. Si c'est déjà une
difficulté de donner à l'État pour fin la vertu, c'en
est une bien plus grande encore de lui donner pour
fin le salut des âmes. Des deux destinations de
l'homme, l'une terrestre qui se termine à la pratique de la vertu, l'autre céleste qui consiste dans la
vie future, il est fort douteux que l'État ait pour but
de nous conduire à la première ; mais il est bien

certain qu'il n'est point chargé de nous procurer la seconde. Le salut est une affaire entre Dieu et l'homme, par l'intermédiaire ou avec le secours du sacerdoce; mais le magistrat n'y est pour rien. C'est moi seul qui puis faire mon salut, et par mes œuvres propres. L'État ne peut se substituer à moi, sans détruire dans sa racine même le principe de la religion. De son côté, le pouvoir spirituel, en usurpant le pouvoir politique, ou en l'asservissant, tend par là à se détruire soi-même comme pouvoir religieux. En effet, le pouvoir religieux est essentiellement un empire moral : emprunte-t-il l'arme de la loi et le secours du bras séculier, il donne à entendre par là que cet empire moral est insuffisant; et plus il gagne d'un côté, plus il perd de l'autre. Ce n'est pas tout. S'il n'y avait qu'une seule manière, unanimement reconnue, de faire son salut, on pourrait comprendre que l'État et l'Église, suivant une même route et cherchant une même fin, le bonheur des citoyens, se rencontrassent dans la pratique. Mais, comme en fait, il y a un très-grand nombre de voies différentes vers le salut, l'État en choisissant une d'elles et en l'imposant à ses membres, tranche par là même la question de savoir quelle est la plus sûre; or il n'a pas autorité pour cela. Si l'on dit que ce n'est pas l'État qui fait ce choix, mais l'Église, l'Église qui a dû nécessairement le faire d'abord pour elle-même, qui est persuadée *a priori* de la vérité de son symbole et qui ne peut pas admettre deux vérités, l'une terrestre et l'autre céleste, qui enfin, par cela seul qu'elle existe, s'engage à transformer la société laïque sur le type de la cité divine dont elle est l'image, je réponds que si elle le fait par la persuasion, non-seulement c'est son droit, mais son devoir le plus sacré; mais que si elle s'empare de l'autorité, elle commet une usurpation, et que l'État, à son tour, commet une injustice en acceptant cette servitude ; car il exclut par là même tous ceux qui, n'étant pas de la confession dominante, ont cependant comme hommes le même titre que les autres à sa protection. Il est vrai que souvent, l'État, au lieu d'être l'instrument de la religion, se sert de la religion comme d'un instrument pour gouverner plus aisément les hommes ; et c'est là d'ordinaire qu'aboutit la théocratie : mais ce n'est plus alors qu'une forme particulière du machiavélisme, et l'une des plus recommandées par le célèbre politique de Florence.

Entre le machiavélisme et le platonisme, le point juste et précis des rapports de la politique avec la morale est très-difficile à fixer. Essayons-le cependant.

Je dis que la politique suppose la morale, pratiquement et théoriquement : 1° en fait, sans mœurs et sans vertu, l'État est impossible et périt infailliblement ; 2° en théorie, la philosophie morale peut seule nous faire connaître la véritable fin de la philosophie politique.

1. L'État, nous l'avons dit, n'est pas institué pour

faire régner la vertu, mais il ne peut pas se passer
d'elle. Supprimez un instant par hypothèse la bonne
foi, le courage, l'équité, l'amour de la patrie, et
voyez ce que deviendrait un État, privé de toute
force morale. Chez les magistrats, rien ne peut suppléer à l'intégrité, à l'amour des fonctions, au zèle
du bien public. Créerez-vous des inspecteurs pour
les surveiller? Ces inspecteurs eux-mêmes auront
besoin de vertu, pour ne pas devenir complices de
leurs subordonnés. Donnez-vous à un seul le souverain pouvoir, il lui faudra une vertu sans bornes,
pour suppléer à toutes celles qui font défaut. Ima-
ginez-vous des constitutions pour enchaîner tous
les pouvoirs publics les uns par les autres, elles auront assez de mailles, pour laisser passer les trahi-
sons, si l'amour de la justice et du droit ne comble
pas les vides. Les lois et les mécanismes politiques
ne sont que des points d'appui pour la faiblesse des
hommes : le principal ressort est toujours dans le
cœur. Dans une armée, la discipline soutient le courage, mais elle ne le remplace pas. Chez les citoyens,
il ne faut pas moins de vertu que chez les magistrats. Sans courage, l'État est asservi; sans amour
du bien public, l'État est languissant; sans amitié
et sans concorde, l'État est déchiré; sans travail,
l'État est affamé; sans économie il est ruiné; sans
dignité et sans fierté, il est opprimé.

Il semble que l'on revienne d'un pays inconnu en
affirmant aujourd'hui que la vertu est nécessaire
au maintien des États. Ce sont là des maximes di-

gnes du bon Rollin, des réminiscences de la république de Salente. On n'entend parler que de lois économiques, sociales, politiques ; et bien peu s'avisent de penser à cette vieille maxime : La vertu sauve les États, et la corruption les perd. Je n'estime pas peu les garanties légales de la liberté publique ; je suis plein de déférence pour les axiomes de l'économie politique; mais si j'avais quelque autorité pour parler courageusement aux hommes de ce temps, je leur dirais : « Aimez-vous la justice ? savez-vous respecter les lois même défectueuses, et les magistrats même imparfaits ? savez-vous aimer le droit du voisin autant que le vôtre propre ? ne vous sentez-vous ni envie pour ceux qui ont plus que vous, ni mépris pour ceux qui ont moins ? aimez-vous mieux l'honneur que la richesse, et la médiocrité honnête que la grandeur mal acquise ? êtes-vous capable de parler librement sans insulter, sans mentir, et sans mettre le feu à l'État ? savez-vous ne rien céder de votre pensée et de votre conscience sans faire violence à celle des autres? savez-vous enfin aimer la liberté, sans vouloir la domination ? Si vous savez ces choses, vous méritez d'être citoyens ; si vous ne les savez pas, votre science politique et économique pèche par la base, et toutes les révolutions du monde ne vous donneront pas ce que vous désirez. »

Montesquieu a démêlé avec profondeur cette force morale qui soutient les États dignes de ce nom, lorsqu'il a dit que sans vertu, les peuples ne peu-

vent être gouvernés que par la crainte, et tombent
par conséquent dans le despotisme. Il est vrai qu'il
n'attribue la vertu pour principe qu'aux républiques, et fait reposer les monarchies sur l'honneur.
Mais l'honneur n'est-il pas aussi une sorte de vertu,
ou une partie de la vertu ? Lorsque Crillon refuse à
Henri III d'assassiner le duc de Guise, l'honneur
qui le fait agir ne vaut-il pas la vertu républicaine,
et est-il autre chose que le cri de la conscience ?
C'est à ces conditions qu'une monarchie, même
sans liberté politique, a pu être une forme noble
de gouvernement. Mais, lorsque ce sentiment
d'honneur eut disparu, lorsque les grands eurent
mis leur gloire à plaire aux favorites et à obtenir
un regard du prince, l'État tomba dans la poussière,
et il serait inévitablement devenu la proie du despotisme, si une nouvelle force morale, l'opinion, n'é-
tait apparue, effrayant et soutenant à la fois le
prince étonné, et la monarchie chancelante.

Il n'y a pas de maxime plus généralement admise
par tous les publicistes que celle-ci : sans vertu,
point de liberté. Elle est d'ailleurs facile à démontrer. Qu'est-ce qu'un pays libre ? C'est un pays où
beaucoup de choses sont permises qui ne le sont pas
ailleurs : par exemple, écrire, parler, se réunir, aller et venir, etc. Mettez ces libertés entre les mains
d'un peuple corrompu, il en usera nécessairement
mal : les citoyens se nuiront les uns aux autres, et
se rendront la liberté insupportable ; le goût du
plaisir amollira les courages ; les divisions intérieu-

res amortiront l'esprit public ; les plus corrompus, pour jouir plus sûrement, vendront l'État soit à un conquérant, soit à un maître. Cette révolution inévitable a été peinte par Platon avec une force de couleurs et une énergie de sentiment que l'on ne peut trop admirer. Au reste, je ne veux pas dire qu'il y ait une relation constante entre la vertu et la liberté : car il entre trop d'éléments divers dans les choses politiques pour établir une pareille loi ; mais ce que l'on peut affirmer, d'après l'autorité de tous les publicistes, et d'après l'expérience de l'histoire, c'est que la corruption entraîne tôt ou tard la servitude, et que la servitude entraîne à son tour la corruption.

On dira peut-être que nous retombons dans la chimère platonique, et que la conséquence de ces principes, c'est que l'État doit établir et faire régner la vertu. Mais je n'admets pas cette conséquence : la vertu est l'œuvre libre de la volonté des citoyens ; elle a son siége dans le cœur ; c'est elle qui fait l'État, ce n'est pas l'État qui l'a créée. Sans doute l'État peut agir sur la moralité des citoyens; en établissant l'ordre, l'union et la paix, il rend les hommes plus aptes à accomplir leurs devoirs; s'il est bien constitué, les facultés morales trouvent plus aisément à se développer sous son ombre : enfin il peut même intervenir plus directement encore par l'éducation. Mais il n'impose pas la vertu par la loi : il ne force pas les citoyens à être généreux, bons, libéraux, tempérants. Il protége le droit de

chacun; mais il ne peut aller plus loin sans despotisme. C'est aux citoyens eux-mêmes que revient
l'obligation de se rendre dignes d'être citoyens, et
d'assurer par les mœurs l'empire des lois. C'est
ainsi que la politique suppose la morale sans se
confondre avec elle.

11. Je dis, en oûtre, que la politique suppose la
morale théoriquement. Essayez, en effet, sans aucun principe emprunté à la morale, sans aucune
notion du juste ou de l'injuste, d'asseoir une théorie
politique. Vous voilà, sans critérium, entre mille
systèmes opposés. Les uns vous proposent le droit
divin, les autres le droit paternel ; ceux-ci le droit
le plus fort, ceux-là le contrat primitif, etc. Les uns
sont pour la monarchie absolue, les autres pour
l'aristocratie , d'autres pour la démocratie pure,
d'autres encore pour les gouvernements mélangés.
Pour ceux-ci, la fin de l'État, c'est la grandeur du
prince, pour d'autres le bonheur des sujets; pour
les uns la paix, pour les autres la liberté; pour les
uns l'indépendance, pour les autres la domination.
Comment choisir entre ces principes, ces formes et
ces fins diverses? Cherchez-vous historiquement
par où l'État a commencé? Mais une telle recherche
est impossible; partout vous trouvez l'État tout
formé, sans jamais assister à sa formation. D'ailleurs, cette origine historique, la connussiez-vous,
ne vous apprendrait rien. De ce que l'État aurait
commencé d'une certaine façon, il ne s'ensuivrait
pas que ce fût là son principe légitime. Supposez

que l'État soit né de la force, faut-il dire que la force
est le principe du droit civil et politique ? S'il a
commencé par la famille (ce qui est vraisemblable),
affirmera-t-on, comme le chevalier Filmer, que le
pouvoir politique a son principe dans le pouvoir
paternel, et que les princes d'aujourd'hui sont
les héritiers légitimes d'Adam et de Noé? Ainsi,
nulle lumière sur l'origine historique de l'État,
et cette origine, fût-elle connue, sur le vrai principe de l'ordre politique. Vous voilà réduit à
affirmer en fait que tel État a eu pour origine la
violence, tel autre le contrat libre des citoyens,
ici la conquête, là un achat, tantôt l'élection,
tantôt le sacre religieux, la donation, l'usurpation, etc.; que certains peuples sont nés pour la
guerre, d'autres pour la culture, ceux-ci pour conquérir, ceux-là pour être conquis, les uns pour le
commerce, les autres pour les arts, les uns pour la
vertu, les autres pour le plaisir; de tous ces faits
vous conclurez qu'en raison de telle origine, ou de
telle aptitude particulière, tel peuple doit être gouverné d'une certaine façon, tel autre, d'une autre ;
et que les formes de gouvernement ne sont que des
moyennes variables et relatives entre une origine
et une fin également relatives : en un mot, vous ne
vous élèverez pas au-dessus d'une politique entièrement empirique.

Mais, dira-t-on, la politique peut-elle être autre
chose qu'une science empirique qui, observant les
faits, c'est-à-dire le caractère des peuples, leurs

mœurs, leur origine, leur climat, montre les variations que les formes politiques doivent subir en raison de ces données diverses ? La tentative de découvrir un principe absolu, dans ces matières, n'est-elle pas une chimère ? La diversité et la vanité des systèmes que cette folle idée a suscités, en est une preuve éclatante. Nul peuple ne ressemble à un autre peuple, nulle époque à une autre époque : tout doit donc être variable et relatif dans les institutions et dans les lois. Voyez quels maux a produits cette chimère d'une vérité absolue en politique. Les peuples ont oublié leurs traditions, ils se sont mis à la poursuite d'une société parfaite ; ils ont voulu refaire à priori leurs institutions sur ce modèle imaginaire ; et, comme les choses ne se plient pas à tous les caprices de l'imagination des hommes, irrités de cette résistance inattendue, ils se sont emportés à toutes les violences, et depuis ce temps la société flotte au hasard, sans trouver à jeter l'ancre sur aucun rivage. Enfin, considérez la science elle-même. Quels sont les plus grands publicistes du monde ? Sont-ce les théoriciens, les rêveurs, les logiciens ? Est-ce Platon, est-ce Rousseau ? Non, ce sont les observateurs et les empiriques, c'est Aristote dans l'antiquité, et Montesquieu chez les modernes. Or, l'un et l'autre n'ont fait qu'étudier et généraliser les faits. Ils ont procédé en politique, comme en histoire naturelle, par l'observation, l'analyse et l'induction. Aussi leurs livres sont-ils les seuls instructifs : les autres fatiguent et troublent l'esprit sans l'éclairer.

Je réponds, que l'expérience est sans doute une
des conditions indispensables de la science politique, qu'une politique à priori est insuffisante et
incomplète; que sût-on, sans crainte de se tromper,
quel est le mieux et quel est le vrai en politique, il
y aurait encore à consulter les aptitudes des peuples, les mœurs et les moyens dont on peut disposer
pour faire le bien. J'accorde que ce qui paraît juste
en soi, peut être injuste dans un cas donné, et dans
des circonstances que l'homme d'État est chargé
d'apprécier; que, d'ailleurs, toutes les formes politiques peuvent avoir leur utilité, et que pas une,
même les moins parfaites, ne doit être rejetée, si
elle est plus capable qu'une autre d'assurer une
certaine forme de justice dans un État. En conséquence, je suis plein d'admiration pour la *Politique*
d'Aristote et pour l'*Esprit des lois*, qui nous font si
bien connaître et comprendre les faits innombrables et divers de l'ordre politique selon les temps,
les lieux et les nations. En un mot, je fais la part
aussi grande que l'on voudra à la politique empirique. Mais je maintiens qu'il y a quelque chose de
juste en soi; que ce n'est ni une chimère, ni un
crime de le chercher, soit dans la science, soit dans
l'État; que l'État n'est pas un simple mécanisme,
composé de certains ressorts, pour produire certains effets; qu'il se compose de personnes morales
avec lesquelles on ne peut pas jouer capricieuse-
ment, comme avec les touches d'un instrument; qu'il
est lui-même une personne morale, ayant une fin

morale, des devoirs et des droits, et que s'il lui est
permis d'atteindre cette destinée de diverses manières, il ne lui est jamais permis de l'oublier.
J'ajouterai que les efforts qu'ont faits les peuples
modernes pour améliorer leur état et pour introduire une plus grande justice dans leurs lois, une
plus grande liberté dans leurs institutions, une
plus grande égalité dans leurs mœurs, ne méritent
que l'admiration et l'encouragement, quelque ré-
probation que méritent d'ailleurs les excès qui
ont pu accompagner de telles entreprises. Quant
au désordre qu'on prétend être le résultat de cette
noble ambition, je n'en suis pas trop frappé : car
on ne voit pas que la société du moyen âge fût
plus exempte de violences, de guerres civiles, de
séditions que les sociétés modernes. J'irais jusqu'à
dire, que la société me paraît plus solidement constituée qu'elle ne l'a jamais été, que les intérêts
et les droits les plus nécessaires n'ont jamais été
mieux garantis. Enfin, quant à l'argument tiré
des publicistes, je m'en tiens aux exemples mêmes
que l'on m'oppose. Aristote est un politique entièrement empirique : cela est vrai. Aussi a-t-il
justifié l'esclavage. Comme l'esclavage était un
fait universel de son temps, il n'a pas eu la moindre pensée que ce fait pût être contraire au droit
et à la justice, et il a cherché à en donner la raison. Mais s'il suffit qu'un fait soit un fait pour
être légitime, je demande pourquoi nous avons horreur des anthropophages. Car se nourrir de chair

humaine est aussi un fait. Quant à Montesquieu, j'accorderai que son génie est surtout l'observation, et l'intelligence des faits; mais il faudrait l'avoir bien mal lu et bien mal compris, pour croire que cet adversaire éloquent et ému de l'esclavage, de la torture, de l'intolérance, de la barbarie dans les peines, du despotisme, cet ami passionné de la liberté politique, n'a pas eu aussi son idéal dans la raison et dans le cœur.

Au fond de toute politique vraie et élevée, il y a donc une idée morale. Mais quelle est cette idée? Et comment distinguerons-nous la vraie politique de la politique fausse?

On distingue deux grandes doctrines en politique: la politique *absolutiste*, et la politique *libérale*. J'appelle politique absolutiste, celle qui ne reconnaît à l'individu d'autres droits que ceux que le pouvoir civil lui confère et lui constitue par sa volonté. Le principe de cette politique est cet axiome juridique: *Quidquid principi placuit, legis habet vigorem:* c'est le principe du bon plaisir. Quel que soit d'ailleurs le prince (roi, noble ou plèbe), dès que sa volonté seule fait la loi, confère le droit, établit le juste ou l'injuste, l'État est *despotique*. Le despotisme peut être dans les lois ou dans les actes : s'il est dans les actes, c'est le pouvoir *arbitraire;* s'il n'est que dans les lois, c'est purement et simplement le pouvoir *absolu.*

J'appelle politique libérale, celle qui reconnaît à l'individu des droits naturels, indépendants en soi du pouvoir de l'État, et que celui-ci protége et garantit, mais qu'il ne fonde pas, et qu'il peut encore moins mutiler et supprimer.

C'est une erreur commune à presque tous les publicistes anciens et modernes, d'attribuer à l'État un pouvoir absolu. La seule différence est que les uns soutiennent le pouvoir absolu d'un monarque ; les autres, le pouvoir absolu du peuple. Mais, selon la juste observation de Montesquieu, il ne faut pas confondre la liberté du peuple avec le pouvoir du peuple : et Hobbes dit aussi avec raison, que, dans tel gouvernement, la république est libre, et le citoyen ne l'est pas. Il ne sert donc de rien d'établir la supériorité de telle forme de l'État sur telle autre, si l'on ne commence par garantir contre le despotisme de l'État, sous quelque forme qu'il s'exerce, la liberté naturelle des individus : d'où il ne faut pas conclure, cependant, que les formes politiques soient indifférentes, et que les gouvernements sans garanties valent autant que les gouvernements libres, pourvu qu'ils n'attentent pas aux droits des sujets ; car, en fait, tout gouvernement irresponsable entreprend toujours plus ou moins sur les droits naturels des citoyens ; et, en second lieu, on peut se demander si ce n'est pas un droit naturel du peuple de se gouverner soi-même. Mais, ce qu'il faut établir tout d'abord, c'est qu'avant toute forme politique et toute garantie de l'État, il y a une liberté primitive, inhérente à la nature de l'homme, un droit que la loi n'a pas fait, une justice qui ne dérive pas de la volonté des hommes. *Sit pro ratione voluntas*, voilà la vraie formule du despotisme.

Si la première condition de toute politique libérale est de reconnaître certains droits contre lesquels l'État ne peut rien sans injustice et sans despotisme, j'ose dire qu'il n'y a pas d'acte plus grand dans l'histoire que la solennelle déclaration des droits par laquelle l'assemblée constituante a inauguré la Révolution. On a contesté l'utilité politique et l'opportunité de cet acte célèbre, et l'on a pu donner dans ce sens d'assez bonnes raisons. Mais si la valeur politique de cet acte est sujette à contestation, sa valeur morale est considérable. Il y a eu un jour dans l'histoire, où la raison humaine, s'affranchissant de toutes les conventions politiques et de toutes les servitudes traditionnelles, a déclaré que l'homme avait une valeur propre et inaliénable, qu'on ne pouvait toucher ni à sa personne, ni à ses biens, ni à sa conscience, ni à sa pensée ; elle a déclaré l'homme sacré pour l'homme, selon la grande expression de Sénèque, *homo res sacra homini*. Ce jour ne s'oubliera jamais, et il a posé une barrière infranchissable à tout despotisme.

Certaines personnes n'admettent pas la doctrine de l'omnipotence de l'État et ne veulent pas entendre parler de droits naturels. Il faut cependant choisir : ou l'État peut tout, ou il ne peut pas tout; s'il peut tout, voilà le despotisme, qui prendra telle ou telle forme selon les temps, tantôt monarchique,

tantôt démocratique, mais aussi légitime sous une
forme que sous une autre, puisqu'il n'y a point de
droit. Mais s'il ne peut pas tout, il faut bien qu'il y
ait quelque chose en dehors de lui : ce quelque
chose est ce qu'on appelle le droit; et comme il ne
dérive pas de la loi, je l'appelle le droit naturel.
Il n'y a point, dites-vous, de droits naturels, mais
des droits traditionnels. Qu'entendez-vous par là?
Eh quoi! si ma vie, mes biens, mon travail, ma
conscience m'appartiennent, ce n'est pas parce que
je suis homme, c'est parce que telle charte, à telle
époque, dans telle commune, a garanti à mes ancêtres la possession de ces choses, ou bien parce
que l'usage et la coutume les a protégés? Quoi, si
cette charte n'eût pas existé, si cette coutume
n'eût rien fait de ce que vous dites, je ne serais
pas assuré de m'appartenir à moi-même! Je ne
puis rien posséder à titre de droit, mais seulement
à titre de franchise et de privilége! Il serait à désirer que ceux qui regrettent ce qu'ils appellent les
libertés du moyen âge, fussent mis quelque temps
au régime de ces libertés. Je ne conteste point d'ailleurs la valeur de certains droits traditionnels, et
j'accorderai que la tradition n'a pas assez de place
dans notre pays. Mais que faites-vous de ceux qui
n'ont pas de tradition? Et quelles sont les traditions
de ceux qui descendent des serfs et des manans du
moyen âge?

On objecte que rien n'est moins défini que ce qu'on
appelle les droits naturels, et qu'on ne s'entendra

jamais pour former un programme de droits, sur
lequel tous soient d'accord. Il est facile de répondre : Vous admettez sans doute qu'il y a quelque chose qu'on appelle le devoir. Croyez-vous qu'il
soit plus facile de définir et de circonscrire les devoirs que les droits? Sans doute, les devoirs fondamentaux sont évidents et certains; mais quand il
s'agit de fixer la limite des devoirs, de les subordonner les uns aux autres, d'en juger les conflits,
la tâche est des plus délicates. Ignorez-vous qu'il
existe une science appelée la casuistique, qui a pour
objet d'appliquer à tous les cas particuliers les
principes incontestables de la morale? Cette science
est-elle si facile? Que de problèmes épineux, délicats
et obscurs! En conclut-on qu'il n'y ait point de devoirs? Non, mais qu'ils ne sont pas toujours faciles
à connaître. Il en est de même du droit. Les principes sont certains, les applications très-délicates.
En toutes choses, la limite est ce qu'il y a de plus
difficile à déterminer. Qui fixera la limite exacte
entre la raison et la folie, l'erreur et le crime, la
fatalité et la liberté, la probabilité et la certitude ?
Il y a certains esprits qui n'ont de curiosité que
pour les questions de limite. Ils vont d'emblée aux
points les plus obscurs des questions, et si on ne
les satisfait pas, ils se jettent dans le scepticisme.
C'est là une fausse méthode. Il faut commencer par
la clarté, et ne s'avancer que pas à pas et avec pré-
caution *per obscura locorum*. J'interroge le plus
ignorant des hommes, et je lui demande s'il trou-

verait juste, que sans avoir commis aucun crime et
aucun délit, il fût privé de sa liberté, et enfermé à
la Bastille ; que, pour avoir dit un mot mal compris,
il fût jeté dans les cachots de Venise et secrètement
supprimé ; que, pour avoir déplu au comité de salut
public, il fût envoyé à l'échafaud : si, dis-je, un
pareil traitement lui paraissait juste, je me récuse,
et je n'ai rien dit. Mais si la pensée seule l'en révolte, il y a donc un droit naturel, n'eût-il jamais
été démontré par aucun publiciste, ni inscrit dans
aucune constitution.

« Soit, diront peut-être quelques-uns, nous ac-
cordons que le droit naturel est le fondement de ce
que vous appelez une politique libérale. Mais qui
nous prouve que cette politique est la vraie? Sor-
tons des abstractions. Le but de la politique est de
rendre les hommes heureux. Or, le bonheur est impossible sans la sécurité ; et pour établir la sécurité,
le pouvoir ne saurait être trop absolu. Ce que vous
retranchez au pouvoir par une défiance ridicule,
vous l'enlevez au bonheur des sujets. Le pouvoir le
plus extrême ne peut pas faire plus de mal aux sujets qu'ils ne s'en font à eux-mêmes par une liberté
mal réglée. »

Je réponds à cette objection : Qu'entendez-vous
par sécurité, sinon l'assurance de jouir en paix de
tous les biens qui conviennent à ma nature? Or,
quels sont ces biens, sinon les droits mêmes sans
lesquels je ne suis rien? La vie est un de ces biens,
mais ce n'est pas le seul. Mon travail, ma conscience,

ma pensée sont aussi pour moi des biens précieux
et sans la garantie desquels je ne puis vivre en paix.
Qu'entendez-vous encore par bonheur? Je suppose
que les esclaves de l'Amérique du Sud soient, comme
le prétendent leurs maîtres (1), parfaitement heureux, c'est-à-dire bien nourris, bien traités, rarement battus, et même, si l'on veut, très-gâtés ; je
les suppose beaucoup plus heureux que les ouvriers européens, ne se doutant pas d'ailleurs
de la misère de leur état, et enfin, ce qui paraît décisif à quelques esprits, refusant la liberté
quand on la leur offre. Est-ce là le bonheur que
l'État est chargé de nous procurer? Je demande au
plus misérable des ouvriers, s'il voudrait échanger
sa dure et soucieuse condition, pleine d'âpres tourments, d'amères inquiétudes, de labeurs sans relâche, mais soutenue et relevée par le sentiment
fier et viril de la responsabilité, contre la plus douce
et la plus splendide servilité : je ne crois point
qu'il accepte, s'il est homme ; et, acceptât-il, on
peut affirmer qu'il s'avilirait. Il y a donc deux
sortes de bonheur; et le bonheur servile, à peine
différent du bonheur animal, n'est point celui
pour lequel l'homme est né : ou plutôt, l'homme
n'est point né pour le bonheur; il est né pour développer librement toutes les puissances de son
âme, sans nuire à ses semblables, dût-il souffrir en
s'améliorant; et l'État n'a pas d'autre fonction que
de protéger et de seconder ce libre développement

(1) Ceci a été écrit avant la dernière guerre d'Amérique.

des facultés humaines, qui fait de l'homme un véritable homme au lieu du rival des animaux.

Un publiciste très-libéral, M. Destutt de Tracy, dans son commentaire sur Montesquieu, cherche à déterminer la signification du mot liberté ; et égaré par la médiocre philosophie de Condillac, ne trouve pas d'autre définition de la liberté que celle-ci : « La liberté, c'est le bonheur.» Selon lui, un homme libre est celui qui fait ce qui lui plaît, et qui est content de faire une chose. Un peuple libre est donc un peuple qui est heureux comme il est, fût-il privé de tout ce que nous considérons comme essentiel à la liberté. Comme il y a mille manières d'entendre le bonheur, il y en a mille d'entendre la liberté. Chacun prend son plaisir où il le trouve, et je serais très-esclave, si vous vouliez me rendre libre à votre manière et non pas à la mienne. Mais, à ce compte, un esclave très-content de son sort serait un homme libre. Une femme, en Orient, est peut-être beaucoup plus heureuse et contente dans un sérail, que s'il lui fallait gagner sa vie du travail de ses mains. Devons-nous dire qu'elle est libre ? J'avoue qu'il faut tenir compte de l'opinion des hommes, quand on veut les rendre libres ; et je ne sais si on rendrait service aux Chinois et aux Turcs en leur accordant toutes les libertés européennes : mais là n'est pas la question. Il s'agit de savoir si le plaisir de son état suffit à constituer la liberté, si un chien, content et fier de porter sa chaîne, est par là même un chien libre. Quant à décider s'il serait juste, par respect pour la liberté du chien, de lui ôter sa chaîne et de l'envoyer mourir de faim dans les bois, c'est une tout autre question.

Il y a donc des libertés naturelles indépendantes de la loi civile, mais qui reconnues et garanties par cette loi, deviennent les libertés civiles ; et la politique libérale est celle qui maintient contre toute atteinte ces libertés essentielles; or, cette politique est la vraie ; car, seule, elle a égard à la dignité de l'homme, qui est le vrai principe de son bonheur.

Mais il est facile de voir que cette politique ne peut pas se séparer de la morale. Car c'est la morale qui nous apprend que l'homme n'est pas une créature sensible, née pour jouir et pour satisfaire ses penchants, mais une créature raisonnable, née pour accomplir librement une destinée morale ; que cette destinée lui est imposée par une loi qui commande impérieusement sans contraindre nécessairement, et qui s'appelle le *devoir ;* que c'est le sentiment d'être soumis à une loi si haute qui rend l'homme respectable à ses propres yeux, et le sentiment d'y avoir failli qui le remplit de mépris pour lui-même ; que cette loi, en s'imposant à son libre arbitre, est précisément ce qui fait de lui une *personne,* tandis que ce qui n'obéit qu'aux lois fatales et aveugles de la nature, est une *chose ;* qu'en tant que personne morale, il est ou doit être, pour tout homme, un objet de *respect ;* que nul, par conséquent, ne peut se servir de lui comme d'un *moyen,* c'est-à-dire comme d'une chose pour satisfaire ses penchants ;

que c'est enfin dans cette personnalité inaliénable qu'est le fondement du *droit*.

Si, comme le dit Bossuet, il n'y a pas de droit contre le droit, s'il y a une éternelle justice antérieure à l'État, quel que soit le principe que l'on admette à l'origine de la société politique, quel que soit le souverain auquel on décerne le droit de disposer des hommes, il faut reconnaître d'abord une première souveraineté, infaillible, inviolable, de droit divin : c'est ce que M. Royer-Collard appelait la souveraineté de la raison. Cette souveraineté s'impose aux républiques comme aux monarchies, aux princes, aux nobles, aux bourgeois, aux plébéiens ; elle domine tous les systèmes politiques ; elle est la loi que Pindare appelait « la reine des mortels et des immortels. »

Mais si la politique libérale admet comme premier principe la souveraineté de la justice et de la raison, si elle ne place pas tout d'abord la liberté et le droit dans une forme politique particulière, est-ce à dire toutefois qu'elle soit indifférente entre les formes de gouvernement, et que satisfaite d'avoir sauvé spéculativement les droits naturels de l'homme, elle les livre sans garantie à la volonté sans limites et sans frein des pouvoirs humains ? Non, sans doute. Une politique aussi hardie dans ses principes, aussi complaisante dans ses applications, se montrerait en cela bien peu clairvoyante et bien peu courageuse. Sans doute l'expérience nous apprend que les formes de gouvernement doivent être

surtout jugées dans leur rapport avec le caractère,
les mœurs, les traditions, la civilisation du peuple
pour lequel elles sont faites. Il n'en est pas moins
vrai qu'il y a, pour la politique comme pour la morale, un *optimum*, dont les peuples ont le droit et
le devoir de s'approcher, lorsqu'ils le peuvent et
qu'ils en sont dignes : ce meilleur, c'est le gouvernement d'un peuple par lui-même, ou, pour parler
plus exactement, l'intervention d'un peuple dans
son gouvernement ; en un mot, la liberté politique,
sauvegarde de toutes les libertés (1). La liberté politique vaut, sans doute, comme le moyen le plus sûr
et le plus solide de défendre le droit et les personnes ; mais elle vaut surtout par elle-même : elle
donne un noble exercice aux facultés de l'esprit et
aux facultés de l'âme ; elle fortifie les caractères,
développe l'esprit d'initiative, le sentiment de la
responsabilité ; elle est dans un peuple ce qu'est le
libre arbitre dans l'individu : un peuple libre est
une personne arrivée à l'âge de raison. Quelques
personnes, ne voyant dans la liberté politique qu'un
moyen, contestent qu'elle soit un bon moyen d'assurer le bonheur des peuples, et trouvent que le
pouvoir absolu est meilleur pour produire ce résultat. Ils ne voient pas que la liberté politique est un
bien en soi-même et qu'à ce titre elle fait partie du
bonheur d'un peuple, pour ceux-là du moins qui

---

(1) Je dois dire, pour ne pas avoir l'air de copier les programmes
de nos représentants aux dernières élections, que ces lignes ont été
écrites, il y a douze ans, à une époque où elles n'étaient certes pas
des lieux communs.

font consister le bonheur, non dans de stériles jouissances, mais dans l'exercice de l'activité morale, et
dans le sentiment de sa force. Quant à son influence
sur le bonheur matériel, l'expérience et l'histoire
nous apprennent que les États les plus libres ont
toujours été les plus riches et les plus puissants ;
mais c'est surtout par sa supériorité morale que la
liberté politique l'emporte sur le pouvoir absolu.

Si nous revenons à notre point de départ, nous
dirons que le lien entre la politique et la morale est
l'idée du droit. L'objet de la politique n'est pas de
contraindre à la vertu, mais de protéger le droit.
Sans doute, l'État repose sur la vertu, comme nous
l'avons dit, mais la vertu n'est pas son objet. C'est
aux citoyens à être vertueux : c'est à l'État à être
juste. Pour que la justice existe dans l'État, il faut
que l'individu jouisse de toutes les libertés auxquelles il a droit : c'est là le devoir de l'État ; mais
pour que l'usage de ces libertés ne soit pas nuisible,
il faut que l'individu sache en user pour les autres
et pour l'État : c'est là le devoir strict du citoyen.
On voit comment le droit et la vertu s'allient pour
produire l'ordre et la paix, comment la politique et
la morale se distinguent sans se combattre, et s'u-
nissent sans se mêler.

On trouvera peut-être que c'est trop restreindre
l'action de l'État que de le réduire à n'être que le
protecteur armé du droit et le régulateur de la liberté : car c'est lui ôter tout mouvement et toute
initiative. Mais j'accorde que ce n'est pas là toute la

fonction de l'État, et qu'il peut être encore considéré
comme le mandataire des intérêts particuliers : c'est
à ce titre qu'il se charge des grands travaux publics,
de l'éducation, des faveurs accordées aux arts et aux
sciences, etc.; c'est à ce titre qu'il a été défini l'organe du progrès, et qu'il a si grandement servi la
civilisation chez les Romains et en France. Mais d'a-
bord ce nouveau point de vue n'est pas, comme le
précédent, essentiel à l'idée de l'État : car on voit des
peuples où l'initiative des individus ou des corpora-
tions fait ce que nous sommes habitués à réclamer
de l'action administrative. En second lieu, ce point
de vue très-digne d'intérêt et qui touche aux plus
grandes questions, se rapporte plutôt à l'économie
politique qu'à la morale : il sortait donc du sujet de
cette introduction.

Tels sont les rapports de la politique et de la morale parmi les hommes tels qu'ils sont. Mais si, pour
distraire et enchanter notre imagination, nous dé_
tournons nos regards de la société réelle pour les re_
porter, à la suite de Platon, sur une société parfaite
et idéale, nous verrons la politique se confondre et
en quelque sorte s'évanouir dans la morale. Imaginez
en effet une politique parfaite, un gouvernement
parfait, des lois parfaites, vous supposez par là même
des hommes parfaits. Mais alors la politique ne serait plus autre chose que le gouvernement libre de
chaque homme par soi-même : en d'autres termes,
elle cesserait d'être. Et cependant, c'est là sa fin et
son idéal. L'objet du gouvernement est de préparer

insensiblement les hommes à cet état parfait de
société, où les lois deviendraient inutiles, et le gouvernement lui-même. Il y a une cité absolue, dont les
cités humaines ne sont que des ombres, où tout
homme est parfaitement libre, sans jamais suivre
d'autre loi que celle de la raison ; où tous les hommes sont égaux, c'est-à-dire ont la même perfection
morale, la même raison, la même liberté; où tous
les hommes sont vraiment frères, c'est-à-dire unis
par des sentiments d'amitié sans mélange, vivant
d'une vie commune, sans opposition d'intérêts, et
même sans opposition de droits : car le droit suppose
une sorte de jalousie réciproque, impossible dans un
système où une bienveillance sans bornes ne laisserait à aucun le loisir de penser à soi ; voilà *la République* de Platon, *la Cité de Dieu* de saint Augustin.
Mais une telle cité est un rêve ici-bas : elle ne peut
être qu'en dehors des conditions de la vie actuelle. La
politique ne doit pas s'enivrer d'un tel idéal, autrement elle perdrait le sentiment des nécessités réelles.
Mais elle ne doit point l'oublier, sous peine de marcher au hasard dans des contradictions sans fin. Le
vrai politique est un philosophe comme le pensait
Platon, mais un philosophe qui sait que le règne de
la philosophie n'est pas de ce monde, et qu'il faut savoir traiter avec les hommes tels qu'ils sont, afin de
les conduire peu à peu à ce qu'ils doivent être.

# CHAPITRE PRÉLIMINAIRE

## L'ORIENT.

Toute la philosophie européenne a son origine en Grèce. Mais la Grèce elle-même a été précédée par l'Orient. Sans accepter les diverses hypothèses qui ont fait dériver la philosophie grecque de la philosophie orientale, et qui ont rattaché tantôt à la Judée, tantôt à l'Inde, tantôt à la Perse et à l'Égypte les systèmes grecs, on peut bien croire qu'il y a eu quelques communications, au moins latentes, par le moyen de l'Asie Mineure, entre les deux mondes. La Grèce, à n'en pas douter, tient de l'Orient sa langue, sa religion, ses arts, ses premières connaissances scientifiques : pourquoi n'en aurait-elle pas aussi emprunté quelques idées philosophiques et morales? En tout cas, le monde de l'Orient est assez grand par lui-même pour mériter de fixer d'abord notre attention. Sans doute, pour en faire un tableau complet et vraiment fidèle, il nous faudrait ici une science spéciale que nous ne possédons pas ; mais, en nous bornant aux monuments les plus importants et les plus accessibles à tous, nous aurons déjà présenté une esquisse intéressante et suffisante pour le plan que nous nous sommes tracé dans cet ouvrage.

Mais d'abord, y a-t-il une philosophie morale et politique en Orient? On ne peut en douter, au moins pour la Chine, qui possède des moralistes et même des publicistes philosophes, dignes peut être d'être mis à côté des plus grands sages de l'ancienne Grèce. Quant aux autres peuples de l'Orient, la morale et la politique ne s'y séparent guère de la religion. L'Inde, qui a eu des métaphysiciens indépendants, ne paraît pas avoir eu de moralistes et encore moins de publicistes. Il en est de même, et à plus forte raison, pour la Judée et pour la Perse. Mais sous cette forme religieuse, nous trouvons, particulièrement dans l'Inde, tout un système de morale et de politique très-remarquable, et qui sera l'introduction naturelle de ces études : car c'est, selon toute apparence, le plus ancien que nous connaissions. La Chine devra également nous occuper, en raison de la singulière netteté et précision des doctrines

qu'elle propose à notre admiration. Nous dirons peu
de chose de la Perse, sur laquelle les documents font
défaut. Quant à la Judée, l'étude de l'Ancien Testament se lie si naturellement à celle du Nouveau, que
nous avons cru devoir renvoyer l'un et l'autre à un
chapitre spécial.

§ I. Morale et politique chez les Hindous.

Dans l'Inde, avons-nous dit, la morale et la politique
ne se séparent pas de la religion. Or la religion indienne
se présente à nous sous deux grandes formes, dont
l'une n'est que le développement et le perfectionnement de l'autre : le brahmanisme et le bouddhisme.
Le brahmanisme n'est jamais sorti de l'Indoustan : il
s'y est immobilisé, et il y est encore aujourd'hui tout-
puissant. Le bouddhisme, né dans la péninsule, en a
été chassé de très-bonne heure; mais en revanche il
s'est répandu dans toute l'Asie. En passant de l'un à
l'autre, nous verrons s'accomplir l'une des révolutions
morales les plus importantes de l'histoire. Esquissons
d'abord les principaux traits de la morale brahmanique.

Si nous avions entrepris dans cet ouvrage une histoire de la morale spéculative et des principes métaphysiques sur lesquels elle repose, nous aurions à exposer la doctrine panthéiste, qui est le fond commun
de toute religion et de toute philosophie dans l'Inde,
ainsi que le mysticisme plus ou moins exalté qui en
est la conséquence. A ce titre, le monument le plus
important et le plus instructif est le Baghavad-Gita,
l'un des chefs-d'œuvre littéraires et philosophiques
de l'Inde (1) : c'est là qu'il faut étudier la philosophie

(1) Le ou la *Bhagavad-Gita*, épisode du grand poëme indien le

mystique dans toute sa grandeur et dans tous ses
excès. Nulle part le mysticisme n'a jeté d'aussi profondes racines que dans l'Inde. Partout ailleurs, même
dans les autres nations de l'Orient, ce n'est qu'une exception temporaire, ou un raffinement de luxe. Ni
l'Egypte, ni la Phénicie, ni la Perse, ni la Judée, encore
moins la Chine, ne sont des nations mystiques. Dans
l'Inde, au contraire, la contemplation, l'extase, l'absorption dans la divinité sont le génie même de la race;
et c'est de là, on peut le dire, que le mysticisme a
passé chez les autres peuples et dans les autres religions.

Mais quelque mystique que puisse être une race
dans son génie et dans ses tendances, elle est cependant
obligée de régler par des lois civiles ou morales les
actes communs de la vie. La pure contemplation en-
traînerait bien vite la ruine d'une société qui s'y livre-
rait exclusivement. La vie suppose l'action, et l'action
a besoin de lois. De là les législations, qui à l'origine
sont considérées comme émanant de la divinité même,
et qui chez les peuples primitifs sont à la fois les codes
de la société civile, et les règles de la conduite morale.
La morale n'est d'abord acceptée que comme un ordre
venu d'en haut, comme la déclaration d'une volonté
divine. Elle est à la fois une législation et une révélation : chez les Hébreux, par exemple, c'est dans le *Deutéronome* qu'il faut chercher la morale de Moïse; de

---

Mâhâbârâta, a été traduit en anglais en 1785, par Wilkins, et
d'anglais en français en 1787 par l'abbé Parraud. En 1813, G. Schle-
gel en a donné une traduction latine littérale, avec le texte sanscrit.
Cette traduction latine a été publiée de nouveau en 1846, avec des
corrections, par le savant indianiste Lassen. M. Émile Burnouf en a
donné récemment une nouvelle traduction française. Cet ouvrage est
le sujet d'une des plus belles leçons de M. Cousin dans son *Histoire
générale de la philosophie* (cours de 1829).

même chez les Indiens c'est dans les *Lois de Manou* que nous chercherons les principes de la morale brahmanique (1).

Le code de Manou, malgré son caractère pratique, nous donne quelques indications curieuses sur les diverses opinions qui, dans l'Inde comme plus tard en Grèce et à Rome, se partageaient les esprits quant à la nature du souverain bien. Les uns, nous dit-on, placent le souverain bien dans la vertu et la richesse réunies : ce sont, suivant Manou, les hommes *sensés;* les autres, dans le plaisir et dans la richesse; les autres, dans la vertu toute seule. Ces trois opinions rappellent assez celles des péripatéticiens, des épicuriens et des stoïciens. Le livre de Manou prononce avec autorité sur ce point : il se déclare pour l'opinion éclectique et compréhensive, qui place le vrai bien dans la réunion de la vertu, du plaisir et de la richesse : « Telle est la décision formelle (2). »

L'auteur des lois de Manou est un psychologue qui paraît bien connaître la nature humaine. Il déclare que l'amour de soi-même n'est pas louable; mais il reconnaît que l'homme ne peut pas s'en séparer absolument. « On ne voit jamais ici-bas une action quelconque accomplie par un homme qui n'en a pas le désir. » Il donne même l'amour de soi comme la source de la religion. « De l'espérance d'un avantage naît l'empressement : les sacrifices ont pour mobiles l'espérance : les pratiques de dévotion austères et les ob-

(1) Les Lois de Manou (*Manava-Dharma-Sastra*) ont été traduites par M. Loiseleur-Deslongchamps, Paris 1833. Ce livre est, avec les Védas, un des livres sacrés des Indiens : « Il y a, dit Manou lui-même, une double autorité : la Révélation et la Tradition. La Révélation est contenue dans les Védas, la Tradition dans le code de Manou, II, 10. »

(2) II, 225.

servations pieuses sont reconnues provenir de l'espoir
d'une récompense (1). » C'est là une morale d'un caractère peu élevé, sans doute ; mais rappelons-nous
que nous avons affaire ici à un législateur, qui est
bien forcé de prendre pour auxiliaire le mobile le plus
fréquent des actions humaines. D'ailleurs, à côté de
ces maximes d'un caractère passablement intéressé,
s'en rencontrent d'autres sur la conscience morale
et sur la sanction, que ne désavouerait pas la morale
la plus pure et la plus délicate (2).

Le mysticisme est tellement naturel à l'Inde qu'il est
impossible, même à un législateur, à plus forte raison
à un législateur religieux, de ne pas lui faire sa part.
Aussi Manou recommande-t-il la dévotion, la contemplation, la méditation dans la solitude ; mais, tout en
faisant une juste part à la piété, il fait néanmoins ses
efforts pour la retenir dans des limites raisonnables.
C'est ainsi que Manou ne permet cet abandon des
soins de la vie qu'au vieillard qui voit sa peau se
rider et ses cheveux blanchir, et qui a sous ses

(1) II, 2, 3, 4.
(2) « L'âme est son propre témoin ; ne méprisez jamais votre âme.
» le témoin par excellence des hommes. — Les méchants disent :
» Personne ne nous voit ; mais les Dieux les regardent de même
» que l'Esprit qui est en eux. — O homme ! tandis que tu te dis : Je
» suis seul avec moi-même, dans ton cœur réside sans cesse cet Esprit
» suprême, observateur attentif et silencieux du bien et du mal. Cet
» esprit qui siége dans ton cœur, c'est un juge sévère, un punisseur
» inflexible : c'est un Dieu.
» Tout acte de la pensée, de la parole ou du corps, selon qu'il est
» bon ou mauvais, porte un bon ou un mauvais fruit (XII, 3). En
» accomplissant les devoirs prescrits, sans avoir pour mobile l'attente
» de la récompense, l'homme parvient à l'immortalité (l. II, 5).
» Qu'il accroisse par degré sa vertu, de même que les fourmis
» augmentent leur habitation. — Après avoir abandonné son cadavre
» à la terre, ..... les parents du défunt s'éloignent en détournant la
» tête, mais *la vertu accompagne son âme.* » (l. IV, 240.)

yeux le fils de son fils : c'est alors seulement qu'il lui permet de se retirer dans une forêt, pour se livrer à Dieu et préparer son absorption dans l'Être suprême (1). Jusque-là il lui prescrit de remplir les devoirs de son état. Dans d'autres passages, Manou recommande les devoirs moraux de préférence aux devoirs de dévotion, et il combat surtout la fausse piété, la dévotion orgueilleuse et hypocrite. « Que le sage » observe constamment les devoirs moraux avec plus » d'attention encore que les devoirs pieux. Celui qui » néglige les devoirs moraux déchoit, même lorsqu'il » observe tous les devoirs pieux (2). » Il dit encore :

« Un sacrifice est anéanti par un mensonge ; le mérite » des pratiques austères par la vanité ; le fruit des cha- » rités par l'action de la fraude (3). » — « Celui qui » étale l'étendard de la vertu, qui est toujours avide, » qui emploie la fraude, qui trompe les gens par sa » mauvaise foi, qui est cruel, qui calomnie tout » le monde, est considéré comme ayant les habitudes » du chat (4). » — « Le Dwidja aux regards toujours » baissés, d'un naturel pervers, perfide et affectant » l'apparence de la vertu, est dit avoir les manières » d'un héron (5). » — « Tout acte pieux, fait par hy- » pocrisie, va aux Bâkchasas. » — « Qu'un homme ne » soit pas fier de ses austérités ; après avoir sacrifié, » qu'il ne profère pas de mensonge ; ..... après avoir » fait un don, qu'il n'aille pas le prôner partout (6). »

La morale du code de Manou se distingue par un

(1) vi, 2.
(2) ix, 204.
(3) iv, 237.
(4) iv, 195.
(5) iv, 195.
(6) iv, 236.

singulier caractère de douceur et de bienveillance.
Le dogme de la vie universelle répandu dans la nature,
a eu pour conséquence le respect et l'amour pour tous
les êtres animés. Le bonheur est promis à celui qui
s'abstient de tuer des animaux : on recommande au
brahmane de ne choisir pour moyens d'existence que
ceux qui ne font aucun tort aux êtres vivants (1), ou
leur font le moins de mal possible; le scrupule est
poussé si loin qu'il est interdit aux brahmanes d'é-
craser une motte de terre sans raison et de couper un
brin d'herbe avec ses ongles (2). A plus forte raison
devra-t-on s'abstenir de faire du mal aux hommes.
« On ne doit jamais montrer de mauvaise humeur,
» bien qu'on soit affligé, ni travailler à nuire à autrui,
» ni même en concevoir la pensée ; il ne faut pas pro-
» férer une parole dont quelqu'un pourrait être blessé,
» et qui fermerait l'entrée du ciel (3). » — « Celui qui
» est doux, patient, étranger à la société des pervers,
» obtiendra le ciel par sa charité (4). » — « Celui qui
» pardonne aux gens affligés qui l'injurient, est honoré
» dans le ciel... Celui qui conçoit du ressentiment ira
» en enfer (5). »

Cette bienveillance touchante et naïve pour tout ce
qui vit trouve des accents d'une tendresse admirable
lorsqu'il s'agit des créatures faibles et misérables. La
pitié pour la misère, le respect, je dirai même le culte
de la faiblesse, voilà des traits qu'il convient de relever dans cette morale avec d'autant plus de soin, que

(1) iv, 2.
(2) iv, 70.
(3) ii, 161.
(4) iv, 246.
(5) viii, 312.

c'est un sentiment assez rare dans l'antiquité grecque
et latine, au moins jusqu'au moment où elle a été
transformée et renouvelée par sa rencontre et son
contact avec l'Orient : « Les enfants, dit Manou, les
vieillards, les pauvres et les malades doivent être
considérés comme les seigneurs de l'atmosphère (1). » .
C'est au même principe qu'il faut rapporter un respect de la femme, tout à fait analogue à celui que
Tacite signale chez les Germains. « Partout où les
femmes sont honorées, les divinités sont satisfaites;
mais lorsqu'on ne les honore pas, tous les actes
pieux sont stériles (2). » Attendrait-on de l'Orient
une pensée telle que celle-ci : « Renfermées sous la
garde des hommes, les femmes ne sont pas en sûreté; *celles-là seulement sont bien en sûreté qui se gar-
dent elles-mêmes de leur propre volonté* (3). » — « On
ne doit jamais frapper une femme, même avec une
fleur (4). » Cette complaisance pour la femme va même
jusqu'à des recommandations naïves qui font un peu
sourire : « C'est pourquoi, est-il dit, les hommes doivent avoir des égards pour les femmes de leurs familles, et leur donner des parures, des vêtements, et
des mets recherchés. » — « Si une femme n'est pas
parée d'une manière brillante, elle ne fera pas naître la
joie dans le cœur de son époux (5). »

Les lois de Manou nous offrent également, dans quelques passages, un sentiment pur et élevé de la famille.
L'antiquité grecque et latine pourrait envier des pensées telles que celle-ci : « Le mari ne fait qu'une seule
et même personne avec son épouse (6). » — « Dans

(1) IV, 184. — (2) III, 56. — (3) IX, 12. — (4) Cette loi est d'un
autre législateur. (*Digest.*, II, p. 209.) Manou, au contraire, permet de
fouetter la femme lorsqu'elle a commis une faute. — (5) III, 59-61.
— (6) IX, 45.

toute famille où le mari se plaît avec sa femme,
la femme avec son mari, le bonheur est assuré pour
jamais (1). » — « L'union d'une jeune fille et d'un
jeune homme, résultant d'un vœu mutuel, est dit le
mariage des musiciens célestes (2). » — « Qu'une femme
chérisse et respecte son mari, elle sera honorée dans le
ciel; — et qu'après avoir perdu son époux, elle ne prononce pas même le nom d'un autre homme (3). » — « Un
père est l'image du seigneur de la création; une mère
l'image de la terre. » — « Un père est plus vénérable que
cent instituteurs; une mère plus vénérable que mille
pères. » — « Pour qui néglige de les honorer, toute
œuvre pie est sans prix. — C'est là le premier devoir;
tout autre est secondaire (4). »

Cependant, on trouve malheureusement d'autres
maximes qui paraissent contredire les précédentes, ou
tout au moins qui nous invitent à en restreindre le
sens. Ainsi, les femmes, qui tout à l'heure semblaient
devoir se garder elles-mêmes, doivent, suivant une
autre loi, « être tenues jour et nuit en état de dépendance par leurs protecteurs. — Une femme ne doit jamais se conduire à sa fantaisie (5). — Une femme ne
doit jamais faire sa volonté, même dans sa propre maison (6). » Enfin, comme dans les législations tartares,
la femme n'est que la propriété du mari (7). Ce droit de
propriété est même exprimé sous la forme la plus grossière. La femme est assimilée à un champ; et « la
semence et le produit appartiennent au propriétaire
du champ (8). » Telles sont les contradictions des législations primitives, dans lesquelles le sentiment

(1) iii, 59. — (2) iii, 32. — (3) v, 155-157-160-166. — On voit qu'il
n'est nullement question ici de l'usage fanatique imposé à la veuve de
se brûler sur le bûcher de son époux. — (4) ii, 227, 145, 234, 237.
— (5) ix, 2, 3. — (6) v, 47. — (7) ix, 148, 149. — (8) ix, 173.

naissant de l'humanité est combattu par la barbarie persistante des premiers âges.

M. Ad. Franck, dans son intéressant ouvrage sur le *Droit en Orient*, nous paraît insister trop exclusivement sur les maximes oppressives de la femme, dans les lois de Manou, et ne pas faire assez la part des maximes toutes contraires que nous avons citées. Il ne voit dans l'abaissement de la femme qu'une conséquence logique du dogme panthéistique; mais il nous semble que les législations primitives ne sont pas si logiques, et peuvent parfaitement donner place à deux tendances contraires (1), l'une qui est l'instinct de l'humanité s'éveillant, et qui est souvent d'autant plus délicat qu'il est plus spontané; l'autre qui n'est que la conséquence naturelle des mœurs brutales de la barbarie. C'est ainsi que, même dans nos sociétés, on voit souvent dans les classes inférieures les sentiments les plus exquis mêlés à la brutalité la plus révoltante.

Néanmoins, il faut le reconnaître, malgré les traits touchants et quelquefois sublimes qui éclatent çà et là dans la législation de Manou, cette législation est profondément viciée à sa source par une doctrine qui n'est pas sans doute exclusivement propre à l'Inde, mais à laquelle elle a en quelque sorte imprimé son cachet d'une façon ineffaçable : je veux parler de la doctrine des castes.

Partout, dans toutes les sociétés, dans toutes les civilisations, il y a eu inégalité entre les hommes. Partout, aux inégalités naturelles on a ajouté les inégalités arti-

(1) Encore faut-il observer que nous ne savons rien de la chronologie des livres indiens, et qu'il est possible que les *Lois de Manou* contiennent des morceaux appartenant à des époques différentes, et par conséquent à des mœurs différentes.

ficielles. Partout les forts ont opprimé les faibles. Patriciens et plébéiens, nobles et manans, riches et pauvres,
maîtres et esclaves, sous toutes ces formes diverses
s'est posé partout, en tout temps, le grand problème de
l'inégalité. Mais nulle part, on peut le dire, l'inégalité
n'a pris un caractère plus âpre, plus tranché, plus systématique que dans l'Inde. Nulle part, les hommes
n'ont été séparés par des barrières plus fermées, par
des inégalités plus humiliantes et plus oppressives.
Partout, en un mot, il y a eu des *classes*. Ce n'est que
dans l'Inde et dans l'Egypte, mais surtout dans l'Inde
qu'il y a eu des *castes*.

L'institution des castes est donnée par Manou comme
ayant une origine divine. Elles ont pour cause Brahma
leur auteur commun; mais il les produisit chacune
d'une partie différente de lui-même; la première classe,
celle des prêtres ou *Brahmanes*, de sa bouche; la seconde, celle des guerriers, ou *Kchatryas*, de son bras; la
troisième, celle des laboureurs ou marchands, *Vaisyas*,
de sa cuisse; la dernière, celle des *Soudras* ou esclaves,
de son pied (1). Il semble que Platon ait eu un
souvenir de ce mythe, lorsqu'il nous représente les
quatre classes de sa république comme composées de
quatre métaux différents : l'or, l'argent, le cuivre et
l'airain.

L'inégalité des castes n'est pas seulement politique :
elle est morale; chaque classe a ses devoirs particuliers.
Le texte est explicite sur ce point. Le devoir naturel
du Brahmane, c'est la paix, la modération, le zèle, la
pureté, la patience, la droiture, la sagesse, la science
et la théologie. Le devoir naturel du Kchatrya est la
bravoure, la gloire, le courage, l'intrépidité dans les

(1) I, 87.

combats, la générosité et la bonne conduite. Le devoir
naturel du Vaisya est la culture de la terre, le soin du
bétail et le trafic. Le devoir naturel du Soudra est la
servitude (1). Ainsi, selon cette doctrine, ce ne sont
pas seulement les richesses, la puissance, la considération qui sont inégalement partagées entre les hommes,
mais les vertus. La vertu est un privilège. Les plus
hautes appartiennent aux brahmanes ; les plus bril-
lantes aux guerriers : quant aux dernières classes, elles
n'ont point à proprement parler des vertus, mais des
fonctions : cultiver la terre, soigner le bétail et trafi-
quer, voilà les fonctions de la troisième classe. On leur
attribue cependant des devoirs plus relevés, et qu'ils
partagent avec la seconde classe, ce sont les devoirs
religieux : exercer la charité, sacrifier, lire les livres
saints, voilà qui leur est ordonné ; car c'est encore un
hommage d'infériorité envers les prêtres seuls dépositaires des sacrifices et des livres sacrés. Quant à la
classe des Soudras, réduite au dernier degré de l'humiliation, elle n'a pas d'autre office que de servir les classes précédentes.

Quelle est l'origine du système des castes? On a cru
pouvoir rattacher cette institution au dogme panthéistique qui est au fond de la religion indienne (2). Il nous
est difficile de partager cette opinion. Quelle relation y
a-t-il entre le principe de l'unité de substance et la division de la société en classes fermées et absolument
séparées? L'unité d'origine n'entraîne pas logiquement
de telles conséquences. Au contraire, il semblerait
plutôt qu'il y a contradiction entre l'unité de vie qui
anime toute la nature et le principe d'une inégalité radi-

(1) *Ib.* Voy. encore 88-90, et II, 31. — (2) Ad. Franck. *Du droit
chez les peuples de l'Orient,* p. 15.

cale et irrémédiable entre les hommes. On recommandait
au sage l'amitié pour tous les êtres de la nature, et on
séparait les hommes en classes asservies les unes aux
autres, dont la dernière portait à elle seule le poids
de toutes ces servitudes accumulées. Selon toute apparence, l'institution des castes ne dérive pas d'un dogme
philosophique ; mais elle doit avoir eu une origine historique. Elle représente des conquêtes successives, et
superposées : telle est du moins l'hypothèse qui a été
présentée par quelques critiques, et qui nous paraît la
plus vraisemblable.

La doctrine des castes nous conduit à la politique de
l'Inde. Cette politique est toute sacerdotale. C'est la
théocratie la plus absolue dont on ait jamais eu l'idée.
L'Occident peut à peine comprendre, quoiqu'il ait
connu aussi une sorte de théocratie, l'excès d'orgueil et
de despotisme que l'Inde a supporté et adoré dans la
classe des Brahmanes. Le livre de Manou recommande,
il est vrai, au Brahmane de fuir tout honneur mondain,
et de *désirer le mépris à l'égal de l'ambroisie* (1). Mais
cette feinte humilité disparaît bientôt pour faire place
au plus insolent orgueil que le genre humain ait jamais
connu. La naissance du Brahmane est un événement
divin : c'est l'incarnation de la justice (2) : il est le
souverain seigneur de tous les êtres; tout ce qui est
dans le monde est sa propriété; il a droit à tout ce qui
existe (3). C'est par la générosité du Brahmane que les
autres hommes jouissent des biens de ce monde. Enfin
le brahmane, instruit ou non instruit, est une puissante divinité (4).

Mais la classe brahmanique livrée à la science et à
la piété ne saurait défendre elle-même d'aussi grands

(1) II, 162. — (2) I, 98. — (3) I, 100, 101. — (4) IX, 347.

priviléges : aussi, comme il arrive toujours, la théocratie emprunte pour se défendre l'épée des guerriers : l'ordre social repose sur l'union de la classe sacerdotale et de la classe militaire qui ne peuvent prospérer ni s'élever l'une sans l'autre. Mais le brahmane, tout en acceptant la protection du Kchatrya ou du guerrier, se garde bien de l'admettre à l'égalité. Veut-on savoir quel est le rapport de ces deux classes ? « Un brahmane âgé de dix ans et un Kchatrya parvenu à l'âge de cent ans doivent être considérés comme le père et le fils ; et des deux c'est le brahmane qui est le père et qui doit être respecté comme tel (1). »

Cependant quoique les brahmanes soient les véritables seigneurs de toutes les classes, la forme de l'État n'est pas théocratique, elle est monarchique. Le langage indien est aussi emphatique en parlant du Roi, qu'en parlant des prêtres. C'est là, c'est en Orient qu'a pris naissance évidemment cette doctrine qui, plus ou moins mitigée, voit dans les rois les représentants, les interprètes, les émanations de la divinité et dit aux rois : vous êtes des dieux. Dans l'Inde, où rien n'est humain, ce serait trop peu dire que de représenter le roi comme l'oint du Seigneur, comme le ministre de Dieu pour exercer ses vengeances ; il faut que le roi soit un dieu lui-même :

« Ce monde, privé de rois, étant de tous côtés bouleversé par la crainte, pour la conservation de tous les êtres, le Seigneur créa un roi en prenant des particules éternelles de la substance d'Indra, d'Anila, de Yama, de Sourya, d'Agni, de Varouna, de Tchandra, et de Couvera; et c'est parce qu'un roi a été formé de particules tirées de l'essence de ces principaux dieux, qu'il

(1) II, 133.

surpasse en éclat tous les autres mortels. De même
que le soleil, il brûle les yeux et les cœurs, et personne
sur la terre ne peut le regarder en face. Il est le feu, le
vent, le soleil, le génie qui préside à la lune, le roi de
la justice, le dieu des richesses, le dieu des eaux, et le
souverain firmament par sa puissance. On ne doit
pas mépriser un monarque, même dans l'enfant, en
disant : c'est un simple mortel; car c'est une grande
divinité sous une forme humaine (1). »

Il est difficile d'imaginer une apothéose plus éclatante de la royauté. Mais si on y regarde de plus près,
on verra que le pouvoir des rois est loin d'être aussi
étendu que le promettrait une origine si magnifique.
D'abord le premier devoir du roi c'est la vénération envers les brahmanes : il leur doit témoigner son respect
à son lever (2), leur communiquer toutes ses affaires (3),
leur procurer toutes sortes de jouissances et de richesses : il leur doit le produit de toutes les amen-
des (4). S'il trouve un trésor, la moitié est pour
les brahmanes. Si le brahmane trouve un trésor, il le
garde tout entier (5). Jamais la propriété du brahmane
ne doit revenir au roi (6); mais à défaut d'héritier,
pour les autres classes, ce sont les brahmanes qui doivent hériter. Les lois de Manou sont évidemment faites
pour procurer aux brahmanes toutes les richesses :
c'est ainsi qu'ils doivent boire le mépris à l'égal de
l'ambroisie. Les biens des brahmanes sont sacrés;
le roi n'y doit jamais toucher; dans la plus grande
détresse, il ne doit point recevoir de tribut d'un
brahmane (7). Ces défenses sont accompagnées des
plus terribles menaces. « Quel est le prince qui pros-

---

(1) vii, 3, 8. — (2) vii, 378. — (3) ii, 68. — (4) ii, 323. — (5) viii,
37, 38. — (6) ix, 189. — (7) vii, 133.

pérerait en opprimant ceux qui dans leur courroux
pourraient former d'autres mondes et d'autres régions
du monde, et changer les dieux en mortels (1) ? »

Telle est la royauté indienne ; environnée d'un pres-
tige religieux pour abattre l'esprit du peuple, elle n'est
que l'instrument de la classe sacerdotale, qui s'attribue
seule le vrai pouvoir, sinon les tracas et l'odieux du
gouvernement. Nous savons le rôle qui appartient aux
guerriers dans cette organisation sociale ; ils sont le
bras du sacerdoce, et à eux appartient la défense de la
société (2). Quant aux deux classes inférieures, elles
sont destituées de toute liberté et de toute influence.
Le roi doit les forcer à remplir leurs devoirs ; car s'ils
s'écartaient un instant de leurs devoirs, ils seraient
capables de bouleverser le monde. Ainsi, il ne doit jamais prendre fantaisie à un vaisya de dire : Je ne veux
plus avoir soin des bestiaux (3). Quant au soudra, il
doit au brahmane une obéissance aveugle. Celui-ci
peut s'approprier le bien de son esclave sans que le roi
le punisse ; car un esclave n'a rien qui lui soit propre ;
il ne possède rien dont son maître ne puisse s'empa-
rer(4). Un esclave même affranchi est encore dans l'état
de servitude ; car cet état lui étant naturel, qui pourrait l'en exempter (5)?

On comprend que dans un système politique fondé
sur le despotisme et la servitude à tous les degrés il n'y
ait pas d'autre moyen d'action que le châtiment. Le
châtiment est le principe tutélaire d'une telle société ;
aussi il est loué et exalté comme un dieu. Que l'on nous

(1) ix, 315.
(2) i, 327. « Le Seigneur a placé toute la race humaine sous la
tutelle du Brahmane et du Kchatrya. »
(3) ii, 328.
(4) viii, 417. — (5) ii, 414.

permette de citer cette espèce d'hymne d'une sauvage
grandeur, en l'honneur du châtiment :

« Pour aider le roi dans ses fonctions, le seigneur
produisit dès le principe le génie du châtiment, protecteur de tous les êtres, exécuteur de la justice, son propre fils et dont l'essence est toute divine. C'est la crainte
du châtiment qui permet à toutes les créatures mobiles
et immobiles de jouir de ce qui leur est propre, et qui
les empêche de s'écarter de leurs devoirs. Le châtiment est un roi plein d'énergie : c'est un adminis-
trateur habile, un sage dispensateur de la loi ; il est
reconnu comme le garant de l'accomplissement du devoir des quatre ordres. Le châtiment gouverne le genre
humain, le châtiment le protége : le châtiment veille
pendant que tout dort ; le châtiment est la justice, disent les sages. Infligé avec circonspection et à propos,
il procure aux hommes le bonheur ; mais appliqué in-
considérément, il le détruit de fond en comble. Si le
roi ne châtiait pas sans relâche ceux qui méritent
d'être châtiés, les plus forts rôtiraient les plus faibles,
comme des poissons, sur une broche. La corneille vien-
drait becqueter l'offrande du pain, le chien lécherait le
beurre clarifié ; il n'existerait plus de droit de propriété, l'homme du rang le plus bas prendrait la place
de l'homme de la classe la plus élevée. Toutes les classes
se corrompraient, toutes les barrières seraient renversées, l'univers ne serait que confusion, si le châtiment
ne faisait plus son devoir. Partout où le châtiment à la
couleur noire, à l'œil rouge, vient détruire les fautes,
les hommes n'éprouvent aucune épouvante, si celui qui
dirige le châtiment est doué d'un jugement sain (1). »

(1) vii, 14-25.

Ainsi, cette doctrine, qui s'est présentée d'abord à nous comme une doctrine d'amour, et qui se recommande en effet par les accents les plus touchants, aboutissait en définitive au plus affreux despotisme. Une théocratie insolente, une royauté terrible, une servitude inouïe des classes inférieures : et au-dessus de la société, le châtiment planant, comme une divinité sanglante : voilà le brahmanisme, religion étrange qui mêle la superstition la plus compliquée à la métaphysique la plus subtile, les menaces les plus terribles aux maximes les plus compatissantes et une dureté farouche à une exquise sensibilité.

Nous allons voir maintenant, dans une secte révoltée, devenue à son tour une grande religion, les principes d'humanité et de fraternité que contenait en germe le brahmanisme, prendre un développement admirable, et de conséquence en conséquence, entraîner la ruine du régime des castes et de la théocratie. Tel est le rôle du bouddhisme, rameau détaché du brahmanisme, et qui lui est bien supérieur par le sentiment moral (1).

Si le brahmanisme a pour dogme fondamental l'inégalité des classes, le bouddhisme repose, au contraire, sur le principe de l'égalité des hommes, et il a eu, sinon pour but, au moins pour conséquence, l'abolition des castes et de la théocratie.

Cependant, il faut se garder ici d'une certaine exagération. Eugène Burnouf a fait remarquer avec raison, que Çakiamouni, le saint fondateur de la religion boud-

(1) C'est aujourd'hui un fait acquis, après les admirables recherches de M. Eugène Burnouf (*Introduction à l'histoire du bouddhisme*, Paris, 1844), que le bouddhisme est postérieur au brahmanisme, qu'il est né du brahmanisme, comme le protestantisme est né du catholicisme, qu'il est né dans l'Inde, et que la première langue qu'il a parlée est la langue sanscrite.

dhique, n'a pas eu la pensée d'attaquer l'institution
politique des castes (1). Comme Jésus, le Bouddha n'a jamais eu d'autre pensée que celle d'un réformateur moral. Dans les légendes les plus anciennes, dans les livres
canoniques du bouddhisme, qui reproduisent les premières prédications du Çakiamouni, on ne rencontre
pas une seule objection contre les castes ; il semble au
contraire les considérer comme un fait établi qu'il ne
songe point à modifier ; mais s'il ne proclame pas l'égalité sociale, il proclame ce qui en est le principe, l'égalité religieuse.

Dans la doctrine brahmanique, la science, la dévotion, le salut étaient en quelque sorte réservés au seul
brahmane : les autres classes étaient réduites aux œuvres extérieures et ne recevaient la nourriture religieuse que par les brahmanes. Çakiamouni, au contraire, appelle les hommes de toutes les classes à jouir
de la vie religieuse. Brahmanes pauvres et ignorants,
laboureurs, marchands, esclaves, tous étaient appelés
par lui à devenir *bouddhas*, c'est-à-dire *savants*, et à
participer aux bienfaits promis à la vie religieuse.
Les philosophes Kapila et Pantadjali avaient déjà
commencé cette œuvre, en attaquant comme inutiles
les œuvres ordonnées par les védas, et en leur substi-
tuant les pratiques d'un ascétisme individuel. Kapila
avait mis à la portée de tous, en principe du moins,
sinon en réalité, le titre d'ascète qui, jusqu'alors, était
le complément et le privilége à peu près exclusif de la
vie de brahmane. Çakia fit plus, il sut donner à des
philosophes isolés l'organisation d'un corps religieux.
Il appelait tous les hommes à l'égalité de la vie religieuse par ces belles paroles : « Ma loi est une loi de

(1) Burnouf, p. 210-212.

grâce pour tous ; et qu'est-ce qu'une loi de grâce pour tous ? C'est la loi sous laquelle de misérables mendiants se font religieux (1). »

Ces principes, quoique n'étant pas directement dirigés contre le système des castes, l'ébranlaient cependant. D'une part, c'était reconnaître une certaine égalité, au moins l'égalité spirituelle entre les différentes castes, et même avec une sorte de faveur pour les castes inférieures ; car, dans une légende bouddhiste, un dieu qui aspire à se faire religieux, dit ces paroles : « Je veux me faire religieux et pratiquer la sainte doctrine : mais il est difficile d'embrasser la vie religieuse, si l'on renaît dans une race élevée et illustre ; *cela est facile, au contraire, quand on est d'une pauvre et basse extraction* (2). » En second lieu, ces principes ruinaient la classe des brahmanes ; car ils faisaient de la religion et de la dévotion, non plus le privilège de la naissance, mais le droit de la vertu, du savoir et du mérite : le corps sacerdotal n'était plus un corps héréditaire et aristocratique, mais un corps célibataire se recrutant dans tous les corps de la société. Aussi est-ce d'abord contre la caste des brahmanes que sont dirigées les premières et les plus anciennes objections du bouddhisme. « Il n'y a pas, dit une de ces anciennes légendes, entre un brahmane et un homme d'une autre caste la différence qui existe entre la pierre et l'or, entre les ténèbres et la lumière. Le brahmane, en effet,

---

(1) Burnouf, p. 808, rapproche de ces paroles un mot admirable d'un religieux bouddhiste de notre siècle, qui, disgracié par le roi de Ceylan pour avoir prêché devant les pauvres, répondit : « La religion devrait être le bien commun de tous. »

(2) Burnouf, p. 197. La comédie s'est même emparée de ce trait de mœurs. Dans la pièce intitulée *le Sage et le Fou*, on voit un joueur ruiné qui se fait religieux, en s'écriant : « Je pourrai donc marcher tête levée sur la grande route ! »

n'est sorti ni de l'éther, ni du vent : il n'a pas fendu la
terre pour paraître au jour, comme le feu qui s'échappe
du bois de l'Arani. Le brahmane est né d'une matrice
de femme, tout comme le tchandala. Où vois-tu donc
la cause qui ferait que l'un doit être noble et l'autre
vil? Le brahmane lui-même, quand il est mort, est
abandonné comme un objet vil et impur; il en est de
lui comme des autres castes : où est alors la différence (1)? »

Le même sentiment d'égalité se manifeste dans ce
discours prononcé par le roi Açoka, le plus grand
roi du bouddhisme, et qui en a été en quelque
sorte le Constantin : « Tu regardes la caste, dit-il,
dans les religieux de Çakya, et tu ne vois pas les vertus
qui sont en eux : c'est pourquoi, enflé par l'orgueil de
la naissance, tu oublies dans ton erreur, et toi-même
et les autres. Si le vice atteint un homme d'une haute
extraction, cet homme est blâmé dans le monde ; comment donc les vertus qui honorent un homme d'une
basse extraction ne seraient-elles pas un objet de respect? — Celui-là est un sage, qui ne voit pas de différence entre le corps d'un prince et le corps d'un esclave..... Les ornements seuls et la parure font la
supériorité d'un corps sur l'autre. Mais l'essentiel en
ce monde est ce qui peut se trouver dans un corps vil,
et que les sages doivent saluer et honorer (2). »

---

(1) Burnouf, p. 209, conjecture, par la seule raison du caractère
polémique de cette légende, qu'elle n'est pas une des plus anciennes
de la collection bouddhique.

(2) *Ib.*, p. 375. — Citons encore cette charmante légende · « Un
jour, Ananda, le serviteur de Çakiamouni, rencontre une jeune fille
de la tribu des tchandalas qui puisait de l'eau ; il lui demanda à boire.
Mais la jeune fille, craignant de le souiller par son contact, l'avertit
qu'elle est née dans la caste matanga, et qu'il ne lui est pas permis
d'approcher d'un religieux : « Je ne te demande, ma sœur, ni ta caste

Plus tard, le bouddhisme se déclara systématique-
ment contre le régime des castes, et l'on cite un traité
de polémique, le Vadjzaçutchi (1), composé à une époque inconnue, mais ancienne, par un religieux bouddhiste, Açvaghôcha, contre l'institution des castes.
« Les objections d'Açvaghôcha sont de deux sortes :
les unes sont empruntées aux textes les plus révérés des
brahmanes eux-mêmes; les autres s'appuient sur le
principe de l'égalité naturelle de tous les hommes.
L'auteur montre par des citations tirées de Véda, de
Manou et du Mahâbhârata, que la qualité de brahmane
n'est inhérente ni au principe qui vit en nous, ni au
corps en qui réside ce principe, et qu'elle ne résulte
ni de la naissance, ni de la science, ni des pratiques
religieuses, ni de l'observation des devoirs moraux, ni
de la connaissance du véda. Puisque cette qualité n'est
ni inhérente, ni acquise, elle n'existe pas, ou plutôt tous
les hommes peuvent la posséder : car pour l'auteur, la
qualité de brahmane, c'est un état de pureté qui a l'é-
blouissante blancheur de la fleur de jasmin. Il insiste
sur l'absurdité de la loi qui refuse au Çudra le droit
d'embrasser la vie religieuse sous prétexte que sa religion à lui, c'est de servir les brahmanes. Enfin, ses
arguments philosophiques sont dirigés principalement
contre le mythe qui représente les quatre castes sortant
successivement des quatre parties du corps de Brama,
de sa tête, de ses bras, de son ventre et de ses pieds :
« Le Kudumbara et le Panara (noms d'arbres), dit-il,
» produisent des fruits qui naissent des branches, de la

ni ta famille. Je te demande de l'eau, si tu peux m'en donner. » La
jeune fille se prit d'amour pour Ananda, puis elle se convertit et devint religieuse bouddhiste. »
(1) Publié et traduit par MM. Wilkinson et Hodgson, avec une
défense des castes par un brahmane contemporain, 1839.

» tige, des articulations et des racines; et cependant
» ces fruits ne sont pas distincts les uns des autres, et
» l'on ne peut pas dire : ceci est le fruit brahmane,
» cela est le fruit kchatrya, celui-ci le vaicya, celui-là le
» çudrâ : car tous sont du même arbre. Il n'y a donc
» pas quatre classes, mais une seule (1). »

On le voit, par un travail intérieur et tout spontané,
l'Orient est arrivé de lui-même au principe de l'égalité
des hommes, ou tout au moins de l'égalité religieuse.
Par la seule institution du célibat ecclésiastique, la
classe brahmanique se trouvait ruinée dans ses priviléges héréditaires ; le salut devenait nécessairement accessible à tous, puisque la classe sacerdotale ne pouvait
se recruter elle-même par l'hérédité. Ainsi, tandis que,
dans l'Occident, le célibat a été l'arme la plus puissante de l'Église, pour se séparer de la société civile et
former un corps indépendant supérieur aux frontières
et aux lois; en Orient, au contraire, il a été un moyen
d'affranchissement, en ouvrant le sacerdoce à tous.
Sans doute, en détruisant la classe des prêtres, le bouddhisme ne détruisait pas les autres; mais, c'était déjà
beaucoup que de ruiner la théocratie et d'affranchir
religieusement les pauvres et les opprimés.

Ce n'est pas seulement par le principe de l'égalité
religieuse que le bouddhisme a été un progrès sur le
brahmanisme, c'est par le développement admirable
donné aux principes d'humanité, de fraternité, qui
existaient déjà en germe, nous l'avons vu, dans les lois
de Manou, mais durement comprimés par l'odieux principe des castes. Comme le christianisme a transformé
le mosaïsme en rejetant tout ce qu'avait inspiré la dureté antique et en développant les meilleurs éléments

(1) Burnouf, p. 216.

de cette morale, ainsi le bouddhisme développe, purifie, anoblit, attendrit la morale du brahmanisme. Comme le christianisme, le bouddhisme est une doctrine de consolation : « Celui qui cherche un refuge auprès de Bouddha, celui-là connaît le meilleur des asiles, le meilleur refuge ; dès qu'il y est parvenu, il est délivré de toutes les douleurs (1). » Ainsi Jésus-Christ dit dans l'Evangile : « Venez à moi, vous tous qui ployez sous le joug, je vous ranimerai. » Le bouddhisme est une doctrine d'humilité : « Vivez, ô religieux, dit le Bouddha, en cachant vos bonnes œuvres et en montrant vos péchés (2). » Ainsi l'Evangile : « Lorsque vous jeûnez, ne soyez pas triste comme les hypocrites ; parfumez votre tête et votre face. » Le bouddhisme enseigne la chasteté, la charité, la piété, le pardon des offenses, comme le prouvent un grand nombre de légendes, entre lesquelles nous en choisirons quelques-unes dont la beauté poétique égale la beauté morale.

Voici, par exemple, une parabole où l'esprit de mansuétude et de charité atteint sa plus haute et sa plus pure expression. Un marchand nommé Purna vient consulter Bhagavad, c'est-à-dire le Bouddha, sur un voyage qu'il veut faire dans un pays habité par des hommes barbares et farouches : « Ce sont, lui dit le Dieu, des hommes emportés, cruels, colères, furieux, insolents. S'ils t'adressent en face des paroles insolentes et grossières, s'ils se mettent en colère contre toi, que penseras-tu de cela ? — S'ils m'adressent en face des paroles méchantes, grossières, insolentes, voici ce que je penserai : Ce sont certainement des hommes bons, ces hommes qui m'adressent en face des paroles

(1) Burnouf, p. 186.
(2) *Ib.*, p. 170.

méchantes, mais qui ne me frappent ni de la main ni
à coups de pierre. — Mais s'ils te frappent de la main
et à coups de pierre, que penseras-tu ? — Je penserai
que ce sont des hommes bons, que ce sont des hommes
doux, ceux qui me frappent de la main et à coups de
pierre, mais qui ne me frappent ni du bâton, ni de
l'épée. — Mais s'ils te frappent du bâton ou de l'épée,
que penseras-tu de cela ? — Que ce sont des hommes
bons, que ce sont des hommes doux, ceux qui me
frappent du bâton et de l'épée, mais qui ne me privent
pas complétement de la vie. — Mais s'ils te privaient
complétement de la vie, que penserais-tu de cela ? —
Que ce sont des hommes bons, que ce sont des hommes
doux, qui me délivrent avec si peu de douleur de ce
corps rempli d'ordures. — Bien, bien, Purna, dit
Bhagavad, tu peux habiter dans le pays de ces barbares. Va, Purna ; délivré, délivre : arrivé à l'autre rive,
fais arriver les autres ; consolé, console : parvenu au
Nirvâna complet, fais-y arriver les autres (1). »

La chasteté, la piété et la charité n'ont pas trouvé,
même dans le christianisme, de plus belles maximes et
de plus beaux exemples que dans les deux légendes
suivantes :

Une courtisane célèbre par ses charmes, nommée
Vasadatta, se prend d'amour pour le fils d'un marchand,
jeune homme pieux et pur, et lui envoie sa suivante
pour l'inviter à venir chez elle. « Ma sœur, lui fit dire le
jeune homme, il n'est pas temps pour moi de te voir. »
Elle lui renvoie sa servante une seconde fois. » Ma
sœur, dit encore le jeune homme, il n'est pas temps
pour moi de te voir. » Cependant la courtisane vient à

---

(1) Burnouf, p. 252.

commettre un crime, et par ordre du roi elle est affreu-
sement mutilée ; elle devient d'un aspect affreux et in-
forme, et elle est abandonnée ainsi dans un cimetière.
C'est alors le moment que le jeune marchand choisit
pour aller à elle. « Elle a perdu, dit-il, son orgueil, son
amour et sa joie, il est temps de la voir. » Il se rend au
cimetière. La malheureuse, le voyant, lui dit : « Fils de
mon maître, quand mon corps était doux comme la
fleur du lotus, qu'il était orné de parures et de vêtements précieux, j'ai été assez malheureuse pour ne
point te voir. Aujourd'hui, pourquoi viens-tu contem-
pler en ce lieu un corps souillé de sang et de boue ? »
— « Ma sœur, répondit le jeune homme, je ne suis
point venu naguère auprès de toi attiré par l'amour du
plaisir, je viens aujourd'hui pour connaître la véritable
nature du misérable objet de la jouissance de l'homme. »
Puis il la console par l'enseignement de la loi ; ses discours portent le calme dans l'âme de l'infortunée. Elle
meurt en faisant un acte de foi au Bouddha pour renaître bientôt parmi les dieux (1).

Quelque touchante que soit cette légende, elle le
cède encore à celle de Kunala, fils du roi Açoka.
Celle-ci, historique ou non, réunit, on peut le dire, tous
les genres de beauté. La belle-mère de Kunala, comme
la courtisane de la légende précédente, se prend de passion pour ce jeune prince, et cette Phèdre indienne déclare cette passion dans les termes les plus ardents,
qu'Euripide et Racine n'ont pas surpassés. « A la vue
de ton regard ravissant, de ton beau corps et de tes yeux
charmants, tout mon corps brûle comme la paille desséchée que consume l'incendie d'une forêt. » Kunala,
comme un autre Hippolyte, lui répond par ces belles et

(1) Voyez Barthélemy Saint-Hilaire, *le Bouddha*, ch. v.

nobles paroles : « Ne parle pas ainsi devant un fils, car tu
es pour moi comme une mère; renonce à une passion dé-
réglée; cet amour serait pour toi le chemin de l'enfer. »
Comme la malheureuse insiste et le presse : « O ma
mère, dit le jeune prince, plutôt mourir en restant
pur : je n'ai que faire d'une vie qui serait pour les
gens de bien un objet de blâme. » Cependant la reine
obtient de son mari la jouissance du pouvoir royal
pendant sept jours. Elle en profite pour condamner le
prince Kunala à perdre les yeux. Les bourreaux eux-
mêmes se refusent à cet ordre barbare en s'écriant :
« Nous n'en avons pas le courage. » Mais le prince, qui
croit que c'est par ordre de son père que ce supplice
lui est infligé, les invite à obéir, et leur faisant un ca-
deau : « Faites votre devoir, leur dit-il, pour prix de
ce présent. » Ils refusent encore, et il faut que ce
soit un exécuteur de hasard qui se charge de cette
atrocité. Un des yeux est arraché d'abord, le prince se
le fait donner et le prend dans la main. « Pourquoi
donc, lui dit-il, ne vois-tu plus les formes comme tu les
voyais tout à l'heure, grossier globe de chair? Combien
ils s'abusent les insensés qui s'attachent à toi en disant : C'est moi ! » Lorsque les deux yeux ont été arra-
chés, Kunala s'écrie : « L'œil de la chair vient de m'être
enlevé, mais j'ai acquis les yeux parfaits de la sagesse.
Si je suis déchu de la grandeur suprême, j'ai acquis la
souveraineté de la loi! » Il apprend que ce n'est pas
son père, mais sa marâtre qui lui a fait subir un si affreux supplice, et il n'a pour elle que des mots de pardon. « Puisse-t-elle conserver longtemps le bonheur, la
vie et la puissance, la reine qui m'assure un si grand
avantage ! » Sa jeune femme, avertie de son supplice,
vient au désespoir se jeter à ses pieds, il la console :

« Fais trêve à tes larmes, ne te livre pas au chagrin.
Chacun ici-bas recueille la récompense de ses actions. »
Le roi, averti enfin de l'abus odieux que sa femme a
fait du pouvoir qu'il lui a confié, veut la livrer au supplice. Kunala se jette à ses pieds pour lui demander le
pardon de la coupable : « Agis conformément à l'honneur, et ne tue pas une femme. Il n'y a pas de récompense supérieure à celle qui attend la bienveillance.
La patience, seigneur, a été célébrée par le Negâta...
O roi, je n'éprouve aucune douleur, et malgré ce traitement cruel, mon cœur n'a que de la bienveillance
pour celle qui m'a fait arracher les yeux. Puissent, au
nom de la vérité de mes paroles, mes yeux redevenir
tels qu'ils étaient auparavant. » A peine eut-il prononcé ces paroles, que ses yeux reprirent leur premier
éclat.

Telle est cette belle légende qui nous donne en rac-
courci comme un tableau de toutes les vertus : la chasteté, la piété, la résignation, le mépris de la douleur,
le pardon des offenses, et avec tout cela une grâce
naïve et candide qui y ajoute un charme souverain.
Est-il, dans les *Vies des saints*, un récit supérieur à celui-là ?

Il est difficile de s'élever plus haut dans la grandeur
morale que ne le fait le bouddhisme. Seulement, comme
toute doctrine religieuse, plus occupée des biens éternels que des biens de ce monde, le bouddhisme a presque entièrement laissé de côté, autant que nous en
pouvons juger par les documents, les vertus civiles et
pratiques sur lesquelles repose l'ordre des sociétés humaines ; il a fait des saints, il n'a jamais pensé à créer
des citoyens : l'Orient en général, l'Inde en particulier, n'a pas connu l'idée de l'État. Un idéalisme ex-

cessif éloignait les hommes de la cité et de ses devoirs.
La vie était considérée comme un mal, dont il faut
s'affranchir le plus vite et le plus complétement possible. La patrie et ses lois n'étaient rien. Pour employer
une expression chrétienne, la seule cité pour les sages
indiens est la cité divine. Ils n'ont pas un regard pour
la cité terrestre, pour l'indépendance nationale, pour
la liberté, pour le bien public. La Chine seule, dans tout
l'Orient, paraît avoir eu quelque idée du droit politique. Mais c'est à l'Europe, et en Europe à la Grèce
qu'appartient en propre la grande idée du citoyen.

### § II. Morale et politique des Perses.

Nous avons moins de renseignements sur la morale
des anciens Perses que sur celle des Indiens. L'Avesta,
leur livre sacré, ou du moins la partie de ce livre qui
nous a été conservée, est plutôt un rituel, un bréviaire,
un livre de prières qu'un livre de législation ou de morale. Ce que nous pouvons cependant y recueillir, c'est
que la morale des Perses était plus une morale active
que contemplative. La lutte du bien et du mal qui est
à l'origine des choses et qui est représentée par les
deux principes Ormuz et Ahrimane, se retrouvait également dans la vie humaine (1).

(1) Le *Zend-Avesta*, ou plutôt l'*Avesta* a été découvert, rapporté en
Europe et traduit en français par le célèbre et courageux Anquetil
Duperron (Paris, 1761, 3 vol. in-4°). Mais sa traduction faite sur des
traductions intermédiaires est malheureusement très-infidèle, et ne
peut être presque d'aucun usage. Eugène Burnouf a reconstruit la
langue primitive, le Zend, qui était presque entièrement perdue, et
s'est appliqué à une traduction rigoureuse; mais il n'a pas été plus
loin que le premier chapitre de l'Iaçna, l'un des livres de la collection
de l'Avesta. Enfin, nous avons en allemand une traduction complète
de l'Avesta, par M. Spiegel (*Avesta und die heiligen schriften der
Parsen*. Leips. 1858-63). C'est en consultant ces diverses sources,

Résumons d'abord, d'après l'autorité d'un des plus savants critiques allemands, l'idée fondamentale du Mazdéisme : « Une histoire complète de la création, dit M. Spiegel (1), ne se trouve nulle part dans l'Avesta; mais les faits particuliers et les allusions nous montrent que nous pouvons considérer avec confiance la tradition des Perses plus modernes comme identique avec les doctrines anciennes. Or, nous trouvons une exposition complète de ces traditions dans le premier chapitre du Boun-Dehesh (2). D'après ce récit, la puissance d'Ahura-Mazda (Ormuz) et celle d'Agro-Mainyus (Ahriman) est absolument égale; ils séjournent séparés l'un de l'autre, l'un dans la plus haute lumière, l'autre dans les plus profondes ténèbres. De même qu'Ormuz est la perfection même, Ahriman est un prodige de mal. Tandis qu'Ormuz, par son omniscience, prévoit tout ce qui doit arriver, et calcule ses actions en conséquence, Ahriman, au contraire, ne voit les conséquences de ses actions que lorsqu'il agit. Entre le bon et le mauvais génie est un abîme vide qui les sépare l'un de l'autre. Ahriman, aussitôt qu'il connut la présence d'Ormuz, fut pris de haine contre cette essence si supérieure à la sienne, et chercha à le détruire. De là une lutte dont les conséquences sont faciles à prévoir, les deux rivaux ayant la même puissance, et l'un des deux la prescience. Cet avantage assure à Ormuz la victoire, après un certain nombre de milliers d'années. »

que nous avons pu arriver à écrire, sans trop d'inexactitude, nous l'espérons, les pages suivantes.

(1) Spiegel, *Avesta, und die heiligen der Parsen*, III, intr. ch. III (Leips., 1863).

(2) Le *Boun-Dehesh* est un livre cosmogonique, une espèce de Genèse, très-postérieur à l'Avesta, mais qui jouit d'une grande autorité parmi les Parsis. Anquetil en a donné la traduction dans son troisième volume.

De même que l'univers, la vie humaine est un partage entre Ormuz et Ahriman, entre le bon et le mauvais principe. Obéir aux Amschaspands, c'est-à-dire aux bons génies, détruire les Dews, c'est-à-dire les démons, tel est le devoir de l'homme et le principal objet de la vie. Rester pur, comme Ormuz, qui est la pureté même, voilà toute la loi (1). Dans cette lutte, l'homme a reçu pour se défendre la loi de Zoroastre, et il doit invoquer le secours d'Ormuz : « Apprenez-nous les deux bienfaits qu'Ormuz a accordés aux hommes et qui servent de moyens aux purs pour les conduire au salut (2). » — « Daignez me regarder, ô Ormuz, me gardant en joie, comme un ami fait à l'égard de son ami (3). »

Nous sommes loin du système indien : si le mazdéisme est, comme on le pense, un rameau détaché du brahmanisme, ou plutôt du védisme, il faut reconnaître que ce rameau a produit des branches nouvelles et de nouveaux fruits. Ici plus de mysticisme, plus d'extase : l'action, la lutte, la vie enfin. Si le rituel et le cérémonial est encore très-compliqué, c'est le caractère de toutes les religions primitives ; mais Zoroastre n'engage jamais à abandonner la pratique des devoirs pour se livrer à la contemplation. Le seul acte de dévotion qu'il recommande, c'est la prière, mais la prière à un être déterminé, qui est à la fois le créateur, le protecteur, le ré-

---

(1) Spiegel, t. III, Khorda-Avesta, I, 1. « Reinheit ist das beste gut. La pureté est le souverain bien. »

(2) Spiegel, Iaçna, II, XXXI, 11. « Lehret die beiden Volkomnen, welche Mazda den Menschen gegeben hat... Nutzen sind sie für die Reinen, durch sie wird (ihnen) nachher Heil zukommen. » — Ces deux bienfaits ou *Perfections* sont, selon Spiegel, l'*Avesta* et le *Zend*, à savoir le *livre* et la *parole* ou *tradition*.

(3) Spiegel, Iaçna, III, XLV, 2. « Mogest du es sehen, ô Ahura, Freude gewahrend, welche ein Freund dem Freunde. »

munérateur de la créature. La prière est le moyen d'obtenir la victoire : « Le Haoura croît sur les montagnes, lorsqu'il est invoqué : c'est pourquoi celui qui l'invoque est le plus sûr de la victoire (1). »

M. Jean Reynaud, dans un article sérieux d'ailleurs sur Zoroastre (2), semble croire que la lutte d'Ormuz et d'Ahriman se termine, non-seulement par la défaite, mais encore par la conversion de celui-ci. Ainsi le bien finirait par absorber le mal, et le transfigurer en quelque sorte. Cette séduisante hypothèse paraît bien peu vraisemblable, et peu en harmonie avec les dogmes rudes d'une religion de haute antiquité. Ce ne serait donc tout au plus qu'une transformation relativement récente de la doctrine originelle. Mais il y a plus : c'est que les textes ne donnent absolument rien de semblable (3); M. Spiegel, dont le travail sur la mythologie des Perses fait autorité, n'a rien vu de cela ni dans sa traduction, ni dans son introduction critique. Cette belle terminaison finale du célèbre drame

---

(1) Spiegel, I, x, 83. *Haoura wachst wenn er gepriesen wird; daher ist am siegreisten, wer ihn preist.* Le Hom ou Haoura est une plante que Plutarque (Is. et Os. 46) appelle Ομωμι, qui croît sur les montagnes et qui a des vertus médicinales. Elle paraît analogue à la plante connue dans l'Inde sous le nom de *soma* et qui est, en botanique, l'*Asclepia acida.* Cette plante a été divinisée et personnifiée comme donnant le salut et l'immortalité.

(2) Encyclopédie nouvelle.

(3) M. J. Reynaud cite bien des textes, et des textes précis en faveur de son opinion ; et, comme il nous prévient, au début de l'article, que tous les textes cités par lui ont été revus par E. Burnouf, ces passages auraient donc une certaine autorité. Malheureusement, en y regardant de près, on voit que ces passages ne sont autre chose que la traduction même d'Anquetil, traduction qui, surtout dans la seconde partie de l'Iaçna, est singulièrement infidèle ; or, en recherchant ces textes dans la traduction allemande de Spiegel, on voit qu'ils ont une tout autre signification. Comp. particulièrement : Iaçna, II, xxx, 5; xxxi, 20, et III, xlvii, 3.

persan doit donc, quoiqu'il nous en coûte, être rejetée
par la critique.

Le point fondamental de la loi de Zoroastre, c'est la
pureté dans les pensées, dans les paroles et dans les actions. « O toi qui es donné en ce monde, donné
contre les devas, Zoroastre, pur, maître de pureté, si
je t'ai blessé soit en pensées, soit en paroles, soit en actions, que ce soit volontairement, que ce soit involontairement, j'adresse de nouveau cette louange en ton honneur; oui, je t'invoque, si j'ai failli devant toi dans ce
sacrifice et cette invocation. O vous tous maîtres très-
grands, purs, maîtres de pureté, si je vous ai blessés
soit en pensées, soit en paroles, soit en actions, que ce
soit volontairement ou involontairement, j'adresse de
nouveau cette louange en votre honneur (1). » Tous
les anciens sont d'accord pour reconnaître chez les
anciens Perses la décence dans les paroles, l'amour
de la vérité, la fidélité étroite dans les promesses.
« Chez eux, dit Hérodote, il n'est pas permis de dire ce
qu'il n'est pas permis de faire : ce qu'il y a de plus honteux à leurs yeux c'est le mensonge, et en second lieu
la mauvaise action, pour cette raison surtout, sans en
compter beaucoup d'autres, que celui qui fait une faute
est forcé de mentir pour la cacher. » ... « Chez les
Perses, dit Nicolas de Damas, les enfants sont instruits
dans la sincérité comme dans les sciences (2). » Selon
Porphyre (3), Pythagore avait appris des Mages, que
c'est par la sincérité que l'homme est semblable à Dieu :

(1) Trad. d'Eug. Burnouf. Comm. sur l'Iaçna, ch. i, p. 585. Paris,
1863, t. i.

(2) Οἱ παῖδες παρ' αὐτοῖς ὥσπερ μαθήματα τὸ ἀληθεύειν διδάσκονται (Nicol.
Damasc. in ἐθῶν συναγώγη). Stobée, *Anthol.* t. II, p. 227, éd. d'Oxford,
1822.

(3) Vie de Pythagore.

car, en Dieu, le corps est semblable à la lumière, et l'âme à la vérité. « On apprenait aux enfants, dit Xénophon, à ne pas mentir, à ne pas tromper, à ne pas être envieux (1). » Ces recommandations morales avaient un fondement religieux, car par ces fautes ces hommes devenaient les créatures d'Ahriman, qui, dans maints passages des livres Zends, est appelé le trompeur, l'envieux, le menteur des menteurs (2).

M. Spiegel a relevé également le même trait dans ses profondes études sur les livres sacrés de la Perse.

« La Vendidad, nous dit-il (3), compte six espèces de manquement de parole (violation de promesse); et parmi les traditions ultérieures, quelques-unes vont jusqu'à en compter dix. A le bien prendre, il n'y a réellement que deux degrés de péché, l'un plus bas (moins grave), l'autre plus élevé (plus grave). Le premier consiste dans le simple manque de parole; le second a lieu quand on s'est frappé dans la main (4). Les anciens le savaient bien; et, à propos du frappement dans la main, Diodore nous dit en propres termes que c'est là πίστις βεβαιοτάτη παρὰ τοῖς Πέρσαις. Ce sont là les pé-

---

(1) Xén. *Cyrop.* l. I, ch. vi, sect. 33.

(2) 4, 30.

(3) Spiegel, *Avesta*, t. II, introd. ch. iii, p. lv. A l'appui de son assertion, il cite un passage du *Sad-der Porta*, lxvii : « *Præceptum est ut mendacium non dicas, ne hoc ipso fias in hoc mundo infamis. Nam, quamvis à mendacio tuo procederet res recta, nihilominus tamen vita et dignitas tua jacturam patietur. Omne peccatum superat mendacium. Zeratúscht* (Zoroastre) *interrogavit ab eo qui occulta novit, mendaces quomodo se habebunt. Cui tale responsum dedit Deus: Oh! verax est ipso sole splendidior, mendax recta ad diabolum ibit; nam à Diabolo est.* »

(4) Nous ne pouvons traduire exactement en français cette excellente expression allemande : *Der Bruch des Handschlags,* la rupture du frappement de mains.

chés que l'on appelle péchés de Mithra, parce que
Mithra, selon les Perses, était chargé de veiller à la
stricte exécution des promesses. Les quatre autres
fautes contre Mithra, mentionnées par le Vendidad, ne
sont pas de nouveaux degrés, mais la même faute
échelonnée suivant le degré de mal qui résulte de la
parole violée. On comprend aussi par là le respect
extraordinaire des Persans pour le serment. Le *Livre
des serments*, qui se trouve dans les Rivàiets (1), nous
dit que dans les anciens temps il y avait toutes sortes
d'épreuves imposées : par exemple, traverser le feu,
poser sur les lèvres un fer brûlant. Aujourd'hui encore,
chez les Parsis (2), on doit lire le livre des serments à
celui qui veut jurer, afin qu'il voie les conséquences
de l'acte qu'il va commettre et qu'il s'en abstienne. En
outre, il doit y avoir un conciliateur qui fait tous ses
efforts pour arranger l'affaire sans serment. Ce n'est
que lorsque tous ces préliminaires ont été inutiles,
lorsque le conciliateur a solennellement déclaré qu'il
décline toute responsabilité, que l'on passe au serment
effectif. On fait cercle ; au milieu se place celui qui doit
jurer, on lui apporte de l'eau dans une tasse, du feu,
du pain, et on place tout cela à côté de lui. Il commence alors à prêter serment selon la formule suivante :
« Moi, un tel, fils d'un tel, je jure devant le créateur
Ormuz, le brillant, le majestueux, etc. »

Il serait difficile de trouver un système politique
dans le Zend-Avesta. Les seules traces que l'on en ren-

(1) Collection d'écrits sacrés des Persans, beaucoup plus récents
qu'Avesta.
(2) Les *Parsis* ou *Guèbres*, derniers débris des anciens Perses, sont
une population de l'Inde très-riche et très-peu nombreuse, que l'on
trouve surtout à Bombay. On en rencontre aussi sur les bords de la
mer Caspienne.

contre donnent lieu de supposer que l'ordre social chez les Perses reposait sur les mêmes principes que dans l'Inde; on y trouve également les quatre castes ou états, les prêtres ou Athravas, les guerriers, les laboureurs et les commerçants (1). Mais, tout fait supposer que ces quatre classes n'étaient pas séparées comme dans l'Inde par des barrières infranchissables. On y rencontre quelque symptôme d'égalité, au moins devant Dieu. « Honneur à Hom, qui fait que le génie du pauvre est égal en grandeur au génie du riche. Honneur à Hom qui fait que le sens du pauvre est égal en grandeur à celui du riche (2)! » Dans le passage même, où le Zend-Avesta nous marque la différence des quatre états ou des quatre classes, il ajoute immédiatement : « Toutes les fois que l'homme pur agit avec droiture, il donne l'abondance au monde; » ce qui semble indiquer que la différence des quatre états n'est que politique, et que l'homme, dans toutes les conditions, peut s'élever à la vertu et donner l'abondance au monde. Quant à la classe des prêtres, on ne voit pas qu'ils aient des priviléges égaux à ceux des brahmanes dans l'Inde. Les trois classes paraissent être mises sur le même rang dans le passage suivant : « J'invoque ici les grandes puissances de la loi Mazdéenne, prêtres, guerriers, laboureurs (3). » L'agriculture est un acte presque religieux : « Celui qui cultive les fruits de la terre, cultive aussi la pureté; il encourage, il étend la loi des Mazdéens (4). » C'est donc un progrès,

(1) Cette dernière classe est postérieure aux trois autres. Sur les devoirs des quatre classes, voir Spiegel, t. II, introd. ch. I, p. v.

(2) Iaçna, x, 35, 36.

(3) Iaçna, xiv, 9. Die groesste Staerke des mazdayaçnischen Gesetzes rufe ich herbei : Priester, Krieger und Ackerbauer.

(4) Vendidad, frag. III.

ou si l'on veut, pour ne rien préjuger des rapports
chronologiques, une supériorité incontestable de la loi
de Zoroastre sur la loi de Manou, que cette importance donnée à la classe des laboureurs, et en général l'égalité relative que l'on entrevoit entre les différentes classes. Comme en Inde, le gouvernement est
monarchique, et le roi est établi par Ormuzd : c'est la
théorie orientale de la royauté; elle se retrouve partout, jusqu'en Chine. Mais il est remarquable que la
fonction principale du gouvernement soit la bienfaisance. » Vous établissez roi, ô Ormuz, celui qui sou-
lage et nourrit le pauvre... (1).

C'est à peu près là tout ce qu'on peut recueillir, je
crois, de solide sur la morale des anciens Perses. Nous
savons très-peu de chose du détail de cette morale,
parce que nous n'avons pas les livres où selon toute apparence elle était exposée : mais nous en savons assez
pour attribuer à Zoroastre et à son système religieux
l'idée précise de la lutte entre le bien et le mal, lutte
qui est à la fois dans l'homme et dans l'univers. C'est
un grand mérite de ce système d'avoir rompu le
charme qu'exerçait sur les imaginations orientales le
rêve de l'anéantissement, d'avoir donné à la vie un sens,
en la présentant comme un combat, et un but en lui
proposant la victoire, non sur l'existence, mais sur le
mal. En descendant des hauteurs vides où se perdait
l'ascétisme indien, cette doctrine donnait à l'homme la
conscience de lui-même; aussi devait-elle pénétrer dans
l'Occident, et, sous des formes diverses, s'y mêler aux
plus grands systèmes philosophiques et religieux.

<hr>

(1) Iaçna, Introd. et xii. Nous citons avec quelque défiance ce
passage qui n'est que dans Anquetil, et ne se retrouve pas dans la
traduction correspondante de Spiegel, p. 85.

§ III. Morale et politique de la Chine.

Si nous ne voulions que rechercher en Orient la trace
des idées qui, de près ou de loin, ont pu avoir quelque
influence sur la philosophie morale et politique de
l'Occident, nous devrions nous borner à l'Inde ou à
la Perse : car d'une part l'Égypte, la Phénicie, qui
ont eu avec la Grèce des rapports incontestables, ne
nous offrent guère, dans l'état actuel de nos connaissances, de vestiges d'une philosophie morale; et de
l'autre, on ne peut soupçonner aucun rapport, même
indirect et lointain, entre la Grèce et la seule nation de
l'Asie qui nous présente un véritable système de philosophie morale et politique, je veux dire la Chine. Le
mazdéisme, le bouddhisme et le brahmanisme, ne sont
pas, à proprement parler, des doctrines philosophiques : ce sont des doctrines religieuses où se rencontrent, il est vrai, des principes philosophiques, mais
sous une forme qui n'a rien de philosophique. Il
n'en est pas de même en Chine; la morale et la politique s'y présentent si peu sous la forme religieuse,
que le sentiment religieux en est, au contraire,
presque entièrement absent. C'est un enseignement
humain, rationnel, aussi philosophique qu'il pouvait
l'être chez une nation où l'esprit pratique l'emporte
beaucoup sur le génie de la spéculation. C'est avec un
étonnement profond qu'en passant de l'Inde à la Chine,
on voit disparaître ce gigantesque surnaturel qui est le
fond de la religion, et se mêle à la législation, à la poésie, à la philosophie même; on se retrouve avec des
hommes parlant un langage humain, et ne cherchant
d'autre grandeur que la grandeur de la pensée. Sans

doute, la doctrine morale de Confucius n'a jamais
franchi la muraille de la Chine ; mais cette doctrine a
fait vivre et nourrit encore une des plus nombreuses
nations du monde, et elle est en elle-même une des
plus belles dont l'esprit humain puisse s'honorer (1),
C'en est assez pour ne pas l'oublier dans cette histoire (2).

Le premier caractère que nous présente la philosophie morale de la Chine, c'est d'être, non pas une œuvre
anonyme révélée par de prétendues divinités ou par
des personnages mystérieux dont nous ne connaissons
que le nom, mais l'œuvre d'un homme, d'une personne
dont l'histoire, le caractère, les mœurs mêmes nous
ont été transmises dans des récits authentiques. Dans
ses écrits ou dans ceux de ses disciples immédiats, nous
le voyons vivre et parler de lui-même avec un accent
naturel qui touche plus vivement que les emphatiques
hyperboles des révélateurs indiens. « Le philosophe, disent ses disciples, était complétement exempt de quatre
choses. Il était sans amour-propre, sans préjugés, sans

(1) Hegel (*Geschichte der philosophie*, t. I, p. 140) porte sur Confucius un jugement très-sévère et très-dédaigneux. Les pages suivantes feront voir si ce jugement est fondé.

(2) La doctrine morale de Confucius (Khoung-tseu) se trouve exposée dans ce qu'on appelle les *quatre Livres classiques* (Sse-Chou).
Ces quatre livres sont : 1° Le *Ta-hio* ou la grande étude ; 2° le
*Tchoung-young* ou l'invariabilité dans le milieu ; 3° le *Lun-yu* ou les
entretiens philosophiques. De ces trois ouvrages, le premier seul, le
*Ta-hio*, est de Confucius lui-même ; le second, le *Tchoung-young*, est
de son petit-fils et disciple Tseu-sse. Quant au quatrième livre classi-
que, c'est le livre de Meng-tseu ou Mencius, qui a renouvelé la doctrine
de Confucius deux siècles après lui. Pour compléter la connaissance de
la philosophie morale et politique de la Chine, il faut encore consulter
le *Chou-King* ou livre par excellence. M. G. Pauthier a donné une
traduction française de ces divers ouvrages. (Voy. les *Livres sacrés
de l'Orient*, chez Firmin Didot.) Abel Rémusat a donné une traduction
latine du Tchoung-Young avec commentaire. (*Notices et extraits des
manuscrits*, t. X, p. 269.)

obstination et sans égoïsme (1). Le philosophe était
d'un abord aimable et prévenant : sa gravité sans raideur et la dignité de son maintien inspiraient du respect sans contrainte... Que ses manières étaient douces
et persuasives ! Que son air était affable et prévenant ! »
Il était d'un naturel tendre et aimant (2). « Quand le
philosophe se trouvait à table avec une personne qui
éprouvait du chagrin de la perte de quelqu'un, il ne
pouvait manger pour satisfaire son appétit (3). » Ses
paroles sont modestes et d'une admirable simplicité :
« Je commente, j'éclaircis les anciens ouvrages, dit-il,
mais je n'en compose pas de nouveaux. J'ai foi dans les
anciens et je les aime... Je ne naquis point doué de la
science. Je suis un homme qui a aimé les anciens, et
qui a fait tous ses efforts pour acquérir leurs connaissances (4). » Il n'aspire point aux actions miraculeuses,
et ne cherche point à établir sa doctrine sur des prodiges : « Faire des actions extraordinaires qui paraissent en dehors de la nature humaine, opérer des
prodiges pour se procurer des admirateurs et des secta-
teurs dans les siècles à venir, voilà ce que je ne voudrais
pas faire (5). » Enfin, ce n'est pas un théosophe mystérieux ayant deux doctrines, l'une publique, l'autre
secrète : « Vous mes disciples, tous tant que vous êtes,
croyez-vous que j'aie pour vous des doctrines cachées?
Je n'ai point de doctrines cachées pour vous (6). »

Nous venons de voir que Confucius se donne comme
un commentateur des anciens; il est partisan des an-

(1) Lun-yu, ix, 4.
(2) *Ib.*, vii, 4 et 37.
(3) *Ib.*, vii, 9.
(4) *Ib.*, vii, 1, 19.
(5) Tch.-young, xi, 1.
(6) Lun-yu, I, vii, 23.

ciens usages, et veut la constance dans les mœurs et les
cérémonies. On sait quelle est en Chine l'importance du
cérémonial et des rites. Confucius s'y conformait et il
disait : « Les chars de l'empire actuel suivent les
mêmes ornières que ceux des temps passés : les livres
sont écrits avec les mêmes caractères, et les mœurs
sont les mêmes qu'autrefois. » Il compte partout l'observation des rites au nombre des vertus (1); mais il
est évident qu'il subordonne les cérémonies aux sentiments, et l'extérieur à l'intérieur : on cite de lui des
paroles qui peuvent être regardées comme indépendantes dans un pays où le formalisme enchaîne la
vie privée et publique dans les mailles inextricables
d'un cérémonial superstitieux (2). « Préparez, disait-il,
d'abord le fond du tableau pour y appliquer ensuite
les couleurs. Tseu-hia dit : Les lois du rituel sont donc
secondaires. Le philosophe dit : Vous avez saisi ma pensée (3). » J'entends dans le même sens les paroles suivantes : « En fait de rites, une stricte économie est
préférable à l'extravagance; en fait de cérémonies
funèbres, une douleur silencieuse est préférable à une
pompe vaine et stérile (4). » Enfin, ce qui témoigne
surtout de l'indépendance de son esprit, c'est l'interprétation très-libre et toute philosophique qu'il donne
des textes sacrés (5).

Le Philosophe, comme l'appellent les livres de ses
disciples, montre la même réserve relativement au

(1) Ils sont pour lui l'expression de la loi céleste (Tchoung-Young,
cxxvii, 6). Voy. aussi Lun-yu, l. II, c. xii, 1.
(2) Pour en avoir une idée, voyez le Tcheou-Li ou rites du Tcheou,
trad. de M. Édouard Biot, et l'analyse de ce livre par M. Biot, le père,
dans les comptes rendus de l'Ac. des sc. mor., 2ᵉ sér. t. IX, p. 187.
(3) Lun-yu, I, c. iii, 8.
(4) Ib., I, iii, 4.
(5) V. par ex. Tch.-Young, xii, 3 ; xiii, 2.

culte. Ce culte d'ailleurs était fort peu élevé : c'est une
sorte de polythéisme vague et matérialiste; les Chinois n'ont jamais bien compris le dieu spirituel et personnel des cultes occidentaux : ils adorent des êtres in-
déterminés que l'on appelle des esprits ou des génies,
qui paraissent n'être autre chose que les forces de la
nature. Sur ce point comme sur le cérémonial, Confucius paraît avoir préféré le fond à la forme, sans dire
jamais rien de contraire aux croyances populaires; voici
un passage significatif : « Le philosophe étant malade,
Tseu-lou le pria de permettre à ses disciples d'adresser
pour lui leurs prières aux esprits et aux génies. Le philosophe dit : Cela convient-il? Tseu-lou répondit avec
respect: Cela convient. Il est dit dans le livre intitulé
*Houeï* : « Adressez vos prières aux esprits et aux génies
d'en haut et d'en bas (du ciel et de la terre), le philosophe dit : la prière de Khieou (c'est le nom qu'il se donnait à lui-même) est permanente (1). » Il oppose dans ce
passage la prière permanente, c'est-à-dire la prière du
cœur, la prière des actes, aux prières déterminées et
exigées dans des circonstances particulières. Cette
prière permanente, c'est évidemment la sagesse, sur
laquelle il compte plus pour fléchir les esprits que sur
des actes extérieurs. Toutes les fois qu'on lui fait des
questions relatives au monde surnaturel, il les élude.
« Ki-lou demanda comment il fallait servir les esprits
et les génies. Le philosophe dit : Quand on n'est pas
encore en état de servir les hommes, comment pourrait-
on servir les esprits et les génies? — Permettez-moi,
ajouta-t-il, que j'ose vous demander ce que c'est que la
mort? Le philosophe dit : Quand on ne sait pas encore

(1) Lun-yu, vii, 34.

ce que c'est que la vie, comment pourrait-on connaître la mort (1)? »

La doctrine de Confucius est donc une doctrine philosophique et rationnelle, respectueuse envers la tradition, mais indépendante. Il a sur la science des principes tout à fait conformes à ceux de Socrate, et exprimés déjà avec une précision rare. » Savoir que l'on sait ce que l'on sait, et que l'on ne sait pas ce que l'on ne sait pas, voilà la véritable science (2). » Il se rend très-bien compte du caractère de la doctrine et de sa méthode : « Les êtres de la nature, dit-il, ont une cause et des effets; les actions humaines ont un principe et des conséquences : connaître la cause et les effets, les principes et les conséquences, c'est approcher très-près de la méthode rationnelle, avec laquelle on arrive à la perfection (3). »

Il ne faudrait pas cependant se faire illusion, et chercher dans Confucius une méthode très-rigoureuse : il procède par aphorismes, plus que par raisonnement. Ce qui ne peut pas être nié, c'est le sentiment moral qui anime ces antiques monuments. On ne peut guère leur comparer sous ce rapport, dans les livres purement philosophiques, que les Pensées de Marc-Aurèle. Le ton est d'une grandeur, d'une pureté, d'une simplicité, d'une sincérité incomparable. « Si le matin vous avez entendu la voix de la raison céleste, le soir vous pouvez mourir (4). » L'enthousiasme du devoir y éclate en élans profonds et sublimes ! « Oh! que la loi du devoir de l'homme saint est grande, s'écrie le philosophe! c'est

(1) Lun-yu, II, xi, 11.
(2) *Ib.*, I, ii, 17.
(3) Ta-hio, i, 3.
(4) Lun-yu, iv, 3.

un océan sans rivage! Elle produit et entretient tous
les êtres : elle touche au ciel par sa hauteur! Oh! qu'elle
est abondante et vaste (1)! » Le sentiment chez Confucius s'enrichit de ce qui manque chez lui au sentiment religieux! ou plutôt il devient le sentiment
religieux lui-même, et la loi morale lui révèle un principe, existant par lui-même, supérieur à tout ce que
les sens peuvent atteindre et auquel il ne manque
que le nom de Dieu : « Le parfait, dit-il, est le vrai dé-
gagé de tout mélange... Le parfait est le commencement
et la fin de tous les êtres. Sans le parfait ou la perfection, les êtres ne seraient pas... Le parfait est par lui-
même parfait absolu (2). »

Confucius ne nous montre pas seulement un sentiment vif et enthousiaste de la loi morale : il en donne
une définition précise : il en saisit avec profondeur les
caractères, et sa doctrine morale est déjà savante. Voici
comment il définit la loi morale. « C'est le principe qui
nous dirige dans la conformité de nos actions avec la
*nature rationnelle* (3). » C'est là ce qu'il appelle la *droite
voie.* Il dit encore : « La loi de la philosophie pratique
consiste à développer et à remettre en lumière le principe lumineux *de la raison* (4). » Qu'est-ce que cette nature rationnelle, à laquelle la loi morale nous ordonne
de nous conformer et que Confucius appelle aussi le
*mandat du ciel?* c'est, selon lui, la loi constitutive que le
ciel a mise dans chaque être pour accomplir régulière-
ment sa destinée : « C'est le principe des opérations vi-

(1) Tch.-Young, xxvii. Ce livre, à la vérité, n'est pas de Confucius,
mais de son petit-fils, Tseu-sse; mais il est inspiré de son esprit.

(2) *Ib.*, xxv.

(3) Tch.-young, i, 1.

(4) Cette définition paraît littéralement la même que la définition
stoïcienne : ὁμολογία τῇ φύσει, τῷ λόγῳ.

tales et des actions intelligentes conférées par le ciel aux êtres vivants. » Qu'est-ce maintenant que le ciel, expression que les philosophes chinois employaient très-fréquemment? On voudrait pouvoir affirmer que Confucius a entendu par cette expression un être vraiment supérieur à la nature, une intelligence suprême, une volonté éclairée. Mais on ne peut se refuser à reconnaître que Confucius ne s'est jamais élevé au-dessus d'une sorte de panthéisme naturaliste assez vague dont le caractère se montre à nous dans le curieux passage que voici : « Que les facultés des puissances subtiles du ciel et de la terre sont vastes et profondes!... Identifiées à la substance même des choses, elles ne peuvent en être séparées. Elles sont partout au-dessus de nous, à notre gauche, à notre droite, elles nous environnent de toutes parts. Ces esprits, quelque subtils et imperceptibles qu'ils soient, se manifestent dans les formes corporelles des êtres : leur essence étant une essence réelle, elle ne peut pas ne pas se manifester par une forme quelconque (1). »

Si Confucius est obscur sur la loi primitive des êtres, il s'exprime sur la loi morale avec une élévation, une fermeté et une clarté qui ne laissent rien à désirer. Le caractère essentiel de cette loi est, à ses yeux, l'obligation et l'immutabilité. « La règle de conduite morale, dit-il, qui doit diriger les actions est tellement obligatoire que l'on ne peut s'en écarter d'un seul point, d'un seul instant. Si l'on pouvait s'en écarter, ce ne serait plus une règle de conduite immuable (2). » Il en exprime en termes admirables ce caractère absolu. « La loi du devoir, dit-il, est par elle-même la loi du de-

(1) Tch.-young, xvi, 1, 2, 3.
(2) *Ib.*, 1, 2.

voir (1). » Il nous peint cette loi éternelle égale pour tous, quelle que soit leur condition, accessible aux plus humbles, et surpassant en même temps les efforts des plus sages et des plus savants, « si étendue, dit-il, qu'elle peut s'appliquer à toutes les actions des hommes, si subtile qu'elle n'est pas manifeste pour tous (2). »

Cette loi, quoique s'imposant à l'homme d'une manière absolue, a cependant son principe dans le cœur de tous les hommes d'où elle s'élève à sa plus haute manifestation pour éclairer le ciel et la terre de ses rayons éclatants. Elle ne doit pas être éloignée des hommes (3), c'est-à-dire qu'elle doit être conforme et proportionnée à leur nature. Enfin, il la considère comme la loi de toutes les intelligences et illuminant l'univers entier (4). Ne doit-on pas reconnaître que Confucius a saisi tous les traits essentiels par lesquels l'analyse la plus savante a essayé de définir la loi morale.

Quel est l'objet de la loi morale ? C'est le perfectionnement de soi-même. Confucius nous le dit dans plusieurs passages; mais il distingue avec précision la perfection et le perfectionnement. L'une est la loi du ciel, l'autre est la loi de l'homme (5); l'une est un idéal auquel nul ne peut atteindre, l'autre est le possible, et est au pouvoir de tous les hommes. Confucius, lorsqu'il parle de la perfection, semble entrevoir un type supérieur à la nature même, et les paroles suivantes peuvent être entendues comme expression obscure mais profonde de l'idée d'infini : « Le ciel et la terre sont

(1) Tch.-young, xii, 2.
(2) *Ib.*, xxvi, 7.
(3) *Ib.*, xxv, 2.
(4) *Ib.*, xxxi.
(5) *Ib.*, xxii.

grands sans doute; cependant l'homme trouve aussi
en eux des imperfections. C'est pourquoi le sage en
considérant ce que la règle de conduite morale a de
plus grand, a dit que le monde ne peut la contenir(1). »
« La puissance productive du ciel et de la terre peut
s'exprimer par un seul mot : c'est la perfection, mais
la production des êtres est incompréhensible (2). Le
parfait est le commencement et la fin de tous les êtres;
sans le parfait, les êtres ne seraient pas (3). » L'idéal
moral conduit donc Confucius aussi près que possible
de l'idée de Dieu, dont il est si éloigné dans ses conceptions métaphysiques.

Quoique la perfection soit au-dessus des efforts de
l'homme, Confucius aime cependant à se représenter
un homme souverainement parfait, qui est le modèle
dont il se sert pour exciter les autres hommes à la sagesse. C'est un personnage idéal, semblable au sage des
stoïciens qui a toute la vertu, toute la science et toute
la puissance que l'on peut concevoir et désirer (4). Confucius lui prête même des facultés surnaturelles, et le
nomme un troisième pouvoir du ciel et de la terre (5).
Mais, tout en proposant un modèle idéal, il ne demande pas une perfection impossible : « Je ne puis parvenir à voir un saint homme, nous dit-il; tout ce
que je puis, c'est de voir un sage. » C'est ainsi qu'il interprète ce passage du livre des vers : « L'artisan qui
taille un manche de cognée sur un autre manche n'a
pas son modèle éloigné de lui. Ainsi le sage pour gouverner et améliorer les hommes ne doit pas regarder

(1) Tch.-young, xxv, 1.
(2) Ib., xii, 2.
(3) Ib., xiii, 1.
(4) Ib., xii, 4.
(5) Ib., xx, 17.

un modèle trop éloigné. Une fois qu'il les a ramenés au bien, il s'arrête là (1). » Ainsi quoique l'homme ne puisse atteindre à la perfection, il doit essayer sans cesse d'en approcher, et s'efforcer de faire des progrès vers ce but sublime. Il étudie avec profondeur la loi du devoir, pour en saisir les préceptes les plus subtils et les plus inaccessibles aux intelligences vulgaires, il se conforme aux lois déjà reconnues et cherche à en découvrir de nouvelles (2).

L'idée que Confucius se forme de la sagesse est très-large. Il vante la force d'âme comme un stoïcien (3), la modération comme un disciple d'Aristote, l'amour des hommes comme un chrétien. N'est-ce pas un Épictète, un Marc-Aurèle qui a dit ces paroles : « Est-il riche, comblé d'honneurs, le sage agit comme doit agir un homme riche et comblé d'honneurs. Est-il pauvre et méprisé, il agit comme un homme pauvre et méprisé... Le sage qui s'est identifié avec la loi morale conserve toujours assez d'empire sur lui-même pour remplir les devoirs de son état dans quelque condition qu'il se trouve (4). » Mais cette fermeté n'est jamais accompagnée d'ostentation et d'emphase. Il ne dit pas comme le philosophe grec : « Même dans le taureau de Phalaris, le sage s'écrierait encore : Que cela est doux. » Mais il dit avec une simplicité et une modestie bien plus touchantes : « Se nourrir d'un peu de riz, boire de l'eau, n'avoir que son bras courbé pour appuyer sa tête, est un état qui a aussi sa satisfaction (5). » Il ajoutait : « Être riche et honoré par des

(1) Tch.-young, xiii, 2.
(2) *Ib.*, xxvii, 6.
(3) *Ib.*, x, 4.
(4) *Ib.*, xiv, 1.
(5) Lun-yu, vii, 15.

moyens iniques, c'est pour moi comme le nuage flottant qui passe. »

Voilà pour la force d'âme; quant à la vertu de la modération, elle est une des plus recommandées dans l'école de Confucius; le principe du juste milieu est un de ses principes favoris; il y revient à plusieurs reprises dans des termes très-précis et très-significatifs; enfin c'est l'objet d'un livre dont le titre parle assez par lui-même : *l'invariabilité dans le milieu* (1). Voici comment l'auteur, petit-fils de Confucius (2) et interprète de sa doctrine, définit le milieu : « Avant que la joie, la satisfaction, la colère, la tristesse se soient produites (avec excès), l'état dans lequel on se trouve s'appelle *milieu*. » La persévérance dans le milieu, loin de tout extrême, est le signe d'une vertu supérieure (3). Mais il ne faut pas entendre le milieu dans un sens absolu et inflexible, comme s'il était fixé d'avance pour toutes circonstances. Il y a milieu et milieu: la sagesse est de savoir le reconnaître : « L'homme supérieur se conforme aux circonstances pour tenir le milieu... l'homme vulgaire ne craint pas de le suivre témérairement en tout et partout (4). » Tel est l'esprit de modération de ces philosophes, qu'ils vont jusqu'à craindre l'excès de la modération, et qu'ils s'en rapportent plus, pour trouver le vrai milieu, au tact de l'homme supérieur qu'à leurs propres formules.

Enfin, on a souvent signalé dans Confucius des élé-

(1) Avertissement du docteur Tching-Tseu. Le docteur Tching-Tseu a dit : « Ce qui ne dévie d'aucun côté est appelé milieu (tchoung), ce qui ne change pas est appelé invariable (young). » Tr. fr. p. 32.

(2) Tseu-sse.

(3) Tchoung-young, ii, 1, 2 ; iii, 1 ; vii, 1 ; viii, 1 ; ix, 1 ; x, 5; xi, 3 ; xiv, 1, etc.

(4) *Ib.*, ii, 2.

ments qu'il est permis d'appeler chrétiens, si l'humilité et la charité sont considérées comme les vertus propres au christianisme. N'est-ce pas une noble humilité qui a inspiré ces paroles : « Fuir le monde, n'être vu ni connu des hommes, et cependant n'en éprouver aucune peine, tout cela n'est possible qu'au saint (1)... » L'homme supérieur s'afflige de son impuissance ; il ne s'afflige pas d'être ignoré et méconnu des hommes (2). » N'est-ce pas la charité qui a inspiré le passage suivant : « Fan-tchi demanda ce que c'était que la vertu de l'humanité. Le philosophe dit : « Aimer les hommes (3) »... « Il doit aimer les hommes de toute la force et l'étendue de son affection (4) »... « L'homme supérieur est celui qui a une bienveillance égale pour tous (5). »

Veut-on des paroles encore plus pénétrantes, où non-seulement l'idée, mais le sentiment de la fraternité s'exprime en termes touchants et passionnés. Le philosophe dit : « Je voudrais procurer aux vieillards un doux repos, aux amis conserver une fidélité constante, aux femmes et aux enfants donner des soins tout maternels (6) »... Sec-Ma-Nieou, affecté de tristesse, dit : « Tous les hommes ont des frères, moi seul n'en ai point.—Que l'homme supérieur, répond le philosophe, regarde tous les hommes qui habitent dans l'intérieur des quatre mers comme ses frères (7). » Et enfin, pour terminer ces citations par celle qui les résume toutes, quoi de plus merveilleux que cette parole, que

(1) Tch.-young, xi, 3.
(2) Lun-yu, xv, 18.
(3) *Ib.*, xii, 22.
(4) *Ib.*, i, 6.
(5) *Ib.*, I, x, 14.
(6) *Ib.*, I, v, 25.
(7) *Ib.*, xii, 5.

l'on pourrait prendre pour une traduction littérale de l'Evangile, si les livres de Confucius n'étaient pas antérieurs à l'Evangile : « La doctrine de notre maître, dit Meng-tseu, consiste uniquement à avoir la droiture du cœur et à aimer son prochain comme soi-même »... — « Agir envers les autres comme nous voudrions qu'ils agissent envers nous-mêmes, voilà la doctrine de l'humanité. » — « La règle de la vie est la *réciprocité* (1). »

On ne peut pas dire que Confucius ait eu une doctrine politique. L'Orient n'a guère connu cette science qui s'occupe des éléments constitutifs de l'Etat, discute les principes du gouvernement, distingue et compare les différentes constitutions, et juge les gouvernements sur le modèle d'un gouvernement parfait, dont l'idée varie selon le système de chacun. L'immobile Orient a plus de respect pour les principes du pouvoir.

Cependant il faut reconnaître qu'en Chine, où tout se présente sous des proportions plus humaines, la doctrine du droit divin est bien moins exagérée que dans l'Inde. Le roi est bien appelé le Fils du Ciel, et il est reconnu que c'est du ciel qu'il reçoit son pouvoir (2); mais cette expression vague et mal définie n'empêche pas qu'on ne le considère comme un homme, et que le gouvernement ne soit traité par les philosophes comme un établissement humain, sujet aux imperfections, appelant la critique et susceptible

(1) Ta-hio, ix, 3 (voir le commentaire dans Pauthier, traduction latine, p. 66. Paris, 1837). — Tchoung-young, xiii, 3; Lun-yu, iv, 15; v, 11; vi, 28; xv, 23; Meng-tseu, II, vii, 4.

(2) Chou-King (Livres sacrés de l'Orient, 1840). Ch. Taï-chi. « Le ciel, en créant des peuples, leur a proposé des princes pour avoir soin d'eux. »

de réformes et de perfectionnement. La souveraineté
n'y paraît pas absolument inviolable ; en fait, de nombreuses dynasties se sont succédé les unes aux autres
sur le sol de la Chine. Confucius paraît donner son approbation à l'une de ces révolutions (1), et il semble
les autoriser en général par ces paroles d'une singulière
hardiesse : « Le Khang-kao a dit : Le mandat du Ciel
qui donne la souveraineté à un homme ne la lui confère pas pour toujours. » Ce qui signifie qu'en pratiquant le bien et la justice on l'obtient, et qu'en pratiquant le mal ou l'injustice on la perd (2). Ainsi la souveraineté peut se perdre, et la seule garantie que le
prince ait de la conserver, c'est l'amour et la volonté
du peuple : « Obtiens l'affection du peuple, et tu ob-
tiendras l'empire ; perds l'affection du peuple, et tu
perdras l'empire (3). »

Cependant il ne faut pas prendre Confucius pour un
réformateur politique. Il écarte le peuple de la critique du gouvernement (4), et ne reconnaît qu'à l'autorité légitime le pouvoir d'opérer les grandes réformes
qu'exige le salut de l'Etat (5). Ce n'est pas non plus un
utopiste qui rêve une société idéale pour se donner le
droit d'accabler de ses mépris la société réelle ; et, quoiqu'il s'écrie une fois dans un accès d'enthousiasme : « Si
je possédais le mandat de la royauté, il ne me faudrait
pas plus d'une génération pour faire régner partout la
vertu de l'humanité, » ces paroles un peu ambitieuses
sont les seules où Confucius semble prendre le rôle de

(1) Lun-yu, xiv, 17, 18.
(2) Ta-hio, x, 10.
(3) Ib., 6.
(4) Lun-yu, viii, 14.
(5) Tchoung-young, xxviii, 2.

réformateur : en général, c'est un sage, un moraliste qui
donne des conseils aux rois comme aux autres hommes.
La politique n'est pour lui qu'une partie de la morale. Il définit le gouvernement : « Ce qui est juste et
droit. » Pour bien gouverner l'Etat, il faut d'abord,
suivant lui, mettre l'ordre dans sa famille, et surtout se
gouverner soi-même (1). « Le prince qui est vertueux
possède le cœur de ses sujets ; s'il possède le cœur, il
possède le territoire. Le principe rationnel et moral est
la base fondamentale, les richesses n'en sont que l'accessoire (2). » Il recommande au prince de chercher l'amélioration de ses sujets, non par les supplices, mais par
le bon exemple. Sur les revenus de l'Etat il donne des
conseils qui peuvent sembler naïfs, qui sont cependant,
quoi qu'on fasse, le dernier mot de la science financière : « Il y a un grand principe, dit-il, pour accroître
les revenus de l'Etat ou de la famille. Que ceux qui
produisent ces revenus soient nombreux, et ceux qui
les dissipent en petit nombre ; que ceux qui les font
croître par leur travail se donnent beaucoup de peine,
et que ceux qui les consomment le fassent avec modération. De cette manière, les revenus seront toujours suffisants. » Ce qui est marqué au coin d'une
sagesse profonde et hardie, et ce qui est d'une vérité
éternelle, c'est cette véhémente apostrophe contre les
ministres prévaricateurs : « Si ceux qui gouvernent
les Etats ne pensent qu'à amasser des richesses pour
leur usage personnel, ils attireront indubitablement
auprès d'eux des hommes dépravés : ces hommes leur
feront croire qu'ils sont des ministres bons et vertueux, et ces hommes dépravés gouverneront le

(1) Ta-hio, 4.
(2) Ib., x, 6.

royaume. Mais l'administration de ces indignes ministres appellera sur le gouvernement les châtiments divins et les vengeances du peuple. Quand les affaires publiques sont arrivées à ce point, quels ministres, fussent-ils les plus justes et les plus vertueux, détourneraient de tels malheurs? Ce qui veut dire que ceux qui gouvernent un royaume ne doivent pas faire leur richesse privée des revenus publics, mais qu'ils doivent faire de la justice et de l'équité leur seule richesse (1). » Enfin, Confucius semble avoir deviné le rôle des ministres constitutionnels, lorsqu'il dit : « Ceux que l'on appelle grands ministres servent leurs princes selon les principes de la droite raison (et non selon les désirs du prince); s'ils ne le peuvent pas, alors ils se retirent (2). »

Après Confucius et ses premiers disciples, il arriva ce qui arrive toujours : l'école dégénéra, la doctrine fut négligée et abandonnée ; des sectes nouvelles se formèrent; une réforme devint nécessaire.

Parmi les sectes qui se développèrent à cette époque, en dehors de l'école de Confucius, on en cite principalement deux, très-opposées l'une à l'autre et toutes deux éloignées de ce milieu que le philosophe avait regardé comme la base de sa morale : la secte d'Yang et la secte de Mé (3). La première paraît avoir été une sorte d'épicuréisme grossier : en morale, elle n'admettait que l'amour de soi-même; en politique, elle professait l'anarchie et ne reconnaissait point l'autorité des princes. La secte de Mé professait au contraire un amour sans bornes

(1) Ta-hio, x, 22.
(2) Lun-yu, xi (i du 2e livre), 23. La parenthèse est du commentateur chinois.
(3) Meng-tseu, I, vi, 9 ; II, viii, 26.

pour l'humanité ; mais elle méconnaissait les sentiments les plus naturels et s'attaquait à la famille. Ces
deux sectes, que l'on pourrait appeler socialistes, se
partageaient les lettrés ; mais on a soin d'ajouter : « les
lettrés non employés ; » car ceux qui étaient dans les
emplois se seraient bien gardés d'adopter des opinions
aussi subversives ; en revanche, il est permis de conjecturer que l'éloignement où étaient quelques-uns des
emplois et des positions lucratives les disposait à adopter des principes d'où pouvait résulter quelque renversement.

Quoi qu'il en soit, le fin et pénétrant Meng-tseu
(Mencius), qui renouvela la doctrine de Confucius deux
cents ans après celui-ci, nous peint de cette manière
ces deux sectaires : « Yang-tseu fait son unique étude
de l'intérêt personnel, de l'amour de soi. Devrait-il
arracher un cheveu de sa tête pour procurer quelque avantage public à l'empire, il ne le ferait pas.
Me-tseu aime tant le monde, si en abaissant la tête
jusqu'à ses talons il pouvait procurer quelque avantage public à l'empire, il le ferait (1). » Il faut voir
sans doute dans ce dernier passage une ironie ; car
on ne peut croire qu'un disciple de Confucius pût
condamner ainsi l'amour du bien public ; il veut sans
doute dire que Mé-tseu abandonnait toute dignité et
toute fierté, sous prétexte d'être utile à l'empire ; et
tandis que l'un ne voyait rien au delà de sa personne,
l'autre sacrifiait cette personne même avec trop de condescendance et un excès d'humilité. Entre ces deux
doctrines extrêmes, Mencius vint renouveler et rétablir la doctrine du milieu, doctrine qui recommande

_____

(1) Meng-tseu, II, vii, 26.

le respect de soi-même et l'amour des autres, qui fait de la piété filiale la base de tous les devoirs, qui reconnaît l'autorité des princes, sans autoriser leur tyrannie, et rattache la destination de l'homme à la nature de l'univers. Mencius se sent appelé à continuer la doctrine de Confucius et à la défendre contre ceux qu'il appelle des barbares. On l'accuse d'aimer à disputer; mais il ne peut agir autrement. Il est un disciple du saint homme (1).

Un disciple de Mencius qui paraît jouer à peu près le rôle des sophistes dans les dialogues de Socrate, Kao-tseu prétendait que la nature humaine n'était originairement ni bonne ni mauvaise, mais indifférente au bien et au mal (2). Il la comparait à un saule flexible, et disait que l'équité et la justice étaient comme une corbeille faite avec ce saule (3). Il disait encore que la nature de l'homme est comme l'eau qui ne distingue pas entre l'Orient et l'Occident, et va du côté où on la dirige : de même la nature humaine ne distingue pas entre le bien et le mal. C'était dire que la vertu n'est que l'effet de l'éducation et qu'il n'y a point naturellement dans l'homme de principe moral. Mencius lui répond que la nature de l'homme est naturellement bonne comme l'eau coule naturellement en bas. Il est vrai qu'en comprimant l'eau, on peut la faire jaillir en haut; mais ce n'est plus la nature, c'est la contrainte. Il est vrai encore que la nature de l'homme lui permet de faire le mal; mais le mal n'est pas sa nature (4). Tous les hommes ont le sentiment de la miséricorde

(1) Meng-tseu, I, VI, 9.
(2) Ib., II, v, 6. — Ce chapitre est ce qu'il y a de plus remarquable peut-être, au point de vue philosophique, dans les livres chinois.
(3) Ib., ib., 1.
(4) Ib., ib., 2.

et de la piété, tous les hommes ont le sentiment de la honte et de la haine du vice ; tous les hommes ont le sentiment de la déférence et du respect ; tous les hommes ont le sentiment de l'approbation et du blâme (1). Comme il y a un même goût chez tous les hommes, qui leur fait prendre le même plaisir aux mêmes saveurs, aux mêmes tons et aux mêmes formes, il y a aussi un même cœur chez tous les hommes, et ce qui convient au cœur de tous les hommes, c'est l'équité (2). Il compare admirablement l'âme à une montagne dépouillée de ses arbres par la serpe et la hache : ainsi font les passions dans l'âme humaine ; elles la dépouillent des sentiments de l'humanité et de l'équité. Ces efforts que fait l'homme pour retourner au bien sont semblables aux rejetons qui remplacent les grands arbres de la forêt coupée ; mais le mal que l'on fait dans l'intervalle du jour étouffe les germes des vertus qui commençaient à renaître au souffle tranquille et bienfaisant du matin. Il y a dans l'homme des parties grandes et des parties petites, les fonctions de l'intelligence et les désirs des sens. Obéir vraiment à la nature, c'est obéir à la meilleure partie de soi-même, c'est-à-dire au principe pensant : notre bien est en nous et n'est pas hors de nous : si on le cherche là, on ne peut manquer de le trouver (3).

A côté de ces grandes pensées dignes de Marc-Aurèle, il s'en trouve d'autres, comme dans Confucius, d'une simplicité exquise, telles que celle-ci : « Le grand homme est celui qui n'a pas perdu l'innocence et la candeur de son enfance (4). »

(1) Meng-tseu, II, v, 6.
(2) Ib., ib., 7.
(3) Ib., ib., 6, 15 ; vii, 1, 3.
(4) II, ii, 12.

Mais quoique Mencius ait soutenu avec éloquence et développé quelquefois avec profondeur la morale de Confucius, ce n'est pas dans la morale qu'éclate toute sa supériorité; sa vraie originalité est dans la philosophie politique; là, il surpasse son maître en hardiesse et en précision. Confucius, nous l'avons dit, n'a eu sur la politique que des vues très-générales; il ne s'adresse jamais aux rois directement et ne leur fait entendre qu'un langage très-mesuré. Mencius, au contraire, semble avoir pris pour rôle de censurer et de réprimander les princes : il leur parlait un langage ferme, noble, et quelquefois singulièrement hardi. Cette opposition était acceptée, et ses conseils demandés, sinon suivis. Il ne donnait pas seulement, comme Confucius, des conseils de vertu, mais des avis sur l'administration et le gouvernement. Sa manière de raisonner était insinuante, spirituelle, embarrassante, et on y a trouvé, non sans raison, quelque analogie avec l'ironie de Socrate. Voici quelques exemples de cette ingénieuse dialectique. Un premier ministre lui exprimait l'intention de décharger le peuple ; et il promettait de diminuer chaque année les impôts, sans les supprimer d'abord entièrement ; Meng-tseu ne fut pas de cet avis, et lui répondit par cette parabole spirituelle, sinon concluante : « Il y a maintenant un homme qui chaque jour prend les poules de ses voisins. Quelqu'un lui dit : ce que vous faites n'est pas conforme à la conduite d'un honnête homme. Mais il répondit : je voudrais bien me corriger peu à peu de ce vice ; chaque mois, jusqu'à l'année prochaine, je ne prendrai plus qu'une poule, et ensuite je m'abstiendrai complétement de voler. (l. I, c. VI, 8.) » Dans une autre occasion, Mencius, discutant avec le roi de Ti, lui demande ce qu'il faut faire d'un ami qui

a mal administré les affaires dont on l'avait chargé.
— Rompre avec lui, dit le roi. — Et d'un magistrat qui
ne fait pas bien ses fonctions? — Le destituer, dit le
Roi. — Et si les provinces sont mal gouvernées, que
faudra-t-il faire? — Le roi (feignant de ne pas comprendre) regarda à droite et à gauche et parla d'autre
chose (1). » Ainsi font la plupart des gouvernements,
lorsqu'on leur dit leurs vérités.

C'était, à ce qu'il semble, une tradition dans l'école
de Confucius de parler aux princes un langage fier et
hardi quoique respectueux. Mou-koung demandait à
Tseus-se, petit-fils de Confucius, comment un prince
devait contracter amitié avec un lettré? En le servant
et l'honorant dit le philosophe (II, IV, 7). Thseng-tseu
disait aux ministres : « Prenez garde, prenez garde,
ce qui sort de vous retourne à vous. » Ce que Mencius
interprète de cette manière : le peuple rend ce qu'il
a reçu. (I, II, 12.) Il ne craignait pas davantage
de faire entendre au roi des vérités désagréables. Celui-ci l'interrogeait sur les premiers ministres. « Si le
roi a commis une faute, dit-il, ils lui font des remontrances : s'il retombe dans cette faute, ils lui ôtent son
pouvoir. « Il paraît qu'à cette parole, le roi changea de
couleur, et se repentit sans doute de sa question.»
Mencius ajouta : Que le roi ne trouve pas mes paroles
extraordinaires. Le roi a interrogé un sujet : le sujet n'a
pas osé lui répondre contrairement à la droiture et à
la vérité (3). »

Les doctrines politiques de Mencius sont, si j'ose
dire libérales, quoiqu'une semblable expression ait

(1) I, VI, 8.
(2) I, II, 6.
(3) II, IV, 9.

lieu d'étonner, appliquée à un philosophe chinois. Mais
sur l'origine du pouvoir, sur sa fin, sur ses devoirs, il
professe des principes fort analogues à ceux de l'Occident. Comment explique-t-il le droit de la souveraineté?
par une sorte d'accord entre le ciel et le peuple (1). Ce
n'est pas l'Empereur lui-même qui le nomme son successeur à l'empire : il ne peut que le présenter à l'ac-
ceptation du ciel et du peuple. Or le ciel n'exprime pas
sa volonté par des paroles; mais il s'exprime par le
consentement du peuple. Mencius cite à l'appui de
cette doctrine ces paroles de Chou-King, qui nous
prouve qu'elle était la doctrine traditionnelle de l'empire : « Le ciel voit, mais il voit par les yeux du peuple.
Le ciel entend; mais il entend par les oreilles de mon
peuple (2). » Nous avons vu que Confucius admettait la
perte du mandat souverain par l'indignité. Mencius
professe les mêmes principes avec plus d'énergie. Il dit
que les empires se fondent par l'humanité et se perdent
par l'inhumanité. Il cite l'exemple des derniers princes
de la dynastie des Tcheou, que le peuple a désignés sous
le nom d'hébétés et de cruels (3). Il montre que la tyrannie finit toujours par entraîner la ruine du royaume et
du tyran. Il appelle les tyrans des *voleurs de grand
chemin*, et les croit dignes de la même justice (4). Le roi
de Thsi l'interroge un jour en ces termes: « Est-il vrai
que Tching-Tchang (fond. de la 2ᵉ dynastie) détrôna
Kie (dernier roi de la première dynastie) et l'envoya en
exil, et que Wou-Wang (fond. de la 3ᵉ dynastie) mit à
mort Cheou (sin)? — Meng-Tseu répondit avec respect :

(1) II, III, 5.
(2) Chou-King Taï-schi (Pauthier, *Livres sacrés de l'Orient*, p. 84).
(3) II, I, 2, 3.
(4) II, IV, 4.

l'histoire le rapporte. Le roi dit : « Un ministre et sujet a-t-il le droit de détrôner et de tuer son prince ?
Meng-tseu dit : celui qui fait un vol à l'humanité est
appelé voleur; celui qui fait un vol à la justice est appelé tyran. Or un voleur et un tyran sont des hommes
que l'on appelle *isolés, réprouvés* (abandonnés de leurs
parents et de la foule) (1). J'ai entendu dire que Tching-
Thang avait mis à mort un homme isolé, réprouvé,
nommé Cheou-sin ; je n'ai pas entendu dire qu'il ait
tué son prince (2). » Voilà le langage qu'un sage faisait
entendre à un roi dans un pays qui nous paraît l'asile
du despotisme.

Toute cette théorie politique se résume dans ce texte,
qui paraîtrait hardi, même dans un publiciste de l'occident. « Le peuple est ce qu'il y a de plus noble dans
le monde ; les esprits de la terre ne viennent qu'après :
le prince est de la moindre importance (3). »

(1) Le commentaire, ici, est remarquable. « Le *suffrage du peuple*
le constitue prince; son abandon n'en fait plus qu'un simple particulier, un homme privé, passible du même châtiment que la foule. »
A l'appui de ce passage on peut citer encore les textes suivants. Le
commentateur Tchou-sin dit, à propos de tout ce chapitre du Ta-hio :
« Si le prince ne se conformait pas dans sa conduite aux règles de la
raison, et qu'il se livrât de préférence aux actes vicieux, alors sa propre personne serait exterminée, et le gouvernement périrait (note
p. 25 de la trad. fr.). Le traducteur cite encore en note, à la page suivante, ce passage du Ho-Kiang : « La fortune du prince dépend du
ciel, et *la volonté du ciel existe dans le peuple.* » A quoi il faut ajouter ce passage de Chou King (Kao-yao-mo, § 7, des livres sacrés de
l'Orient, tr. de M. Pauthier, p. 56). « Ce que le ciel voit et entend
n'est que ce que le peuple voit et entend. Ce que le peuple juge digne
de récompense et de punition est ce que le ciel veut punir et récom-
penser? Il y a une communication intime entre le ciel et le peuple :
que ceux qui gouvernent les peuples soient donc attentifs et réservés. »
On est moins étonné, à la lecture de ces passages, des diverses révolutions qui ont agité la Chine à plusieurs époques, et de celle qui la
menace encore aujourd'hui.

(2) L. II, ch. II, 8.

(3) L. II, ch. VIII, 14. « Populus est præ omnibus nobilis; terræ

Meng-tseu est un défenseur du peuple : il dénonce aux princes la tyrannie de leurs ministres; il élève même des plaintes énergiques contre la tyrannie des princes, et fait un tableau cruel et sanglant de la misère des populations (1). Il accuse les princes de prendre le peuple dans des filets, en l'exposant au crime par la détresse, et en les punissant ensuite de mort (2) pour des crimes auxquels ils l'ont encouragé. Pour remédier à cet état de choses, Mencius propose deux remèdes : la constitution de la propriété (3), l'abolition des impôts (4). Il dit que la propriété telle qu'elle est constituée ne donne pas à l'homme de quoi nourrir ses parents, sa femme et ses enfants, l'exempte à peine de la misère dans les années d'abondance, et le condamne à la famine dans les années de disette. Il montre les vieillards, les jeunes gens cherchant la mort dans les mares et dans les fossés pour échapper aux tourments de la faim, et pendant ce temps les greniers du prince regorgeant d'abondance. Mencius comprend très-bien l'importance de la propriété : la tranquillité d'esprit et l'amour de l'ordre sont attachés à la propriété; l'absence de propriété fait naître l'inquiétude et dispose aux désordres; c'est donc prendre le peuple dans des filets, et mettre en péril la sécurité des propriétés, que de lui arracher sa substance par des impôts exagérés. Meng-tseu critique la taxe sur les marchandises qui pèse sur les marchés, la taxe sur les passages de frontières qui pèse sur les voyageurs,

spiritus, frugum spiritus secundarii illius; princeps est levioris momenti.
(1) I, ii, 12, et iii, 1.
(2) I, i, 7.
(3) I, i, 7.
(4) I, iii, 5.

la taxe de la capitation et la redevance en toiles qui pèsent sur les artisans, enfin la dîme qui pèse sur les laboureurs. Il n'admet qu'une sorte d'impôt, celui qu'il appelle la corvée d'assistance ou la culture en commun des champs du prince (1).

Il nous est évidemment impossible d'apprécier la justesse des critiques de Mencius contre l'administration financière de son pays ; mais on ne voit pas que ces critiques l'aient fait passer pour un censeur importun à la cour des princes qu'il fréquentait. Son avis paraissait au contraire d'un assez grand poids (2) : les princes le visitaient et même lui députaient des envoyés pour le consulter et l'interroger sur son système (3). Ce système consistait en une distribution égale de carrés de terre, exactement délimités. L'impôt devait être soit la corvée d'assistance, soit la dîme, selon la situation des terres. Celles qui seraient près de la capitale, supposées plus riches, paieraient la dîme ; quant aux plus éloignées, on consacrerait une division sur neuf, qui serait cultivée en commun pour subvenir aux traitements des fonctionnaires. La réunion de ces neuf divisions quadrangulaires forme un *tsing*, et est composée de neuf cents arpents : cent arpents sont consacrés au champ public, cultivés en commun par huit familles possédant chacune cent arpents. Chacune de ces divisions forme un carré, et le tsing est une réunion de cent carrés au milieu desquels est le champ public. On voit que ce système est un système égalitaire, comme il arrive presque toujours dans les premières théories sociales :

(1) I, iv, 10.
(2) I, v, 3.

rien de plus simple que la division égalitaire : c'est l'expérience et la complication progressive des intérêts qui en montrent les difficultés : nous retrouverons plusieurs systèmes de ce genre dans les publicistes de la Grèce. Quant à celui de Mencius, pour en apprécier l'originalité et la portée, il faudrait bien connaître l'organisation sociale et économique de son pays et de son temps.

Ce qu'il y a de plus remarquable dans les théories sociales des philosophes chinois, c'est que l'on ne trouve plus chez eux aucune trace de castes ni d'esclavage. Mencius ne reconnaît que deux classes d'hommes aussi nécessaires l'une que l'autre (1) : « Les uns, dit-il, travaillent de leur intelligence, les autres travaillent de leurs bras. Ceux qui travaillent de leur intelligence gouvernent les hommes ; ceux qui travaillent de leurs bras sont gouvernés par les hommes. Ceux qui sont gouvernés par les hommes nourrissent les hommes ; ceux qui gouvernent les hommes sont nourris par les hommes. C'est la loi universelle du monde. » Voilà, il faut le reconnaître, de bien grandes paroles : on n'en trouve point de semblables même chez les plus grands penseurs de la Grèce. Pas un mot de mépris pour cette classe innombrable qui travaille de ses bras : solidarité indissoluble entre ceux qui pensent et ceux qui travaillent, ceux qui gouvernent et ceux qui nourrissent. Et croit-on que le philosophe chinois, prévoyant d'avance les objections qui s'élèvent contre le travail des bras, croie nécessaire de défendre et de démontrer la dignité de ce travail ? Non, ce qu'il croit devoir démontrer au contraire, c'est que

(1) *Ib., ib.,* 4.

ce genre de travail n'est pas obligatoire pour tout le monde, c'est que l'intelligence est aussi un travail. Il montre que ce n'est pas tout d'apprendre au peuple à se nourrir, il faut lui apprendre encore à cultiver sa raison ; ceux qui occupent leur intelligence n'ont pas le temps de se livrer aux travaux de l'agriculture. Il est donc juste que ceux qui ont cultivé leur esprit gouvernent les hommes et soient nourris par eux.

De même que la morale en Chine est toute rationnelle et sans aucun mélange théologique, la politique y est tout humaine et ne nous offre pas la moindre trace d'un pouvoir sacerdotal. Le gouvernement, tel que nous le voyons dans les livres de Confucius et de Mencius, est monarchique, mais paternel, je dirais presque maternel ; absolu, mais tempéré par les avertissements des sages. Le peuple est sujet : mais il n'est point esclave, et il semble qu'il soit considéré comme la source du gouvernement ; au moins ne partage-t-il ce privilége qu'avec le ciel, principe muet et aveugle dont le peuple est l'interprète. Telles sont les doctrines politiques de Mencius et de Confucius, doctrines qui s'autorisent aussi des livres sacrés de la Chine, et qui semblent traditionnelles dans ce pays.

Chose étrange ! ce pays muré, jaloux de son isolement, interdit aux étrangers, méfiant et hostile aux Européens, est celui de tous les pays de l'Orient qui se rapproche le plus de nos idées, et dont les sages ressemblent le plus à nos sages. Tandis qu'il nous faut interpréter l'Inde pour la comprendre, il nous suffit de traduire les auteurs chinois pour les rendre presque français : j'excepte bien entendu tout ce qui tient aux habitudes locales, et à des coutumes qui ne sont pas les nôtres : mais quant au fond des choses, les philosophes dont nous venons d'exposer les pensées ne méritent ils pas de compter entre les moralistes classiques, qui sans différence de temps, de pays et de coutumes, sont les instituteurs et les tuteurs du genre humain? L'Occident ne doit point avoir honte de reconnaître des maîtres jusqu'en Chine; partout où il s'en rencontre, la faiblesse humaine doit les rechercher avec amour, et s'incliner devant eux avec vénération.

Comment la Chine, et en général comment l'Orient, qui a devancé le reste du monde dans la connaissance de la sagesse, s'est-il arrêté à un point qu'il semble impuissant à franchir? Ce point, il ne l'a point atteint vraisemblablement du premier coup; il n'y est arrivé que par un progrès successif. Pourquoi ce progrès s'est-il arrêté? Tandis que, dans le mobile Occident, tout marche et se renouvelle sans cesse, comment tout paraît-il arrêté et comme pétrifié dans l'immobile Orient?

Voilà le problème que la science orientaliste est appelée à résoudre. Mais on peut déjà en rectifier les termes. L'immobilité de l'Orient n'est que relative. Si les changements y sont lents, ils ne sont point nuls. Là aussi s'est rencontré le mouvement, la lutte, l'opposition des doctrines; et la science, comme l'État, y a eu ses révolutions. Pour ne parler que de la philosophie, nous commençons à savoir que dans l'Inde, sous l'influence du brahmanisme, se sont développées de nombreuses écoles de philosophie, plus ou moins orthodoxes, mais qui ont dû porter le trouble dans la théologie consacrée. Nous savons également que le bouddhisme, cette protestation contre le brahmanisme, a eu ses sectes dont on entrevoit à peine aujourd'hui les diverses ramifications, mais qui paraissent s'être partagé les diverses directions de la pensée depuis le théisme jusqu'au nihilisme. La Perse a eu des sectes religieuses et philosophiques analogues à celles de l'Occident, et où se retrouvent le rationalisme, le spiritualisme, l'épicuréisme et même le communisme. Enfin dans la Chine la doctrine de Confucius ébranlée par des sectes anarchiques, rétablie par le spirituel Mencius, s'est vu disputer l'empire des intelligences et des âmes par la doctrine de Fo (le bouddhisme) ou celle de Lao-Tseu); et des écoles de toute espèce sont sorties de ces doctrines diverses, pour les interpréter à leur gré.

Il ne nous appartient pas de pénétrer plus avant dans ces régions à peine explorées par les plus érudits. La science en est encore à apprendre à lire dans les livres de l'Orient. Nous sommes impatients d'ailleurs d'interroger des maîtres qui nous touchent de plus près, et d'aborder ce sol de l'Europe, où la civilisation, une fois née, n'a fait que grandir sans cesse et produire des fruits de plus en plus mûrs et éclatants. Laissons donc l'Orient avec ses religions gigantesques, ses institutions séculaires, ses rites innombrables, sa civilisation endormie, et entrons en Grèce, dans ce pays enchanté et favorisé, qui fut la patrie du beau, de la science, de la liberté, la patrie d'Homère, de Socrate et de Platon.

# LIVRE PREMIER.

## ANTIQUITÉ.

—

## CHAPITRE PREMIER.

### SOCRATE.

Origines de la morale en Grèce : les poëtes : Homère et Hésiode. —
Origines de la politique : Hérodote. — Les Sages, les philosophes,
les Sophistes. — Socrate, sa personne et sa vie. — Caractère
scientifique de sa morale. — Sa méthode. — Ses théories. Théorie
de la tempérance. Théorie de la justice. — Ses idées sur la famille
et sur le travail. — Principes religieux de Socrate. — Sa politique.
— Rôle politique de Socrate.

La philosophie morale et politique peut être considérée à bon droit comme une des inventions de la Grèce
antique. Vous trouveriez encore en Orient des doctrines de morale, mais nulle part (la Chine exceptée) de
véritables spéculations politiques. C'est d'ailleurs de
l'antiquité grecque et romaine et non de l'antiquité
orientale que nous tenons la plupart de nos idées. L'O-
rient ne s'est mêlé à la civilisation de l'Europe, au moins
dans les temps historiques, que par l'intermédiaire du
judaïsme et du christianisme. Mais le christianisme lui-
même n'a fait que cultiver et féconder un sol préparé
depuis longtemps par la philosophie des anciens. C'est
donc à cette source qu'il nous faut retourner pour voir
naître et s'annoncer les débats qui ont partagé les modernes, ou qui partagent encore les contemporains, sur

les fondements du devoir, du droit, de la souveraineté. On verra que ces problèmes, à peine nés, n'ont pas été peu approfondis par les anciens ; peut-être même ceux qui ont le sentiment et le goût de l'antiquité trouveront-ils que si les modernes ont apporté dans ces débats plus d'ardeur et de passion, et aussi plus d'exactitude logique, ils n'ont point tout à fait atteint à la majesté et à la grandeur de ces monuments antiques, dont le souvenir et l'autorité ne s'effaceront jamais parmi les hommes.

La morale a commencé en Grèce avec la poésie. Les poëtes, qui furent les premiers théologiens de la religion grecque, en furent aussi les premiers prédicateurs. Ce peuple artiste apprit, comme en se jouant, la différence du juste et de l'injuste, de l'honnête et du honteux : il fut d'abord bercé, comme les enfants, par la mesure et par le chant. « Homère, dit Horace, nous apprend mieux que Crantor et Chrysippe la différence de l'honnête et du honteux, de l'utile et du nuisible. Il inspire la vertu sans la prescrire par le récit et par l'exemple; il nous instruit comme des enfants par des contes. L'*Iliade* est l'histoire des folles passions des princes et des peuples, contre lesquelles ne peut rien la prudence de quelques hommes. Ni Anténor, ni Nestor, ne peuvent ramener à la modération et à la sagesse les Pâris, les Achille, les Agamemnon. Les peuples sont punis pour les fautes de leurs princes. L'*Odyssée* nous montre la vertu aux prises avec le malheur et la volupté. L'île de Circé nous apprend à vaincre le plaisir pour rester hommes et ne pas devenir semblables aux bêtes (1). »

(1) Hor. epist. II, 11.

Si quelque morale s'est associée à la religion chez les
Grecs, c'est donc la poésie qui a fait cette alliance. On
rencontre dans Homère les idées les plus hautes sur les
rapports de Dieu et de l'homme. L'idée de la Providence y est clairement exprimée en beaucoup d'endroits. Dieu est le dispensateur de tous les biens et de
tous les maux : il donne le courage et la force, la prospérité, la victoire ; il voit et connaît tout, le présent,
le passé et le futur, les actions justes et injustes ; il
aime les hommes sages, il déteste et punit les méchants ; il est le tuteur et le vengeur des pauvres, des
suppliants, des voyageurs. Il faut lui obéir, le servir,
ne rien entreprendre contre lui, ni sans lui, et ne rien
craindre avec lui. A côté de la grandeur des dieux,
Homère peint en termes touchants et profonds la misère de la condition humaine. On connaît ces beaux
vers, si souvent imités : « De tous les êtres qui respirent
et rampent sur la surface de la terre il n'y en a pas de
plus malheureux (οἰζυρώτερος) que l'homme. » « Les hommes sont semblables aux feuilles, dont les unes sont
emportées par le vent, tandis que la forêt verdoyante
en reproduit de nouvelles au retour du printemps :
ainsi des générations humaines : l'une s'élève, et l'autre disparaît. » Il recommande l'usage de la vertu,
qu'il considère comme un don de Jupiter. Les gram-
mairiens grecs qui veulent tout trouver dans Homère,
lui attribuent le principe qui fait consister la vertu
dans un juste milieu, parce qu'on trouve chez lui pour
la première fois le proverbe d'éviter Charybde et Scylla.
Ils ont même retrouvé chez lui la distinction de la justice distributive et de la justice commutative ; la première qui tient compte de la qualité des personnes et
se mesure au mérite, la seconde qui exige l'égalité

dans les échanges. Mais les vertus les plus célébrées
chez Homère sont les vertus naïves et fortes des temps
héroïques : la bravoure, la fidélité à l'amitié, le respect
de la vieillesse, et surtout l'hospitalité. L'hôte doit être
honoré comme un père : il ne doit pas être retenu
malgré lui; il ne faut point oublier l'humanité envers
lui. L'hospitalité plaît aux dieux. Dieu est le protecteur
et le vengeur de l'hospitalité. On trouve enfin des préceptes en faveur de la bienfaisance, de la miséricorde,
de la reconnaissance, de la frugalité, de toutes les vertus éternelles comme le cœur humain.

On peut encore extraire du poëme d'Homère une sorte
de politique. Aristote définit la royauté des temps héroïques une royauté consentie par les citoyens, et héréditaire par la loi. On ne trouve pas dans Homère de
traces de cette origine populaire de la royauté. Il paraît plutôt reconnaître à la royauté une origine divine :
il dit que le pouvoir des rois vient de Jupiter, il les
appelle fils de Jupiter, nourris par Jupiter (διογενεῖς,
διοτρέφεις). Leur pouvoir, semblable au pouvoir paternel,
est absolu et ne souffre pas d'opposition : « Le gouvernement de plusieurs est mauvais, il ne faut qu'un seul
chef. » Aristote nous apprend également quelles étaient
les fonctions des rois des temps homériques : ils étaient
sacrificateurs, juges et commandaient les armées. Ils
réunissaient ainsi le pouvoir militaire, judiciaire et
sacerdotal. On trouve dans Homère des exemples et
des preuves diverses de ces attributions diverses. Cette
royauté est encore patriarcale : les rois sont appelés
pasteurs des peuples; le bien du peuple, le salut du
peuple est leur devoir. Quoique la royauté homérique
puisse être considérée comme absolue, on y voit cependant quelque tempérament dans les assemblées aux-

quelles les rois présentaient les affaires, assemblées
composées des vieillards ou des chefs principaux, ce
qui formait une sorte d'aristocratie, et même quelquefois du peuple, qui n'était pas appelé à délibérer, mais
qui donnait son avis par acclamation. On voit là déjà
en germe les éléments qui se retrouveront dans les
diverses constitutions de la Grèce.

Hésiode, qui vient après Homère, est un moins grand
peintre : c'est un sage qui vit aux champs; sa morale est une morale domestique et rustique, déjà plus
profonde et plus réfléchie que celle d'Homère. Les
sentences y sont plus développées et se transfor-
ment en préceptes : on voit naître l'esprit de réflexion, d'où naîtra plus tard l'esprit philosophique.
Déjà commencent ces plaintes, si souvent répétées,
sur la corruption des mœurs, et la dégénération des
hommes. « Oh! pourquoi suis-je né, dit Hésiode,
dans ce cinquième âge du genre humain! Que ne
suis-je mort plus tôt ou né plus tard! car c'est l'âge
de fer. » Il ne faut plus chercher dans Hésiode les
vertus chevaleresques des temps homériques, mais les
vertus pacifiques et exactes de la vie civile, la justice,
le travail. Le poëme d'Hésiode est un des rares morceaux de l'antiquité où le travail soit recommandé
comme une vertu. Entre les temps homériques, où
tout l'honneur est pour la bravoure guerrière, et les
temps plus récents, où le loisir devient le signe et le
titre du citoyen, dans cet âge moyen qu'Hésiode appelle l'âge de fer, l'agriculture et par conséquent le
travail étaient en honneur. De là ces belles paroles :
« Travaille, ô Persée, de race divine, afin de faire fuir
la faim et de te faire aimer de Cérès aux belles couronnes, et de voir remplir tes greniers. Les dieux et

les hommes détestent celui qui vit oisif, semblable au
lâche frelon, qui dévore le miel des abeilles.... Le travail n'est point une honte ; c'est l'oisiveté qui est la
honte. » Si le travail dans la paix est la source de la
richesse, la justice en est la protectrice et la caution.
Nous voyons ici paraître cette grande vertu, qui a été
pendant toute l'antiquité la vertu principale, et même
la vertu tout entière. « Jupiter a voulu que les poissons,
les oiseaux, toutes les bêtes, se dévorassent les unes les
autres; mais aux hommes il a donné la justice(1). » Mais
cette justice, il faut le dire, est un peu étroite : « Aimer
ceux qui nous aiment, fréquenter ceux qui nous fré-
quentent, donner à ceux qui nous donnent, ne pas
donner à ceux qui ne nous donnent pas. » Comme Homère, Hésiode donne à la justice une origine et une
sanction religieuse. C'est dans les poètes, nous l'avons
dit, que la religion grecque s'unit à la morale et la
protége. C'est Jupiter qui est l'auteur de la justice : il
en est aussi le protecteur et le vengeur. Mais à qui ap-
partient-il surtout de faire fleurir la justice? C'est l'office des rois, auxquels Hésiode parle un langage sévère
et menaçant qui paraît indiquer qu'une révolution
s'est faite ou va se faire dans l'autorité royale : « O
rois corrompus (mangeurs de présents), redressez vos
sentences et renoncez à vos jugements iniques (2). »

Si l'on a pu chercher l'origine de la morale dans les
poésies d'Homère et d'Hésiode, on trouvera avec non
moins de raison les commencements de la politique
dans Hérodote. C'est, en effet, là que l'on rencontre pour
la première fois la division et la comparaison des diverses espèces de gouvernement : on peut dire même

(1) Hés., Ἔργα καὶ ἡμέραι, 276-280.
(2) *Ib.*, 39.

que les différentes raisons que l'on peut donner en faveur ou au désavantage de l'une ou de l'autre sont à peu près réunies dans la célèbre délibération rapportée par Hérodote (1). Après la mort du faux Smerdis, les sept conjurés qui avaient fait cette révolution discutent entre eux sur le gouvernement de la Perse. Otanes propose le gouvernement populaire ; Mégabyse, l'oligarchie ; Darius, la monarchie.

Le défenseur du gouvernement populaire parle contre la monarchie, et il montre que le pouvoir de tout faire donne la tentation de tout oser : il vante le gouvernement démocratique où tout repose sur l'égalité, et où le magistrat qui dépend du peuple, ne peut l'opprimer. Le partisan du gouvernement aristocratique déclare que la tyrannie populaire est plus insupportable que celle d'un monarque ; car le monarque au moins ne manque pas de connaissances, s'il manque de bonne volonté : mais le peuple est un monstre aveugle qui ne connaît ni la vertu, ni l'utilité. Le mieux est de remettre le gouvernement entre les mains des meilleurs. Enfin le partisan de la monarchie triomphe à la fois des faiblesses du gouvernement populaire et du gouvernement aristocratique, l'un et l'autre exposés aux séditions, à l'anarchie et aboutissant toujours au gouvernement d'un seul. Ce qui vaut le mieux, c'est d'établir cette forme de gouvernement en la confiant à un homme de bien : l'unité du gouvernement assure le secret et la promptitude des affaires. Telles sont les opinions diverses qui s'opposent dans ce mémorable débat, où paraît s'être agité pour la première fois le problème des destinées politiques des peuples ; débat qui n'est pas près d'être terminé, car lorsque la théo-

(1) Hérodote, III, 80.

rie le résout dans un sens, la pratique semble se plaire
à le résoudre en sens opposé; et les peuples embarras-
sés oscillent à leurs risques et périls de l'une à l'autre
de ces deux directions contraires.

De la poésie et de l'histoire naquit la philosophie qui
se présente d'abord sous la forme d'une sagesse populaire et toute pratique. Les Sages, personnages assez
peu connus, hommes politiques, législateurs ou savants,
ramassèrent en quelques maximes vives et laconiques (1)
les principes de la sagesse populaire; quelques-unes de
ces maximes eurent une grande fortune dans la philosophie ancienne. « Ce furent là, dit Platon, les prémices
de la sagesse grecque (2). » Un de ces sages passe pour
le fondateur de la philosophie. Il semble que cette philosophie aurait dû être d'abord toute morale. Il n'en
fut pas ainsi. Elle s'élança tout d'abord dans des recherches prématurées sur le principe de l'univers, et ce ne
fut que par un long détour, et à travers de périlleuses
pérégrinations, qu'elle revint au γνῶθι σεαυτὸν (connais-
toi toi-même), qu'un des Sages avait le premier prononcé, sans en entrevoir toute la portée.

Cependant l'une de ces écoles, l'école de Pythagore,
avait essayé d'introduire quelque méthode scientifique
dans l'analyse des vérités morales. On voit apparaître
les définitions, témoignage incomplet encore, mais déjà
frappant, du besoin d'éclaircir les idées populaires (3).
Mais ces premiers et insuffisants efforts de l'esprit

(1) Βραχυλογία τις Λακωνική. (Plat. Protag. 343.) Nous citons partout
l'édition d'H. Etienne, à laquelle renvoient toutes les autres.

(2) Ἀπαρχὴ τῆς σοφίας (Ib.).

(3) Arist. Mét. Α, 5; 987, a. 20 περὶ τῶ τί ἐστιν ἤρξαντο λέγειν καὶ
ὁρίζεσθαι, λίαν γ' ἁπλῶς. Eth. Nicom. v. 8, 1132, 6, 21. Nous citons
partout l'édition de Berlin (Becker et Brandis, 1831). Diog. Laërt.
vɪɪɪ, 33.

scientifique s'unissaient à un symbolisme mystérieux qui ressemblait beaucoup plus encore à la langue de la religion et de la poésie qu'à celle de la philosophie. De plus, les doctrines de Pythagore, remarquables sans doute par l'élévation du caractère moral, inclinaient évidemment à l'ascétisme; la mortification du corps, l'obéissance absolue au chef, la foi dans la parole du maître, la vie commune, sont des principes qui appartiennent à l'Orient beaucoup plus qu'à la Grèce. L'Institut pythagorique, qui a quelque temps gouverné les villes de la Grande-Grèce, avait beaucoup d'analogie avec les instituts sacerdotaux de l'Orient; l'aristocratie pythagoricienne serait devenue infailliblement une théocratie. A ce point de vue, on doit se féliciter qu'elle ait succombé. Néanmoins, il y avait dans cette école beaucoup d'idées dignes d'admiration. Les idées pythagoriciennes sur les analogies de la musique, des mathématiques et de la philosophie, se perpétuèrent dans la philosophie grecque. Le nombre, le rhythme, la mesure est un des principes les plus chers à Platon : partout il le retrouve, ou l'imagine, dans le monde des idées et dans le monde des sens, dans l'univers et dans l'âme de l'homme. L'amitié pythagoricienne est aussi une des grandes choses de l'antiquité. Rien n'est plus beau que ces paroles : Tout est commun entre amis... un ami est un autre soi-même (1). » Enfin Pythagore semble être le premier en Grèce qui ait distingué deux parties dans l'âme, l'une raisonnable, l'autre passionnée (2), et qui ait considéré la vertu comme un combat : doctrine où il n'est pas invraisemblable

(1) Diog. Laërt. viii, 10; Porphyr. Vie de Pyth. éd. d'Amst., 1707, p. 33.

(2) Cic. *Tusc.* iv, 5.

de reconnaître une sorte de souvenir ou d'écho de la
doctrine de Zoroastre.

Les lueurs éparses que présente la doctrine de Pythagore n'étaient pas encore la philosophie morale. Elle
devait naître d'une révolution des esprits qui éclata de
toutes parts en Grèce vers le milieu du v⁰ siècle. A cette
époque, tout présente le spectacle de la dissolution dans
la civilisation grecque : la science, la religion, les
mœurs et l'État. Les doctrines philosophiques des premiers temps, nées de la curiosité et de l'étonnement, se
rencontrent, et, armées de la dialectique, se brisent les
unes contre les autres. La religion, ébranlée par les attaques des philosophes, par les railleries des poëtes et
par le bon sens populaire, perd chaque jour son autorité ou dégénère de plus en plus en superstition. L'antique morale, qui n'était pas, il est vrai, sans mélange
de dureté et de barbarie, mais qui produisait des mœurs
fortes et graves, s'écroule elle-même de toutes parts. Le
développement exagéré de la démocratie, la multipli-
cité des révolutions, l'excès du luxe, tout favorise la
corruption. Enfin l'État oscille partout entre la tyrannie et la démagogie, et n'échappe à l'une que pour retomber sous l'autre.

Au milieu de ce désordre parut la sophistique, qui
en fut d'abord l'expression fidèle, et qui ensuite le dé-
veloppa elle-même avec une extrême rapidité.

La sophistique a laissé après elle une triste célébrité;
mais il ne faut pas oublier que nous ne la connaissons guère que par ses adversaires. Même de ces témoignages si peu bienveillants, il ressort que les sophistes
n'ont pas toujours été des personnages ridicules et frivoles, tels ils nous paraissent dans quelques dialogues de Platon. Gorgias et Protagoras en particulier

ont été, de leur temps, des hommes considérables et ont
eu à traiter de grandes affaires ; les fragments qui nous
restent d'eux témoignent, de l'aveu même de Platon
et d'Aristote, d'une grande pénétration et même d'une
certaine profondeur. Quelques-uns, comme Prodicus,
« le plus innocent des sophistes, » dit un critique allemand (1), ont pu plaider dans quelques discours de
rhétorique la cause de la vertu contre la volupté. Ils
ont fondé en Grèce l'art de l'éloquence ; ils ont exercé
les esprits à la libre discussion de tous les sujets ; ils
ont souvent attaqué la fausse justice des lois positives ;
selon la profonde observation de Hégel, ce sont eux
qui, avant Socrate quoique dans un autre sens que
lui, ont ramené à l'étude de l'homme et des choses humaines les spéculations des philosophes. Enfin, on ne
peut mieux les juger qu'en les appelant, avec un historien allemand, les encyclopédistes de la Grèce (2).

Mais, comme les encyclopédistes, les sophistes ont été
bientôt entraînés par l'abus de leur méthode critique
jusqu'aux conséquences les plus funestes. Leur philosophie morale, qui se présente d'abord avec un certain
caractère d'élévation, comme on le voit par le Protagoras de Platon, dégénéra bientôt en une vulgaire apologie
du plaisir et de la passion, en même temps qu'en politique ils célébraient le droit du plus fort. Ils distinguaient deux justices : la justice selon la nature, et la
justice selon la loi. La justice selon la nature consiste à

(1) Spengel, *de Protagorâ* (Stuttgart, 1828), p. 59.
(2) Hégel, *Geschich der phil.* II, p. 3. Hégel est le premier qui ait
essayé de réhabiliter les sophistes. M. Grote l'a fait également, à un
autre point de vue, dans son *Histoire de la Grèce.* Sans accorder entièrement les conclusions de ces deux critiques, il est certain qu'il
faut tenir compte de leur jugement dans une appréciation équitable
de la sophistique.
(3) Ed. Zeller, *die philosophie der Griechen*, t. I, p. 793.

avoir le plus de passions et le plus de moyens de les
satisfaire. Le seul bien, c'est le plaisir et le pouvoir de se procurer du plaisir. Vénus est la seule
déesse. Mais le plaisir disputé entre les hommes ne
s'obtient qu'au prix de la lutte; or la nature, en
créant des forces inégales, a montré par là à qui elle
voulait que le pouvoir appartînt; la justice selon la nature, c'est que le fort asservisse le faible et s'enrichisse
de ses dépouilles. Au contraire, dans la justice selon la
loi, c'est le fort qui est opprimé. Un vain préjugé a
établi l'égalité entre le faible et le fort, impose à celui-ci
le respect de celui-là, et à tous l'absurde contrainte de
se commander à soi-même, de combattre la nature, de
restreindre ses désirs et ses plaisirs, de se réduire à la
vie méprisable d'une pierre ou d'un cadavre. C'est enchaîner l'homme à une vie insipide, lorsqu'il a été destiné par la nature à une vie de délices. Quand on a brisé
le joug des vaines conventions, on se rit alors de ces
maximes inventées par les faibles : qu'il vaut mieux
souffrir une injustice que de la commettre ; que le châtiment vaut mieux pour l'homme injuste que l'impu-
nité. « Qu'il paraisse un homme d'une nature puissante
qui secoue et brise toutes ces entraves, foule aux pieds
nos écritures, nos prestiges, nos enchantements et nos
lois contraires à la nature, et s'élève au-dessus de tous
comme un maître, lui dont nous avions fait un esclave,
c'est alors qu'on verra briller la justice, telle qu'elle
est selon l'institution de la nature (1). »

Tel est le résumé que Platon nous donne de la morale
et de la politique sophistiques dans l'admirable discours
de Calliclès. J'avoue qu'il ne faut point juger une doc-

_____

(1) *Gorg.*, 482, E. Thrasymaque soutient la même doctrine dans la
*République*, I, 344, A.— Cf. Isocrate, *Panath.* 243 sqq.

trine sur le témoignage d'un écrivain ennemi : mais il
me semble que si Platon a prêté quelque chose à ses adversaires en cette occasion, c'est une grandeur et un
souffle poétique dont il n'y a pas trace dans ce qui nous
reste d'eux. Si, dans le *Théétète*, Platon attribue à Protagoras plus de génie métaphysique qu'il n'en a eu vraisemblablement, on peut dire qu'il prête à Calliclès dans
le *Gorgias* plus d'éloquence et de profondeur que n'en
a eu aucun sophiste. Mais ce qui résulte évidemment de
ce dialogue, c'est que la sophistique était sortie de
l'École, qu'elle avait pénétré dans le monde, qu'elle
était devenue la philosophie des honnêtes gens de ce
temps-là. Les doctrines que Platon met dans la bouche
de Calliclès ne s'inventent pas à plaisir : elles sont trop
naturelles, trop conformes au cœur humain, trop
vraisemblables enfin, pour qu'il soit nécessaire d'y voir
l'œuvre de l'imagination et de la passion d'un adversaire.

Quoi qu'il en soit de la vraie valeur de la sophistique,
il est un mérite qu'on ne saurait lui contester, c'est
d'avoir suscité un contradicteur admirable qui a laissé
bien loin derrière lui tout ce qui a précédé.

Le rôle de Socrate, l'un des plus grands de l'antiquité, nous offre deux choses à considérer : d'un côté
sa personne, d'une éclatante originalité et d'une action
si puissante sur tous ses contemporains; de l'autre, la
révolution qu'il a apportée dans la science morale et
politique. Socrate est d'abord un réformateur moral; il
est, en outre, l'auteur d'un grand mouvement de pensée. A ces deux titres, comme penseur et comme sage,
Socrate appartient à notre récit (1).

(1) Le xviiie siècle n'a guère vu dans Socrate que le réformateur des
mœurs. Dans notre siècle, un grand critique allemand, Schleierma-

Socrate, on le sait, n'avait point d'école; il n'enseignait pas dans un lieu fermé; il ne publia point de livres. Son enseignement fut une perpétuelle conversation. Socrate était partout, sur les places publiques, dans les gymnases, sous les portiques, partout où il y avait réunion de peuple; il aimait les hommes et les recherchait. Il vivait en public, ἐν φανερῷ. Il causait avec tout le monde et sur toute espèce de sujets. Il parlait à chacun de ses affaires, et savait toujours donner à la conversation un tour moral. Son bon sens, si juste, trouvait en toute circonstance le meilleur conseil : il réconciliait deux frères; il rappelait à son propre fils le respect d'une mère violente et importune; à un homme ruiné, il enseignait la ressource du travail, et lui apprenait à mépriser l'oisiveté comme servile; à un riche, il fournissait un intendant pour le soin de ses affaires; il faisait sentir à un jeune homme présomptueux et ambitieux son ignorance des affaires publiques. Au contraire, il encourageait l'ambition d'un homme capable, mais timide et trop modeste. Enfin, il parlait peinture avec Parrhasius, sculpture avec Cliton le statuaire; il causait de rhétorique avec Aspasie, et, ce qui est un curieux trait de mœurs, il enseignait même à la courtisane Théodora les moyens de plaire.

Socrate aimait les jeunes gens. C'était un plaisir pour lui de s'entourer d'une jeunesse curieuse et intelligente, qu'il ne corrompait pas, comme le pré-

cher, a relevé le caractère scientifique de la philosophie de Socrate. H. Ritter l'a suivi dans cette voie. Il faudrait aujourd'hui trouver une moyenne entre ces deux points de vue, ou plutôt les concilier dans une idée commune. C'est ce que fera sans doute l'auteur de la *philosophie de Platon*, M. A. Fouillée, dans son ouvrage sur la *philosophie de Socrate*, non encore publié, mais que l'Institut a couronné comme le précédent, avec les témoignages de la plus haute estime.

tendirent ses accusateurs, mais qu'il séduisait à une morale nouvelle, et à une religion plus pure que celle de la République; il ne leur enseignait pas le mépris de l'autorité paternelle, mais il leur apprenait vraisemblablement à placer la raison et la justice au-dessus de toute autorité humaine, en ayant soin d'ajouter, sans doute, que l'une des parties essentielles de la justice et de la piété est l'obéissance respectueuse aux parents, comme on le voit dans son enseignement avec Lamproclès, son fils aîné. Enfin Socrate, quoiqu'il parlât toujours d'amour, et quoique sensible comme un Grec et un artiste à la beauté physique, aimait surtout la beauté morale, et s'attachait cette jeunesse d'élite par une sympathie extraordinaire. C'est surtout à cette sympathie, nous dit Platon dans le *Théagès*, que Socrate dut les merveilles de son enseignement. Il est difficile aujourd'hui de se rendre compte des séductions de cette parole évanouie. Xénophon nous en a conservé la grâce, l'élégance et la simplicité : on sent que cette bonhomie mêlée d'ironie devait toucher les jeunes âmes. Mais était-ce assez pour les conquérir? Est-ce assez pour expliquer cet enthousiasme dont parle Alcibiade dans *le Banquet?* « En l'écoutant, les hommes, les femmes, les jeunes gens étaient saisis et transportés. Pour moi, ajoute-t-il, je sens palpiter mon cœur plus fortement que si j'étais agité de la manie dansante des Corybantes; ses paroles font couler mes larmes. » Faut-il croire que Platon ait prêté ici à Socrate son propre enthousiasme? Nous ne le pensons pas : il est plus probable que Xénophon n'a pas compris le personnage entier de Socrate, ou qu'il n'a pas su le rendre dans toute son originalité. Nous voyons dans Platon deux traits qui paraissent affaiblis dans Xénophon : l'ironie et

l'enthousiasme. Alcibiade appelle Socrate « un ef-
fronté railleur, » et le compare au satyre Marsyas.
Il est probable que c'est à ses traits mordants que
Socrate dut en grande partie les inimitiés qui le firent périr. Un de ces traits, rapporté par Xénophon,
nous explique la haine de Théramène et de Cri-
tias. Socrate ne ménageait pas davantage les chefs du
parti populaire. En même temps, son enthousiasme,
tempéré sans doute par la mesure et la grâce, mais engendré par une foi vive dans son génie, et le sentiment
ardent d'une mission divine, dut révolter les hommes
médiocres et superstitieux comme signe d'un orgueil
exagéré. Le fond du génie de Socrate est le bon sens,
mais un bon sens à la fois aiguisé et passionné, armé
de l'ironie, échauffé par l'enthousiasme.

Socrate croyait-il aux dieux du paganisme? Quelles
étaient ces divinités nouvelles qu'on l'accusait d'introduire dans l'État? Si nous écoutons Xénophon, Socrate
révérait les dieux de l'État. Il sacrifiait ouvertement
dans sa propre maison ou sur les autels publics. Xénophon ne nous cite aucune parole injurieuse aux divinités païennes, aucune même qui témoigne d'un seul
doute sur leur existence. Le dernier mot de Socrate
mourant (1) semble indiquer aussi la foi au paganisme;
car il est difficile d'admettre que Socrate ait voulu mentir dans la mort même. D'un autre côté, Xénophon ne
cite pas non plus une seule parole de Socrate qui démontre explicitement la croyance aux Dieux de l'O-
lympe. Tout ce que Socrate dit des dieux se peut entendre parfaitement du Dieu immatériel et unique que
l'on a reconnu après lui; sa croyance à la divination et
aux oracles s'explique aussi par la pensée d'une Pro-

(1) « Sacrifions un coq à Esculape. » (*Phédon.*)

vidence particulière toujours présente, doctrine qu'il enseignait explicitement. Il sacrifiait aux dieux par respect pour la république, et d'ailleurs il pouvait, dans sa pensée, adresser ces hommages au Dieu véritable. Il devait ainsi se servir fréquemment du nom des dieux populaires, leur laissant leurs attributions, mais toujours avec une légère intention d'ironie dont ses disciples les plus intimes avaient vraisemblablement le secret. D'ailleurs, dans ces Mémoires, qui étaient une sorte d'apologie, Xénophon devait naturellement éviter tout ce qui pouvait charger la mémoire de Socrate et donner raison à ses accusateurs. Dans les dialogues de Platon, Socrate parle avec plus de hardiesse. Il dit, dans le Phèdre, à propos d'une fable mythologique, « qu'il n'a pas assez de loisir pour en chercher l'explication, qu'il se borne à croire ce que croit le vulgaire, et qu'il s'occupe, non de ces choses indifférentes, mais de lui-même. » Ces paroles nous montrent bien comment se comportait Socrate à l'égard de la religion populaire : il en parlait peu ; et s'il en parlait, c'était sans mépris, mais avec un demi-sourire et un léger dédain. Dans l'Eutyphron, Platon va plus loin encore. Est-ce lui-même qui parle ou le Socrate véritable ? Il est difficile de le savoir ; mais il est probable que la pensée de ce petit dialogue est tout à fait socratique ; et c'est une critique amère de la mythologie.

On ne peut donc nier qu'il n'y eût quelque chose de plausible dans l'accusation dirigée plus tard contre Socrate. Socrate, en effet, croyait à Dieu, mais, par cela même, il ne croyait pas aux dieux. Mais, quand on lui reprochait d'introduire de nouveaux dieux (1) dans

_____

(1) Ce n'étaient pas précisément de nouveaux dieux qu'on lui re-

l'État, ici sa défense était pleine de force et de raison.
Ces nouveautés qu'on lui reprochait, c'étaient les révé-
lations qu'il prétendait recevoir de son démon familier.
La religion païenne reconnaissait des démons, c'est-à-
dire des divinités de toutes sortes, nées du commerce
des dieux avec les mortels; elle supposait la communication continuelle des dieux et des hommes: elle faisait parler les dieux par la voix des oiseaux, des sibyl-
les, du tonnerre; Socrate, en admettant qu'un certain
dieu lui parlait directement, lui donnait des conseils,
lui révélait l'avenir, n'affirmait donc rien que de conforme à la religion de l'État.

Qu'était-ce enfin que ce démon familier dont on a tant
parlé? Socrate, qui avait, selon Plutarque, délivré la
philosophie de toutes les fables et de toutes les visions
dont Pythagore et Empédocle l'avaient chargée, est-il
tombé à son tour dans une superstition nouvelle? Socrate était-il un mystique, comme le pensent les uns,
un monomane, un halluciné, comme quelques-uns
l'ont écrit? Était-il enfin un imposteur qui jouait
l'illuminisme pour tromper ses adeptes? Socrate
était un personnage très-complexe, dans lequel mille
nuances s'unissaient sans se confondre. Ainsi, il fut
certainement l'adversaire du polythéisme, mais pas
assez pour qu'on puisse affirmer sans réserve qu'il
n'admettait aucune puissance intermédiaire entre Dieu
et l'homme. Sans doute, la raison dominait en lui, mais
non sans que l'inspiration y eût aussi son rôle, et une
inspiration qui, à son tour, n'était pas sans quelque mélange de douce ironie. Cette inspiration
paraît n'être, la plupart du temps, chez Socrate,

prochait d'introduire, mais des *nouveautés démoniaques* (καινὰ δαι-
μόνια).

que la voix vive et pressante de la conscience, mais quelquefois elle était quelque chose de plus : elle prenait un caractère prophétique, et enfin il était des moments où elle devenait presque de l'extase. Platon nous rapporte, dans *le Banquet*, que l'on vit Socrate se tenir vingt-quatre heures debout dans la même situation, livré à une méditation profonde. Il y avait donc, sans aucun doute, quelque chose de mystique dans l'âme de Socrate. Plutarque nous dit qu'il regardait comme arrogants ceux qui prétendaient avoir des visions divines, mais qu'il écoutait volontiers ceux qui avaient entendu des voix, et s'en entretenait avec eux. Le dieu de Socrate était donc une sorte de voix intérieure qui n'était d'ordinaire que la conscience, plus vive chez lui que chez les hommes de son temps, mais qui souvent devenait un avertissement mystique de l'avenir, et lui paraissait une parole de Dieu même. Ce fut le secret de la force d'âme de Socrate, de sa persévérance dans son dessein, de son courage devant la mort.

Si Socrate a été tel que nous venons de le peindre, c'est-à-dire que le représentent tous les écrivains de son temps : un modèle de patience, de tempérance, de douceur; s'il joignait à ces vertus toutes les qualités de l'homme aimable; s'il fut lié d'amitié avec tout ce qu'il y eut à Athènes de plus distingué, comment expliquer la satire injuste dont les *Nuées* d'Aristophane nous ont conservé le souvenir? Comment Aristophane, qui connaissait Socrate, qui s'asseyait à côté de lui, à la même table, chez des amis, comment put-il travestir sciemment un homme aussi respecté? Comment lui a-t-il prêté les subtilités les plus puériles et les maximes les plus décriées de ces mêmes sophistes que Socrate passait sa vie à combattre? C'est qu'Aristophane est le

partisan des vieilles mœurs, de la vieille Athènes, chaque jour transformée par la démocratie et la philosophie. Il avait accablé de ses traits mordants le représentant de la démocratie athénienne, Cléon ; il crut devoir
frapper en même temps le représentant de la philosophie (1). En politique, Socrate et Aristophane étaient du
même parti, l'un et l'autre partisans du gouvernement
aristocratique, ou plutôt de l'ancienne démocratie athénienne constituée par Solon ; mais en philosophie ils se
séparaient. Aristophane se rattachait à cette chaîne de
poëtes qui avaient fondé et consacré la religion mythologique de la Grèce : il célébrait Eschyle et critiquait
Euripide, complice de l'affaiblissement des croyances et
des mœurs. La philosophie qui, depuis deux siècles,
minait la religion populaire, dut paraître à Aristophane
la cause première de la décadence. Sans distinguer
entre les différents philosophes, il les considérait
tous comme sophistes et leur prêtait à tous, en général, l'incrédulité de quelques-uns (2). En outre, le
doute socratique, si excellent pour former l'esprit,
était évidemment dangereux pour la fidélité aux
vieilles mœurs, aux vieilles traditions : Aristophane
pouvait le confondre facilement avec le doute so-

(1) Il ne faut pas d'ailleurs oublier, pour bien comprendre la comédie des *Nuées* : 1° que Socrate, de son propre aveu (Voy. *Phédon*),
a commencé par se mettre à l'école des physiciens d'Ionie, avant
d'avoir trouvé sa propre voie : de là les accusations de matérialisme
et d'athéisme dirigées contre lui par Aristophane ; 2° que la dialectique de Socrate et sa méthode critique mêlée de doutes devaient avoir,
aux yeux du vulgaire, une ressemblance frappante avec la sophistique ; 3° qu'il y a même dans Socrate une part réelle de sophistique.
Ces différents traits expliquent la confusion d'Aristophane. Mais il ne
faut pas en conclure avec M. Grote, dans son ouvrage sur Platon,
que Socrate ne se distingue en rien des autres sophistes.

(2) C'est ainsi que parmi nous, à certaines époques, tous les philosophes ont été des socialistes ou des panthéistes. Le bon sens populaire ne distingue pas.

phistique. Enfin, les singularités de la personne de
Socrate, sa défiance contre les poëtes, dont hérita
son élève Platon, les fautes de quelques-uns de ses plus
illustres disciples, purent se réunir à tout le reste pour
attirer sur lui les traits perçants de l'auteur des *Nuées*.
Sans doute il n'est pas juste de compter Aristophane
parmi les accusateurs de Socrate et les auteurs de sa
mort, mais il faut lui laisser la responsabilité qui lui
appartient. L'idée qu'il donna de Socrate ne fit que
grandir avec le temps. Anytus et Mélitus n'eurent plus
tard qu'à traduire dans un acte d'accusation les attaques d'Aristophane (1) ; ils trouvèrent la passion du
peuple toute prête à les écouter.

Voici les propres termes de l'acte d'accusation, tel
qu'il était conservé au temps de Diogène Laërce au
greffe d'Athènes : « Mélitus, fils de Mélitus, du bourg
de Pittias, accuse par serment Socrate, fils de Sophro-
nisque, du bourg d'Alopèce. Socrate est coupable, en
ce qu'il ne reconnaît pas les dieux de la République,
et met à leur place des nouveautés démoniaques; il est
coupable, en ce qu'il corrompt les jeunes gens. Peine
de mort. » Ce qui serait plus intéressant que cet acte
même, ce serait le développement des motifs qui l'accompagnait. Sur le premier chef, le rejet des dieux du
polythéisme, l'accusation a dû produire des preuves,
des faits, des détails qui seraient pour l'histoire de la
plus grande importance, et que naturellement les apologistes se sont gardés de reproduire ; sur tout le reste,
l'accusation est manifestement calomnieuse.

Le sentiment de l'iniquité qu'ils commettaient fut
vraisemblablement dans l'âme des juges ; sans quoi on

(1) Socrate lui-même, dans son *Apologie*, fait ce rapprochement.

ne s'expliquerait pas que la condamnation ait eu lieu à une aussi faible majorité. Socrate en aurait pu être quitte pour une simple amende, s'il eût voulu se condamner lui-même à cette légère peine et s'humilier devant le tribunal. Mais on peut dire qu'il provoqua sa condamnation par sa fierté sublime. Non-seulement il refusa de se condamner ; mais avec plus d'orgueil peut-être qu'il ne convenait, il demanda d'être nourri au Prytanée jusqu'à la fin de ses jours aux frais du public. Il est difficile de nier que dans l'Apologie la fierté de Socrate ne dégénère quelque peu en jactance, et que son ironie n'ait quelque chose de blessant. C'est ce qui explique que la simple condamnation n'ait eu que cinq voix de majorité, et que la condamnation à mort en ait réuni plus de quatre-vingts. Il semble, en lisant cette défense, que Socrate ait volontairement cherché la mort. Peut-être y voyait-il un couronnement naturel de sa doctrine, et pensait-il que la vérité avait besoin de la consécration du martyre.

Une fois en prison, Socrate fut aussi simple que sublime. Il se consola de la captivité par la poésie : il composa un hymne en l'honneur d'Apollon ; il traduisit en vers les fables d'Ésope. Ses amis, ses disciples venaient le visiter pendant les heures où la prison était ouverte au public. Ils le supplièrent plusieurs fois de consentir à son évasion. Criton, son plus vieil ami, avait tout préparé pour sa fuite. Socrate refusa ; il voulut donner jusqu'au bout l'exemple de l'obéissance aux lois d'Athènes. Après avoir passé les derniers instants de sa vie au milieu de ses disciples en sublimes entretiens, il mourut en prononçant cette dernière parole : « Nous devons un coq à Esculape. » Il devait, en effet, un dernier hommage au dieu de la médecine, qui venait de le gué-

rir de la vie par la mort. « Voilà, dit Platon, la fin de
notre ami, de l'homme le meilleur des hommes de ce
temps, le plus sage et le plus juste de tous les hommes. »

Quelque influence que l'on accorde à la personne de
Socrate sur les mœurs et les idées de son temps, il ne
faut pas oublier qu'il fut le fondateur d'une grande
école, et le promoteur de toutes les recherches philosophiques qui se développèrent en Grèce après lui. C'est
lui qui a ramené la philosophie à la morale ou à la politique, ce qui pour les anciens est la même chose (1) ;
et qui a donné à la morale la méthode et l'autorité de
la science.

La méthode socratique, si originale qu'elle a conservé son nom (2), se composait de deux procédés : l'un
purement critique, qui avait pour but de confondre
l'erreur, de dissiper les illusions, et d'humilier la fausse
science, et qui trouvait surtout son application dans
la lutte contre les sophistes ; l'autre qui encourageait à
la recherche de la vérité, et qui servait à la découvrir
en conduisant l'esprit du connu à l'inconnu, de l'ignorance à la science. Ces deux procédés sont célèbres
sous le nom d'*ironie*, εἰρωνεία (3) ; et de *maieutique*
(μαιευτική) ou art d'accoucher les esprits, art que Socrate comparait plaisamment à celui de sa mère. « Elle
accouchait les corps, disait-il, et moi les esprits (4). »

(1) Quelle que part que l'on fasse à la métaphysique dans la philosophie de Socrate, on ne peut nier que ce ne soit la morale qui pré-
domine dans cette philosophie; seulement il lui a donné une méthode.
(2) La méthode interrogative, dans l'enseignement, s'appelle encore
aujourd'hui *méthode socratique*.
(3) L'εἰρωνεία signifie, à proprement parler, *interrogation*, d'εἴρω,
interroger. C'est le mode d'interrogation de Socrate, à savoir, le per-
siflage dissimulé qui a fait donner au mot *ironie* le sens qu'il a ha-
bituellement.
(4) Platon, *Théétète.*

On sait comment Socrate pratiquait l'ironie. Soit qu'il rencontrât un philosophe attaché à une des sectes célèbres de son temps, un sophiste, fier d'une rhétorique vaine qui lui permettait de tout soutenir et de tout combattre, un jeune homme ignorant, mais qui croit savoir, il leur appliquait à tous le même traitement : « Il n'y a pas d'ignorance plus honteuse que de croire que l'on connaît ce que l'on ne connaît pas ; et il n'y a pas de bien comparable à celui d'être délivré d'une opinion fausse. » On lui a imputé ce mot : « Je ne sais qu'une chose, c'est que je ne sais rien. » C'est pourquoi il cherchait à conduire son adversaire, quel qu'il fût, à la conscience de son ignorance. Il n'employait pas d'argumentation directe ; il interrogeait de la manière la plus naturelle ; mais par un art dont il avait le secret, tout en ayant l'air d'interroger toujours, il s'emparait de la discussion et la conduisait où il lui plaisait. C'est ainsi qu'il forçait ses adversaires à la contradiction, et les amenait à la confession de leur erreur. Cette méthode repose sur cette idée que l'erreur contient en elle-même sa réfutation, et porte, comme dit Platon, l'ennemi avec soi.

C'était aussi l'interrogation qui servait à conduire l'adversaire ou le disciple d'une science fausse à une science meilleure. Une fois que Socrate l'avait amené de l'affirmation au doute, et du doute à l'aveu de son ignorance, il le conduisait ensuite peu à peu à des idées plus exactes ; il le faisait chercher en lui-même, et le forçait à découvrir ce qu'il cachait à son insu dans les profondeurs de son intelligence, les germes des idées générales source de tout raisonnement, et des définitions objet de la science. C'est pourquoi Aristote nous dit que Socrate fut l'inventeur de l'induction et de la définition (1).

Voilà quelle fut la méthode de Socrate. On sait aussi quel était l'esprit de sa philosophie. On sait qu'il transforma en un principe philosophique la vieille maxime du sage (γνῶθι σεαυτόν), et qu'il fit de l'homme l'objet principal de ses recherches. Que pouvons-nous savoir, disait-il, si nous nous ignorons nous-mêmes? qu'y a-t-il de plus près de nous que nous, de plus immédiatement certain, et de plus digne d'intérêt que ce qui touche à notre propre existence, et à celle de nos semblables? Toute autre connaissance, et surtout la physique telle qu'on la pratiquait avant lui, c'est-à-dire la science universelle de la nature lui semblait vaine et même dangereuse, quoique lui-même dans sa jeunesse eût été séduit par ces curieuses recherches. Sa seule science était donc la science de l'homme, qu'il confondait avec la sagesse; car la dialectique pour lui ou la science devait avoir pour résultat de nous rendre meilleurs et plus heureux (2).

Socrate n'admettait donc qu'une seule science, celle de la sagesse. Il définissait la science par la sagesse, et la sagesse par la science. Il ne voyait dans les différentes vertus que des sciences particulières : il définissait la justice, la connaissance de ce qui est juste; le courage, la connaissance de ce qui est terrible et de ce qui ne l'est pas; la piété, la connaissance du culte légitime que l'on doit aux Dieux. Cette confusion de la science et de la sagesse conduisait Socrate à des conséquences qui auraient dû faire hésiter sa conscience et son bon sens. Il pensait que si la vertu est une science, le vice ne

(1) Arist. *Mét.* 4, 1087, 6, 27.
(2) Xén., *Mém.* IV, v.

peut être qu'une ignorance : car celui qui connaît véritablement le bien ne peut rien lui préférer : quiconque
que discerne entre toutes les actions possibles la meilleure et la plus avantageuse, la choisit nécessairement.
La méchanceté est donc involontaire (1). On compren-
dra facilement cette confusion, si l'on songe à l'idée
que Socrate se faisait du bien et du mal. Celui qui de
tous les philosophes anciens a eu le sentiment moral le
plus pur et le plus profond, n'a jamais nettement distingué le bien et l'avantageux, τὸ ἀγαθόν et τὸ ὠφελιμόν (2) :
ce qui nous explique sa théorie du vice involontaire :
car il est évident que personne ne recherche volontairement ce qu'il sait lui être nuisible.

Seulement il ne faut pas oublier que ce que Socrate
entend par utile, c'est ce qui est conforme à la dignité
de l'âme et à la véritable liberté. L'âme est-elle libre,
maîtrisée par la volupté? si la liberté est le pouvoir de
faire ce qui est digne de l'homme, n'est-ce pas une
servitude que d'entretenir en nous des maîtres qui nous
ravissent ce pouvoir? L'intempérance, par exemple,
obscurcit l'esprit, éteint la prudence, précipite l'âme
dans des actions basses et honteuses; elle tarit la source
des plus pures et des meilleures voluptés; elle nous
ôte le goût du beau, le plaisir de servir nos amis, notre
patrie, notre famille; elle nous ôte jusqu'aux plaisirs
des sens; car c'est la privation qui rend agréable la
satisfaction du besoin. Enfin, l'homme intempérant
refuserait d'avoir un esclave semblable à lui-même (3).

---

(1) *Mém.* III, 9 et IV, 7. On ne trouve pas en propres termes
dans Xénophon, la célèbre maxime platonicienne : οὐδεὶς κάκος ἑκων;
mais le fond de la pensée y est certainement.
(2) *Ibid.* III, 8.
(3) *Ibid.* I, 5, 6; II, 1; IV, 5.

La théorie socratique de la tempérance fait paraître ici pour la première fois dans la philosophie antique ce principe qui a fait la gloire du stoïcisme : c'est
que la vraie liberté consiste à se rendre maître des passions. Un autre principe que la philosophie ancienne
doit encore à Socrate, et qui de lui a passé à Platon, de
Platon aux stoïciens et à Cicéron, et de Cicéron à saint
Augustin, c'est le principe des lois non écrites, fondement de sa théorie de la justice (1).

Qu'est-ce que la justice? Socrate la définit, la connaissance de ce qui est prescrit par les lois ; mais il y a
deux sortes de lois. Les unes sont celles que les citoyens
font d'un commun accord dans chaque pays. La justice,
dans ce premier sens, n'est que l'obéissance aux lois
de la patrie ; c'est une partie du patriotisme. Chez les
anciens, la patrie était si étroite, la vie privée de si peu
d'importance, que l'homme pouvait rapporter à la patrie son existence tout entière : plus près de chacun des
citoyens, elle était une famille. Les dieux mêmes étaient
pour chaque homme des concitoyens ; c'étaient les
dieux de la patrie qu'il adorait ; et c'était encore honorer la république que de cultiver la religion. Or, les
lois sont la volonté de la patrie. Aimer la patrie, c'est
lui obéir, c'est obéir aux lois. Voilà la justice telle que
l'ont connue et pratiquée les grands citoyens anciens.
Quelques-uns cependant s'élevèrent à une idée plus
haute et plus vraie : tel fut Aristide, et le nom qu'il
porte dans l'histoire fut sa récompense.

Mais la théorie de la justice s'élève et s'agrandit, lorsqu'au lieu de la considérer comme l'obéissance aux lois
de la cité, Socrate nous la montre réglée par des lois
supérieures, lois non écrites, portées non par le caprice

(1) *Ibid.* IV, 3, 6.

d'un peuple, mais par la volonté des dieux. Les premières changent suivant les cités et les États ; les se-
condes prescrivent la même chose à tous les hommes,
dans tous les pays. Partout la justice commande d'honorer les dieux, d'aimer et de révérer ses parents, de
reconnaître les bienfaits. Partout ces lois portent avec
elles la punition de celui qui les enfreint ; témoignage
manifeste d'un législateur suprême et invisible, quoique toujours présent. C'est le sentiment de ces lois
éternelles et non écrites qui éleva Socrate si fort au-
dessus de son temps. C'est elles qu'il regardait lorsqu'il
résistait aux tyrans et au peuple ; et, lorsqu'en mourant
il refusait de désobéir aux lois qui l'opprimaient, c'é-
taient encore ces lois supérieures et infaillibles qui lui
commandaient l'obéissance (1).

Si, dans sa théorie de la justice, Socrate a devancé
ses contemporains, il est deux points où il me paraît
surpasser en quelque sorte l'antiquité tout entière. Ces
deux points sont : la Famille et le Travail. Il a eu un
sentiment admirable de la vie domestique (2) ; et, en
cela, il faut reconnaître que Platon a été un disciple
infidèle et inférieur. Socrate reconnaît l'égalité morale des deux sexes, cette égalité qui laisse subsister
les différences ineffaçables voulues par la nature, et ne
fait pas de la femme la rivale de l'homme sur la place
publique et dans les camps. La femme, pour Socrate,
c'est la mère et la ménagère ; c'est elle qui gouverne la
maison, qui assure les intérêts du mari, qui soigne les
serviteurs, qui élève, berce et nourrit les enfants. Les
traits par lesquels Socrate décrit la mère et l'épouse ne

(1) Tout le monde connaît les beaux vers de Sophocle (*Antig.* 180
sqq), où Antigone se défend d'avoir violé les décrets de Créon, en invoquant les lois non écrites, νόμιμα ἄγραπτα.
(2) *Économ.*, c. VII, VIII, IX, x. *Mém.* II, II.

sont pas indignes des belles images de l'Écriture dans
le portrait de la femme forte. Ce sentiment de la vie domestique a conduit Socrate à l'intelligence d'une vérité
que l'antiquité n'a jamais comprise (1) : la dignité du
travail, non pas du travail intellectuel et politique, mais
du travail qui fait vivre et qui nourrit. « Qui appelle-
rons-nous sages, disait-il ? Sont-ce les paresseux ou les
hommes occupés d'objets utiles ? Quels sont les plus
justes, de ceux qui travaillent ou de ceux qui rêvent les
bras croisés aux moyens de subsister ? » Et comme on
lui oppose que des personnes libres ne peuvent pas travailler, et que c'est là le fait des esclaves : « Eh ! quoi,
dit-il, parce qu'elles sont libres, pensez-vous qu'elles
ne doivent faire autre chose que manger et dormir (2) ?»
Ainsi Socrate relevait le travail de la honte et de la
servilité que les anciens y attachaient : par là, il attaquait à la source, sans le savoir et sans le vouloir, le
mal corrupteur de l'esclavage.

On ne peut oublier dans la philosophie morale de
Socrate le principe religieux qui l'anime et qui la couronne. Les anciens philosophes n'avaient vu dans la
nature qu'un composé de forces, d'éléments, de poids
et de nombres ; Socrate, les yeux toujours fixés sur
l'homme, reconnut dans l'univers les signes de l'intelligence, la prévoyance, la prudence, la bonté (3). La
vie, les rapports harmonieux des parties, la convenance universelle des moyens et des fins, tout lui attes-
tait un Dieu sage et bon, avec la même évidence qu'un
ouvrage de mécanique atteste un ouvrier et une statue

_____

(1) Il faut faire une exception pour Hésiode, comme nous l'avons vu
plus haut p. 73.
(2) *Mém.* II, 7.
(3) *Ibid.* I, 4 ; IV, 3.

un statuaire. Il reconnut non-seulement Dieu, mais sa
Providence, et non-seulement encore cette Providence
universelle qui veille sur l'ensemble de l'œuvre et protége les lois générales des choses, mais celle qui, présente à toutes les actions particulières des créatures,
voit dans le secret des cœurs, découvre les pensées
mêmes qui ne s'expriment point, et parle enfin dans
l'intimité de l'âme un langage clair à celui qui l'écoute
et la connaît (1). Socrate croyait donc qu'il y a, qu'il
peut y avoir entre l'homme et Dieu une société et un
commerce d'hommages et de secours. Il recommandait
la prière, et lui-même priait volontiers. Il permettait
qu'on demandât à Dieu de nous assister dans nos besoins, en laissant à sa sagesse le soin d'exaucer nos
vœux, selon l'ordre et la convenance. Surtout il voulait qu'on l'invoquât pour le bien de son âme (2). Ainsi
la plus haute et la plus pure piété couronnait cette
noble doctrine. Socrate fut, si j'ose dire, le révélateur
du Dieu de l'Occident. Tandis que l'Orient tout entier,
la Judée exceptée, adorait la nature sous le nom de
Dieu, tandis que la religion grecque n'était encore
sous une autre forme que le culte de la nature, tandis que la philosophie ou supprimait Dieu, ou le ré-
duisait à des attributs tout abstraits, Socrate fit connaître le Dieu moral, qui depuis a été reconnu et
adoré des nations civilisées. L'idée d'un Dieu moral
éclaire bien, il est vrai, de loin en loin, comme une
lueur fugitive, la grande poésie de Pindare, la philosophie symbolique de Pythagore, la philosophie enfin
d'Anaxagore : elle était peut-être le mystère qui se cachait sous le voile des mystères de la Grèce, mais So-

(1) *Mém.* 1, 1.
(2) *Ibid.* I, 3.

crate l'a exprimée le premier avec une telle clarté, qu'il parut l'avoir découverte.

Le sentiment d'une justice supérieure et divine anime la politique de Socrate comme sa morale. Il n'a jamais beaucoup étudié les formes diverses de gouvernement, ni médité sur le principe de la souveraineté ; on ne voit même pas qu'il se soit mêlé aux divers partis qui divisaient son pays ; et quoiqu'on lui ait prêté quelquefois un dessein politique, cette conjecture, qui diminue à mon sens le personnage de Socrate, ne semble pas justifiée (1). Tout ce que nous en savons me paraît contraire à cette hypothèse. Sa vie est celle d'un grand citoyen, qui n'obéit qu'aux lois, et place la justice au dessus de toutes choses. Ses opinions sont celles d'un sage, qui n'est d'aucun parti, et juge d'un esprit indépendant et supérieur les affaires de l'État.

Voyez-le agir. Il combat comme soldat à Delium et à Potidée : il sauve la vie d'Alcibiade et de Xénophon. A l'intérieur, il résiste aux trente tyrans (2), et il résiste au peuple (3). Il refuse de livrer aux uns Léon de Salamine, et il refuse aux autres de participer à la condamnation des dix généraux vainqueurs aux Arginuses. Qui pourrait voir dans ces deux faits l'indice d'un système politique ? Je n'y vois qu'une conscience inflexible, qui ne s'humilie devant aucune tyrannie. Il est vrai que Socrate a critiqué les institutions de la démocratie. Son bon sens, aussi fier que sa conscience, se révoltait contre la nomination des magistrats par le sort. « Quelle folie, disait-il, qu'une fève décide du choix des chefs de

---

(1) Cette opinion a été soutenue par M. J. Denis dans son savant et excellent ouvrage, *Histoire des idées et des théories morales de l'antiquité* (Paris, 1856). Nous regrettons de n'être pas d'accord sur ce point avec cet auteur si judicieux.

(2) *Mém.* I, 2. — (3) *Helléniq.* l. I, c. VII ; *Mém.* I, I.

la république, lorsqu'on ne tire au sort ni un architecte,
ni un joueur de flûte (1). » Cette critique était celle que
devaient faire tous les esprits sensés. Socrate montrait
ainsi la perspicacité de ses vues, et il témoignait qu'il
avait une idée de la liberté supérieure à celle de son
temps. Mais si Socrate discutait la démocratie, qui n'é-
tait sans doute pas inviolable, ne critiquait-il pas aussi
la tyrannie avec l'ironie la plus perçante et la plus périlleuse? On connaît son apologue sanglant du bou-
vier, qui ramène chaque jour au bercail des vaches
plus maigres et moins nombreuses. Les trente tyrans
se sentirent atteints; ils lui imposèrent le silence, et
Chariclès, faisant allusion à ses paroles, lui dit : Laisse
là tes bouviers, sans quoi tu pourrais trouver du dé-
chet dans ton bétail. » Socrate les brava, et continua
de les railler en leur présence même (2). Ceux qui le
condamnèrent comme ennemi du peuple avaient-ils
eu le même courage? Que Socrate ait regretté la constitution de Solon, cela est possible; et véritablement,
on comprend un tel regret en présence des dissensions
sans nombre et des révolutions stériles qui agitèrent
Athènes depuis la guerre du Péloponèse. Le règne de
la constitution de Solon avait été le plus beau temps
d'Athènes; et l'on pouvait croire que la chute de cette
constitution avait entraîné la ruine du pays. Mais peut-
on conclure des regrets de Socrate, qu'il ait réellement
pris parti parmi les ennemis de la démocratie, lorsque
l'on voit que c'est précisément du sein de ces ennemis
qu'est sortie la première attaque dirigée contre lui?
Aristophane, qui le connaissait, eût-il livré aux risées
du peuple un ami politique (3)?

(1) *Mém.* I, 2. — (2) *Ibid., ib.*
(3) S'il était permis d'employer des expressions modernes pour ca-

Socrate ne fut donc d'aucun parti; lui-même n'aspira jamais à gouverner l'État. Toute son ambition était d'instruire les hommes au commandement (1). Il croyait que former des hommes sages, modestes, tempérants et justes, c'était former des citoyens. C'est en ce sens seulement qu'il fut un réformateur politique. Le vrai politique, à ses yeux, n'était ni celui qui possède le sceptre, ni celui qui a été élu par les premiers venus, ou désigné par le sort, ou qui s'est emparé du pouvoir par la violence, mais celui qui sait commander (2). Or, l'art de commander, c'est l'art de connaître et de choisir les hommes, de s'en faire obéir et respecter (3). C'est là un art qui ne s'apprend pas seulement sur la place publique, et qu'on n'acquiert pas en flattant le peuple, mais par l'étude de soi-même, par la pratique de la tempérance et du courage. En voulant rétablir les mœurs dans Athènes, Socrate essayait du seul moyen qui pût sauver la république; si ce moyen était impraticable, la faute n'en était pas à lui. Il donnait à la fois la leçon et l'exemple.

Socrate, au reste, ne se contentait pas de conseiller la vertu à ceux qui se préparaient à la vie politique, et il ne pensait pas, comme son disciple Platon, que les politiques dussent mépriser les intérêts positifs des États. La plupart de ses conversations politiques ont pour but de démontrer aux jeunes gens l'importance de ces intérêts, et la nécessité de former des connaissances précises par l'étude des faits (4). Glaucon veut

ractériser des idées antiques, je dirais que Socrate était un *conservateur*, et Aristophane un *réactionnaire*.

(1) *Mém.* I, 6.
(2) *Ibid.* III, 9.
(3) *Ibid.* III, 4.
(4) Voy. l'entretien sur l'art militaire, III, 1; sur la cavalerie, ib. 3; et la conversation avec le fils de Périclès, ib. 5.

gouverner l'État; c'est une belle tâche sans doute, mais connaît-il bien les revenus de la république, le nombre des troupes, le fort et le faible des garnisons, les besoins de la population, la quantité de blé que produit le territoire, les moyens d'exploiter les mines, etc.? Sur tout cela, Glaucon n'a que des conjectures. Mais avant de gouverner toutes les maisons d'Athènes, ne ferait-il pas mieux de relever celle de son oncle, qui menace ruine? « Je l'aurais fait, dit-il, s'il eût voulu m'écouter. — Eh quoi! réplique Socrate, vous ne pouvez persuader votre oncle, et vous voulez persuader tous les Athéniens (1)? » Il humiliait ainsi, par sa fine ironie, les prétentions d'une jeunesse distinguée, mais sans étude, qui apprenait à l'école des sophistes à parler de tout sans rien savoir, et qui n'ignorait pas moins l'utile que le juste et le vrai.

La politique de Socrate n'a rien de scientifique. Elle est surtout pratique et morale. Il traite des devoirs de la vie publique comme des devoirs de la vie domestique, sans s'élever à aucune théorie abstraite sur la famille ou sur l'État. C'est un réformateur des mœurs : c'est là son originalité et sa grandeur. Ce fut pour lui une véritable mission. Relever la conscience du joug de l'État, tel fut son rôle, et il n'y en a pas de plus beau dans l'antiquité. Lorsque ce rôle, poursuivi avec constance et opiniâtreté pendant trente années, le conduisit enfin devant les tribunaux populaires, rien ne fit fléchir ce sentiment intérieur, qui était chez lui si noble et si fier. Dans ce grand procès, qui mettait aux prises la conscience et l'État, il trouve, ou du moins Platon lui prête des paroles inspirées de son esprit et qui sont dignes d'un apôtre. « Le Dieu, dit-il, semble m'avoir

(1) *Ibid.*, *ib.*, 6.

choisi pour vous exciter et vous aiguillonner, pour
gourmander chacun de vous, partout et toujours, sans
vous laisser aucune relâche... » « Si vous me disiez :
Socrate, nous te renverrons absous, à la condition que
tu cesseras de philosopher, je vous répondrais : Athéniens, je vous honore et je vous aime; mais j'obéirai à
Dieu plutôt qu'à vous (1). » Ce n'est donc pas dans quelques paroles éparses et sans portée qu'il faut chercher
la politique de Socrate, c'est dans sa vie tout entière,
qui n'a été qu'un long procès à l'injustice; c'est dans
sa mort, qui, décrétée par la tyrannie populaire, est
devenue la condamnation éclatante de toutes les tyrannies.

Socrate a été une des plus vives et des plus éclatantes
images de la conscience morale; il n'a pas été seulement un philosophe, mais un héros.

Dans la science, la philosophie lui doit d'avoir trouvé
son vrai principe : connais-toi toi-même, et sa vraie
méthode : la critique et l'analyse; la morale lui doit
ses meilleurs et ses plus beaux préceptes, et la politique ce principe indestructible que la loi commune des
gouvernements et des citoyens, c'est la justice. Enfin
la liberté de la pensée le compte parmi ses plus grandes
victimes. Il ne faut point trop gémir sur sa destinée,
car la persécution et l'injustice font l'honneur et le
succès des doctrines; et la vérité parmi les hommes ne
se répand jamais sans douleur (2).

(1) *Apol.* p. 29. Πείσομαι μᾶλλον τῷ θεῷ ἢ ὑμῖν.
(2) L'étendue de notre sujet ne nous permettant pas d'insister
longtemps sur l'origine de la morale et de la politique en Grèce, nous
renvoyons aux savants *Mémoires* de M. Adolphe Garnier, sur les
Sages de la Grèce et sur Socrate (Comptes rendus de l'Académie
des sciences morales et politiques, 1855), et au livre déjà cité de
M. J. Denis.

# CHAPITRE II.

**PLATON.**

§ I. Morale de Platon. — Théorie des facultés de l'âme. — Réfutation des sophistes. — Du mysticisme moral dans Platon. — Caractère général de la philosophie de Platon : harmonie, mesure. — Théorie de la vertu. — Confusion de la vertu et de la science. — Conséquences de cette confusion. — Division des vertus. — Théorie de la justice. — Théorie de la peine. — Théorie du bien. — Dieu, principe de la morale.

§ II. Politique de Platon. — Politique. — Les socratiques : Xénophon : la *Cyropédie*. — Platon : ses trois écrits politiques : la *Politique*, la *République*, les *Lois*. — Analyse du *Politique*, ébauche des théories ultérieures. — La *République*. — Théorie des castes. — Théorie de la communauté. — Théorie de l'éducation. — Gymnastique et musique. — Gouvernement de la philosophie. — Théorie des gouvernements et de leurs révolutions. — Théorie politique des *Lois*. — Caractère religieux de cette politique. — De la famille et de la propriété. — De l'éducation. — Constitution : principe électif. — Magistratures. — Appréciation de la morale et de la politique de Platon.

Chez les anciens, nous l'avons dit, la politique n'a jamais été séparée de la morale. L'homme et le citoyen ne faisait qu'un; et l'État, comme la famille, ne reposait que sur la vertu. Mais si ce lien existe pour tous les anciens, il n'est nulle part plus serré et plus étroit que dans la philosophie de Platon et dans celle d'Aristote, avec cette nuance que, pour Platon, la politique, c'est la morale elle-même; tandis que pour Aristote, la morale est une partie de la politique. Il est donc indispensable, à qui veut comprendre la pensée politique de ces deux philosophes, d'étudier dans toute leur étendue leurs spéculations morales.

## § I. Morale de Platon.

Le principe de la philosophie morale de Platon, principe emprunté peut-être au pythagorisme, c'est que l'homme est naturellement en guerre avec lui-même : il est partagé entre deux forces contraires, l'amour réfléchi du bien, et le désir aveugle du plaisir : tel est le fond de la nature humaine (1). L'homme peut être comparé à un être étrange, composé de trois animaux divers : une hydre à cent têtes, qu'il faut à la fois rassasier pour vivre, et dompter pour vivre heureux ; un lion, qui pour être plus noble et plus généreux, n'en est pas moins aveugle par lui-même : un homme enfin qui soumet l'hydre à l'aide du lion. L'homme véritable ne réside ni dans le lion, ni dans l'hydre, mais dans cet être supérieur, qui raisonne, qui délibère, qui commande, et qui enchaîné par la nature à cette bête à mille têtes, semble ne faire qu'un avec elle, condamné à la combattre sans cesse, sans pouvoir s'en séparer jamais (2).

Il y a donc, selon Platon, trois parties dans l'homme : l'une inférieure, c'est le principe de la sensation et du désir (τὸ ἐπιθυμητικὸν), de la crainte, de la colère aveugle, de l'amour grossier et populaire, qui ose tout et qui corrompt tout (3); l'autre supérieure, c'est la raison (le νοῦς), c'est la faculté qui connaît, qui démêle dans les choses ce qu'elles ont de vrai, de pur et d'éternel, qui s'élève jusqu'au principe de toutes choses, c'est-à-dire jusqu'à l'Être même, et qui dans l'âme combat,

---

(1) *Phèdr.* 237, ἡ μὲν ἔμφυτος οὖσα ἐπιθυμία ἡδονῶν, ἄλλη δὲ ἐπίκτητο, δόξα, ἐφιεμένη τοῦ ἀρίστου. Nous citons partout l'édition type d'Henri Etienne, à laquelle toutes les éditions se rapportent.
(2) *Rép.* l. IX, 588.
(3) *Tim.* 42; 88; *Rép.* l. IV, 431.

les passions et les désirs honteux, et exerce la souveraineté (1). Enfin, entre ces deux parties extrêmes de
l'âme, il y a une partie moyenne, qui les relie l'une à
l'autre : c'est le θυμός ou courage, principe de la colère
noble et des affections généreuses, qui sert d'auxiliaire
à la raison dans sa lutte contre le désir et la passion :
c'est le coursier généreux qui, obéissant aux lois du
conducteur, l'aide à subjuguer et à vaincre le coursier
insolent et rebelle (2).

S'il y a deux principes dans l'homme, l'amour du
bien, et l'amour du plaisir, le plaisir n'est donc pas le
bien, comme le pensaient les sophistes et comme le
croient la plupart des hommes. Platon combat cette
opinion dans tous ses ouvrages; mais il a surtout consacré à la réfuter un dialogue entier, le *Philèbe*, l'un de
ses écrits les plus savants et les plus profonds.

Selon les sophistes, le plaisir est le seul bien. S'il en
est ainsi, le plaisir serait encore un bien, lorsqu'on re-
trancherait de l'âme tout ce qui n'est pas le plaisir, par
exemple l'intelligence et la pensée. Mais si vous supprimez l'intelligence, vous supprimez le plaisir lui-même;
sans mémoire, point de plaisir dans le passé; sans réflexion et sans imagination, point de plaisir dans l'avenir; et enfin, sans la conscience de soi-même, point de
plaisir présent, car pour jouir d'un plaisir, il faut savoir que l'on en jouit. Ainsi, l'intelligence est nécessaire au plaisir, et le plaisir n'est pas par lui-même et
tout seul le souverain bien (3). En outre, si le plaisir
est le bien, tous les plaisirs sont bons; et il n'y a d'au-

---

(1) Pour la théorie de la raison dans Platon, voy. *Théétète*, p. 164,
187; *Républ.* l. V, p. 477, sq. et les livres VI et VII de la *République* tout entiers; *Tim.* p. 6; *Philèb.* p. 59.
(2) *Rép.* l. IV, p. 411 et sqq.; *Phèdr.* p. 253-254.
(3) *Philèb.* p. 20 sqq.

tre différence entre eux que celle de la vivacité ou de l'intensité. Or nous ne distinguons pas seulement les plaisirs par la vivacité, mais par d'autres caractères qui supposent un autre bien que le plaisir lui-même. Tout le monde reconnaît des plaisirs bons et des plaisirs mauvais, honnêtes et honteux (1). Osera-t-on nier cette distinction ? Mais quoi ! n'est-il pas des plaisirs méprisables que tout homme rougirait de rechercher ou d'avouer ? Les libertins eux-mêmes font un choix entre les plaisirs ; ils goûtent de préférence ceux qui ont une apparence de grandeur : la domination, la prodigalité ; même dans la célébration éhontée du plaisir et de l'intempérance, Calliclès cherche encore à nous séduire par ce qu'il y a de beau et d'énergique dans le mépris de toutes les lois arbitraires et des vaines contraintes. Mais si le plaisir est le seul bien, il n'y a plus ni honte ni gloire dans les plaisirs. Tous sont beaux et bons au même titre, et c'est une inconséquence de se faire honneur de la délicatesse ou de la noblesse de ses choix. Il faut distinguer encore des plaisirs vrais et des plaisirs faux (2). Il semble d'abord qu'il n'y ait que des plaisirs vrais, car tout plaisir est réel pour celui qui l'éprouve. Mais un plaisir vrai par lui-même peut être faux par son objet ; lorsqu'il naît à la suite d'une opinion vraie, il est vrai comme elle, et il est faux quand il naît de l'erreur. Les plaisirs sont encore purs ou mélangés. Le plaisir est pur, lorsqu'il est sans aucun alliage de douleur ; il est corrompu et mélangé, lorsque, si vif qu'il soit, il est accompagné de douleur. C'est ce qui arrive dans la passion : « La colère, la crainte, la tristesse, l'amour, la jalousie, l'envie sont des douleurs

(1) *Gorg.* p. 495, à 499.
(2) *Philèb.* p. 36-42.

de l'âme mêlées de plaisirs inexprimables. La colère
entraîne quelquefois le sage même à se courroucer, plus
douce que le miel qui coule du rayon (1). » Or les plaisirs mêlés de douleur sont précisément les plus vifs et
les plus ardents, et en même temps les plus extrava-
gants, les plus nuisibles à l'âme et au corps ; ils rédui-
sent l'homme à un état de stupeur et de fureur très-près
de la folie (2). Plus un plaisir est vif, moins il est pur.
Ce qui fait la pureté du plaisir, ce n'est pas son énergie,
c'est sa simplicité, c'est-à-dire l'absence complète de
toute douleur (3). Or les plaisirs simples ne peuvent
naître que des objets parfaitement simples : les belles
couleurs, les belles figures, les belles lignes, les beaux
sons. Le repos, l'être, l'unité, voilà le principe des plaisirs purs. Les plaisirs purs sont en même temps les
plaisirs vrais et les plaisirs bons. Le plaisir n'est rien
par lui-même, et il diffère du bien comme l'apparence
diffère de l'être réel. C'est un *phénomène* (4), c'est-à-
dire quelque chose de changeant et de fuyant, qui ne
se suffit point à soi-même. Le bien, au contraire, est
nécessaire, suffisant et complet en soi (5). C'est la fin
en vue de laquelle on fait toute chose (6). Cependant
tous les hommes poursuivent le plaisir, en croyant
trouver le bien. C'est que tout en aimant le bien, ils
ne le cherchent pas où il est : ils préfèrent l'apparence
à la réalité : « De vains fantômes excitent dans l'âme
de ces insensés des transports si violents, qu'ils se bat-
tent pour les posséder, comme le fantôme d'Hélène,

(1) *Philèb.* p. 48-49.
(2) *Ibid.* p. 45-46.
(3) *Ibid.* p. 51.
(4) En grec *une génération*, γένεσις. *Philèb.* 53.
(5) Τέλεον... ἱκανόν... *Philèb.* p. 20.
(6) *Gorg.* p. 465, p. 499, τέλος ἁπασῶν τῶν πράξεων τὸ ἀγαθόν.

pour lequel les Troyens se battirent, faute de connaître l'Hélène véritable (1). »

La vie de plaisir, ou l'intempérance est donc à la fois ignorante et impuissante : ignorante, car elle ne connaît pas son vrai bien ; impuissante, car elle ne peut y atteindre.

Il est impossible qu'aucun être raisonnable et sensible recherche volontairement ce qu'il sait lui être nuisible (2): c'est pourtant ce que fait l'intempérant. Une telle erreur ne peut venir que de l'ignorance où il est de lui-même et du bien. On reconnaît ici les principes socratiques. Comparez, dit Platon, sous le rapport du bonheur, la vie tempérante et la vie intempérante. Laquelle vous paraîtra la plus heureuse? L'une, en ménageant les plaisirs, en jouit avec plus de sécurité et de calme ; ses peines et ses joies sont également tranquilles, et les plaisirs l'emportent sur les peines. Au contraire, la vie intempérante est toute tumultueuse : sans soin de l'avenir, elle épuise sans cesse par son impatience aveugle la puissance de jouir, et se fatigue à renouveler continuellement ses sources toujours vides. Dans la vie intempérante, le plaisir est une fureur, la joie une ivresse, l'amour une maladie. Partout la douleur se mêle au plaisir et le corrompt ; la sensibilité égarée jouit de cette douleur même, comme d'un assaisonnement au plaisir, et devient incapable de goûter le vrai bonheur (3).

L'intempérance est aussi impuissante qu'ignorante. Le vulgaire admire l'intempérance accompagnée du pouvoir de tout faire. Il ne voit pas combien vain est ce

(1) *Rép.* l. IV, 586.
(2) *Philèb.* p. 20; *Gorg.* p. 468; *Protagor.* p. 358.
(3) *Gorg.* p. 493-94; *Lois*, p. 734.

pouvoir. Le vrai pouvoir est celui de l'homme qui fait
ce qu'il veut. Or, l'homme intempérant ne fait pas ce
qu'il veut : car ce qu'il veut c'est son bien, puisqu'on
n'agit jamais qu'en vue du bien; mais comme il ne
connaît pas le bien, il ne trouve que son propre mal, il
n'obtient donc pas ce qu'il désire (1). Consumer de
vaines forces pour un bien chimérique et un mal réel,
c'est être véritablement impuissant, quelque force que
l'on possède ; de même que se tromper ainsi sur son
vrai bien, quelque esprit qu'on y applique, c'est être
vraiment ignorant. L'ignorance et l'impuissance sont
le signe de la servilité; c'est pourquoi il n'y a rien de
servile que le vice et l'intempérance, rien de plus noble
et de plus libre que la science et la vertu (2).

C'est ainsi que Platon, inspiré par Socrate, combat
la doctrine sophistique du plaisir et de la passion.
Mais lui-même ne se jettera-t-il point à l'extrémité opposée ? Ne voudra-t-il point retrancher de l'âme tout
désir, toute inclination, tout plaisir? Ne remplacera-
t-il pas la morale voluptueuse par la morale mystique?
C'est là une opinion assez répandue, et quelquefois
même en lisant Platon on serait tenté de la croire
fondée.

Ouvrez en effet le *Phédon :* vous y trouverez les expressions les plus vives et les plus fortes du mysticisme. Dans ce dialogue, le corps n'est pas, comme
dans l'*Alcibiade* (3), l'instrument, le serviteur de l'âme,
mais son cachot, son tombeau (4); toutes les sensations, tous les plaisirs, toutes les impressions qui nous

(1) *Gorg.* p. 466.
(2) *Alcibiad.* p. 135. Δουλοπρεπὲς ἡ κακία... ἐλευθεροπρεπὲς ἡ ἀρετή.
(3) Dans le 1er *Alcibiade*, p. 130, Platon définit l'homme, τὸ χρώ-
μενον σώματι.
(4) *Phéd.* p. 82. εἱργμός. *Corg.* p. 493, τὸ σῶμά ἐστιν ἡμῖν σῆμα.

viennent par le corps, sont autant de chaînes ou de
clous, qui enlacent ou attachent l'âme au corps et lui
ôtent sa liberté (1). Le corps empêche l'âme de penser :
il est la source de tous les désirs, de toutes les passions,
c'est-à-dire de tous les troubles, de toutes les guerres
qui s'élèvent en nous-mêmes et entre les hommes. Le
corps est un mal, une folie (2); pour s'élever à la sagesse, il faut se purifier, c'est-à-dire se délivrer de toutes les passions, c'est-à-dire séparer son âme de son
corps, et pour tout dire s'exercer à mourir. La sagesse
et la philosophie ne sont que l'apprentissage de la
mort (3). Ainsi la vie est une initiation; mais il y a
peu d'initiés, quoique beaucoup aspirent à l'être.
« Beaucoup prennent le thyrse, mais peu sont inspirés
par les dieux. Ceux-là ne sont, dit Socrate, que ceux
qui ont bien philosophé (4). »

Quelques-uns de ces traits ont sans doute de grandes
analogies avec les principales idées de la philosophie
ascétique. Devons-nous cependant ranger Platon parmi
les mystiques? Nous ne le pensons pas. Le mysticisme
n'est pas la vraie pensée de Platon. Quelquefois, il est
vrai, les ailes de son inspiration, pour emprunter une
image qu'il aime, l'emportent un peu au delà des limites du monde habité par les hommes : mais le goût de
la mesure, le sentiment infaillible de la vraie beauté,
qui est toute mesure, l'amour des joies douces de la
vie, l'inspiration socratique, et enfin une harmonie de
génie sans égale, tout le retient d'ordinaire dans les

(1) *Phédon*, p. 83.
(2) *Ibid.*, p. 66, μετὰ τοῦ τοιούτου κακοῦ... ib. p. 67, τῆς τοῦ
σώματος ἀφροσύνης.
(3) *Ib.*, p. 67, χωρισμὸς ψυχῆς ἀπὸ σώματος. Οἱ φιλοσοφοῦντες ἀπο-
θνήσκειν μελετῶσιν.
(4) *Ib.*, 69.

bornes d'une philosophie toujours élevée où dominent
la pure raison et l'amour pur, mais d'où rien n'est exclu, qui recèle à quelques degrés une ressemblance
même fugitive avec le vrai et avec le beau.

Le vrai principe moral du platonisme, ce n'est pas
le renoncement à soi-même, la rupture violente de
l'homme avec lui-même : c'est l'harmonie et la paix.
On peut dire des séditions qui s'élèvent dans l'âme humaine ce que Platon dit des séditions des Etats : « Est-
il quelqu'un qui préférât voir la paix achetée par la
ruine d'un des partis et la victoire de l'autre, plutôt
que l'union et l'amitié rétablies entre eux par un bon
accord (1)? » La meilleure fin de cette guerre intestine
que se font en l'homme l'âme et le corps, ce n'est point
la défaite et la ruine du corps, mais sa réconciliation
avec l'âme, et leur commune harmonie : « Tout ce qui
est bon est beau, dit Platon, et il n'y a rien de beau
sans harmonie... Quand un corps faible et chétif traîne
une âme grande et puissante, ou lorsque le contraire
arrive, l'animal tout entier est dépourvu de beauté, car
il lui manque l'harmonie la plus importante, tandis que
l'état contraire donne le spectacle le plus beau et le plus
agréable qu'on puisse voir. Contre ce double mal, il n'y
a qu'un moyen de salut : ne pas exercer l'âme sans le
corps, ni le corps sans l'âme, afin que, se défendant l'un
contre l'autre, ils maintiennent l'équilibre et conservent
la santé... Il faut prendre un soin égal de toutes les parties de soi-même, si on veut imiter l'harmonie de l'univers (2). » On ne doit donc pas entendre à la rigueur les
passages du *Phédon*, où Socrate semble prescrire le renoncement absolu au corps et à la nature ; mais y voir

(1) *Lois*, p. 418.
(2) *Tim.* p. 87.

seulement une invitation hyperbolique et éloquente à se défier des sens, à lutter contre la domination du corps, contre l'empire des passions. Les sens eux-mêmes, dans la vraie pensée de Platon, sont loin d'être méprisables. L'ouïe et la vue sont de merveilleux organes qui nous révèlent le beau sous les formes sensibles qui le recouvrent. « La vue est la cause du plus grand des biens... Nous devons à la vue la philosophie elle-même, le plus noble présent que le genre humain ait jamais reçu et puisse recevoir jamais de la munificence des dieux... Il en faut dire autant de la voix et de l'ouïe... C'est à cause de l'harmonie que l'ouïe a reçu le don de saisir les sons musicaux. Quand on cultive avec intelligence le commerce des muses, l'harmonie ne paraît pas destinée à servir, comme elle le fait maintenant, à de frivoles plaisirs : les muses nous l'ont donnée pour nous aider à régler sur elle et soumettre à ses lois les mouvements désordonnés de notre âme, comme elles nous ont donné le rhythme pour réformer les manières dépourvues de grâce et de mesure de la plupart des hommes (1). » Platon n'a donc point méconnu la noble destination des sens; il n'impose point au sage l'inutile et impossible obligation de les éteindre et de détruire en lui-même les dons précieux des muses et des dieux. Il lui demande de les associer et de les soumettre à des facultés plus hautes, de s'en servir enfin pour la perfection de son intelligence et de son âme, mais non de les servir comme des maîtres impérieux et déréglés.

Ce qui démontre enfin que la morale de Platon n'est pas une morale de contrainte exagérée et de renonce-

(1) *Tim.* p. 47.

ment absolu, mais de conciliation et d'harmonie, c'est
la belle discussion du *Philèbe*, qui n'est pas moins dirigée contre les ennemis excessifs du plaisir que contre
ses partisans corrompus. « Quelqu'un de nous vou-
drait-il vivre, ayant en partage toute la sagesse, toute
l'intelligence, la science, la mémoire qu'on peut avoir,
à condition qu'il ne ressentirait aucun plaisir, ni petit,
ni grand, ni pareillement aucune douleur, et qu'il n'é-
prouverait absolument aucun sentiment de cette nature (1). » Cette vie insensible, que les philosophes
stoïciens ont appelée depuis ἀπαθεία, n'est pas plus désirable pour le sage que la vie de plaisir toute pure ;
elle est incomplète, elle ne satisfait pas l'homme tout
entier ; elle n'est donc pas la vie heureuse. Peut-être
est-ce la condition de la vie divine, mais non pas de la
vie humaine (2). Et c'est le bonheur humain, c'est la
sagesse humaine que la morale cherche et prétend procurer aux hommes. La vie heureuse et sage est la vie
mixte (3), où se réunissent et se mélangent la science
et le plaisir, non pas, il est vrai, tous les plaisirs (4),
mais au moins ces plaisirs purs, simples et vrais qui
sont l'accompagnement et la récompense de la sagesse,
ou ceux des plaisirs sensibles, qui naissent des objets
simples et ne sont accompagnés d'aucune douleur : le
plaisir des belles couleurs, des beaux sons et même des
pures odeurs. « Semblables à des échansons, nous
avons à notre disposition deux fontaines, celle du
plaisir, qu'on peut comparer à une fontaine de miel,
et celle de la sagesse, fontaine sobre à laquelle le vin

---

(1) *Philèb.* p. 21.
(2) *Ibid.* p. 22 et 33.
(3) *Ibid.* p. 61. Μὴ ζητεῖν ἐν τῷ ἀμίκτῳ βίῳ τἀγαθὸν, ἀλλ' ἐν τῷ
μικτῷ.
(4) *Ibid.* p. 63.

est inconnu, et d'où sort une eau austère et salutaire.
Voilà ce qu'il faut nous efforcer de mêler ensemble de
notre mieux (1). » La sagesse n'est donc pas seulement
l'apprentissage de la mort, mais l'ornement de la vie.
Toutes les choses bonnes dans la nature résultent ainsi
du mélange d'une partie mobile, inconsistante, indéterminée, et d'une partie fixe qui règle, mesure et
contient la première. Tels sont les mouvements des astres, les révolutions des saisons : telle est dans le corps
la santé, et dans l'âme la sagesse (2). La sagesse est la
santé de l'âme (3) : l'une et l'autre sont un équilibre
et une harmonie. Le bien en toute chose, c'est l'ordre :
le bien d'une maison, c'est la commodité, la convenance et l'arrangement. L'âme aussi, pour être heureuse et sage, doit être convenablement ordonnée (4).
La mesure, d'où naît la grâce, est le signe d'une âme
bonne et heureuse; elle est la condition de la sagesse
comme de la musique. Le philosophe est un musicien (5). C'est un trait commun sans doute chez la
plupart des philosophes grecs, mais surtout remarquable chez Platon, que ce soin constant de la proportion, de l'harmonie et de la beauté dans l'âme du
sage. « La vie de l'homme, dit-il dans le *Protagoras*, a
besoin de nombre et d'harmonie (6). » L'imagination
de l'artiste et le sentiment moral s'unissent toujours
dans ses écrits, pour tracer l'image de la vertu. C'est
ce goût de la mesure qui l'a éloigné des extrémités, où
s'est jeté plus tard le stoïcisme; il n'a point rejeté le

(1) *Philèb.* p. 61.
(2) *Ibid.* p. 425-26.
(3) *Rép.* p. 444. Ἀρετή... ὑγίεια τις... καὶ εὐεξία ψυχῆς.
(4) *Gorg.* p 504.
(5) *Rép.* l. IX, 591. Ἔανπερ μέλλη (ὁ σοφός) τῇ ἀληθείᾳ μουσικὸς εἶναι.
(6) *Protag.* p. 326.

plaisir, il n'a point nié la douleur. S'il dit quelque part
que le sage se suffit à lui-même, que la perte de ses
plus chères affections n'est pas pour lui un malheur
intolérable (1), il prend garde de nous avertir ailleurs,
qu'il ne recommande pas une insensibilité chimérique,
mais une noble patience et une certaine modération
devant les autres hommes (2).

La mesure, l'harmonie, l'ordre, voilà donc le souverain bien. Mais comment l'homme peut-il réaliser ce
bien dans son âme? Il le peut par la vertu.

Qu'est-ce que la vertu? Platon, comme son maître
Socrate, rapporte la vertu à l'intelligence. Mais l'intelligence a deux degrés : l'opinion et la science. La
vertu doit-elle être définie par la science ou par l'opinion (3)?

L'opinion est cet état de connaissance intermédiaire
entre l'ignorance et la science, où l'esprit juge sans
principes, et sans se rendre compte de ses pensées;
c'est une connaissance obscure et flottante, qui peut
être fausse, mais qui peut être vraie. Quand elle est
vraie, elle prend le nom d'opinion droite, et alors elle
est aussi utile et aussi sûre dans la pratique et dans
l'action, que la science elle-même (4). C'est elle qui
éclaire les juges dans les tribunaux; c'est elle qui dirige
les avocats dans leurs discours et les politiques dans
leurs entreprises (5); c'est elle enfin qui paraît être chez
la plupart des hommes le principe de la vertu. Si la
vertu n'était pas l'effet de l'opinion, mais de la science,

(1) *Rép.* l. III, p. 387.
(2) *Ibid.* l. X, p. 603.
(3) Sur la différence de la science et de l'opinion, voir *Républ.* l. V,
p. 477, sqq.; *Timée*, p. 61.
(4) *Ménon*, p. 97.
(5) *Théét.* p. 201; *Ménon*, p. 99.

ceux qui la possèdent devraient être en état de l'enseigner aux autres, et de l'apprendre au moins à leurs enfants comme toute autre science (1). Or, on ne voit nulle part de maîtres, ni de disciples de vertu. Les plus grands citoyens athéniens, les Périclès, les Thémistocle, les Cimon, ont-ils rendu plus vertueux par leurs exemples et leurs conseils le peuple qu'ils gouvernaient? Ils n'ont pas même réussi à rendre meilleurs et plus sages leurs propres enfants. La vertu n'est donc point une science, elle est une opinion, un instinct, un don de Dieu (2).

Telle est l'apparente conclusion du *Ménon*. Mais il est difficile de croire que ce soit là la vraie pensée de Platon. Comme il admettait un principe de connaissance supérieur à l'opinion, il devait admettre une vertu supérieure à la vertu d'opinion, qu'il appelle aussi une vertu populaire, ou vertu politique, née de la pratique et de l'habitude, sans philosophie (3). C'est la vertu vulgaire, excellente sans doute comme guide de la vie, et meilleure que l'intempérance. Mais s'il se rencontre au milieu des hommes ignorants d'eux-mêmes, et pratiquant la vertu par hasard, quelque homme qui se rend compte des principes de la vertu, il sera, comme Tirésias, seul sage au milieu des ombres (4).

Il y a donc une vraie vertu, dont la vertu d'opinion n'est que l'ombre : c'est celle qui a sa source dans la sagesse, c'est-à-dire dans la science. Sans la sagesse, toutes les vertus sont ou inutiles, ou insuffisantes : avec

(1) *Ménon*, p. 89 et sqq.
(2) *Ibid.*, p. 190. Θεία μοίρα παραγιγνομένη.
(3) *Phédon*, p. 81. Δημοτικὴν πολιτικὴν ἀρέτην.., ἐξ ἔθους τε καὶ μελέτης γεγονυῖαν ἄνευ φιλοσοφίας.
(4) *Ménon*, p. 100. Ὥσπερ παρὰ σκιάς... *Phédon*, p. 68. Σκιαγραφία τις ἡ ἡ τοιαύτη ἀρετή.

la sagesse, elles deviennent toutes excellentes et salutaires (1). La science, qui a pour objet l'être, l'immuable, le vrai, et les rapports universels des choses, ne
peut pas se rencontrer dans une âme, sans attirer avec
elle le cortége de toutes les vertus. Car la science n'est
point ce que croient la plupart des hommes; ils pensent que la force lui manque et que sa destinée n'est
pas de gouverner et de commander. Au contraire la
science est faite pour commander à l'homme : quiconque aura la connaissance du bien et du mal, ne pourra
jamais être vaincu par quoi que ce soit, et ne fera autre
chose que ce que la science lui ordonne (2). Comment,
par exemple, celui qui vit sans cesse par la raison avec
la vérité, n'aurait-il pas l'amour de la vérité et l'horreur du mensonge? Il sera donc sincère. Comment celui qui n'a commerce qu'avec le monde intelligible ne
mépriserait-il pas les plaisirs excessifs du corps?
Il sera donc tempérant. Comment n'aurait-il pas des
sentiments toujours élevés, une grande indifférence
pour la vie, de la douceur avec les hommes, toutes les
vertus enfin et toutes les qualités de l'âme (3)?

La confusion systématique de la vertu et de la science
conduit Platon à une grave opinion dont le germe
était déjà dans Socrate, mais qui devait sortir presque
nécessairement de la psychologie platonicienne, admirable, mais incomplète. Platon, en effet, n'avait point
distingué la puissance de penser de celle de vouloir :
pour lui, la raison à la fois délibère, donne les ordres et
prend les résolutions ; hors de la raison, il n'y a que le

(1) *Ménon*, p. 88.
(2) *Protagor.* p. 352. Ἡ ἐπιστήμη... οἷον ἄρχειν τοῦ ἀνθρώπου, καί...
μὴ ἂν κρατηθῆναι (ἄνθρωπον) ὑπὸ μηδενός, ὥστε ἀλλ' ἄττα πράττειν ἢ ἃ ἂν ἡ
ἐπιστήμη κελεύῃ.
(3) *Républ.* l. VI, p. 485, sqq.

θυμὸς ou ἐπιθυμία, principes passionnés et aveugles, dociles ou rebelles selon l'occurrence, mais incapables de choisir librement entre deux actions contraires. D'où il suit qu'il ne peut y avoir que deux états dans l'âme humaine : celui où elle voit clairement le bien, c'est-à-dire où la raison parle et commande, et celui où elle l'ignore, c'est-à-dire où le désir se fait seul entendre. Dans la première supposition, l'homme obéit nécessairement à la raison, et dans la seconde, au désir. Il ne peut voir le bien sans le chercher ; il ne le fuit que parce qu'il l'ignore. Il n'y a point de place dans cette psychologie pour cet état intermédiaire où l'âme ne fait pas le bien qu'elle connaît et qu'elle aime, et choisit le mal qu'elle connaît aussi et qu'elle hait. Et cependant a-t-on jamais mieux décrit ce phénomène de l'âme que Platon ne le fait lui-même dans les *Lois?* « Voici, dit-il, la plus grande ignorance, c'est lorsque, tout en jugeant qu'une chose est belle et bonne, au lieu de l'aimer, on l'a en aversion ; et encore, lorsqu'on aime et qu'on embrasse ce qu'on reconnaît mauvais et injuste (1). » Ainsi voilà le fait bien reconnu et parfaitement décrit ; mais n'est-ce point le qualifier étrangement que d'appeler cette opposition de la raison et du désir la dernière ignorance ? Est-ce ignorance, que de connaître qu'une chose est mauvaise, et la choisir cependant ; qu'une chose est bonne, et s'en détourner ? Aussi Platon refuse-t-il ordinairement d'admettre que l'homme qui fait le mal ait la vraie connaissance du bien. Il rejette cette expression de toutes les langues : être vaincu par le plaisir (2) : et par une confusion contraire à l'esprit de sa doctrine, il demande si l'homme peut fuir volontaire-

(1) *Lois*, III, p. 689.
(2) *Protag*. p. 352, sqq.

ment ce qu'il sait lui être bon ou avantageux, ou rechercher volontairement ce qu'il sait lui être mauvais
ou nuisible, oubliant que le bon ou le mauvais ne sont
pas toujours la même chose que l'avantageux ou le nuisible. Ces principes entraînent Platon à de fâcheuses
conséquences. Il affirme que la méchanceté n'est point
volontaire : « Personne, dit-il, n'est méchant parce
qu'il le veut : on le devient à cause d'une mauvaise disposition du corps, ou d'une mauvaise éducation : malheur qui peut arriver à tout le monde, malgré qu'on en
ait (1). » C'est, comme on le voit, supprimer le libre
arbitre. Et cependant, Platon conserve le principe de
la responsabilité : « L'homme est responsable de son
choix, Dieu est innocent(2). » Mais c'est là une évidente
contradiction, qui ne peut s'accorder avec le principe
de l'identité de la vertu et de la science.

La morale platonicienne n'est donc point une morale
ascétique ; mais c'est une morale trop spéculative. Elle
nous donne un idéal magnifique de la vertu ; mais elle
ne donne point le moyen d'y atteindre ; et elle suppose
que connaître le bien, c'est assez pour le pratiquer. L'activité personnelle de l'homme est trop ou-
bliée dans cette belle doctrine : c'est ce point faible
qu'Aristote a si bien saisi, et qu'il a essayé de corriger.

La vertu considérée en elle-même est une; mais
l'unité essentielle de la vertu n'empêche pas qu'elle
n'ait des parties (3). De même que l'âme, une en elle-
même, se compose pourtant de plusieurs puissances

(1) *Tim.*, 86 ; *Prolag.* p. 358; *Lois*, l. V, p. 781. Ὁ ἀδικὸς οὐχ ἑκὼν
ἀδικὸς… ἀλλὰ ἐλεεινὸς μὲν πάντως ὁ ἀδικός.
(2) *Républ.* l. X, p. 617. Αἰτία ἑλομένου · Θεὸς ἀναίτιος.
(3) *Lois*, l. XII, p. 965.

et d'actions diverses, la vertu, une dans sa fin dernière, est multiple dans son rapport à nos facultés ; et
elle prend des noms différents selon ces différents rapports. Si l'âme n'était qu'une intelligence, sa seule vertu
serait la sagesse elle-même, σοφία, c'est-à-dire la science
qui délibère sur le bien général de l'individu, qui lui
apprend à discerner le vrai et le faux, le bien et le mal,
l'avantageux et le nuisible, donne des ordres et juge de
ce qui convient à chacune des parties de l'âme et à
toutes ensemble : c'est en quelque sorte la vertu du
gouvernement (1). Mais l'âme a deux autres parties, le
θυμὸς et l'ἐπιθυμία qui ont aussi leur vertu particulière, sinon par elles-mêmes, au moins par leur rapport avec la
raison. La vertu du θυμὸς, guidé et éclairé par la raison,
c'est le courage, ἀνδρεία. Le courage ne se confond pas
avec l'intrépidité qui ne recule devant rien, avec la
vaine bravoure et la témérité aveugle : il est la juste
opinion des choses qui sont ou ne sont point à craindre (2). Quant à la dernière partie de l'âme, sa vertu
n'est que sa servitude ; l'obéissance est tout le bien
qu'elle peut faire : cette soumission du désir à la raison, c'est la tempérance, σωφροσύνη (3).

Il reste une quatrième vertu, celle qui maintient entre les trois parties de notre âme l'ordre et l'union, qui
oblige chacune de nos facultés à ne point sortir de son
rang, ni de sa fonction, et à pratiquer la vertu qui lui
est propre, celle enfin qui produit et conserve les trois
autres (4). L'image de cette vertu se voit dans un État
bien policé où chacun fait son œuvre propre, sans em-

(1) Républ. l. IV, p. 442.
(2) Protag. p. 360 ; Républ. l. IV, p. 430, 442.
(3) Rép. id. p. 42-43, 442.
(4) Républ. l. id. p. 433.

piéter sur celle de son voisin ; où tous, bornés à une
seule action, accomplissent mieux le travail auquel ils
sont habitués, et qui leur est enseigné par la nature
même. L'image contraire se rencontre dans un état, où
tous se croient propres à tout, où tout le monde veut
faire la même chose, commander et non obéir, où dans
la confusion de tous les rôles, le talent propre et la
vertu particulière de chacun se perd et se dénature ;
enfin, où l'anarchie est au comble, et toutes les barrières brisées (1). La justice fait de l'homme un tout me-
suré et plein d'harmonie ; cette disposition intérieure
est la source de toutes les actions que l'on appelle justes : dans l'acquisition des richesses, dans les soins du
corps, dans les affaires publiques, ou les rapports de
la vie privée, l'homme juste ne fera rien de contraire à
ce bel ordre. La même loi qui lui impose de mettre en
lui-même chaque chose à sa place, lui défendra d'enlever à aucun homme ce qui lui est propre, son honneur
ou son bien. La justice rendra donc à chacun ce qui lui
est dû (2). Elle est le contraire de la violence, elle n'est
point le droit du plus fort, comme disaient les sophistes (3), elle repose au contraire sur l'égalité du faible et
du fort. Elle n'est point non plus l'art de faire du bien
à nos amis, et du mal à nos ennemis. Il ne convient
point à l'homme de faire du mal à un autre homme (4) ;
il ne lui convient même pas de rendre aux autres hommes le mal pour le mal, quelque injustice qu'il en ait
reçue (5). Jamais la justice ne peut avoir le mal pour

(1) *Rép.* l. IV, p. 433.
(2) *Ibid.*, p. 443.
(3) *Rép.* l. I, p. 338.
(4) *Ibid.*, p. 335.
(5) *Criton*, p. 49. Οὐδὲ ἀδικούμενον ἄρα ἀνταδικεῖν... ἐπειδή γε οὐδα-

objet. Tout art, toute puissance, toute fonction a pour objet le bien de la chose ou de l'être dont elle s'occupe (1). Le médecin ne cherche pas le mal du malade, ni le berger celui du troupeau. La justice est encore l'obéissance aux lois (2). C'est ainsi surtout que l'entendait Socrate ; il en fut lui-même un admirable exemple. Sous toutes ces formes, elle n'est jamais que la conservation de l'ordre en nous-mêmes et dans nos rapports avec les autres, la pratique de tout ce qui est bon et conforme à la nature. Mais la nature n'est pas telle que la définissaient les sophistes : l'impétuosité des désirs et le déchaînement de la force : « Ce qui est vraiment selon la nature, c'est l'empire de la loi sur les êtres qui la reconnaissent volontairement et sans violence (3). » Et la loi elle-même n'est pas l'œuvre arbitraire des hommes : c'est le commandement de la raison même ; commandement éternel et inviolable, auquel il est absolument défendu de manquer sous aucun prétexte.

Une des plus belles doctrines de Platon, c'est l'harmonie de la justice et du bonheur. Cette harmonie est contraire au sentiment du vulgaire, qui place le bonheur dans le pouvoir de tout faire ; et les sophistes, complices de ces préjugés populaires, opposaient avec ironie à l'homme juste sa faiblesse et son impuissance au milieu d'hommes plus habiles et plus forts que lui. Que l'on mette en présence, dans un tableau qui n'est pas imaginaire, la parfaite injustice et la parfaite justice ;

---

μῶς δεῖ ἀδικεῖν... οὔτε κακῶς ποιεῖν οὐδένα ἀνθρώπων, οὐδ' ἂν ὁτιοῦν πάσχῃ ὑπ' αὐτῶν.

(1) *Rép.* l. I, p. 346.

(2) Voy. tout le *Criton.*

(3) *Lois*, l. III, p. 690. Κατὰ φύσιν δὲ τὴν τοῦ νόμου ἑκόντων ἀρχὴν, ἀλλ' οὐ βίαιον πεφυκυῖαν.

d'une part, l'homme injuste, doué d'artifice, de force et d'hypocrisie, orné des apparences de la justice, si utiles pour réussir, pourvu que l'on se contente des apparences; et de l'autre, l'homme juste, seul et nu, ignorant les armes de la violence et de la ruse, juste enfin dans la réalité, mais non pas dans l'apparence. Qu'arrivera-t-il? L'injuste réussira dans toutes ses entreprises; il sera honoré, recherché, riche, puissant; il mourra accablé d'honneurs, achetant par ses richesses la faveur des hommes et des dieux. Le juste sera mis en croix et mourra dans les tortures et l'humiliation (1).

Mais qu'est-ce que ces apparences de bonheur et de malheur? L'important, c'est que l'âme soit saine et non pas malade. Une âme juste, c'est-à-dire bien réglée, est en bonne santé; elle a le bien qui lui est propre; le reste ne la regarde pas. Ce ne sont pas les accidents extérieurs qu'il faut considérer pour juger du bonheur des hommes : « Tu vois cet Archélaüs, fils de Perdiccas, dit Polus à Socrate dans le *Gorgias*? — Si je ne le vois pas, du moins j'en entends parler. — Qu'en penses-tu? Est-il heureux ou malheureux? — Je n'en sais rien, Polus, je n'ai point encore eu d'entretien avec lui. — Évidemment, Socrate, tu diras aussi que tu ignores si le grand roi est heureux? — Et je dirai vrai; car j'ignore quel est l'état de son âme par rapport à la science et à la justice (2). » Comme il n'y a rien de plus beau que la justice, il n'y a rien de plus heureux. Il n'y a non plus rien de plus laid et de plus malheureux que l'injustice, de quelque succès qu'elle soit couronnée. Le contentement intérieur de l'âme juste compense les fragiles plaisirs et les joies licencieuses des hommes qui

(1) *Rép.* l. II, p. 360, 361.
(2) *Gorgias*, p. 470.

peuvent tout et osent tout. « Pour l'homme sage, il est encore meilleur de souffrir une injustice que de la commettre (1). » Ce n'est point la douleur, c'est la maladie qu'il faut craindre. Dans cette admirable comparaison du juste et de l'injuste, si grande que l'on y a cru voir la description anticipée de la Passion, il semble que l'auteur ait voulu confondre les prétentions de la justice; mais, par un effet contraire, il en fait paraître l'inaltérable beauté. Quelle impression reçoit l'âme, en effet, de ce tableau d'humiliation et de douleur? Est-ce un sentiment d'aversion pour la justice qui récompense si mal ses serviteurs sincères? Non; c'est au contraire un sentiment involontaire de respect pour cette vertu, qui conserve encore la même pureté au sein de la misère, du mépris, de la mort, de tout ce que les hommes haïssent le plus. La justice, quand elle est heureuse, peut se confondre aisément avec les biens qui la suivent. Mais dépouillée, maltraitée, couverte de honte, elle reste elle-même, et éclate alors dans sa propre et simple beauté.

Si la justice est le bien et la santé de l'âme, si l'injustice en est la maladie et la honte, le châtiment en est le remède (2). Ce n'est pas un mal plus grand qui s'ajoute à l'injustice, et vient combler la mesure; non, c'est un bien douloureux, mais salutaire, qui répare le mal déjà fait. Si le bonheur pour l'homme est d'être dans l'ordre, le seul bonheur qui lui reste lorsqu'il en est sorti, est d'y rentrer. Il y rentre par le châtiment. Toute faute appelle l'expiation : la faute est laide, car elle est contre la justice et l'ordre. L'expiation

---

(1) *Gorg.* p. 469. Ἑλοίμην ἂν μᾶλλον ἀδικεῖσθαι ἢ ἀδικεῖν.

(2) *Rép.* l. IV, 444. Ἀρετὴ ὑγεία... καὶ κάλλος... ψυχῆς, κακία δὲ νόσος τε καὶ αἶσχος καὶ ἀσθενεία. *Gorg.* p. 479. Ἰατρικὴ πονηρίας ἡ Δίκη.

est belle, car tout ce qui est juste est beau ; souffrir
pour la justice est encore beau (1). Rien de plus grand,
dans la philosophie morale, que les maximes suivantes,
fondement de toute justice pénale : « Celui qui est
puni, dit Platon, est délivré du mal de l'âme. La punition rend sage, et elle oblige à devenir plus juste. L'injustice n'est que le second mal pour la grandeur, mais
l'injustice impunie est le premier et le plus grand de
tous les maux. Si on a commis une injustice, il faut
aller se présenter là où l'on recevra la correction convenable, et s'empresser de se rendre auprès du juge,
comme auprès d'un médecin, de peur que la maladie
de l'injustice, venant à séjourner dans l'âme, n'y en-
gendre une corruption secrète qui devienne incura-
ble (2). » Voilà le vrai principe de la peine. Une saine
morale ne voit pas dans la peine un principe qui
frappe, mais un principe qui relève, un poison qui
donne la mort, mais un remède qui, par des crises
douloureuses, ramène insensiblement à la vie.

Jusqu'ici nous ne sommes pas sortis de la considération de la nature humaine : c'est la méthode de Socrate
qui, largement appliquée, nous a conduits jusqu'à la
conception de cet ordre moral, où se trouve pour
l'homme le vrai bien et le vrai bonheur (3). Mais si
nous ne nous élevions pas au-dessus de cette méthode,
nous ne saurions comprendre la nécessité de cet ordre
moral. La justice paraîtrait une hypothèse sans principe, une loi sans fondement, un fleuve sans source.

(1) *Lois*, l. V, p. 728.
(2) *Gorg.* p. 477, 479.
(3) Platon a eu le sentiment très-net de la méthode psychologique
appliquée à la morale. Μνημονεύεις μέν που... ὅτι τρίττα εἴδη ψυχῆς δια-
στησάμενοι ξυνεβάλομεν δικαιοσύνης τε περὶ καὶ σωφροσύνης, καὶ ἀνδρείας
καὶ σοφίας ὃ ἕκαστον εἴη. *Rép.* l. VI, p. 504.

Pour pénétrer jusqu'au principe suprême de la morale, il faut employer une autre méthode, une méthode plus profonde et plus exacte, qui va droit au principe, et qui, de l'essence de la vertu, s'élève immédiatement à l'essence du bien : c'est la méthode dialectique (1).

La méthode dialectique est celle qui s'élève des choses particulières et imparfaites aux types absolus et parfaits, dont ces choses ne sont que de pâles copies, d'infidèles imitations. Dans la multitude des actions humaines, justes ou injustes, honnêtes ou honteuses, imparfaitement honnêtes, imparfaitement justes, quand elles le sont, la dialectique découvre l'image et le signe d'une véritable justice, qui, sans être réalisée par aucun homme, est cependant la loi de la vie humaine et le principe qui lui communique ce qu'elle peut avoir de bon et de beau. Mais ces idées, que la dialectique découvre au-dessus des choses particulières, ne lui sont que des points d'appui, et comme des hypothèses pour s'élever au delà. Elles ne se suffisent pas à elles-mêmes, et elles supposent quelque chose encore au-dessus d'elles, quelque chose qui ne suppose plus rien, αὔταρκες, ἱκανὸν, ἀνυπόθετον. C'est ainsi que l'idée de l'honnête et du juste émane d'une autre idée, accomplie et parfaite, d'où elle tire sa lumière, son existence, son utilité : c'est l'idée du bien. En effet, tout ce qui est honnête et juste est bon, et c'est le bien qui est la dernière raison de la vertu (2). Mais le bien, qu'est-il en lui-même? Ici l'analyse devient impuissante; elle s'arrête devant cette essence indéfinissable. Elle peut décomposer l'idée du

_____

(1) *Rép.* l. IV, p. 435. Μακροτέρα καὶ πλείων ὁδὸς ἡ ἐπὶ τοῦτο ἄγουσα. *Ibid.*, VI, p. 504, et en général les livres VI et VII tout entiers. Cf. *Essai sur la dialectique de Platon*, par Paul Janet, Paris, 1848.

(2) *Rép.* l. VI, p. 505.

bien dans la vie humaine, y distinguer le plaisir et l'intelligence, et dans celle-ci, la vérité, la proportion, la beauté (1). Mais le bien absolu se refuse à ces analyses. Il est le principe de la vérité et de la science, mais il s'en distingue; il est le principe de l'essence, et il est supérieur à l'essence (2). On s'en fera quelque idée sensible, mais non plus claire, en se le représentant sous la notion de la beauté. La beauté, c'est le bien goûté par l'amour. Ces deux idées, séparées dans la nature, se perdent l'une dans l'autre à leur source. Une image grossière nous peindra la perfection de ce principe ineffable. C'est le soleil visible, à la fois père de la lumière et de la vie (3). Telle est la source suprême de tout ce qui est pensé et aimé par l'homme; tel est l'objet final de la sagesse.

Pour donner son vrai nom à ce principe suprême, que la dialectique ne découvre qu'après une si longue marche et un si laborieux enfantement, il faut l'appeler Dieu. Dieu est le principe suprême de tout ce qui est honnête, juste et saint. Les théologiens du temps rapportaient aussi aux dieux l'origine de la morale : ils définissaient le saint, ce qui plaît aux dieux (4). Mais comment concilier l'immutabilité des idées morales avec une mythologie qui met sans cesse les dieux aux prises et qui nous les montre continuellement divisés de goûts, de sentiments et d'opinions? Si le saint est ce qui plaît aux dieux, comme ce qui plaît aux uns déplaît aux autres, il n'y a point d'idée commune et universelle du saint; et de quelque manière que l'on agisse, on est sûr

---

(1) *Philèb.* p. 65 : κάλλει καὶ ξυμμετρίᾳ καὶ ἀληθείᾳ.
(2) *Républ.* l. VI, p. 509.
(3) *Ibid.*
(4) *Eutyphron*, p. 6.

d'avoir une autorité et un complice dans quelque divinité (1). Dira-t-on que le saint est ce qui plaît à tous les
dieux (2) ? Ici se rencontre une difficulté plus profonde :
est-ce parce qu'il plaît aux dieux que le saint est saint,
ou au contraire, est-ce parce qu'il est saint qu'il plaît
aux dieux (3) ? En d'autres termes, le saint a-t-il une
essence propre, et existe-t-il par lui-même? Ou ne doit-
il son existence qu'au caprice des divinités? La réponse
ne fait point de doute dans le système de Platon. Ce
n'est point du choix et de la volonté arbitraire des dieux
que le saint tient son essence. Il est tel par lui-même,
et s'il a son principe en Dieu, c'est dans son essence
même qu'il repose : ce n'est pas de son libre arbitre
qu'il émane. Dieu est la cause substantielle et permanente du saint, du juste et de toutes les idées morales.
Platon n'admet pas plus la sophistique mythologique
que la sophistique des philosophes; il n'abandonne
rien à l'opinion, ni parmi les hommes, ni parmi les
dieux, et il ne connaît de divin que la raison et
l'être.

Si Dieu est le principe de l'ordre moral, la vertu consiste dans l'imitation de Dieu (4). Dieu est la vraie mesure de toutes choses : on ne participe au bien et à la
vérité qu'autant qu'on s'en rapproche (5). Des liens
d'amitié unissent le ciel et la terre; une même société
enchaîne l'homme et Dieu (6). L'homme en resserre les
liens par la justice et la tempérance. Mais il y a une
vertu suprême, celle qui rend à Dieu ce qui lui est dû,

(1) *Eutyphron*, p. 7-8.
(2) *Ibid.*, p. 9.
(3) *Ibid.*, p. 10.
(4) *Théét.* p. 176. Ὁμοίωσις θεῷ κατὰ τὸ δυνατόν.
(5) *Lois*, l. IV, p. 716. Ὁ θεὸς πάντων χρημάτων μέτρον.
(6) *Gorg.* p. 507.

sacrifices, dons, prières, tous les hommages enfin qu'un
être imparfait peut rendre à un être excellent, auteur et
bienfaiteur de l'homme, principe de l'univers, source
de l'être et du bien (1). Cette vertu est la piété, qui n'est
pas, comme se l'imagine le vulgaire, une sorte de trafic
entre Dieu et l'homme (2), un échange réciproque de
services, à la fois contraire à la perfection de l'un et à
la faiblesse de l'autre; c'est l'hommage respectueux
d'une âme vertueuse, amie des dieux, et reconnaissant
par ses offrandes son infériorité et leur grandeur.

Lorsqu'on suit le platonisme jusqu'à cette hauteur,
on n'est pas étonné de l'hommage que lui rend saint
Augustin, déclarant que c'est la seule des philoso-
phies de l'antiquité qui ait connu le souverain bien,
parce que, seule, elle l'a placé en Dieu : « Que tous les
philosophes, dit-il, le cèdent donc aux platoniciens qui
ont fait consister le bonheur de l'homme, non à jouir
du corps et de l'esprit, mais à jouir de Dieu, et non pas
à en jouir comme l'esprit jouit du corps, ou comme un
ami jouit d'un ami, mais comme l'œil jouit de la lumière. Le souverain bien, selon Platon, c'est de vivre
selon la vertu, ce qui n'est possible qu'à celui qui connaît Dieu et qui l'imite, et voilà l'unique source du
bonheur. Aussi n'hésite-t-il point à dire que philosopher
c'est aimer Dieu. D'où il suit que le philosophe, c'est-à-
dire l'ami de la sagesse, ne devient heureux que quand
il commence à jouir de Dieu (3). » Que si ces paroles ne
sont pas littéralement dans Platon lui-même, elles
expriment bien toute sa pensée; et il est certain que
la vertu platonicienne, dans sa plus haute idée, est la

(1) *Gorg.*, p. 507.
(2) *Eutyph.* p. 14.
(3) *De civ. Dei*, VIII, VIII, Trad. Em. Saisset, t. II, p. 85.

contemplation et l'amour de la souveraine beauté et de
la souveraine perfection.

Comment descendre de ces hauteurs sereines dans
le monde de la caverne habité par les hommes? Et cependant la vie philosophique ne peut pas s'affranchir
des lois de la vie terrestre. Elle est plus libre ou plus
pure, selon qu'elle rencontre ici-bas des conditions
plus heureuses et plus favorables. La première de ces
conditions, c'est un bon gouvernement.

Faute d'une forme de gouvernement qui lui convienne,
le philosophe, comme une plante dans une mauvaise
terre, se corrompt et dépérit dans nos sociétés ; et lors
même qu'il n'est pas tout à fait gâté, il devient incapable de porter ces belles fleurs et ces fruits mûrs,
qu'un sol sain, et l'air pur d'un excellent gouvernement ferait pousser sans effort. Les âmes philosophiques, surprises dès le premier âge par les adulations
de leur famille et de leurs amis, imprégnées des fausses
maximes de la multitude par une éducation insinuante,
égarées par la distinction même de leur nature, et d'autant plus énergiques dans le mal, qu'elles avaient
naturellement plus de puissance pour le bien, aban-
donnent la philosophie pour la richesse, le pouvoir, le
gouvernement. De faux philosophes, semblables à des
criminels qui viennent se réfugier dans les temples,
quittent les professions serviles et basses pour la philosophie, et font rejaillir sur elle leur propre honte.
Dans une telle dégradation de la muse philosophique,
que peuvent ces âmes rares, qui par un don divin, par
d'heureuses circonstances, ont su résister à tant de
causes de destruction et de corruption; que peuvent-
elles, trop faibles pour s'opposer à l'injustice, trop

nobles pour s'en souiller, sinon se mettre à l'abri, comme le voyageur pendant l'orage, loin du bruit, de la pluie et de la poussière, et attendre, pleines d'espérance, des temps meilleurs et plus sereins (1)?

Voilà donc le philosophe, en exil pour ainsi dire dans nos États; sa vraie patrie, loin de laquelle il dégénère nécessairement, est un gouvernement sain et bien réglé. Ainsi, l'image de la vie parfaite n'est pas achevée, si l'on n'y ajoute celle du gouvernement parfait. La morale se complète et se couronne par la politique.

### § II. Politique de Platon.

Socrate, nous l'avons vu, s'était toujours déclaré l'adversaire de l'extrême démocratie, sans qu'on pût dire cependant qu'il appartînt au parti aristocratique. Il avait seulement demandé le retour à la constitution de Solon, c'est-à-dire à la démocratie tempérée. Néanmoins, il s'était rendu odieux au parti populaire, et il avait succombé sous une coalition de ce parti avec le parti de la superstition et du vieux fanatisme théologique. Cet attentat contre la philosophie, suivi, comme on sait, de l'expulsion ou de la fuite de tous les socratiques, dut naturellement précipiter ceux-ci du côté vers lequel ils penchaient naturellement, c'est-à-dire vers le parti aristocratique. Aussi voyons-nous les écrits des disciples de Socrate remplis d'accusations amères et sanglantes, non-seulement contre les abus, mais contre le principe même de la démocratie. On les voit aussi, comme il arrive d'ordinaire, lorsqu'on n'aime pas le gouvernement de

(1) *Rép.* l. VI, p. 491 et 496.

sa patrie, chercher dans un pays voisin le modèle et l'idéal du bon gouvernement : tel est le caractère commun de Xénophon et de Platon. Le premier, dans ses deux écrits : la *Constitution de Sparte* et la *Constitution d'Athènes*, ne fait autre chose que la satire du gouvernement athénien, c'est-à-dire du gouvernement populaire, et lui oppose, comme par une comparaison accablante, le sage gouvernement de Lacédémone. Tel est aussi l'esprit de Platon dans ses divers écrits politiques, avec cette différence qu'il se place beaucoup plus haut, et traite ces choses en spéculatif, tandis que Xénophon, homme politique, homme d'action, est plutôt un observateur : celui-ci exilé, engagé au service de l'étranger, est en quelque sorte un émigré. Platon, au contraire, vivant librement et largement dans sa patrie, tout en la méprisant, est surtout un utopiste. Pour l'un et pour l'autre, Sparte est un modèle qui fait honte à Athènes; mais Platon remonte plus haut encore; et, dans son aversion pour la mobilité démocratique, ce n'est pas seulement Lacédémone, c'est la Crète, c'est l'Egypte qu'il propose en modèle; en un mot, son idéal n'est pas seulement l'aristocratie, mais la théocratie.

Au reste, Xénophon a aussi son utopie et son roman politique dans la *Cyropédie*, qui offre plus d'intérêt comme œuvre d'imagination que comme œuvre philosophique et politique. « Xénophon, dit M. Ed. Zeller, veut ici nous peindre l'idéal socratique de l'habile homme d'Etat (1), qui soigne son peuple comme un bon pasteur ses troupeaux (2); mais ce qu'il nous

---

(1) Xén. *Cyr.*, I, ɪ, 3.
(2) *Ibid.* vɪɪɪ, 2, 4.

donne seulement, c'est la peinture du capitaine actif et
vigilant, de l'homme droit, du conquérant chevale-
resque ; quant à déterminer avec précision l'objet de
l'Etat, le comprendre dans un sens élevé, en assurer le
maintien par des institutions durables, il ne fait en ce
sens aucune recherche digne de mention ; si le socratique se laisse reconnaître dans l'importance donnée à
l'éducation (1), cependant la science y joue un si faible
rôle que c'est là plutôt une éducation spartiate que socratique ; tout d'ailleurs, dans la *Cyropédie*, se rattache
à la personnalité du prince ; l'Etat est un royaume
asiatique ; son plus haut objet est la puissance et la
richesse du souverain et de la noblesse guerrière : c'est
vers ce but que sont dirigées toutes les institutions ;
encore ce point de vue est-il très-incomplétement développé ; et beaucoup d'éléments de la plus haute importance dans l'Etat sont complétement négligés (2). » Le
même auteur ajoute avec raison : « Plus satisfaisant
est le petit écrit de Xénophon sur l'Economique, ouvrage plein du sens le plus juste et du sentiment le
plus touchant, particulièrement en ce qui concerne la
position des femmes dans la famille et le traitement
des esclaves (3). »

Si Xénophon a pu être rapproché de Platon, quant
aux tendances politiques, et grâce à leur aversion
commune contre la démocratie, il n'y a donc pas à
pousser plus loin le parallèle ; rien de comparable, dans
l'auteur de la *Cyropédie*, au vaste système politique que
Platon a poursuivi et développé dans trois grands ouvrages : la *Politique*, la *République* et les *Lois:* système

(1) Xén., *Cyr.*, i, 2 ; viii, 8, 13 ; vii, 5, 72.
(2) Voir Mohl, *Geschichte der Staats Wissenschaft*, i, 204.
(3) Ed. Zeller, *Die philosophie der Griechen* (3° éd.), ii, p. 170.

où se manifeste sans doute quelque esprit de parti, mais qui n'en est pas moins une large conception philosophique, et le premier monument où la politique ait été conçue et traitée d'une manière scientifique. Sans doute, c'est la gloire d'Aristote d'avoir donné à la politique une méthode précise, un cadre savant et complet; mais sous une forme moins sévère, Platon a posé à peu près tous les problèmes; et si l'on peut mettre en doute ses solutions, on ne peut méconnaître au moins la profondeur de ses vues.

Le *Politique*, la *République*, les *Lois*, voilà les degrés et les échelons de la politique platonicienne. Dans le premier de ces dialogues, il recherche péniblement la définition logique de la politique; dans le second, il conçoit et décrit en traits magnifiques l'image idéale de l'État parfait; dans le troisième, il construit, avec la sagesse du vieillard, le plan d'un État possible et corrigé. De ces trois monuments, le plus grand, le plus original, sans aucun doute, c'est la *République*; mais, pour la bien comprendre, il est intéressant d'en étudier, dans le dialogue du *Politique*, la première ébauche. Ce dialogue en effet nous présente encore rudimentaires, mais déjà bien accusés, les principaux traits de la politique platonicienne, à savoir : la prépondérance de la science, la confusion de la politique et de l'éducation, la théorie si originale et si vraie du mélange des qualités douces et fortes dans la formation des caractères, l'intervention de l'État dans les mariages, le dédain de la législation et enfin l'indifférence pour la liberté.

Selon Platon, la politique n'est pas un art, mais une science, et une science plus spéculative que pratique (1). Cette science peut résider dans l'homme privé,

(1) *Polit.* p. 259.

comme dans l'homme public. Celui qui la possède est
le vrai roi, fût-il privé de tout pouvoir et hors d'état d'y
aspirer (1). La politique ne consiste pas dans l'art de
faire des règlements de toute sorte pour éviter des
maux sans cesse renaissants, dans l'art de faire la paix
ou la guerre, de plaire au peuple par la parole, de rendre
des arrêts, d'augmenter la richesse d'un pays, etc. (2).
C'est l'art des politiques vulgaires. Mais les politiques,
comme les devins, comme les poëtes, n'ont pas la connaissance de ce qu'ils font; ils agissent sans réflexion
et par une sorte de routine. Demandez à ces grands
politiques que l'on admire, les Thémistocle, les Périclès, les Cimon, s'ils ont rendu les Athéniens meilleurs
et plus heureux. Au contraire, ils les ont laissés tels ou
même plus mauvais qu'ils n'étaient : à quoi donc leur
ont servi leur art et leur politique? On définit la politique l'art de gouverner selon les lois, ou encore l'art
de traiter avec les hommes de gré à gré et sans les contraindre. Mais ce sont là des idées accessoires. Qu'importe que l'on emploie la contrainte, si c'est pour rendre
les hommes plus heureux? Qu'importe que l'on gouverne sans lois, si c'est pour les rendre plus sages? La
loi ressemble à un personnage opiniâtre et sans lu-

(1) *Polit.*, p. 259.
(2) Ce n'est pas seulement dans la *République*, œuvre de politique
spéculative et utopique, mais dans beaucoup d'autres dialogues que
Platon montre son dédain pour les politiques pratiques. Il n'épargne
pas même les plus illustres. « Ils ont agrandi l'État, disent les Athé-
» niens, mais ils ne s'aperçoivent pas que cet agrandissement n'est
» qu'une enflure, une tumeur pleine de corruption, et que c'est là
» tout ce qu'ont fait les anciens politiques, pour avoir rempli la poli-
» tique de ports, d'arsenaux, de murailles, de tributs et d'autres ba-
» gatelles, sans y joindre la tempérance et la justice. » (*Gorg.* p. 519.)
Il est vraisemblable que de telles paroles n'eussent pas plu à Socrate,
et qu'il les aurait trouvées bien chimériques. Voy. du reste tout le
passage (p. 512, sqq.). Cf. *Ménon*, p. 99; *Républ.* l. IV, p. 529.

mières, qui ordonne toujours la même chose, sans s'a-
percevoir que les circonstances ont changé ; la volonté
d'un homme sage vaut mieux que le commandement
inflexible d'une loi aveugle. En un mot, on peut définir
la politique, la science qui prend soin des hommes (1)
avec ou sans lois, librement ou par contrainte (2).

On voit que Platon se représentait la politique comme
une sorte de gouvernement paternel des âmes. Les rois
sont pour lui comme pour Homère, les *pasteurs des
peuples*, et il confond presque leur œuvre avec celle de
l'éducation et de la formation des caractères.

La beauté du caractère chez les hommes résulte de
l'heureux mélange des vertus opposées. Il y a deux
sortes de qualités qui se retrouvent partout : le fort et le
tempéré. A la force se rapporte le mouvement, la vivacité, l'éclat, et dans l'homme, l'énergie et le courage ;
au tempéré, le calme, la mesure, l'heureuse lenteur, la
douceur et la modération. L'une forme les caractères
belliqueux et courageux, l'autre les caractères tempérants, également louables pour des qualités diverses.
Mais, tout à fait séparées l'une de l'autre, ces vertus
contraires deviennent des vices. La tempérance sans le
courage, la douceur sans la force, dégénèrent en mol-
lesse et en lâcheté ; et, au contraire, le courage tout seul
devient violence et férocité. La politique doit par une
éducation convenable retenir dans des limites justes
chacune de ces vertus, et en les balançant l'une par
l'autre, prévenir leurs excès contraires : « Prenant le
caractère ferme et solide de ceux qui aiment la force,
comme formant une sorte de chaîne, et le caractère

---

(1) *Pol.* p. 276, ἐπιμελητικὴν τέχνην.
(2) *Ib.* p. 293. Ἐάν τε κατὰ νόμους ἐάν τε ἄνευ νόμων ἄρχωσι, καὶ
ἑκόντων ἢ ἀκόντων.

modéré, doux et liant, semblable au fil de la trame, elle
les liera, elle les entrelacera doucement entre eux. »
Mais par quel lien secret, par quel art, par quel nœud?
Par le lien de la science. La contemplation des idées,
du beau, du bien, du saint est le remède qui donne à la
fois de la douceur aux âmes fortes, et de la force aux
âmes douces. A ce lien divin qui incline et rapproche
les âmes, la politique ajoutera le lien mortel, l'union
du corps. Elle présidera aux mariages, et au lieu de
favoriser les rencontres des caractères sympathiques,
elle aura soin de les séparer, et d'unir les âmes douces
aux âmes énergiques, afin que les générations qui en
naîtront reçoivent cet heureux équilibre, qui prépare à
l'État des citoyens accomplis. La politique enfin est une
sorte de tissage royal, le tissage des âmes et des caractères (1).

Les idées dont la *Politique* nous offre la première esquisse, vont se retrouver développées, agrandies, et
notablement enrichies dans la *République*. Les *Lois* en
sont la dernière expression.

Le principe de la *République*, principe vrai en lui-
même, mais que Platon pousse à l'excès, c'est que l'État
est une personne, une unité vivante, composée de parties il est vrai comme l'individu lui-même, mais de
parties se rapportant les unes aux autres, et toutes ensemble à un centre unique, à une fin commune. Ce
sentiment de la vie commune de l'État est ce qu'il y a
de plus original et de plus profond dans la politique de
Platon. Oui, l'État a une vraie unité, qui consiste dans
l'harmonie des volontés, et l'équilibre des intérêts. Ce

(1) *Politic.* p. 305, Βασιλική συμπλοκή... ὑφαντική δύναμις. Voyez tout
le passage.

qui est faux, c'est que cette unité soit obtenue par l'anéantissement et l'esclavage de l'individu.

La politique de Platon repose sur une sorte de psychologie de l'État, qui reproduit dans ses grandes lignes la psychologie de l'individu. Ce qui donne naissance à l'État, c'est d'abord le besoin (1). L'impuissance de la vie isolée force les hommes à se rapprocher les uns des autres, à associer leurs forces et à s'aider mutuellement. La nécessité de la subsistance étant donc la première origine de l'État, il faut qu'il contienne une ou plusieurs classes animées du désir de l'utile, et qui travaillent à satisfaire leurs propres besoins et ceux de tous. C'est la partie de l'État qui correspond dans l'individu à la faculté de désirer, appelée aussi par Platon, faculté intéressée ou amie du gain : cette première classe, divisée elle-même en deux, est celle des artisans et des laboureurs (2).

Mais au-dessus du besoin de vivre est le besoin de se défendre contre les attaques. De là une seconde classe animée d'une passion plus noble que la première, le mépris du péril ou l'amour de la gloire. C'est la classe des guerriers, en qui domine le principe du θυμός, et qui sont dans l'État ce que le θυμός est dans l'âme (3).

Enfin il ne suffit pas pour l'État de se nourrir et de se défendre, il faut qu'il se gouverne ; il lui faut une raison qui commande aux guerriers et aux travailleurs, qui donne des lois à tous, et assure l'ordre et le bonheur général : c'est la tête de l'État, c'est la troisième classe, celle des magistrats. C'est le νοῦς ou la raison de l'État (4).

(1) *Rép.* l. 1, p. 368.
(2) *Rép. ib.* sqq.
(3) *Rép.* l. II, p. 375, et l. IV, p. 429.
(4) *Rép.* l. II, p. 412 et 428.

A ces trois classes correspondent trois vertus différentes : à la classe des magistrats, la prudence, à la classe
des guerriers. le courage, à la classe des artisans et des
laboureurs, la tempérance. Enfin une quatrième vertu,
qui est la vertu fondamentale de l'Etat, la justice maintient chaque classe à sa place et dans sa fonction ; c'est
elle qui conserve dans l'Etat l'ordre et l'unité (1).

C'est la nature elle-même qui semble avoir établi ces
divisions : elle a fait ces quatre classes de quatre métaux
différents : la classe des magistrats avec l'or, celle des
guerriers avec l'argent, celle des artisans et des laboureurs avec le fer et l'airain (2); mythe qui rappelle cet
autre mythe indien, selon lequel Brama aurait créé les
quatre castes de quatre parties différentes de son corps :
les prêtres, de sa tête, les guerriers de sa poitrine, les
laboureurs de sa cuisse, et les esclaves de son pied (3).

A côté des analogies frappantes que présente cette
distribution et cette hiérarchie de classes avec le système oriental des castes, il y a des différences importantes qu'il importe de signaler. Et d'abord, en Orient,
la première caste est toujours sacerdotale. Le régime
des castes s'y est confondu presque partout avec la
théocratie. Dans Platon la première caste est composée non de prêtres, mais de sages : c'est une classe
philosophique, non théocratique. En second lieu, ce
n'est pas une classe fermée : elle se recrute dans la
classe des guerriers, tandis que, dans le système brahmanique, la caste sacerdotale ne se recrute qu'en
elle-même. En outre, les dernières classes, dans Platon, ne sont pas des classes serviles. Il est vrai que,

(1) *Rép.* l. IV, p. 431 sqq.
(2) *Ibid.* l. III, p. 414.
(3) Voy. plus haut, p. 12.

selon lui, elles n'ont guère d'autre vertu que d'obéir aux deux premières. Mais il ne dit cependant pas qu'elles soient esclaves. Au contraire, il n'admet pas d'esclaves dans sa cité, si ce n'est des esclaves étrangers ou barbares, qui ne rentrent par conséquent dans aucune des classes indiquées. Enfin une dernière différence, et des plus capitales, c'est qu'en Orient la propriété est en général concentrée dans la classe sacerdotale, tandis que dans la République de Platon, les magistrats et les guerriers n'y ont aucune part.

Il résulte de ces différences que le système des castes est bien atténué dans le plan de la République de Platon. Il n'implique pas une absolue immobilité. Il ne suppose pas une aussi grande inégalité entre les classes. Il ne concentre pas dans la première classe toute la puissance, en lui donnant toute la propriété.

Voyons maintenant comment le principe des castes se rattache, dans Platon, au principe de l'unité absolue de l'État : car il semblerait que l'unité est inséparable de l'égalité. Rappelons-nous que l'analyse de l'Etat avait conduit Platon au principe de la diversité des fonctions. Il faut de toute nécessité que l'Etat vive, se défende, se gouverne. Or comment concilier ce nouveau principe avec celui de l'unité? En distribuant ces trois fonctions principales dans trois classes déterminées, en enchaînant chaque classe à sa fonction propre, en les subordonnant les unes aux autres, comme dans le corps les organes secondaires sont subordonnés aux organes principaux ; en ramenant enfin l'Etat à un tout immuable, où l'individu n'est plus qu'un ressort dont le jeu est déterminé par son rapport à la machine entière.

Mais pour obtenir cette parfaite unité, il ne suffit

pas que l'individu soit fixé à des fonctions irrévocables
par sa naissance même, il faut encore qu'il ne puisse
pas séparer ses intérêts de ceux de l'Etat. Or il y a deux
causes de cette opposition de l'individu et de l'Etat : la
propriété et la famille.

Comment l'Etat peut-il être un, quand toutes les institutions tendent à le déchirer? La propriété n'est-elle
pas une source incessante de divisions? Que de procès
ne naissent pas des prétentions contraires des propriétaires ! La propriété produit l'inégalité, et l'inégalité la
guerre. Tout Etat enfin est composé de deux peuples
toujours ennemis, les riches et les pauvres (1). A ces
divisions des intérêts, la famille ajoute la division des
sentiments et l'hostilité des affections. L'individu préfère toujours sa famille à l'Etat ; il est indifférent à ce
qu'éprouvent les autres citoyens, et le bien public lui
est étranger. Mais, dans un État vrai, il doit arriver ce
qui se passe en chacun de nous, lorsque le corps souffre dans une de ses parties : alors ce n'est pas seulement
une partie de l'âme, mais l'âme entière qui éprouve la
sensation et la souffrance. De même, il n'est pas de douleur ressentie par un membre de l'Etat, qui ne doive
retentir dans le corps tout entier ; tous doivent jouir
des mêmes choses, souffrir des mêmes choses, et loin
de réserver leur affection pour quelques objets choisis,
embrasser tous les membres de l'Etat dans une même
affection. Pour cela, il faut que tout soit commun, les
biens, les femmes, les enfants, car alors tous sont parents. Si l'un éprouve du bien ou du mal, tous disent à
la fois, comme s'ils étaient touchés en même temps :
mes affaires vont bien ou vont mal. L'Etat n'a qu'une

(1) *Républ.* p. 421.

seule tête, un seul cœur ; une même sympathie anime d'un seul sentiment tous les membres et tous les organes. L'Etat est vraiment parfait, puisqu'il est devenu une personne indivisible (1).

Il est à remarquer que Platon n'exclut expressément de la propriété que les classes supérieures, c'est-à-dire la classe des guerriers, de laquelle sort celle des magistrats. Faut-il en conclure que la propriété reste entre les mains des classes inférieures? C'est ainsi qu'Aristote l'a compris, car c'est là une de ses objections contre le système de Platon (2). Ou bien faut-il supposer que dans la pensée de Platon, la propriété revient à l'Etat, dont les membres des classes inférieures sont les fermiers, et ceux des classes supérieures les usufruitiers! C'est ce qu'il est assez difficile de déterminer. Platon n'a pas aperçu les difficultés d'application de son système ; ou plutôt, fort indifférent aux applications, il n'a pas éclairci le vrai rôle de la propriété dans son Etat. Les citoyens, c'est-à-dire ceux qui combattent et ceux qui gouvernent, ne sont pas propriétaires; voilà tout ce que nous savons. Les conséquences de ce principe ne sont pas même indiquées.

La théorie de la communauté est aujourd'hui décidément jugée. Mais il faut cependant y distinguer deux parties : la communauté des biens, et la communauté des femmes et des enfants.

La communauté des biens est sans doute une erreur au point de vue de l'économie politique; mais, si on la suppose volontaire, ce n'est point une erreur au point de vue de la morale : ce qui le prouve, c'est que le christianisme l'a considérée plus tard comme un état de

(1) *Républ.* l. V, p. 463-64.
(2) Arist. *Polit.* II, c. ii.

perfection. De plus, il ne faut pas se faire illusion. Les anciens connaissaient fort peu ce que nous appelons aujourd'hui le droit de propriété : la propriété existait en fait ; mais, en principe, elle était l'œuvre de l'Etat, qui réglementait, partageait, organisait la propriété selon les circonstances par des règlements qui nous paraîtraient aujourd'hui souverainement injustes, et étaient cependant reçus dans l'usage de ce temps-là. Aristote qui a si vivement et si profondément critiqué la thèse de la communauté, l'attaque au nom de l'intérêt politique, ou de l'intérêt individuel ; mais non point au nom du droit : il ne s'occupe que de la pratique, et non de la justice. Lacédémone et la Crète avaient des institutions presque communistes. La communauté des biens n'avait donc rien d'absurde dans l'antiquité, et Montesquieu a pu l'approuver dans les républiques anciennes.

Il n'en est pas de même de la communauté des femmes et des enfants : quoiqu'elle puisse aussi s'expliquer par quelques-unes des coutumes de Lacédémone, c'était cependant par trop méconnaître l'une des plus grandes vérités de l'ordre moral, la dignité de la femme et la pureté du mariage. Cependant cette théorie ne doit pas être jugée comme elle mérite de l'être dans certains systèmes communistes modernes. Le principe qui règne dans le communisme moderne, c'est la liberté de la passion ; le mariage est repoussé comme l'ennemi de la passion ; c'est donc pour affranchir les cœurs et déchaîner les désirs, que le communisme moderne réclame l'abolition du mariage. Il est inutile d'insister sur les conséquences de ces principes. Dans Platon, rien de semblable. Comme Lycurgue, il est dominé par une pensée unique, la pensée de l'Etat. Les femmes

sont des citoyens; elles remplissent toutes les mêmes
fonctions que l'homme, pratiquent les mêmes exercices,
vont à la guerre; la seule fonction qui leur soit particulière, c'est de donner des citoyens à l'Etat ; c'est en
quelque sorte une fonction publique; les enfants
qu'elles mettent au jour ne sont pas leurs enfants, mais
les enfants de l'Etat. Une fois au monde, elles cessent
de les connaître, et elles donnent leur lait comme elles
ont donné la vie, au nom de l'Etat, sans avoir aucun
droit sur ces petits êtres confondus ensemble ; prêtant
leur sein au hasard, tantôt à celui-ci, tantôt à celui-là,
elles n'ont pas plus de nourrissons que d'enfants ; système triste et barbare, mais qui n'est point immoral,
comme nous l'entendons. Dans ce système, le désir, loin
d'être libre, est réglé, surveillé, ordonné par la loi ; les
unions se tirent au sort, et pour plus de sûreté dans le
résultat de l'union, Platon autorise les magistrats à aider au sort par une heureuse supercherie. Ce système
ne vient donc pas d'une fausse complaisance aux faiblesses des sens ou du cœur, mais d'une sorte de fanatisme philosophique et politique, qui a aveuglé Platon
sur la destinée particulière et la nature délicate de la
femme. Chose triste à dire! Platon, qui a donné de l'a-
mour la plus grande théorie du monde, qui a même
associé son nom à la doctrine de l'amour chaste, ne paraît pas avoir eu la moindre idée de l'amour de l'homme
pour la femme ; il n'en parle qu'avec mépris, et comme
d'un degré inférieur de l'amour ; par un déplorable
égarement de l'imagination, chez les Grecs, la passion
comme nous l'entendons, avec ses délices et ses souffrances, avait pris une direction contraire à la nature.
C'est cette passion que Platon a purifiée, en l'élevant à
une sorte d'enthousiasme mystique plein de grandeur.

Mais s'il avait cru que la femme pût en être l'objet, il n'aurait jamais songé à la réduire au triste rôle qu'il lui assigne dans sa République. Il en fait, il est vrai, l'égale de l'homme, mais c'est évidemment parce qu'il ne la comprend pas. Ce n'est pas par la science et par la force que la femme peut s'élever jusqu'à l'homme, c'est par l'amour et la maternité.

Mais par quel moyen maintenir cet état parfait, si difficile à réaliser, plus difficile encore à conserver? Les politiques ne connaissent que les lois et les règlements ; mais les lois sont de mauvais remèdes. Si l'Etat est sain il n'en a pas besoin ; s'il est gâté, elles sont impuissantes (1). Le mal ne peut être guéri, et l'Etat ne peut être sauvé que par l'éducation (2).

L'éducation chez les anciens comprenait deux parties : la musique et la gymnastique ; mais on considère à tort, selon Platon, la musique comme devant former l'âme, et la gymnastique le corps. La seule chose importante, c'est l'âme : lorsqu'elle-même est saine et bien élevée, elle sait prendre soin de son corps, et la tempérance de l'âme est le meilleur moyen d'assurer la santé du corps. La gymnastique a donc l'âme pour objet, comme la musique elle-même ; mais elles la forment différemment (3). Elles lui procurent ces qualités contraires, dont l'homme d'Etat, comme il est dit dans le *Politique*, doit composer un solide et moelleux tissu. Ainsi que le fer s'adoucit au feu, le dur courage se ploie et s'attendrit par l'effet de la poésie, des beaux airs, des harmonies et des proportions. La gymnastique, au contraire, lui donne le sentiment de ses forces, l'audace

(1) *Rép.* l. IV, p. 427.
(2) *Rép.* l. IV, p. 423.
(3) *Rép.* l. III, p. 410.

et l'énergie. La gymnastique et la musique, ce double présent des dieux, doivent donc s'unir dans une saine éducation, pour produire dans l'âme, par une tension ou un relâchement opportun, le courage et la sagesse, ces deux qualités indispensables au défenseur de l'Etat qui doit être à la fois comme le chien, dur pour ses ennemis, doux pour ses amis, plein d'audace dans le combat, plein de modération dans la paix, capable à la fois d'affronter le péril, et de l'éviter, s'il est nécessaire (1).

Voilà l'éducation qui convient aux guerriers. Mais ceux qui sont appelés à s'élever plus haut, et que leur génie destine au gouvernement, ont besoin d'une éducation plus forte : la philosophie doit les initier à la politique. En effet, celui-là seul qui connaît les exemplaires éternels des choses, qui n'a de commerce qu'avec les objets pleins de calme et d'harmonie dont se compose le monde intelligible, dont l'âme vit toujours au sein du beau, du saint et de la justice, celui-là, dis-je, pourra seul réaliser dans l'État ces excellents modèles, établir en lui-même et dans les autres l'harmonie même de ces objets divins, et dessiner dans l'âme de chaque citoyen, comme sur une toile, l'image de la vertu idéale, autant qu'il convient à la nature humaine de s'en rapprocher (2).

C'est ici que Platon nous trahit sa vraie, sa dernière pensée : le gouvernement des États par la science et la philosophie. « Tant que les philosophes ne seront pas rois, ou que ceux que l'on appelle aujourd'hui rois, ne seront pas vraiment et sérieusement philosophes, tant que la puissance politique et la philosophie ne se trou-

(1) *Rép.* l. III, 410, sqq.
(2) *Rép.* l. V et VI.

veront pas ensemble, il n'est point, ô mon cher Glaucon, de remède aux maux qui désolent les États, ni même, selon moi, à ceux du genre humain (1). » Voilà le dernier rêve de la *République*, et celui que Platon n'a jamais sacrifié.

Tel est l'idéal du gouvernement parfait, ou aristocratie, qui correspond à la sagesse parfaite dans l'individu. Malheureusement, cette forme de gouvernement n'existe nulle part, quoiqu'elle ne soit pas absolument impossible (2). Peut-être a-t-elle existé déjà, et a-t-elle disparu avec les révolutions qui ont bouleversé la surface du globe (3). Mais aujourd'hui les seules formes de gouvernement qui se rencontrent, la timocratie, l'oligarchie, la démocratie, la tyrannie, ne sont toutes que des déviations et des corruptions de l'État parfait (4).

Comment naît le gouvernement timocratique, le premier qui succède au gouvernement aristocratique (5)? Dans celui-ci, l'empire appartenait aux sages et aux philosophes, c'est-à-dire à la race d'or ; les autres classes étaient subordonnées : ainsi dans l'individu, la raison commande avec la prudence ; le courage et le désir obéissent : voilà l'image de l'État et de l'homme justes. Mais avec le mélange des classes commence le trouble

(1) *Rép.* l. V, p. 473.

(2) Hegel a déjà fait remarquer avec raison que la République de Platon n'est pas, comme on le dit souvent, un pur idéal d'imagination, une utopie dans le sens moderne du mot, comme l'*Utopie* de Morus, la *Cité du Soleil* de Campanella, la République de Salente du *Télémaque*. C'est un idéal, mais l'idéal d'un État grec, composé d'éléments grecs et surtout d'éléments doriques. C'est le gouvernement de Lacédémone et de Crète idéalisé. M. Ed. Zeller développe cette opinion par d'excellentes raisons (*Die philosophie der Griechen*, II, p. 591).

(3) Voy. le mythe du *Politique*, p. 269, sqq.

(4) *Rép.* l. VIII, p. 545.

(5) *Rép. ib.*

et le désordre; les désirs des classes inférieures pénè-
trent dans les classes élevées ; à la communauté primitive succède le partage, et à la liberté des dernières
classes, leur esclavage. Il se forme un gouvernement
moyen, où la race d'argent l'emporte sur la race d'or,
le courage sur la raison, où la guerre devient la première affaire de l'État, et les vertus guerrières les seules
vertus, mais où subsistent encore quelques vestiges du
gouvernement primitif. Tel est le gouvernement timocratique dont le modèle se voit à Sparte et en Crète, et
qui est le plus voisin du bon gouvernement.

Mais aucune chose humaine, lorsqu'elle est sur une
pente, ne sait s'arrêter à un point fixe, et la corruption
une fois commencée, n'a plus de bornes. La timocratie
se change en oligarchie (1), lorsque l'amour des richesses, s'emparant du cœur des citoyens, vient à remplacer
l'amour de la gloire. La vertu et la richesse sont comme
deux poids, dont l'un ne peut monter sans que l'autre
baisse. Dans l'oligarchie, le pouvoir n'est pas au plus
méritant, mais au plus riche. L'État se divise en deux
États, toujours en guerre, les riches et les pauvres. La
grande opulence s'y oppose à l'extrême misère : de là
naissent les indigents, les mendiants, les malfaiteurs,
les frelons, dont quelques-uns sont armés d'aiguillons
piquants, pleins de menaces pour la sûreté de l'État.

A mesure que les richesses vont s'accumulant dans
un petit nombre de mains, les riches deviennent à la
fois moins nombreux et moins aguerris : les pauvres se
comptent, se comparent à leurs ennemis: ils les atta-
quent, les chassent, les massacrent ; ils se partagent
leurs biens, leurs charges, et s'emparent de l'adminis-

(1) *Rép.* p. 550.

tration des affaires publiques. Voilà le gouvernement
démocratique (1) : son principe, c'est la liberté. Chacun
fait ce qui lui plaît ; tous les caractères s'y peuvent réunir : tous les goûts ont de quoi s'y satisfaire : « C'est un
gouvernement bigarré, semblable à un habit où l'on
aurait brodé mille fleurs. » Enfin cette forme de gouvernement a trouvé le secret d'établir l'égalité entre
les choses inégales, comme entre les choses égales (2).
La démocratie, ainsi que l'oligarchie, périt par l'excès
de son principe. La liberté lui donne naissance, la liberté la détruit. Tout excès amène l'excès contraire, et
une liberté excessive conduit à l'excessive servitude (3).
La démocratie se compose de trois classes : les riches
d'abord, c'est-à-dire ceux qui, étant sages et économes,
ont obtenu leur fortune par le travail ; puis le peuple,
qui travaille des mains, et à qui appartient vraiment la
puissance dans cet état ; enfin les flatteurs du peuple,
les frelons oisifs ou prodigues, armés ou privés d'aiguillons, qui passent leur vie sur la place publique,
s'emparent des affaires, excitent le peuple contre les
riches, et provoquent ceux-ci par leurs injustices et par
leurs menaces à conspirer contre la démocratie. Du sein
de ces frelons, habiles à gagner la faveur populaire par
la parole, par des distributions, par des promesses de
partage des terres, d'abolition des dettes, s'élève toujours quelque homme hardi qui se met à la tête du peuple, pour le protéger contre les entreprises des riches,
et pour défendre la démocratie menacée. « C'est de la
tige de ces protecteurs du peuple que naît le tyran (4). »

(1) *Rép.* p. 555.
(2) *Rép.* p. 557.
(3) *Rép.* p. 565.
(4) *Rép. ib.* Ἐκ προστατικῆς ῥίζης ἐκβλάστανει... τύραννος.

Il se fait donner une garde; il chasse et poursuit les riches; il suscite toujours quelque guerre pour rendre sa
domination nécessaire. « Son œil pénétrant s'applique
à discerner qui a du courage, qui de la grandeur
d'âme, qui de la prudence, qui des richesses; il est réduit à leur faire la guerre à tous, jusqu'à ce qu'il en ait
purgé l'État. » Il ne s'entoure que d'hommes méprisables, qui aiment la tyrannie et en profitent. Pour nourrir ses satellites, il dépouille les temples, attentif d'a-
bord à ménager le peuple qui l'a enfanté et nourri.
Mais, fils ingrat, quand il se sent assez fort, il ne craint
plus de se faire nourrir par son père, et « le peuple, en
voulant éviter la fumée de la dépendance sous des
hommes libres, tombe dans le feu du despotisme des
esclaves, échangeant une liberté excessive et extra-
vagante contre la plus dure et la plus amère servitude (1). » Tel est le dernier terme de la corruption
politique. Si le meilleur gouvernement est le gouvernement du sage ou des sages, le pire est celui du tyran (2).
On voit assez quelle aversion et quel mépris Platon professe pour la tyrannie, puisqu'il lui préfère la démocratie même, si opposée pourtant à ses inclinations et à
ses principes. Lorsqu'il nous décrit l'ordre des destinées et des âmes, dans le *Phèdre*, il place au premier
rang le philosophe, et au neuvième rang, c'est-à-dire
au dernier, le tyran (3). Lorsqu'il compare la condition
du roi ou du sage à celle du tyran, il trouve la première
sept cent vingt-neuf fois plus heureuse que la se-

---

(1) *Rép.* l. VIII, p. 569. Ὁ Δῆμος φεύγων καπνὸν δουλείας ἐλευθέρων εἰς
πῦρ δούλων δεσποτείας ἂν ἐμπεπτωκὼς εἴη...

(2) *Rép.* l. IX, p. 576. Ἡ μὲν [ἀριστοκρατία] ἀρίστη, ἡ δὲ [τυραννίς]
κακίστη.

(3) *Phèdre*, p. 44.

conde (1). Le tyran, en effet, ou l'homme tyrannique
est esclave, pauvre, rempli de terreurs et de gémisse-
ments, le plus misérable des mortels, si la vie heureuse, comme on l'a dit, est dans la justice et la tempérance.

Voilà l'histoire des révolutions des États. L'État juste
ou aristocratique donne naissance à l'État timocratique, celui-ci à l'oligarchique; de l'oligarchie naît la
démocratie, et la tyrannie vient à son tour mettre le
comble à l'avilissement et à l'infortune des peuples.
Dans le premier de ces gouvernements, la raison domine avec la sagesse; dans le second, le courage; dans
les trois derniers, l'appétit ou le désir. Mais l'oligarchie
repose sur les désirs nécessaires, sur l'économie, sur
l'amour du gain; la démocratie, sur l'amour du plaisir
et le goût du changement et de la liberté; la tyrannie
enfin, sur l'intempérance effrénée; elle fait régner sans
partage les passions méprisables. Ainsi, les gouvernements se corrompent avec les mœurs et les caractères.
La sagesse les conserve, la passion les détruit. Il ne faut
donc pas espérer qu'un État puisse vivre sans la vertu :
il ne faut pas séparer la politique de la morale et de la
philosophie.

Mais sans tomber dans ces formes dégénérées, si l'on
trouve trop difficile à reproduire l'image de l'État parfait, il n'est pas impossible de rencontrer une forme de
gouvernement qui se rapproche davantage de la condition humaine. Aussi, au-dessous de ce premier État,
que la faiblesse et la corruption des hommes rend ir-
réalisable, il y a un second État, moins parfait, mais
meilleur encore que tous ceux qui existent : c'est celui
que Platon nous décrit dans les *Lois*.

(1) *Rép.* l. IX, p. 587.

Le titre même de ce dernier ouvrage de Platon marque la différence qui le sépare de la *République*. En général, Platon n'est pas partisan des législations ; il préférerait aux lois écrites, trop immobiles, la sagesse toujours présente d'un philosophe. Dans le gouvernement parfait, les chefs de l'État ne portent pas de lois ; ils n'agissent que par l'éducation ; ils forment les mœurs, d'où les actions suivent d'elles-mêmes. Il n'en est pas de même dans les gouvernements qui veulent s'accommoder aux hommes tels qu'ils sont. Pour gouverner des hommes déjà plus ou moins corrompus, il est nécessaire d'ajouter les lois à l'éducation. Mais les lois ne doivent pas être de sèches prescriptions, qui s'imposent par la contrainte et la force. Le but de l'État et des lois est la vertu ; or il n'y a point de vertu sans lumière. Le politique ne doit jamais cesser d'être philosophe, et la philosophie ne se sert de la contrainte que pour venir au secours de la raison. De là l'obligation de faire précéder les lois d'un préambule qui en explique les motifs, qui en fasse connaître la beauté, et qui obtienne d'abord l'assentiment de l'intelligence, avant que la loi ne force l'obéissance de la volonté. Ainsi la persuasion s'ajoute à la crainte, et corrige ce qu'il y a de matériel et de servile dans l'action de la loi ; ainsi se concilient la philosophie et l'expérience. Ces exposés des motifs sont les préludes de la loi (1).

Obéissant lui-même à cette méthode libérale et persuasive, Platon place au fronton de sa constitution politique les grands principes religieux et moraux de sa

(1) *Lois*, l. IV, 722. Πειθοῖ καὶ βίᾳ... 724... νόμος τε καὶ προοίμιον τοῦ νόμου. Bacon, dans son *De augmentis scientiarum*, demande encore comme un progrès à réaliser que toutes les lois soient précédées d'un *exposé de motifs*. C'est aujourd'hui un usage généralement répandu dans les pays civilisés.

philosophie : « Dieu, dit-il, est le commencement, le
milieu et la fin de tous les êtres ; il marche toujours en
ligne droite, conformément à sa nature, en même temps
qu'il embrasse le monde; la justice le suit, vengeresse
des infractions faites à la loi divine. Quiconque veut être
heureux, doit s'attacher à la justice, marchant humblement et modestement sur ses pas (1). » Sur ces principes il établit l'obligation d'un culte aux dieux, aux
dieux célestes et aux dieux souterrains, aux démons,
aux héros, aux dieux familiers. C'est donc sous les auspices et la protection des divinités, que Platon élève
l'édifice de sa cité. Dans la *République*, il montrait, il
est vrai, l'Idée du bien, comme l'idéal suprême auquel
tout est suspendu, mais il ne lui donnait pas le nom
qu'elle a parmi les hommes ; il n'en recommandait pas
le service et le culte ; il ne faisait pas dépendre de cette
grande protection toute la chaîne des lois et des institutions. Enfin, dans la *République*, il semble que la
religion s'effaçât devant la science. Dans les *Lois*, au
contraire, le sentiment religieux domine tout. Dieu
est à la fois le prélude et le couronnement du livre :
moins auguste peut-être, il est plus accessible à
l'homme, il ne se présente pas seulement comme la
dernière des essences, comme le principe de l'être
et de la vérité, il nous apparaît, comme juge,
chargé de promesses et de menaces, excitant à la fois la
crainte et l'espoir. Tel est le Dieu qu'il faut faire connaître aux hommes, pour leur donner le goût de la vertu
et l'aversion du mal.

Ainsi l'État est d'abord sous la protection de la religion, de la piété envers les dieux et envers les parents,
de l'hospitalité, enfin de toutes les vertus. Mais pour

(1) *Lois*, l. IV, 715 fin. et 716.

les préserver intactes, il faut régler avec soin les institutions d'où dépendent le plus le bonheur et la justice
dans l'État : la propriété, la famille, l'éducation, les
magistratures. Platon a toujours un penchant pour la
communauté, qui lui paraît la perfection de l'unité,
âme de son système. Mais « ce serait trop demander à
des hommes nés, nourris et élevés comme ils le sont
aujourd'hui. » Il renonce donc à la communauté, en
essayant toutefois de s'en éloigner le moins possible. Il
admet le partage, mais le partage égal. Il veut « que,
dans ce partage, chacun se persuade que la portion qui
lui est échue n'est pas moins à l'État qu'à lui. » Ainsi
chaque propriétaire n'est que le fermier de l'État. Platon ne repousse aucune des conséquences nécessaires
de ce principe : la transmission de l'héritage à un seul
enfant au détriment des autres ; la défense d'aliéner sa
part sous quelque prétexte que ce soit ; l'interdiction
de l'or et de l'argent, et du prêt à intérêt ; enfin la ré-
duction forcée de la population ; en un mot, le régime
de Lacédémone (1).

Platon sacrifie son principe de la communauté dans
la famille, comme dans la propriété. Il admet le mariage, mais sous l'œil toujours présent du législateur
et de l'État. L'inclination naturelle porte les citoyens à
s'unir aux personnes qui leur ressemblent le plus ; mais
l'intérêt de l'État demande au contraire l'union des
contrastes. « Les humeurs doivent être mêlées dans un
État, comme les liqueurs dans une coupe, où le vin
versé seul pétille et bouillonne, tandis que, corrigé par
le mélange d'une autre divinité sobre, il devient, par
cette heureuse alliance, un breuvage sain et modéré (2).»

(1) *Lois*, l. V, 739 sqq.
(2) *Ibid.*, p. 739-743.

Il est vrai qu'il est difficile de contraindre par la loi à de semblables unions; mais il faut y porter les citoyens par la voie douce de la persuasion. C'est là une concession grave au principe de la liberté du choix dans le mariage. Mais Platon, en même temps, restreint autant qu'il est possible la liberté des rapports entre les époux. Il ne reconnaît pas ce grand principe, que l'intérieur de la famille est fermé à la loi. Ce qu'il laisse de liberté dans la famille est simplement ce qu'il ne peut lui ôter sans la détruire. La règle, pour lui, est le gouvernement de la famille par la loi : « C'est une erreur de penser, dit-il, qu'il suffit que les lois règlent les actions dans leur rapport avec l'ordre public, sans descendre, à moins de nécessité, jusque dans la famille ; qu'on doit laisser à chacun une liberté parfaite dans la manière de vivre journalière ; qu'il n'est pas besoin que tout soit soumis à des règlements, et de croire qu'en abandonnant ainsi les citoyens à eux-mêmes dans les actions privées, ils n'en seront pas pour cela moins exacts observateurs des lois dans l'ordre public (1). » D'après ces principes, Platon autorise l'État et les magistrats à intervenir dans le mariage, pour en régler et en surveiller les rapports les plus secrets et les plus délicats. Il défend aux époux la vie solitaire et séparée, et il emprunte à la législation de la Crète et de Lacédémone l'institution des repas en commun. Enfin, là même où des règlements seraient inutiles et ridicules, il veut cependant que l'État soit toujours présent, sans se relâcher jamais de sa surveillance. Dans la vie privée et dans l'intérieur des maisons, il se passe une infinité de choses de peu d'importance, qui ne paraissent point

--------

(1) *Lois*, l. VI, p. 773.

aux yeux du public, et dans lesquelles on s'écarte des
intentions du législateur, chacun s'y laissant entraîner
par le chagrin, le plaisir, et par toute autre passion ;
d'où il peut arriver qu'il n'y ait dans les mœurs des citoyens aucune uniformité, ce qui est un mal pour les
États (1). L'uniformité, la règle, l'égalité, tels sont
donc les principes qui doivent tenir lieu de la
communauté et de l'unité parfaite de la république
idéale.

Cette uniformité, cette immobilité dans les mœurs et
dans les actions, est ce qui sauve et fait durer les républiques. Au-dessus des lois écrites, il y a dans les États
des lois non écrites, des coutumes, des mœurs, des traditions, qui sont le lien des gouvernements, qui protégent les institutions et les lois, tant qu'elles durent
elles-mêmes, et que le législateur à son tour doit protéger de tout son pouvoir (2). Le changement est ce
qu'il y a de plus dangereux en toutes choses, et dans les
saisons, et dans les vents, et dans le régime du corps,
et dans les habitudes de l'âme, et enfin dans les États (3).
Mais comment préserver de toute dégradation les lois
et les mœurs qui de leur nature tendent toujours au
changement ? Par l'éducation. C'est là surtout qu'il faut
prendre garde aux moindres écarts. Les plus grandes
altérations des mœurs publiques viennent souvent des
nouveautés que les enfants introduisent dans leurs
jeux (4). Les idées du bien, du juste et de l'honnête
ont un rapport intime avec les sentiments du plaisir et
de la douleur, et surtout avec les principes du beau et

(1) *Lois*, l. VI, p. 780.
(2) *Lois*, l. VII, p. 788.
(3) *Lois*, l. VII, p. 795.
(4) *Lois*, l. VII, p. 797.

de la musique. L'enfant commence par être sensible au plaisir et à la douleur : l'éducation a pour objet de l'habituer, sans qu'il s'en rende compte, à n'éprouver que des sentiments conformes à la raison. Plus tard, il se rendra compte de cette conformité ; il s'en fera une habitude, et l'harmonie de l'habitude et de la raison est ce que l'on appelle la vertu (1). Mais, comme c'est par le beau que l'âme s'élève jusqu'au bien, on se sert de la musique comme d'un enchantement pour séduire ces jeunes âmes, en ne leur présentant, sous des images agréables, que le juste et l'honnête. C'est donc dans les lois de la musique qu'il faut garder la plus sévère mesure et la plus vigilante uniformité. C'est par le changement de ces lois que s'introduisent dans les États tous les changements pernicieux qui les renversent. Lorsque les poëtes, au lieu de régler leur poésie, les artistes, leur art, par les lois traditionnelles, reçues des ancêtres, et maintenues par les magistrats, consultent et flattent le goût de leurs auditeurs, lorsqu'au lieu de chercher la mesure, le rhythme, les accords simples et constants, ils séduisent les sens, l'imagination, et ne s'adressent qu'au plaisir, lorsqu'enfin la musique sévère, celle qui sert d'auxiliaire à la vertu, et non d'entremetteuse à la séduction, cède la place à la musique passionnée, efféminée, corruptrice, on peut dire que les mœurs sont perdues dans l'État ; toutes les coutumes antiques disparaissent les unes après les autres, et fuient devant la licence, que suivent bientôt l'anarchie et la ruine. C'est ainsi qu'Athènes est tombée de sa grandeur, et c'est par une conduite contraire que l'Égypte s'est maintenue si longtemps immobile et incorruptible. Dans les *Lois* comme dans la *République*, Platon confie

(1) *Lois*, l. II, p. 653, ἡ ξυμφωνία ξυμπᾶσα ἡ ἀρετή.

à la musique, c'est-à-dire aux arts, le premier soin de l'éducation morale ; pour conserver la pureté des lois musicales, il établit une censure, qui ne permettra pas au poëte ou au musicien de s'écarter jamais de ce que l'État tient pour légitime, juste, beau et honnête : il lui défend « de montrer ses ouvrages à aucun particulier, avant qu'ils n'aient été vus et approuvés des gardiens des lois et des censeurs établis pour les examiner (1). » Voilà une poésie et une philosophie de l'État protégées par la censure. C'est la servitude intellectuelle de l'Orient transportée dans un État grec. Platon a une telle crainte du phénomène et du changement, qu'il croit retrouver l'idéal qu'il cherche dans cette immobilité des gouvernements orientaux, fausse image de l'immobilité éternelle de la vérité. Mais n'est-ce point une chose étrange de voir le plus libre des génies grecs recommander à l'imitation des artistes les serviles modèles de l'art égyptien, et en même temps le disciple de Socrate réclamer l'institution de la censure, et défendre l'infaillibilité philosophique de l'État ?

Dans ce nouvel État, plus rapproché de la nature que celui de la *République*, les institutions politiques et la formation du gouvernement ont une plus grande importance. Les *Lois* contiennent donc ce qui n'était pas dans la *République*, le plan d'une constitution.

Il y a, selon Platon, deux constitutions mères (2), d'où dérivent toutes les autres : la monarchie et la démocratie, reposant sur deux principes contraires, mais également légitimes : l'autorité et la liberté. Chacun de ces gouvernements peut subsister, et produire de grandes choses ; mais il faut qu'il restreigne son principe

(1) *Lois*, l. VII, p. 801.
(2) *Lois*, l. III, p. 693, εἰσί πολιτείων οἷον μητέρες δύο τινες.

dans de justes limites, et fasse quelques sacrifices au
principe contraire, la monarchie à la liberté, la démocratie à l'obéissance. Ainsi, il ne faut ni trop de pouvoir, ni trop de liberté : « Si au lieu de donner à une
chose ce qui lui suffit, on va beaucoup au delà, par
exemple si on donne à un vaisseau de trop grandes voiles, au corps trop de nourriture, à l'âme trop d'autorité, tout se perd ; le corps devient malade par excès
d'embonpoint ; l'âme tombe dans l'injustice, fille de la
licence. Que veux-je dire par là ? N'est-ce point ceci ?
Qu'il n'est point d'âme humaine qui soit capable, jeune
et n'ayant de compte à rendre à personne, de soutenir
le poids du souverain pouvoir (1). » L'histoire offre de
grands exemples de cette impuissance du pouvoir suprême, et de cette perte du despotisme par le despotisme
même ; c'est ce qui ruina la monarchie en Grèce. Les
rois avaient oublié ce mot d'Hésiode : « Souvent la moitié est plus que le tout (2). » La même chose arriva en
Perse : la monarchie y fut grande et solide sous Cyrus, parce qu'elle y fut modérée, mais plus tard, les rois
s'y firent dieux, et les sujets devinrent esclaves. Par là
fut détruite l'union et l'harmonie des divers membres
de l'État ; les rois, oubliant l'intérêt du peuple pour le
leur propre, ne trouvèrent plus dans leurs sujets de défenseurs, mais autant d'ennemis ; livrés aux étrangers
et aux mercenaires, ils perdirent toute force, pour avoir
voulu une force plus qu'humaine. Ce qui est vrai du
despotisme est vrai de la liberté ; tout excès perd le gouvernement qui croit trouver sa sécurité dans l'abus de
son principe. L'histoire d'Athènes le prouve. Le peuple,

(1) *Lois*, l. III, p. 691.
(2) *Lois*, l. VII, p. 690. Voy. Hés. (Ἔργα καὶ ἡμέραι, v. 40) τὸ ἥμισυ
τοῦ πάντος ἐστὶ πλέον.

d'abord respectueux observateur des lois, commença
par dédaigner les lois traditionnelles de la musique,
puis, s'émancipant peu à peu, passa bientôt de la désobéissance aux *rites* musicaux, à la désobéissance aux
magistrats, aux chefs de famille, aux vieillards, aux
dieux, à la loi même. A ce dernier terme, l'excès de la
liberté met à néant la société, ou ne lui laisse d'autre
abri que le despotisme. Ainsi Athènes oscillait sans
cesse entre la démagogie et la tyrannie.

Fidèle à l'exemple de Solon, qui avait essayé de contenir à la fois le peuple et les grands, Platon veut aussi
réunir dans une même constitution les avantages de la
monarchie et de la démocratie, de la concorde et de la
liberté. Ici se remarque encore une déviation, ou plutôt
un progrès de la pensée politique qui inspirait la *République*. Dans ce gouvernement des sages, tout vient d'en
haut, tout procède de l'autorité. La philosophie gouverne; elle est par elle-même tempérée, mesurée, juste
et sage : le bien coule d'elle, comme de source, et le
peuple, dans un tel État, n'a pas besoin de garanties
contre le pouvoir. Mais, avec les hommes tels qu'ils
sont, une telle perfection n'est point possible. Sans
doute, le gouvernement ne doit appartenir qu'aux plus
sages, mais à qui convient-il de désigner le plus sage?
Au peuple lui-même, dont le sort est entre les mains des
magistrats. Il ne faut pas que la tyrannie, usurpant les
apparences de la sagesse, s'impose à la multitude malgré elle. Un nouveau principe change tout le caractère
de la politique platonicienne, et d'Orient nous transporte
en Grèce : l'élection. Platon l'emprunte au gouvernement de sa patrie, mais il la tempère à l'imitation de
Solon. Il divise, comme celui-ci, les citoyens en quatre

classes, selon la différence des fortunes (1). Nous voilà
loin des quatre castes de la *République*. Dans l'état parfait, les deux classes supérieures étaient séparées des
deux classes inférieures par une barrière presque infranchissable ; et toutes étaient enfermées dans des fonctions
distinctes et immobiles. C'était la hiérarchie sociale de
l'Orient transportée dans un État grec, et modifiée seulement par le génie libre d'un philosophe. Mais dans les
*Lois*, les classes ne sont plus que des divisions mobiles
qui n'impliquent point une irrémédiable inégalité. La
fortune, en effet, n'est pas une barrière fixe qui sépare
éternellement les hommes ; elle passe de mains en mains,
elle enrichit l'un, appauvrit l'autre, élève et abaisse
alternativement le même individu ; enfin, par un mouvement sans fin, elle ne laisse d'autre inégalité, que
celle qui résulte des succès divers de la liberté de chacun.

Au reste, le principe de l'élection lui-même n'était
pas considéré dans l'antiquité comme le principe démocratique par excellence ; le vrai principe de la
démocratie absolue, c'est le choix par le sort, si vivement critiqué par Socrate. Celui-là seul satisfait à ce
besoin d'égalité extrême, qui, comme le besoin de la
liberté extrême, est la tentation et la perte des républiques. Nous le savons, en effet, il y a deux égalités,
comme deux justices (2) : l'une absolue et violente, qui
distribue à tous les mêmes biens, les mêmes honneurs,
les mêmes droits, sans égard à la différence des mérites, égalité de nombre et de poids qu'il est toujours
facile de réaliser dans un État, et qui flatte malheureusement le désir et l'envie populaire ; l'autre, seule
vraie et seule juste, égalité proportionnelle, qui ne fait

(1) *Lois*, l. V, p. 744.
(2) *Lois*, l. VI, p. 757.

pas à tous la même part, mais mesure à chacun la sienne, selon ses titres, c'est-à-dire ses vertus, ses talents, son éducation, tout ce qui crée enfin entre les hommes des inégalités morales. C'est la première égalité qui règne dans la plupart des États démocratiques; le sort est l'expression de cette égalité aveugle. Platon se croit obligé de faire quelque part à ce principe, auquel les républiques anciennes attachaient par-dessus tout l'idée de leur liberté; mais il le tempère par le principe de l'élection, et il tempère encore celui-là même, par d'ingénieuses combinaisons empruntées à Solon, qui, sans exclure du suffrage les dernières classes du peuple, ménagent cependant aux classes supérieures la meilleure part d'influence.

Sur cette large base de l'élection, s'élève tout un système de magistratures (1), qui ne sont pas toutes exactement définies, mais parmi lesquelles se remarque surtout une sorte de pouvoir exécutif confié à trente-sept personnes appelées les gardiens des lois; un pouvoir délibératif ou un sénat, composé de trois cent soixante membres; un pouvoir judiciaire à trois degrés, avec intervention du peuple dans les jugements; en outre, des magistratures municipales ou rurales chargées du soin matériel de la cité et de l'inspection du sol; un intendant de l'éducation, sorte de grand-maître de l'instruction publique, choisi avec les plus grandes précautions parmi les gardiens des lois. Enfin, au-dessus de tout cet édifice, Platon établit un conseil suprême, composé des dix plus anciens gardiens des lois, et qui est le vrai pouvoir conservateur et préservateur de l'État (2). Ce conseil des dix est dans l'État, comme la

(1) Voy. tout le livre VI.
(2) Lois, XII.

tête dans le corps, et la sagesse dans l'âme. Exercé par
de longues études dans toutes les sciences, et dans la
plus importante de toutes, la dialectique, il connaît le
véritable but de la politique, c'est-à-dire la vertu, et les
moyens d'atteindre ce but désirable. Ce conseil suprême, qui se réunit avant le jour, comme pour être
plus étranger à toutes les passions humaines, nous
trahit la pensée constante, le désir infatigable, et le
dernier rêve de Platon : le gouvernement des États par
la philosophie.

Nous voilà arrivés au terme de ce vaste système d'i-
dées qui, embrassant à la fois l'homme, Dieu et l'État,
et tous les aspects de la vie humaine, depuis la vie de
plaisir jusqu'à la vie morale, religieuse et politique,
nous montre d'abord l'homme tel qu'il est, puis tel
qu'il doit être, s'élève de l'idée de la vertu à l'idée de
Dieu, modèle suprême et fin dernière; puis redescen-
dant au milieu des hommes, essaye de nous faire concevoir une société parfaite, sans lois et sans châtiments,
gouvernée par la seule vertu, image parfaite de la souveraine unité. Voilà la philosophie morale et politique
de Platon, le plus grand effort qu'ait fait l'antiquité
pour pénétrer le secret de la destinée de l'homme et des
sociétés.

Ce qu'il y a d'impérissable dans cette philosophie,
c'est le principe de l'idéal. Qu'il y ait pour l'homme et
pour l'État un idéal, c'est-à-dire un modèle plus ou
moins bien aperçu, fin de tous nos efforts, stimulant de
nos désirs et de notre activité terrestre, qui nous rend
mécontents de nous-mêmes, et nous excite à nous améliorer et à améliorer toutes choses autour de nous; qu'il
y ait une idée de perfection que rien ne peut détruire

et que rien ne peut satisfaire, parce que la perfection
n'appartient qu'à celui qui ne change pas ; un souverain
bien, dont le bien que nous faisons ou que nous possédons, n'est qu'une lointaine et incomplète participation ; que ce souverain bien, ce modèle, cet idéal, soit
conçu par l'esprit de l'homme, comme quelque chose
de réel, et ne soit pas seulement l'œuvre de notre imagination, ou le rêve de notre impuissance ; que Dieu
enfin soit le commencement, le milieu et la fin de toutes
choses, et que partout où l'on aime et l'on pense quelque chose de vrai, de saint, de beau et de réel, ce soit
Dieu qu'on pense et qu'on aime : voilà ce qui demeure
inébranlable dans la philosophie de Platon.

Si nous redescendons de la fin au point de départ,
nous admettrons encore avec Platon que l'homme est
double et naturellement en guerre avec lui-même. Cette
guerre intestine est le nœud de notre nature. Les doctrines philosophiques et religieuses n'ont d'autre but
que de dénouer ce nœud. Quelques-uns le tranchent en
réduisant l'homme à n'être qu'un animal ou un esprit
pur. Mais l'homme véritable résiste à ces simplifications
systématiques ; il sent en lui deux natures, quelque désir qu'il ait d'être un être simple, tout esprit ou tout
corps. Enfin, il y a pour l'homme deux sortes de bonheur, deux sortes de science, deux sortes d'amour, deux
sortes de colère : il flotte, d'une part, dans un océan de
phénomènes fuyants, inconsistants, contradictoires ; de
l'autre, il est capable de vivre dans le vrai, dans l'immuable, dans l'Éternel ; et les secrètes agitations de son
cœur ne sont que les conséquences de ce conflit. Voilà
un second point que je considère comme acquis à la
science par la philosophie de Platon.

Ainsi, au point de départ, conflit et partage de l'homme avec lui-même ; à l'extrémité de la carrière, unité souveraine et absolue. Par quel moyen l'homme peut-il s'élever de l'un à l'autre de ces deux termes ? Par la vertu. Qu'est-ce que la vertu ? C'est l'imitation de Dieu, c'est-à-dire de l'Unité même. Mais l'imitation de l'Unité, dans un être composé et divers, tel que l'homme, ne peut être que l'harmonie, la paix, la conciliation. Ici encore Platon est dans le vrai. La vertu n'est pas sans doute une transaction entre nos passions, qui ôte à celle-ci pour accorder à celle-là, ou en sacrifie quelques-unes pour satisfaire le plus grand nombre, ou même encore les sacrifie toutes à la plus forte ; mais elle n'est pas davantage la destruction des passions, le sacrifice de tout plaisir, la mort à soi-même, la révolte contre le corps et les affections naturelles ; elle est une harmonie ; elle apporte à l'âme l'ordre, la paix et la mesure ; elle fait de l'homme un tout tempéré. Elle donne le commandement à la science, mais elle a pour auxiliaire l'amour et l'enthousiasme ; elle se sert des nobles affections pour combattre les passions mauvaises ; elle n'exclut même point les désirs ; enfin, elle améliore le corps, en même temps qu'elle purifie l'âme.

Ainsi, trois vérités indubitables, étroitement liées entre elles, forment la chaîne de la philosophie morale de Platon. La nature de l'homme est la lutte et la division : son devoir, c'est de rétablir en lui la paix et l'harmonie ; sa fin est dans le principe de toute paix et de toute harmonie, c'est-à-dire en Dieu. A ces trois vérités essentielles se rattachent une multitude d'autres vérités pleines de grandeur et d'originalité : la théorie de l'amour, la théorie de la justice, la théorie du châtiment. Qu'il nous suffise ici de les rappeler.

Cette belle morale a deux grands défauts. Elle néglige ou supprime le libre arbitre. Elle n'accorde pas assez à la sociabilité.

Nous avons dit dans quel sens Platon nie le libre arbitre : c'est sa doctrine plutôt que lui-même qui professe cette conséquence. Partout, il enseigne que l'injustice mérite le châtiment, et par conséquent, qu'elle est volontaire et imputable au coupable. Cependant il enseigne en même temps que nul n'est méchant volontairement. De ces deux principes contradictoires, lequel est le plus conforme à la vraie doctrine de Platon ? C'est le second : car c'est la conséquence de cet autre principe : la vertu n'est que la science. Platon a admirablement conçu l'idéal de la vertu, et il a bien dit comment on le connaît, mais non pas comment on le pratique. On peut lui appliquer ce que Bacon disait de tous les philosophes de l'antiquité, qu'il a connu la science du modèle, c'est-à-dire, le type du bien, mais qu'il n'a pas montré le moyen d'y arriver. La morale de Platon a déjà, comme sa politique, le caractère de l'utopie. Il croit trop que connaître le bien, c'est assez pour le pratiquer. C'est là un rêve beaucoup trop favorable à la science, et en général à la nature humaine. Les faits ne sont pas si complaisants. Car, après que j'ai connu le bien, il reste encore à savoir si je voudrai l'accomplir. C'est là le point le plus faible de la psychologie et de la morale platonicienne : Aristote l'a supérieurement aperçu.

Un second point faible de cette morale, c'est que la sociabilité n'y joue presque aucun rôle. Voyez la théorie des vertus. Sur quatre, trois au moins ne sont que des vertus personnelles : la tempérance, la prudence et le courage. C'est du reste un des caractères de la morale philosophique des anciens que cette grande part

faite aux devoirs de l'homme envers lui-même. La justice seule est une vertu sociale, et il est vrai qu'elle est
à elle seule aussi considérable que les trois autres réunies. Mais comment Platon entend-il la justice, et quelle
définition en donne-t-il ? C'est une vertu composée, qui
conserve et assure les autres vertus, qui fixe à chaque
faculté sa fonction, et lui interdit d'empiéter sur celle
des autres : une âme juste est une âme à la fois prudente, courageuse, et tempérante. La justice n'est donc
que l'harmonie et en quelque sorte la résultante des
trois vertus personnelles, et ainsi elle n'est elle-même
qu'une vertu personnelle. Voilà la justice dans l'individu. Dans l'État, c'est elle qui maintient chaque classe
à son rang, dans son ordre et dans ses fonctions : elle
est la gardienne des castes. Je ne puis voir là une vertu
sociale.

Il est vrai que Platon exige, dans son État, le sacrifice des intérêts de l'individu et des affections de famille, et qu'il paraît les sacrifier à un principe plus
élevé et plus étendu ; et l'on pourrait dire que sa parole
pèche par l'abus, mais non par le défaut de la sociabilité. Ce serait une erreur. Platon sacrifie la propriété
et la famille, non pas aux hommes, mais à l'État, c'est-
à-dire à cette unité abstraite et fictive, qui, dans l'antiquité, absorbait l'homme presque entier. Je ne nie
pas que Platon n'ait eu l'idée d'une sorte d'union intime
entre les citoyens, d'où tout égoïsme aurait disparu.
Mais il est loin d'avoir eu l'idée claire des sentiments
d'amour que les hommes se doivent entre eux. Son
idéal paraîtrait plutôt, l'égoïsme individuel transporté
dans l'État, que la *philanthropie*, pour employer la belle
expression d'Aristote : son idéal, c'est Sparte, qui n'a
jamais passé pour un modèle de vertus tendres et hu-

maines. Enfin, quand on commence par supprimer la famille, il est bien difficile d'établir sur ces ruines une véritable fraternité.

On peut encore invoquer la théorie de l'amour, pour établir que Platon n'a pas méconnu le principe de la sociabilité. Mais ce que Platon appelle amour, n'est autre chose que l'enthousiasme, c'est l'élan de l'âme vers le beau, élan qui peut très-bien se concilier avec une parfaite indifférence pour les souffrances des hommes. Il est vrai que cet amour lui-même peut avoir les hommes pour objet; mais c'est l'amour pour les belles âmes et pour les beaux corps, et non pour l'homme en général, jeune ou vieux, beau ou difforme, grec ou barbare, instruit ou ignorant, et même encore vertueux ou vicieux. Dans cette doctrine trop aristocratique, si j'ose dire, et que n'a point encore vivifiée le souffle divin de la charité, les faibles, les souffrants, les opprimés, les esclaves, les ignorants sont à peu près comme s'ils n'étaient pas. Remarquons cependant que Platon est le premier et le seul des philosophes anciens, qui se soit intéressé aux accusés et aux coupables, et qui ait proposé de chercher à les améliorer en même temps qu'à les punir.

La politique de Platon a, comme sa morale, de très-grands côtés; mais elle prête beaucoup plus à la critique. Ce qui est vrai, c'est que l'État, comme l'individu, a un idéal, c'est-à-dire un but sacré et divin, vers lequel les peuples doivent tendre, et les gouvernements les conduire. Les fautes des peuples et des gouvernements, de même que les fautes de l'homme, n'altèrent en rien la vérité première, toujours présente, qui éclaire et qui condamne, qui oblige et qui punit. La politique empirique ne voit rien au-dessus des faits présents et des choses, telles qu'elles sont dans un temps donné. La politique philosophique montre au-dessus de ce qui est, ce qui doit être, et se trompât-elle en voulant le définir et l'expliquer, elle est néanmoins indispensable au progrès et au désir du mieux. C'est là un des mérites de Platon. Toute politique qui concevra une société parfaite, réglée par des rapports naturels et absolus, et non par des rapports factices et passagers, sera toujours appelée une politique platonicienne; et sa République, qui nous peint un Etat complétement faux, restera cependant dans la mémoire des hommes, comme le type de ces conceptions idéales, dont l'objet est de rappeler à la société que tout n'est pas pour le mieux dans le meilleur des mondes possibles, qu'elle ne doit pas trop se complaire dans ses imperfections, et prendre ses maladies pour le signe de la santé.

Ce qui est encore vrai dans la politique platonicienne, c'est que la fin de la société, c'est la justice, et que la vraie justice consiste dans la concorde et dans l'unité. Je ne veux point dire que Platon ait raison de mépriser comme il le fait les intérêts positifs des Etats, la grandeur commerciale ou militaire, la richesse, la domination. Mais pour la vraie philosophie politique, toutes les choses utiles ne valent qu'autant qu'elles sont justes, c'est-à-dire qu'elles facilitent ou protégent dans un Etat l'union, la paix, les rapports équitables entre les citoyens. Ce qui a surtout frappé l'esprit de Platon, c'est la division et le dissentiment entre les classes. La subordination et l'union, voilà ce qu'il entend par la justice. C'est la vérité même, pourvu que l'on n'entende pas par subordination, une séparation humiliante de castes, et par union des âmes, l'anéantissement des sentiments les plus naturels.

Enfin, ce qui est vrai dans cette politique, c'est que
la vertu est le meilleur ressort des Etats; c'est elle qui
fait de bons citoyens, et qui assure la durée des républiques. C'est elle qui rend la liberté possible, et le
pouvoir sans danger. Elle est donc, en un sens, la fin
des Etats et des gouvernements. S'il en est ainsi, le vrai
art politique n'est point l'art du législateur, mais celui
de l'instituteur. L'éducation a plus de force que les
lois. Les lois ne rendent pas les hommes plus sages;
l'éducation seule, les prenant au berceau, est capable
de former les mœurs qui protégeront et défendront la
république, et rendront, s'il est possible, les lois mêmes
inutiles. Rien n'est donc plus vrai que ces principes :
la fin de la politique, c'est la vertu; l'éducation en est
le moyen.

Si l'on réfléchit sur ces différentes idées, on voit que
ce qu'il y a de vrai dans la politique de Platon, est précisément ce par quoi la politique touche à la morale.
Platon a vu le lien de ces deux sciences, et la subordination de l'une à l'autre. Mais la politique, pour être
unie à la morale, n'en est pas moins distincte en elle-
même; elle a aussi ses intérêts propres, ses moyens
d'action, ses principes et sa fin. Ce n'est point sans péril pour l'une ou l'autre de ces deux sciences que vous
les unissez trop étroitement. La morale est l'idéal de la
politique. Si vous confondez cet idéal avec la politique
même, vous arrivez à des conséquences étranges et fâcheuses pour l'individu et pour l'Etat.

Le moindre inconvénient de cette confusion, est d'é-
carter de la politique une foule de faits de la plus haute
importance; ainsi, tout ce qui touche à l'intérêt matériel des peuples, à leur prospérité et à leur richesse, n'a
rien à voir avec la politique, si elle n'est comme la mo-

rale que la science de la vertu. On considérera donc
ces objets comme inutiles ou même comme funestes à
l'État; on se persuadera qu'ils sont la source de mille
maux, et par conséquent on les exclura, on les répri-
mera, on les réduira au strict nécessaire. De là, le dédain de Platon pour la politique des grands citoyens
d'Athènes, qui n'ont su que s'occuper d'arsenaux, de
flottes, de marchés et de ports, comme si ces objets
étaient de si peu de conséquence. Il est évident que si
la morale ne doit considérer que le principe du devoir,
la politique doit souvent consulter le principe de l'intérêt. La politique est appelée à sauvegarder et à favoriser l'intérêt propre de chaque citoyen, et celui de la
société même. Sans doute la société est dans son sens
le plus élevé un commerce moral entre les âmes, mais
il n'est pas moins vrai qu'elle n'est d'abord qu'une
union de forces rassemblées dans un intérêt commun.
La politique doit s'occuper de la direction de ces forces,
et le développement des richesses, comme de la puissance d'un pays, est un de ses objets légitimes, quoique
ce ne soit pas son unique objet.

La confusion de la morale et de la politique conduit
encore Platon à une autre conséquence, c'est de rendre
les lois inutiles, et d'interdire à l'État l'usage de la contrainte. Comme il est vrai que la vertu ne résulte pas
de la contrainte, si l'on veut que l'État soit chargé particulièrement de produire et d'assurer la vertu de ses
membres, il faut qu'il y réussisse par des moyens libres
et insinuants, et non par l'ordre, la contrainte et le
châtiment : ce sont là les moyens imparfaits d'une société mal gouvernée. Les politiques ne voient de remède
aux maux des États, que des règlements toujours nouveaux, toujours impuissants. La vraie politique n'a que

faire de tous ces règlements; elle prend l'homme dès
l'âge le plus tendre, et par une heureuse éducation, elle
lui rend la vertu si facile et si familière, que la contrainte et les lois deviennent inutiles. On voit que Platon exclut successivement de la politique tout élément
empirique; tout à l'heure, les intérêts, et maintenant
les lois. La politique se réduit à l'art de l'éducation, et
le gouvernement n'est que la pédagogie. Il est aisé de
voir que cette manière de comprendre la politique, la
détruit. C'est le rêve d'une grande âme, qui se représente une société gouvernée par la raison seule et la
seule morale; mais si cette société était possible, la politique n'existerait plus.

Redescendons maintenant de cette société idéale et
impossible à la société réelle; cette confusion de la morale et de la politique conduit à des conséquences toutes
contraires, c'est-à-dire au despotisme. Comme on ne
peut pas gouverner sans lois, il faudra donc des lois;
comme les lois ne peuvent pas se protéger elles-mêmes,
elles ont besoin d'une force qui les protége. Or, si les
lois ont pour but de contraindre à la vertu, voilà donc
l'Etat devenu le représentant armé de la conscience
morale. Tous les actes de la vie des citoyens sont livrés
à la censure et à une inquisition d'autant plus intolérable, qu'elle est plus sincère et plus convaincue de ses
droits. L'intérieur de la vie domestique est ouvert à
l'examen de la censure publique; et comme il n'y a pas
de limites possibles dans une telle voie, les actes les plus
indifférents, les plus innocents peuvent être proscrits
par une morale imaginaire. Comme il ne faut pas oublier que l'Etat est toujours un composé d'hommes, que
l'autorité publique, si haute qu'elle soit, est toujours
humaine, ce sera donc le scrupule de quelques-uns qui

décidera de la conduite et de la vie de tous. Pour éviter
ces inconvénients, il faut imaginer un gouvernement
composé de sages, de philosophes ou de saints. On voit
que la confusion de la morale et de la politique aboutit
de toutes parts à l'utopie.

Elle y conduit encore par un autre côté, c'est en imposant à l'Etat des obligations qui ne sont vraies que
pour l'individu. En effet, qu'ordonne la morale à l'individu ? Elle veut que chaque faculté ne sorte point de sa
fonction, et n'empiète pas sur celles des facultés voi-
sines ; elle veut que les facultés soient subordonnées les
unes aux autres, et que les meilleures asservissent les
inférieures. Elle veut enfin que tout tende au bien
commun, que les diverses parties du corps n'aient
point un intérêt différent du corps entier, que le corps
ne recherche pas son propre bien aux dépens de celui de
l'âme. Transportez ces prescriptions à l'Etat, vous
avez la république de Platon. Une fois l'Etat assimilé à
l'individu, on oublie la réalité pour suivre les conséquences de cette analogie chimérique. Il faut qu'il soit
un à tout prix, qu'il ait une tête, un cœur et des membres ; et malheur aux classes infortunées qui, en vertu
de cet apologue, répondent seules à ce dernier terme de
la comparaison : elles seront réduites à l'obéissance et
à l'esclavage pour l'exactitude de la métaphore.

On voit que c'est toujours la même confusion qui a
fait penser à Platon que l'Etat peut être un, à la manière d'une personne, et qui l'a conduit à sacrifier sans
réserve l'individu à l'Etat. Il se rencontrait là avec le
préjugé de la société antique. Au lieu de concevoir une
forme nouvelle de l'Etat, et de s'élever au-dessus de son
temps, il a pris le principe faux et étroit de cette société dans toute sa rigueur ; et sa propre patrie, qui par

la liberté, le mouvement, le commerce et les arts an-
nonçait plus qu'aucune autre cité grecque le monde
moderne, lui parut au contraire l'extrême corruption
de l'ordre politique. Il s'est représenté l'Etat, comme
quelque chose d'immobile et d'absolu ; et son grand esprit, amoureux du nombre et de l'harmonie, a cru que
la société pouvait être réglée d'une manière géométri-
que, et former une sorte d'organisme dont la vie soumise à des lois fixes se développerait toujours dans le
même cercle.

Dans les *Lois*, Platon corrige, à regret il est vrai,
mais enfin il corrige quelques-unes des erreurs que
nous avons signalées, et en se rapprochant de la politique humaine, il se rapproche de la vérité. L'Etat,
dans les *Lois*, a quelque chose de plus vivant que dans
la *République* ; l'individu y est plus respecté ; la propriété n'est plus supprimée ; la famille subsiste ; les
castes sont devenues des classes mobiles, séparées seulement par le degré de la fortune ; l'élection populaire,
la responsabilité des magistrats, sont le signe d'une
plus grande part faite à la liberté ; enfin on trouve dans
les *Lois*, le premier germe de cette théorie des gouvernements mixtes et de la pondération des pouvoirs,
qui, passant de Platon à Aristote, d'Aristote à Polybe
et à Cicéron, de Polybe à Machiavel et à la plupart des
écrivains politiques du xvie siècle, et enfin au plus
grand publiciste des temps modernes, je veux dire
Montesquieu, est devenue une des doctrines favorites
du libéralisme moderne.

Cependant, tout en accordant plus à la liberté, Platon
d̶ encore une très-grande prépondérance à l'État.
C'̶ ̶qui fixe les parts de propriété, c'est l'État
qui fait le̶ ̶riages et qui les surveille, c'est l'État qui

détermine les lois de la poésie et de la musique, et qui
veille à leur conservation ; c'est l'État qui règle le culte
que l'on doit aux dieux. L'État est toujours le souverain maître, et s'il laisse quelque chose à l'individu, ce
n'est pas par respect pour ses droits, c'est par complaisance pour sa faiblesse. Chose étrange! Platon, disciple
de Socrate, et qui a écrit son Apologie, n'a eu aucun
sentiment de ce conflit de la conscience et de l'État, qui
est si frappant dans l'*Apologie* elle-même. Il a cru qu'il
suffisait de changer un État injuste en un État juste,
pour qu'il eût droit à tout, sans penser qu'un État juste
est celui qui ne peut pas tout et qui accorde à chacun
ce qui lui est dû.

En résumé, Platon est un moraliste plus qu'un politique. Le principe de sa morale est vrai ; c'est que l'idée
du bien est la fin suprême des actions humaines. Le
principe de sa politique est faux, c'est que l'État est le
maître absolu des citoyens. On pourra faire du progrès
sur sa morale, mais dans la direction même indiquée
par lui. Sa politique au contraire est l'opposé de la politique véritable. En morale, il pressent l'avenir ; en
politique, il ne regarde que la plupart du temps le
passé. Son idéal moral est encore le nôtre ; son idéal
politique est l'image immobile d'une société éteinte et
disparue. A lui sans doute appartient la gloire d'avoir
fondé la philosophie politique, mais non celle de l'avoir
engagée dans ses véritables voies.

# CHAPITRE III.

**ARISTOTE.**

§ I. Morale. — Rapports de la morale et de la politique dans la philosophie d'Aristote. — Sa méthode. — Polémique contre Platon. — Théorie du bonheur. — Théorie du plaisir. — Théorie de la vertu. — Libre arbitre. — La vertu est une habitude. — Théorie du juste milieu. — Distinction entre les vertus morales et les vertus intellectuelles. — Des vertus morales. — Théorie de la justice : Justice distributive et justice commutative. — Théorie de l'amitié. — Vertus intellectuelles. — Théorie de la vie contemplative.

§ II. Politique. — Théories sociales : Que la société est naturelle à l'homme. De la famille. Théorie de l'esclavage. Théorie de la propriété et de l'échange. Du pouvoir conjugal et marital. Différence de la famille et de l'État. — Partie critique de la politique d'Aristote. Critique de la politique de Platon. Critique des Lois. Critique de Chalcéas de Chalcédoine. Critique de la constitution de Lacédémone. — Théories politiques : Théorie du citoyen. Théorie de la souveraineté. Théorie du gouvernement. De la royauté. De la république. Théorie des classes moyennes. Théorie du gouvernement parfait. Théorie de l'éducation. Théorie des révolutions. — Appréciation de la morale et de la politique d'Aristote.

Socrate et Platon avaient étroitement uni la morale et la politique. Mais pour l'un comme pour l'autre, la morale était la science maîtresse, et la politique n'en était qu'une dépendance et une application. Aristote a changé le rapport de ces deux sciences. C'est la politique qui est la science suprême, la science maîtresse, architectonique (1); c'est elle qui traite du souverain bien, du bien humain (2) ; c'est elle qui prescrit ce qu'il faut faire et ce qu'il faut éviter, le bien est le même pour

(1) *Eth. Nic.* l. I, 1094 à 26. Nous citons partout l'édition de Berlin de Becker et Brandis.
(2) *Ib. ib.*, 1094, 6, 7. X, x, 1181, 6, 3. ἡ ἀνθρωπίνη φιλοσοφία.

l'individu et pour l'Etat; mais il est plus grand et plus
beau de procurer le bien de l'État que celui de l'individu (1); le bien est plus beau et plus divin lorsqu'il
s'applique à une nation qu'à un simple particulier. La
politique comprend au-dessous d'elle toutes les autres
sciences pratiques, telles que la science militaire et administrative, la rhétorique (2). La morale proprement
dite ou l'Ethique (ἡ περὶ τὰ ἤθη πραγματεία) est donc une
partie de la politique; et elle en est le commencement (3).

### § I. Morale.

Quelle sera maintenant la méthode de cette science
souveraine, qui embrasse à la fois le bien de l'individu et le bien de l'État? C'est la méthode d'observation et d'analyse. Aristote la définit lui-même avec
précision : « Le vrai principe, dit-il, en toutes choses,
c'est le fait : si le fait lui-même était toujours connu
avec une suffisante clarté, il n'y aurait pas besoin de
remonter aux causes(4). » Mais comment connaître le
fait avec une suffisante clarté? «Il convient, dit Aristote,
de réduire le composé à ses éléments indécomposa-
bles (5). » Observer et décomposer les faits, voilà la
méthode de la morale. Quels principes obtiendra-t-on
par cette méthode? De simples généralités, des vraisem-
blances et des probabilités, c'est encore Aristote lui-

(1) *Ib. ib.*, 8.
(2) *Ib. ib.*, 1094, 6-2. *Rhét.* I, 1356 a 25.
(3) *Magn. moral.* l. I, c. 1, 1181, 6, 25. Μέρος καὶ ἀρχη τῆς πολιτικῆς.
Cf. *Eth. Nic.* X, x, 1181, 6, 2.
(4) *Eth. Nic.* l. I, 2, 1095, b. 6. Ἀρχὴ δὲ τὸ ὅτι· καὶ εἰ τοῦτο φαίνοιτο,...
οὐδὲ προσδέησει τοῦ διότι.
(5) *Pol.* I, 1, 1252 a, 18. Τὸ σύνθετον μέχρι τῶν ἀσυνθέτων διαιρεῖν.

même qui nous le dit: « Quand on traite un sujet de ce
genre, et qu'on part de tels principes, il faut se contenter d'une esquisse grossière de la vérité; et, en ne
raisonnant que sur des faits généraux et ordinaires, on
n'en doit tirer que des conclusions du même ordre et
aussi générales (1). » La morale ainsi traitée n'a plus
aucune certitude. Elle confondra sans cesse le bien et
l'indifférent, la vertu et l'habileté, le fait et le droit.
Tel devrait être sans aucun doute le caractère de la
morale d'Aristote, si l'élévation de son esprit ne corri-
geait les défauts de sa méthode.

Ces conséquences semblent d'abord sortir nécessairement de la polémique d'Aristote contre l'idée du
bien (2), principe suprême auquel étaient suspendues,
dans le système de Platon, l'idée de l'honnête et l'idée
du juste. Le bien, dit au contraire Aristote, n'est point
une chose commune et universelle : il se dit de toutes
les catégories de l'être. Il n'y a pas de bien en soi ; mais
il faut toujours se demander : De quel bien veut-on
parler? Chaque chose a son bien propre, et chaque
science recherche un bien particulier : la médecine, la
stratégie, la gymnastique n'ont pas le même bien. « On
ne voit pas de quelle utilité pourrait être au tisserand,
pour la pratique de son art, ou au charpentier, la connaissance du bien en soi (3). » Y eût-il une idée universelle du bien, il n'appartiendrait pas à l'éthique ou
à la politique de s'en occuper. Car, en morale, il ne
s'agit que du bien de l'homme, et non point du bien
universel. Dira-t-on que la morale doit puiser ses principes dans une science supérieure? Non, car chaque

(1) I, ι, 1094, b. 21. Περὶ τῶν ἐπὶ τὸ πολύ... τοιαῦτα συμπεραίνεσθαι.
(2) Voir I, c. ιv tout entier.
(3) 1097 a. 8.

science a ses principes propres, et elle ne peut rien démontrer que par ces principes. La morale ne repose donc que sur elle-même : son objet, c'est le souverain bien pour l'homme.

Quel est enfin ce souverain bien, si désiré par tous, ce bien pour lequel nous recherchons toutes choses, et que nous ne recherchons que pour lui-même, ce bien enfin qui se suffit à soi-même ? Puisque ce bien n'est point en dehors de nous, il faut qu'il soit en nous-mêmes : c'est le bonheur (1).

Jusqu'ici nous voilà bien loin de la politique platonicienne, et il semble que nous descendions une pente de plus en plus rapide, qui conduirait aux principes d'Épicure. Heureusement la métaphysique avait mis Aristote en possession d'une idée maîtresse, qui est la clef de sa philosophie, et qui l'est aussi de sa morale. C'est l'idée d'*acte* (ἐνεργεία), qui se confond avec l'idée de *fin* (τέλος). Il y a deux choses dans tout être : là puissance et l'acte. La *puissance*, c'est ce qui est susceptible de prendre telle ou telle forme ; c'est le marbre, qui n'est pas encore, mais qui peut devenir l'Apollon du Belvédère. L'*acte*, c'est la forme déterminée de l'être, c'est son essence, c'est ce qui le constitue ce qu'il est : pour un marbre, par exemple, c'est la forme d'Apollon ou la forme d'Hercule ; pour une plante, c'est la vie ; pour un animal, c'est la sensation ; pour l'homme, c'est la pensée. La puissance aspire à l'acte. Ce mouvement de la puissance vers l'acte, c'est le désir (ὄρεξις), et dans ce sens, le désir est la loi universelle de la nature. Tout être désire le degré de perfection auquel il peut atteindre, la forme qui lui donnera toute la réalité dont

(1) I, 1094 a. 3. Οὗ πάντ' ἐφίεται, I, 5, 1097 a 33. Τὸ καθ' αὐτὸ αἱρετόν... τοιοῦτον δ' ἡ εὐδαιμονία.

il est susceptible, c'est-à-dire son acte. L'acte est donc
identique à la fin ; et chaque être ayant son acte propre,
a par conséquent sa fin particulière. La fin est identique
au bien ; le bien d'un être consistera donc à passer de la
puissance à l'acte, et l'être souverainement parfait sera
celui dans lequel il n'y aura plus de puissance, mais où
tout sera en acte : car partout où il y a puissance de devenir, il y a imperfection. Ainsi la nature tout entière est
en quelque sorte un vaste atelier, où chaque être travaille éternellement à transformer ses puissances en
actes, c'est-à-dire à détruire ce qu'il y a d'imparfait en lui
pour augmenter ce qu'il y a de perfection ; et au-dessus
de la nature est l'acte pur et immobile, qui n'a pas besoin de passer de la puissance à l'acte, parce qu'il est
tout acte, toute réalité, toute perfection.

Appliquons ces principes à l'analyse et à la définition
du bonheur.

Puisque le bonheur est le souverain bien pour
l'homme, puisque le bien est identique à la fin, et que
la fin est identique à l'acte, pour savoir en quoi consiste
le bonheur, il faut chercher en quoi consiste l'acte
propre de l'homme (1), c'est-à-dire ce qui peut donner
à sa nature toute la perfection dont elle est susceptible.
Cet acte propre (οἰκεῖον ἔργον) est-il la vie ? Non, car la vie
n'appartient pas seulement à l'homme, mais aux végé-
taux et aux animaux. Est-ce la sensibilité ? Non, car
elle nous est commune encore avec les animaux. Qu'est-
ce donc qui constitue l'homme ? « Il reste, dit Aristote,
que ce soit la vie active de l'être doué de raison, ou,
en d'autres termes, l'activité raisonnable (2). » Mais

---

(1) I, vi, 1097 b. 24, τὸ ἔργον τοῦ ἀνθρώπου.
(2) I, vi, 1098 a. 7, ἐνεργεία κατὰ λόγον. Cette théorie de l'acte

comme il faut toujours concevoir la nature d'un être
dans sa perfection, et que la perfection d'un être, c'est
sa vertu, disons que le bien pour l'homme est dans l'activité de l'âme dirigée par la vertu, et, s'il y a plusieurs
vertus, par la plus haute de toutes (1). Ainsi le bonheur
est inséparable de la vertu, il est la vertu même ; et définir la vertu, c'est définir le bonheur.

En effet, il ne faut pas faire consister le bonheur
dans un état passif de l'âme : autrement l'homme pourrait être heureux en dormant sa vie entière ou en vé-
gétant comme une plante. Le bonheur n'est pas non
plus dans le plaisir, dans l'amusement, dans la vie voluptueuse; car le bonheur de l'homme ne différerait pas
alors de celui des animaux et des esclaves. Le bonheur
n'est pas dans le pouvoir, car il n'est pas nécessaire
d'avoir le pouvoir pour agir comme il convient à la
nature de l'homme : même dans les conditions les plus
modestes, on peut être heureux, si l'on agit selon la
raison et la vertu ; c'est ce qui est bien plus difficile
quand on a le pouvoir entre les mains. Le bonheur est
donc dans une certaine action; mais parmi les actions,
il en est qui sont nécessaires, et d'autres qu'on peut
choisir par un libre choix; et parmi celles-ci, les unes
sont recherchées pour elles-mêmes, les autres en vue
d'autres objets. Or le bonheur doit consister dans un
acte choisi librement, et choisi en vue de lui-même, et
non pour autre chose. Car le bonheur ne doit avoir
besoin de rien, et se suffire parfaitement à soi-même.
Quels sont donc les actes que l'on désire pour eux-
mêmes ? Ce sont les actes conformes à la vertu, c'est-

propre (οἰκεῖον ἔργον), si originale et si profonde est déjà en germe, il
ne faut pas l'oublier, dans Platon. Voy. *Rép*. l. I, fin.

(1) 1098 a, 16, κατὰ τὴν οἰκείαν ἀρετήν. 1102 a, 5, κατ' ἀρετὴν τελείαν.

à-dire les actions belles et honnêtes. Il est vrai que les amusements aussi sont recherchés pour eux-mêmes ; mais c'est là le bonheur des hommes vulgaires, des esclaves et des enfants. Ce n'est pas tout acte qui est bon, c'est l'acte de la meilleure partie de notre âme qui est aussi le meilleur. L'acte le meilleur est celui qui donne le plus de bonheur. Cet acte, encore une fois, c'est la vertu ; et enfin la perfection du bonheur, c'est l'acte de la partie la plus haute de nous-mêmes, et de la plus parfaite des vertus. Il n'y a donc ni bonheur ni vertu sans action. « Aux jeux Olympiques, ce ne sont point les plus beaux et les plus forts qui reçoivent la couronne, ce sont ceux qui combattent dans l'arène (1). » Les dieux eux-mêmes ne sont heureux que parce qu'ils agissent : « Car apparemment ils ne dorment pas toujours comme Endymion (2). »

Cette doctrine de l'action est une des améliorations les plus remarquables qu'Aristote ait apportées à la morale de Platon. Elle le conduit à des conséquences fort intéressantes et également neuves dans la théorie du plaisir.

Le plaisir est-il le souverain bien, comme le pensaient les sophistes, comme le pensait Eudore, disciple de Platon (3), et enfin comme le croient la plupart des hommes ? « Non, car est-il un homme qui consentirait à n'avoir toute sa vie que la raison et l'intelligence d'un enfant, se livrant à tous les plaisirs que l'on croit les plus agréables à cet âge, ou bien qui voulût se plaire à des actions infâmes, quand il n'en résulterait aucun mal pour lui-même (4) ? » Le plaisir n'est pas le souve-

(1) I, VIII, 1099 a. 3.
(2) X, VIII, 1178 b. 19.
(3) X, c. II.
(4) X, c. II, 1174 a. 1.

rain bien ; car il peut y avoir des choses bonnes, indépendamment de tout plaisir : par exemple, voir et se
souvenir, avoir de la science et de la vertu (1). Ce n'est
pas la différence de plaisir qui fait la différence de
bonté entre les actions ; mais ce sont les actions bonnes
qui sont la source des plaisirs bons, et la plus parfaite
des facultés unie au plus parfait des objets, procure le
plus excellent des plaisirs. C'est pourquoi Aristote nous
dit en corrigeant le principe de Protagoras, que l'homme
vertueux et la vertu sont la mesure de toutes choses (2).
Les objets véritablement agréables sont ceux qui paraissent tels à l'homme de bien. Ce sont les plaisirs dignes de l'homme (ἀνθρώπου ἡδοναί) (3).

Si le plaisir n'est pas le souverain bien, s'ensuit-il
qu'il ne soit pas un bien ? Speusippe et les cyniques
allaient même jusqu'à soutenir que le plaisir est un
mal. Il y a des plaisirs mauvais, dira-t-on. Faut-il en
conclure que le plaisir n'est jamais bon ? La nature
elle-même n'est-elle pas quelquefois mauvaise ? N'y a-
t-il point des sciences mauvaises (4)? Et cependant la
science et la nature sont des choses bonnes. Il ne faut
point juger un objet sur ce qu'il peut être accidentelle-
ment, comme on ne juge pas un statuaire sur quelque faute qu'il commet par hasard. Ces plaisirs que
l'on appelle mauvais ne sont pas même des plaisirs :
les plaisirs qui plaisent aux gens dégradés ne sont point
agréables par eux-mêmes : il en est d'eux comme de
ces saveurs qui plaisent au goût corrompu des ma-
lades(5).

(1) Ib. ib. 5.
(2) X, c. v, 1177 a. 17. Ἑκάστου μέτρον ἡ ἀρετὴ καὶ ὁ ἀγαθός.
(3) Ib. 16, τὸ φαινόμενον τῷ σπουδαίῳ.
(4) VII, xiv, 1153 b. 8.
(5) X, c. v, 1176 a. 22.

Jusqu'ici on ne voit pas qu'Aristote ait modifié notablement les idées de Platon ; et même l'influence du
*Philèbe* paraît incontestable. Mais voici le point où Aristote se sépare de son maître. Celui-ci avait considéré
le plaisir comme un phénomène accessoire, qui ne peut
pas, il est vrai, être retranché de la nature humaine,
ni du bien relatif à l'homme, mais qui tient à l'imperfection de cette nature, et aux besoins résultant de
cette imperfection. Selon lui, le plaisir naît de la douleur : il succède au besoin : il est cet état de l'âme, qui
après être restée quelque temps vide, vient à se remplir (ἀναπλήρωσις) : métaphore tirée de la faim ou de la
soif. Le plaisir est un phénomène, une génération (γενέ-
σις), quelque chose qui devient et qui passe, un mouvement, enfin une sorte de moyen terme entre l'ê-
tre et le non-être. Platon cependant, ne l'oublions
pas, avait admis des plaisirs purs, qui naissent des objets vrais, purs, simples, toujours semblables à eux-
mêmes ; mais il avait de la peine à les expliquer dans
sa théorie. .

Aristote insistant sur cette distinction des plaisirs
purs et des plaisirs mélangés, a mieux pénétré peut-
être que Platon jusqu'au principe de cette distinction.
Il y a, selon lui, deux sortes de plaisirs : ceux qui accom-
pagnent en nous la réparation ou satisfaction de la nature, et ceux qui naissent de la nature déjà réparée (1).

Les premiers s'expliquent bien comme l'a fait Platon :
ils naissent d'un manque, d'un vide, d'un besoin à sa-

---

(1) VII, xiii, 1153 a. 2. Ἀναπληρουμένης τῆς φύσεως, καὶ καθεστηκυίας.
La théorie du plaisir est traitée par Aristote dans deux passages :
VII, xii-xv, 1152-1154, et X, i-v, 1172-1176. On a supposé, à tort
selon nous, que la première de ces deux discussions n'est pas d'Aristote. Voir Barthélemy Saint-Hilaire, tr. fr., t. I, *Dissertation préli-
minaire.*

tisfaire : ils succèdent par conséquent à une souffrance;
ils sont, pour parler le langage de la philosophie ancienne, en génération (ἐν γενέσει). Mais il est d'autres
plaisirs, qui naissent simplement, dans une nature
toute réparée et satisfaite, de l'action même des facultés : par exemple voir, entendre, sentir, penser. Quel
vide ces plaisirs remplissent-ils en nous? De quel besoin
sont-ils la satisfaction? Ont-ils été précédés d'aucune
souffrance (1)? Ce sont là les vrais plaisirs. Le plaisir,
considéré en lui-même, n'est point un mouvement (2).
Le mouvement a lieu dans le temps : le plaisir au contraire est entier et complet dans un moment indivisible. Le mouvement est lent ou rapide : parle-t-on jamais d'un plaisir éprouvé avec vitesse? on dit que le
plaisir est indéfini, qu'il est susceptible de plus ou de
moins. Il en est de même de tout ce qui appartient à
l'homme, sans en excepter ses vertus. Le plaisir naît de
l'action (3) : c'est une fin, c'est un complément qui s'a-
joute à l'acte, comme la beauté à la sagesse. L'acte est
par lui-même une source de plaisir. L'homme aime le
plaisir parce qu'il aime la vie ; et c'est le plaisir à son
tour qui rend la vie désirable. Est-il vrai que le plaisir
soit un obstacle à l'action? Au contraire, le plaisir qui
naît de l'action lui donne une force nouvelle. L'homme
prend plus de goût aux choses qui lui donnent plus de
plaisir ; ainsi le plaisir développe les facultés. « On juge
mieux des choses, et on les exécute avec plus de précision
et de succès, quand on y trouve du plaisir. Ainsi ceux
qui trouvent plus de plaisir à la géométrie deviennent

(1) L. X, ii, 1173 b. 15.
(2) *Ib. ib.*, 1173 a. 31 et 1152 b. 36.
(3) 1174 b. 31. Τέλει τὴν ἐνεργείαν ἡ ἡδονή.

de plus habiles géomètres (1). » Platon, qui faisait naître le plaisir du besoin et de l'imperfection, inclinait à
penser que la vie des dieux est exempte de plaisir.
Aristote, au contraire, qui considère le plaisir comme
une partie essentielle et même comme l'achèvement de
l'action, place la volupté même en Dieu. « S'il y avait,
dit-il, quelque être dont la nature fût entièrement
simple, la même activité purement contemplative
serait toujours pour lui la source des plaisirs les
plus vifs. Voilà pourquoi Dieu jouit éternellement
d'une volupté simple et pure. Car son activité ne
s'exerce pas seulement dans le mouvement ; elle subsiste même dans la plus parfaite immobilité, et la
volupté est plutôt dans le repos que dans le mouvement (2). »

Ainsi le plaisir est un bien ; mais tous les plaisirs ne
sont pas bons, et tous ne sont pas également bons, et
c'est la vertu qui est la mesure de la bonté des plaisirs.
De plus nous avons vu déjà que le bonheur est dans
l'action, mais que toute action n'est pas le bonheur,
qu'il consiste seulement dans l'action de l'âme conforme
à la vertu, et enfin que le plus parfait bonheur est dans
la plus parfaite vertu. Tout nous conduit donc à la
théorie de la vertu, puisque là seulement est le fondement du plaisir et du bonheur (3).

Aristote a démêlé avec une grande sagacité deux faits
essentiels, dans sa théorie de la vertu : 1° Le libre arbitre et la responsabilité personnelle ; 2° l'action de
l'exercice et de l'habitude sur le développement des

---

(1) L. X, c. v, 1175 a. 31. Μᾶλλον γὰρ κρίνουσιν... οἱ μεθ' ἡδονῆς
ἐνεργοῦντες.

(2) Eth. Nic., l. VII, c. xiii, 1154 b. 24.

(3) I, 1102 a. 5. Ἐπεὶ ἡ εὐδαιμονία ψυχῆς ἐνέργεια τίς κατ' ἀρετὴν τελείαν, περὶ ἀρετῆς ἐπισκεπτέον.

vertus (1). Sur ces deux points il a mieux vu que Platon, qui, ayant confondu presque partout la vertu et la science, avait laissé dans l'ombre les conditions pratiques de la moralité.

On ne peut nier, dit Aristote, que l'homme ne soit le principe de ses œuvres et, pour ainsi dire, le père de ses enfants (2). La liberté des actions humaines est supposée par les législateurs dans leurs prescriptions : car ils châtient et punissent ceux qui commettent des actions criminelles, toutes les fois qu'elles n'ont pas été l'effet de la contrainte, ou d'une ignorance dont ils n'étaient pas cause : au lieu qu'ils honorent les auteurs des actions vertueuses, comme pour exciter les hommes aux unes, et les détourner des autres. Or, assurément, personne ne s'avise de nous exciter aux choses qui ne dépendent ni de nous, ni de notre volonté, attendu qu'il ne servirait à rien d'entreprendre de nous persuader de ne pas éprouver les sensations du chaud, du froid, ou de la faim (3). Il y a même des cas où l'ignorance est punissable, parce qu'elle est volontaire, par exemple, l'ignorance produite par l'ivresse ou par la négligence de s'instruire. Les habitudes deviennent nécessaires à la longue; mais à l'origine, l'homme est libre de les contracter ou de ne les point contracter : voilà pourquoi l'homme est responsable même des habitudes invétérées et incorrigibles, car il est la cause qui leur a donné naissance : « Une fois la pierre lâchée, on ne peut plus la retenir, mais on était maître de la lancer; on est donc responsable de sa chute. » On l'est même des

---

(1) Pour la théorie de la vertu en général, voy. *Eth. Nic.* l. II et III. *Mag. Mor.*, l. I, c. m-x. *Eth. Eud.*, l. II.

(2) L. III, c. vi, 1112 b. 31, ἄνθρωπος ἀρχὴ πράξεως; 1113 b. 18, γεννήτην τῶν πράξεων ὥσπερ καὶ τέκνων.

(3) *Ib. ib.*

défauts du corps qui sont l'effet de la volonté. On ne
blâmera pas, par exemple, la difformité naturelle ; mais
on éprouvera du dégoût et du mépris pour les défauts
du corps, ou les maladies qui proviennent de l'intempérance, de la négligence, de quelque cause volontaire.
Dira-t-on que toutes nos actions sont déterminées par
nos opinions dont nous ne sommes point maîtres? mais
nous sommes maîtres, jusqu'à un certain point, de notre manière d'envisager les choses, et des habitudes
d'esprit que nous nous donnons. D'ailleurs, si le choix
entre le bien et le mal n'est pas l'effet de la volonté,
mais d'une disposition heureuse de la nature, la vertu
devient en quelque sorte un privilége, et on ne voit pas
qu'elle soit plus volontaire que le vice (1).

La vertu étant l'œuvre du libre arbitre, il est évident
que la moralité des actions ne consiste pas seulement
dans les actions elles-mêmes, mais dans les dispositions
de celui qui les fait. C'est ce qu'Aristote a établi avec
une précision admirable. « Les choses que produisent
les arts, dit-il, portent la perfection qui leur est propre
en elles-mêmes, et il suffit, par conséquent, qu'elles
soient d'une certaine façon. Mais les actes qui produisent les vertus ne sont pas justes et tempérants uniquement parce qu'ils sont eux-mêmes d'une certaine façon,
il faut encore que celui qui agit soit, au moment où il
agit, dans une certaine disposition morale (2). » Quelles
sont ces dispositions nécessaires à la moralité de l'agent :
1° il faut qu'il sache ce qu'il fait ; 2° il faut qu'il le
veuille, et qu'il veuille les actes pour ces actes mêmes
et non comme moyens pour autre chose ; 3° enfin, qu'il

(1) L. III, c. vi.
(2) II, iv, 1105 a. 27, οὐκ ἐὰν αὐτὰ πῶς ἔχῃ... ἀλλὰ καὶ ἐὰν ὁ πράττων
πῶς ἔχων πράττῃ.

agisse avec une résolution constante et inébranlable
de ne jamais faire autrement (1). Ainsi, conscience de
l'action, intention réfléchie et désintéressée, et enfin
ferme résolution : telles sont les trois conditions de la
moralité. De ces trois conditions, « la première, dit
Aristote, est de peu de valeur et même sans valeur ;
mais les deux autres sont de toute importance. » C'était
attacher sans doute trop peu de prix à la connaissance
dans l'action vertueuse ; et je crois qu'Aristote est entraîné ici par ses préventions contre l'opinion de Platon.
Mais celui-ci était bien loin d'avoir aperçu et démêlé,
comme il convient, ces deux caractères si importants
de la vertu : l'intention et la résolution.

Enfin, Aristote complète cette belle analyse de la
vertu par sa théorie de l'habitude.

Il ne suffit pas, pour être vertueux, de faire en passant et de loin en loin quelques actes de vertu, fût-ce
avec l'intention la plus droite et la meilleure. Il faut
que la vertu se tourne en disposition constante et en
habitude : c'est pourquoi elle ne s'obtient pas par l'enseignement seul, mais par la pratique et l'exercice.

Les choses de la nature ne sont pas susceptibles de
changer de direction par l'habitude. « La pierre jetée
en l'air un million de fois ne cessera pas de retomber en
bas ; le feu ne cessera pas de monter en haut (2). » Il
n'en est pas de même pour les vertus ; nous ne les ac-
quérons qu'après les avoir préalablement pratiquées.
La vertu est comme l'art. On devient architecte en
construisant, musicien en faisant de la musique. De
même, on devient juste en pratiquant la justice, sage
en cultivant la sagesse, courageux en exerçant le cou-

---

(1) *Ib. ib.*, sqq.
(2) L. II, c. I, 1103 a. 19. Οὐθὲν γὰρ τῶν φύσει ὄντων ἄλλως ἐθίζεται.

rage. En un mot, les qualités morales ne s'acquièrent que par la répétition constante des mêmes actes. En toutes choses, l'exercice développe l'habileté, il développe également la vertu ; car, à force de faire des actes de vertu, on finit par les reproduire plus facilement (1).

Ainsi, la vertu est une disposition acquise (2) ; mais cela ne suffit pas pour la définir. Il faut encore savoir quelle sorte de disposition elle est. C'est Aristote lui-même qui pose ainsi la question. Voyons comment il y répond.

C'est ici que la polémique dirigée par Aristote contre Platon, et contre l'idée d'un bien en soi, lui rend impossible de trouver en dehors de l'homme et au-dessus de l'homme la règle et la loi de la vertu. S'il n'y a qu'un bien propre pour chaque espèce d'être, si le bien particulier de l'homme, seul objet de la morale, n'a rien de commun avec le bien universel, objet de la métaphysique, si enfin la seule méthode pour déterminer la nature du bien est la méthode expérimentale, c'est dans la nature humaine, et dans les conditions générales de l'exercice de nos facultés, qu'il faut chercher le critérium de la morale. Or l'expérience nous apprend que nos facultés dépérissent ou s'usent de deux manières, par l'excès et par le défaut. De là cette conclusion, que le bien est entre les extrêmes, et que la vertu est un juste milieu (3).

___

(1) L. II, c. 1, 1103 b. 21. Ἐκ τῶν ὁμοίων ἐνεργείων αἱ ἕξεις γίνονται.

(2) Aristote ne dit jamais que la vertu soit une habitude, comme on le lui fait dire souvent, mais une disposition ou qualité (ἕξις) acquise par l'habitude. C'est ce mot grec ἕξις que les scolastiques ont traduit par *habitūs*, et les modernes inexactement par habitude.

(3) L. II, c. vi, 1107 a. 2. Μεσότης δύο κακιῶν, τῆς μὲν καθ' ὑπερβολήν, τῆς δὲ κατ' ἔλλειψιν.

Qu'est-ce qu'un milieu? C'est un point également
éloigné de deux extrémités (1); c'est une quantité qui
surpasse une quantité moindre d'autant qu'elle est
elle-même surpassée par une quantité plus grande. En
toutes choses le bien est au milieu. Dans les arts, par
exemple, on arrive à l'excellent, quand on a atteint ce
point juste, où il n'y a rien à ajouter, rien à retrancher.
La vertu est aussi ce point intermédiaire, également
éloigné de l'excès et du défaut dans les actions et dans
les passions. Mais pour déterminer ce milieu, il faut
considérer bien des circonstances ; car il ne s'agit pas
seulement du milieu par rapport à la chose, mais encore par rapport à nous (2). En mathématiques, si l'on
veut déterminer une moyenne, soit entre deux lignes,
soit entre deux nombres, il n'y a que les deux extrêmes
à considérer. Mais le milieu juste entre deux choses ne
sera pas le juste milieu pour nous, si notre constitution, notre disposition se rapproche plus de l'un des
deux termes. Il y a, en outre, une infinité de circonstances qui peuvent déplacer le milieu : par exemple, le
courage n'est pas un point fixe et absolu ; il est relatif
à la disposition d'esprit, à la force du corps, à la nature
des choses à craindre, et on ne demandera pas le même
courage à un enfant qu'à un homme, ni envers un lion
qu'envers un loup. Ainsi la vertu n'est pas un milieu
abstrait entre deux extrémités abstraites, par exemple,
l'excès de la colère ou de l'insensibilité. Mais elle consiste à n'être ni trop ému, ni trop peu ému de certaines
choses. « L'être, lorsqu'il le faut, dans les circonstances
convenables, pour les personnes et pour les causes qui
rendent ces sentiments légitimes, et l'être de la ma-

(1) L. II, 1106 a. 30. Λέγω μέσον τὸ ἴσον ἀπέχον τοῦ ἑκατέρου τῶν ἄκρων.
(2) L. II, vi, 1106 a. 28. ἢ κατ' αὐτὸ τὸ πρᾶγμα, ἢ πρὸς ἡμᾶς.

nière qui convient, voilà ce juste milieu dans lequel
consiste précisément la vertu (1). » De là vient qu'en
toute circonstance, il n'y a qu'une manière de bien
agir, et mille manières d'errer. La vertu est donc une
sorte de moyenne, quoiqu'en elle-même, et par rapport au bien absolu elle soit un extrême (2).

Telle est la théorie célèbre du juste milieu : théorie
satisfaisante, sans doute, si l'on ne demande qu'un
critérium pratique, et une mesure approximative du
bien et de la vertu. En effet, il est vrai qu'en général, si
l'on s'éloigne des extrémités, on a beaucoup de chances
pour agir sagement (3). Mais la difficulté, même alors,
est encore de décider où est le vrai milieu : car si on
fixe un milieu immobile entre deux extrémités quel-
conques, on court risque de donner une règle fausse.
Il n'y a pas de milieu absolu entre la témérité et la lâcheté : ce milieu dépend des circonstances. Au contraire
si, comme Aristote le demande, on tient compte des
circonstances et des personnes, si l'on admet que le
milieu varie en quelque sorte pour chaque action, il
est évident qu'il n'y a plus de règle : car à quel signe
reconnaîtra-t-on que telle action est conforme au milieu ? Elle le sera sans doute lorsqu'elle paraîtra convenable et juste ; mais alors c'est la convenance et l'honnêteté de l'action qui servira de mesure pour fixer le

(1) L. II, c. vi, 1106 b. 21, τὸ δ' ὅτε δεῖ, καὶ ἐφ' οἷς, καὶ πρὸς οὓς, καὶ
οὗ ἕνεκα, καὶ ὡς δεῖ μέσον δὲ καὶ ἄριστον, ὅπερ ἐπὶ τῆς ἀρετῆς.

(2) L. II, c. vi, 1107 a. 7. Διό... μεσότης ἐστιν ἡ ἀρετή, κατὰ δὲ τὸ
ἄριστον καὶ τὸ εὖ ἀκρότης.

(3) C'est ce qu'a très-bien vu Descartes dans la première règle de
sa morale : « Me gouvernant, dit-il, en toutes choses suivant les opinions les plus modérées et les plus éloignées de l'excès qui fussent
communément reçues en pratique par les mieux sensés. (Disc. de la
Méthode, 3ᵉ part.) » Mais il ne s'agit ici que d'une morale provisoire
et toute pratique.

milieu, tandis que ce devrait être le contraire. Ainsi,
même pratiquement, la règle d'Aristote est sujette à
beaucoup de difficultés. Cependant, il faut reconnaître
que c'est une formule ingénieuse, qui rend compte suffisamment d'une multitude d'actions morales.

Maintenant si l'on examine la doctrine du juste milieu, non plus comme un critérium pratique, à peu
près suffisant pour l'action, mais comme une règle et
une loi absolue, qui doit avoir sa raison, c'est alors
qu'éclatera toute la faiblesse de ce principe, et de la
méthode empirique qui l'aura donné. Comme Aristote
s'est interdit, au moins jusqu'ici, de proposer un idéal
à la vertu, et a exclu d'avance tout ce qui ne résulte
pas de la nature propre de l'homme, il est contraint
de prendre pour règle la moyenne entre nos passions. Car il ne pouvait pas et ne voulait pas admettre, comme les sophistes, que tout ce qui est dans
la nature fût bon. Or l'expérience prouve bien que les
passions extrêmes nuisent : et par conséquent le milieu entre les passions extrêmes est indiqué par l'expérience, comme un moyen d'échapper aux périls des
passions. Mais je ne vois que cette seule raison qui
puisse justifier ce principe : car si vous dites que ce
milieu est convenable en soi, qu'il est honnête, qu'il est
obligatoire, je cherche la raison de cette convenance, de
cette honnêteté, de cette obligation. Le principe du
juste milieu se confond alors avec un principe plus
élevé, celui de l'honnête, qui lui-même nous entraî-
nera plus haut encore, et jusqu'à l'idée du bien. Mais
Aristote ne peut aller jusque-là. Il faut qu'il trouve
la justification de son principe dans la nature humaine telle qu'elle est. Or sa règle n'a plus alors que
la valeur d'une règle tirée de l'expérience, qui peut

toujours être démentie par une expérience contraire.

Aristote a senti lui-même le défaut de sa doctrine. Car après avoir défini la vertu un juste milieu, il essaye de trouver un principe à ce juste milieu lui-même. Ce principe, c'est la droite raison. Il ne suffit donc pas d'indiquer une règle pour le choix des actions, il faut savoir encore ce que l'on entend par la droite raison, et la définir complétement.

Aristote ne donne pas cette définition précise qu'il promet; mais il la remplace par la théorie des vertus intellectuelles.

Il y a deux classes de vertus, les vertus intellectuelles (διακοητικαί) et les vertus morales (ἠθικαί) (1). Les vertus morales s'exercent sur les passions, elles sont un milieu entre le trop et le trop peu ; au fond elles ne sont autre chose que l'instinct naturel du bien accompagné de la raison (2). C'est pourquoi Aristote dit quelque part (3), que le siége de la vertu morale est dans la partie irrationnelle de l'âme. Mais la partie rationnelle peut elle-même prendre une bonne ou une mauvaise direction. La bonne direction de la raison, c'est la vertu intellectuelle ; c'est la droite raison. Ainsi les vertus morales sont subordonnées aux vertus intellectuelles. La vertu intellectuelle est indispensable aux vertus morales : car aucune vertu n'est possible sans la prudence, quoique la prudence ne soit pas, comme le pensait Platon, la vertu universelle.

(1) *Eth. Nicom.* I, xiii, 1103 a. 3 : II, i, *ib.* a. 14 et en général le livre VI tout entier.

(2) *Mag. Mor.*, I, xxxv, 1198 a. 20, τὸ μετὰ λόγου εἶναι τὴν ὁρμὴν πρὸς τὸ καλόν.

(3) *Mag. Mor.*, I, v, 1185 b. 6, ἐν δὲ τὸ ἀλόγῳ αὐταὶ αἱ ἀρεταί (les vertus morales). Si les *Grandes morales* ne sont pas d'Aristote, elles expriment bien cependant sa pensée, quelquefois avec plus de précision que lui-même.

C'est par cette théorie des vertus intellectuelles qu'Aristote essaie de suppléer à ce qui manque à sa morale du côté des principes : c'est la sagesse ou la science qui, pour Platon, était toute la vertu, et qui devient pour Aristote la première des vertus; ainsi l'idéal de l'un finit par se confondre avec l'idéal de l'autre.

Entre toutes les vertus morales, dont Aristote nous fait un tableau si riche, si varié, si plein d'observations fines et profondes (1), nous nous arrêterons surtout aux deux plus importantes, qui servent à rattacher la morale à la politique, la justice (2) et l'amitié (3).

Quoi de plus beau que la justice? ni l'astre du soir, ni l'étoile du matin n'inspirent autant de respect. En un sens, la justice est la réunion de toutes les vertus : c'est la vertu dans son rapport à autrui. On peut définir la justice, dit énergiquement Aristote, le bien d'autrui (4). La plus parfaite vertu n'est pas de se servir soi-même, mais de servir les autres: car c'est ce qu'il y a de plus pénible. Mais outre ce sens général et trop étendu, la justice en a un autre plus particulier et plus précis. La justice repose sur l'égalité ; mais comme il y a deux sortes d'égalité, il y a aussi deux sortes de justice (5) : la justice distributive (τὸ ἐν ταῖς διανομαις δικαῖον) (6) et la justice corrective ou compen-

(1) Voir l. III, IV, VII.
(2) Pour la théorie de la justice, voir *Eth. Nicom.*, l. V, *Mag. Mor.*, l. I, c. XXXI, et l. II, c. I et II.
(3) Pour la théorie de l'amitié, voir *Eth. Nicom.*, l. VIII et IX. *Mag. Mor.*, l. II, c. XIII ad fin. *Eth. Eud.*, l. VII.
(4) L. V, I, 1129 b. 26. Ἡ δικαιοσύνη ἀρετὴ μέν ἐστι τελεία, ἀλλ' οὐχ ἁπλῶς, ἀλλὰ πρὸς ἕτερον... 1130 a. 3, ἀλλότριον ἀγαθόν.
(5) Pour la théorie tout entière des deux espèces de justice, voir l. V, v, vi, vii.
(6) 1130 b, 30.

sative (commutative, διορθωτικὸν) (1). La première a lieu
dans toute distribution ou partage des biens et des
honneurs; la seconde dans les transactions et les échanges, dans la réparation des injures ou la compensation
des dommages. La justice, soit distributive, soit commutative, suppose nécessairement quatre termes. Car
il y a d'abord au moins deux personnes, puisque tout
échange ou toute distribution ne peut avoir lieu qu'entre deux ou plusieurs personnes; de plus il y a au
moins deux choses, soit distribuées, soit échangées.
Quel doit être le rapport de ces quatre termes pour
constituer la justice (2)?

La justice, comme toutes les vertus morales, consiste
dans un certain milieu. Considérons d'abord la justice
commutative ou compensative. Cette sorte de justice
embrasse deux cas : l'échange, et la réparation des
torts et des injures. Dans ces deux cas, elle est une
sorte de milieu entre le trop et le trop peu : dans l'é-
change, il ne faut pas que l'un reçoive plus que l'autre
ne donne : dans la réparation, il ne faut pas que l'un
rende plus que l'autre n'a perdu. Il en est de même pour
la justice distributive : il ne faut point donner trop à
celui-ci, trop peu à celui-là. La justice consiste donc
toujours dans un certain équilibre entre le trop et le
trop peu : c'est une sorte d'égalité.

Cependant cette égalité n'est pas la même dans ces
deux espèces de justice. Dans l'échange, par exemple,
il n'y a qu'à comparer et à balancer les choses échangées. Quels que soient les contractants, ni leur rang,
ni leur caractère, ni leur fortune ne doit entrer pour
rien dans la détermination de la quantité échangée.

(1) 1231 b. 25.
(2) L. V, v. 1130 b. 7. Εἰ τὸ οὖν ἄδικον ἄνισον, τὸ δίκαιον ἴσον.

Ici, le milieu entre le plus et le moins est déterminé
par les choses seules, et non par la considération des
personnes. Il en est de même dans le cas où un citoyen lésé par un autre demande la réparation du
tort reçu. Dans ce cas, la justice (indépendamment
de la pénalité qu'Aristote ne considère pas) consiste
simplement à enlever au spoliateur une part égale à la
perte du spolié ; et, comme il n'y a point à considérer
la condition des personnes, le juste est ici la simple
et rigoureuse égalité de la perte et de l'indemnité.
Mais dans la distribution il y a autre chose à considérer : il ne suffit pas de déterminer le rapport des
choses, il faut le combiner avec le rapport des personnes ; puisque la vertu, le mérite, le travail doivent
entrer comme éléments de comparaison. De là un rapport composé ; et la justice, au lieu d'être une simple
égalité, devient une proportion (1).

Aristote traduit assez subtilement, par des expressions mathématiques, ces idées sur la justice. La justice
distributive se représente facilement par une proportion, dont les quatre termes sont les deux choses à partager, et les deux personnes qui partagent. Pour que
le partage soit juste, il faut qu'il y ait égalité de rapport entre les deux parts et les deux co-partageants ;
que la part A, par exemple, soit à la part B, comme la
personne C est à la personne D. Dans ce cas, quoique
les deux parts ne soient pas rigoureusement égales,
elles sont proportionnellement égales, ce qui est la
condition fondamentale de la justice. Ainsi le type ou
la formule de la justice distributive est la proportion
suivante : A : B :: C : D, proportion discrète géomé-
trique. On ne comprend pas aussi facilement la tra-

_____

(1) L. V, c. iii et iv.

duction de la justice compensative. Aristote l'exprime par une proportion arithmétique continue. Mais il est difficile de comprendre que l'on puisse construire une proportion avec un seul rapport : c'est ce qui a lieu dans l'échange ou dans la réparation, puisqu'alors la justice consiste dans l'égalité rigoureuse du gain et de la perte. Aristote s'égare ici par un excès de rigueur et de subtilité : il oublie, contrairement à ses principes, la morale pour la géométrie.

Mais quoiqu'il abuse ici des formules mathématiques, il est loin de réduire la morale à des formules ; elles ne sont pour lui que des expressions abrégées, inexactes par leur rigueur même : et il faut sans cesse leur substituer, dans la pratique, la libre et délicate appréciation des faits, des circonstances, des rapports sans laquelle la morale est une science vide, et même une science fausse. C'est cette vue qui a inspiré à Aristote sa belle théorie de l'équité. Le premier, il reconnut et fit admettre dans la science la distinction naturelle au cœur de l'homme de la justice et de l'équité. Le juste est rigoureusement conforme à la loi : l'équitable en est une modification heureuse et légitime (1). La loi en effet est une formule abstraite et générale ; il peut arriver qu'elle ne se plie pas à tous les cas, et qu'une application stricte de la loi soit injuste dans un cas donné. La vraie justice consiste alors à s'écarter de la justice écrite, non pas de la justice absolue, mais de celle qui s'exprime en termes absolus (2). L'équité corrige l'injustice de la justice étroite : elle est une

---

(1) L. V, 1137 b. 12. Τὸ ἐπιεικὲς δίκαιον μέν ἐστιν, οὐ τὸ κατὰ νόμον δὲ ἀλλ' ἐπανόρθωμα νομίμου δικαίου.

(2) Ib. 24. Βέλτιον (ἐπιεικὲς) τινὸς δικαίου, οὐ τοῦ ἁπλῶς, ἀλλὰ τοῦ διὰ τὸ ἁπλῶς ἁμαρτήματος.

décision particulière dont on ne peut pas fixer la formule à l'avance ; car la règle de ce qui est indéterminé doit être elle-même indéterminée, semblable à la règle lesbienne, qui étant de plomb, se plie aux accidents de la pierre, et en suit les formes et les contours, au lieu que la règle de fer ne donne qu'une mesure raide et immobile. Ainsi l'équité s'accommode, sans se corrompre, à toutes les circonstances inattendues des faits particuliers, et l'équité n'est pas le contraire, mais la perfection de la justice.

Les rapports des hommes ne sont pas seulement réglés par la justice ou l'équité : une autre vertu attache les hommes les uns aux autres par un lien d'affection, et donne naissance aux différentes associations des hommes entre eux, et même à la plus grande des associations, à l'Etat : c'est l'amitié (1). Aristote, avant les stoïciens, a le premier remarqué la force du lien social parmi les hommes, et les tendances affectueuses et sociables de notre nature. L'amitié est pour lui ce principe de toutes nos affections, de l'affection conjugale comme de l'affection filiale, paternelle ou fraternelle, de l'amitié proprement dite, et enfin de l'attachement que l'homme éprouve naturellement pour l'homme, ou de la philanthropie (2).

Aristote distingue la justice et l'amitié par quelques traits bien saisis. Supposez les hommes unis par l'amitié, dit-il, ils n'auraient pas besoin de la justice ; mais en les supposant justes, ils auront encore besoin de l'amitié. Ce qu'il y a de plus juste au monde, dit-il encore excellemment, c'est la justice inspirée par l'af-

---

(1) L. VIII, c. 1, 1155 a. 1. Ἐστὶ γὰρ ἀρετή τις (φιλία).

(2) Ib. ib. 20. Ὅθεν τοὺς φιλανθρώπους ἐπαινοῦμεν, et plus loin (ib. 29): τοὺς φιλοφίλους ἐπαινοῦμεν. Voyez tout ce chapitre.

fection (1). Il y a dans l'amitié comme dans la justice
une certaine égalité et une certaine proportion (2), mais
dans la justice, c'était le mérite qu'il fallait considérer
avant la quantité ; dans l'amitié, au contraire, c'est
pour ainsi dire la quantité qu'il faut mettre avant le
mérite ; car quoiqu'il faille tenir compte du mérite de
l'objet aimé, il faut surtout tenir compte de la quantité
d'affection qu'il nous témoigne, et il faut payer l'affection par l'affection.

L'amitié est un sentiment si naturel, qu'elle existe,
en quelque sorte, même entre les objets inanimés. « La
» terre desséchée, dit Euripide, est amoureuse de la
» pluie, et le majestueux Uranus, lui-même, quand il
» est chargé de pluie, brûle du désir de se précipiter
» dans le sein de la terre (3). » Mais c'est surtout entre
les hommes que l'amitié est naturelle. Il n'y a rien de
plus nécessaire à la vie. A quoi servent les richesses
et le pouvoir sans amitié ? Où trouver des secours
et des consolations dans l'infortune, si l'on est privé
d'amis ? Celui qui a voyagé sait à quel point l'homme
est ami de l'homme, et combien la société de son semblable lui convient et le charme.

Aristote dit que le principe de l'amitié c'est l'amour
de soi (4) ; mais il le dit dans un sens élevé qui n'a rien
de commun avec les maximes de l'école épicurienne. Il
y a un égoïsme grossier, vulgaire, méprisé et méprisable, qui consiste à n'aimer que la partie inférieure de
soi-même, siége des désirs et des passions, à la satis-

---

(1) *Ib.* l. VIII, I, 1155 a. 28. Καὶ τῶν δικαίων τὸ μάλιστα φιλικὸν εἶναι
δοκεῖ.

(2) *Ib.* X, 1159 b. 2. Λέγεται γὰρ φιλότης ἡ ἰσότης. IX, 1158 b. 31.
Ἐν δὲ τῇ φιλίᾳ τὸ μὲν κατὰ ποσὸν πρώτως, τὸ δὲ κατ' ἀξίαν δευτέρως.

(3) L. VIII, I, 1155 b. 2.

(4) L. IX, VIII, tout entier.

faire par tous les moyens, en la comblant de richesses,
d'honneurs, de plaisirs honteux. Ce n'est pas le véritable amour de soi. Car l'essence de l'homme n'est point
dans cette partie inférieure et servile. L'homme véritable réside dans la liberté et dans la raison. Or, aimer
cette noble partie de l'âme, la rendre heureuse en lui
procurant le bien réel et inappréciable du contentement de soi-même, la développer sans cesse par de
nouveaux actes conformes à sa destination et lui faire
faire chaque jour un pas nouveau dans la vertu, c'est-
à-dire, dans le bonheur; n'est-ce pas s'aimer véritablement soi-même (1)? Et, cependant, qui osera appeler du nom méprisable d'égoïste celui qui est tempérant, juste, généreux? C'est là qu'est le véritable
fondement de l'amitié. Car un ami, dit le proverbe,
est un autre soi-même. On n'aime les autres que parce
que l'on s'aime soi-même de cet amour éclairé et vertueux qui n'appartient qu'à l'honnête homme. Le méchant n'aime personne, ni lui-même : il ne sympathise
pas même avec soi. Comment sympathiserait-il avec
les autres? S'aimer soi-même ou aimer les autres, dans
le vrai sens, n'est qu'une seule et même chose; c'est
aimer en soi ou dans les autres la vertu. Aristote n'ôte
donc pas à l'amitié son principe désintéressé, en la ramenant à l'amour de soi. Au contraire, il en exprime
le vrai caractère dans cette phrase admirable : « L'a-
mitié semble consister bien plutôt à aimer qu'à être
aimé (2). »

La perfection de la vie sociale, pratique, politique

_____

(1) L. IX, VIII, 1158 b. 35. Καὶ φίλαυτος δὴ μάλιστα ὁ τοῦτο ἀγαπῶν
καὶ τοῦτο χαριζόμενος.

(2) L. VIII, VIII, 1159 a. 27. Δοκεῖ δ' ἐν τῷ φιλεῖν μᾶλλον ἢ ἐν τῷ φι-
λεῖσθαι εἶναι.

est dans la justice unie à l'amitié. Mais comme au-dessus de la vertu morale il y a la vertu intellectuelle, au-dessus de la vie active et politique il faut placer une vie supérieure, qui est l'acte de la plus parfaite partie de nous-mêmes, la vie contemplative (1).

Ce qui constitue essentiellement l'homme, ce n'est pas ce composé d'âme et de corps, de passions et d'habitudes que nous voyons, c'est ce qu'il y a en lui de plus sublime, ce qui commande au reste ; c'est l'intelligence ou la pensée. La meilleure vie, le meilleur acte, le parfait bonheur, la parfaite vertu est donc dans la vie de la pensée, c'est-à-dire dans la vie contemplative. L'homme politique, c'est-à-dire l'homme tempérant, courageux, prudent, juste et sociable est sans doute plus heureux que le voluptueux ; mais il ne possède pas le parfait bonheur. La vie politique est pleine d'agitation et de tumultes que ne connaît pas le vrai sage (2). Elle ignore le loisir et le repos, cette garantie et ce prix de la sagesse ; elle est toujours occupée à des actes extérieurs. Dans la vie politique, aucun homme ne trouve la vertu ou le bonheur en soi : il ne se suffit donc pas à lui-même. Or la suffisance (αὐτάρκεια) est le caractère principal du souverain bien. L'État se suffit à soi-même. Dieu se suffit à soi-même. La vie contemplative se suffit à elle-même. Ne croyez pas qu'elle soit inerte et oisive : ce serait alors le contraire du bonheur. Non, l'action de la pensée, quoique solitaire, n'en est pas moins la plus forte de toutes (3). C'est une action pleine et concentrée qui est toute en soi.

(1) Pour la théorie de la vie contemplative, voir *Eth. Nic.*, l. X, VII, jusqu'à la fin.

(2) L. X, VII, 1177 b. 4. Δοκεῖ τε ἡ εὐδαιμονία ἐν τῇ σχολῇ εἶναι... 12 ἐστὶ δὲ ἡ τοῦ πολιτικοῦ ἄσχολος.

(3) L. X, VII, 1177 a, 19. Κρατίστη τε γάρ ἐστιν ἡ ἐνέργεια.

Il y a dans l'homme quelque chose de divin (1); e il est digne de l'homme de s'élever au-dessus des con ditions de sa nature. Quelques-uns disent qu'il faut n'a voir que des sentiments conformes à l'humanité quand on est homme, et n'aspirer qu'à la destinée d'un morte puisque l'on est mortel. Mais cette partie divine de notre être est ce qui constitue essentiellement l'homme. C'est par là que l'homme se rapproche des dieux dont l'essence est la pensée : par là il s'assure de l'immortalité. Eh quoi! s'imagine-t-on que les dieux sont courageux, tempérants, qu'ils font des présents, contractent des engagements, restituent des dépôts. De pareils actes ne sont-ils pas indignes de la nature divine? Et cependant les dieux existent! ils vivent, ils agissent! Car on ne peut pas croire qu'ils dorment éternellement comme Endymion. Ils pensent, et cette pensée éternelle, toujours présente, recueillie en elle-même, dans une infatigable contemplation, est l'essence de leur être et la source de leur parfait bonheur. Qu'y a-t-il de meilleur pour l'homme que de ressembler aux dieux (2)?

Cette théorie de la vie contemplative est sans doute d'une grandeur et d'une beauté incontestable. C'est par là surtout que la morale d'Aristote a pu se concilier au moyen âge, sans trop de violence, avec la morale chrétienne ; mais une telle conclusion ne dément-elle pas les principes qu'Aristote expose au début de sa morale? Nous le voyons, par exemple, établir que la science du souverain bien est la politique : et voici qu'il place le souverain bien au-dessus de la vie politique, dans la vie

---

(1) L. X, vii, b. 28. Οὐ γὰρ ἡ ἄνθρωπός ἐστιν, οὕτω βιώσεται, ἀλλ' ἡ θεῖον τι ἐν αὐτῷ ὑπάρχει. Cf. sqq.

(2) L. X, c. vii, viii, ix. Dans la Mor. à Eudém. on trouve un passage encore plus fort. Κινεῖ γὰρ πῶς πάντα τὰ ἐν ἡμῖν θεῖον.

de contemplation. Ce qu'il y a de parfait et de suprême
dans le bonheur échappe donc à la science, qui est, selon Aristote, la science du bonheur. Aussi Aristote déclare-t-il quelque part, que la vertu politique se distingue de la vertu parfaite; que, dans l'État, l'homme
de bien est celui qui sait obéir et commander, mais que
le véritable homme de bien est tout autre chose. Il y a
une science supérieure à la politique, et à laquelle il
appartient de juger le vrai bien, le vrai bonheur, la
vraie vertu.

De plus, la théorie de la vie contemplative, et en général, ces principes d'Aristote, que la vertu doit être
recherchée pour elle-même, que le beau et l'honnête
sont désirables par leur nature propre, que la vertu et
l'homme vertueux sont la mesure de toutes choses, se
concilient-ils avec cette méthode étroite qui n'admet
que l'observation et l'analyse des faits, et les généralités vraisemblables qui se tirent des faits? La méthode
qu'Aristote prétend appliquer à la morale pourrait-elle,
prise à la rigueur, donner autre chose que des principes incertains et contradictoires? L'observation seule
suffit-elle à établir que la vertu vaut mieux que le plaisir, et que la vertu contemplative est supérieure à la
vertu active? L'idée même de la vertu ne suppose-t-elle
pas, outre la volonté et la pratique dans l'agent, une
loi supérieure à l'agent même, à laquelle il se soumet?
Et n'est-ce pas cette loi qu'Aristote avait en vue lorsqu'il disait : le beau et l'honnête doivent être recherchés pour eux-mêmes?

En effet, s'il n'y a pas de bien en soi, de bien universel, par quoi pouvez-vous mesurer la différence des
biens? La seule mesure possible est le plaisir : or Aristote déclare au contraire avec raison, que c'est la vertu

qui est la mesure du plaisir? Mais pourquoi en est-il
ainsi? Pourquoi mesurez-vous le plaisir par la vertu et
non la vertu par le plaisir? c'est que l'une, sans doute,
vaut mieux que l'autre. Mais pourquoi vaut-elle mieux?
Parce qu'il y a plus d'acte, dites-vous, c'est-à-dire de
réalité dans l'une que dans l'autre, et c'est la réalité de
l'une qui se communique à l'autre. Mais à quoi recon-
naissez-vous enfin qu'il y a plus d'acte, c'est-à-dire plus
d'être dans la vertu que dans le plaisir? C'est que vous
avez une mesure supérieure à laquelle vous rapportez
tout; vous avez l'idée d'un acte suprême, d'une perfection suprême, et vous estimez ces perfections subordonnées, en proportion de leur ressemblance avec la
perfection première. Enfin, vous déclarez que la vie
contemplative est la meilleure parce qu'elle ressemble
à la vie des dieux. Vous savez donc ce que c'est que la
vie des dieux, puisqu'elle vous sert de type et de modèle pour mesurer la perfection de la vie humaine. Il y
a donc un souverain bien, un bien en soi. Vous dites
que la morale ne recherche que le bien humain et non
le bien divin, et c'est par le bien divin que vous jugez
le bien humain; vous dites que la morale n'emprunte
pas ses principes à une autre science, et vous emprun-
tez cependant à la métaphysique l'idée du bien divin,
c'est-à-dire de la pensée éternelle, et c'est sur cette
idée que vous copiez le bien humain, c'est-à-dire la vie
contemplative. Or, cette idée domine toute la morale
d'Aristote : car la vie contemplative n'est qu'une imitation de la vie divine : la vie active ou politique, qui
repose dans la vertu morale, n'est qu'une préparation
à la vie contemplative; et enfin la vie voluptueuse ne vaut rien, parce que le plaisir n'a de valeur
qu'autant qu'il résulte de la vie active ou de la vie

contemplative. Aristote a donc tort de croire qu'il se
sépare de la morale de Platon. Il invoque, il est vrai,
de nouveaux principes, une nouvelle méthode; mais
ce n'est point par sa méthode seule, c'est par l'idée
persistante de ce bien en soi, qu'il conserve en le niant,
qu'il a pu élever une morale digne de ce nom. Il a raison de dire que le charpentier ne devient pas plus habile dans la pratique de son art par la contemplation
du bien en soi ; parce que l'art du charpentier ne consiste que dans certaines expériences, qui, souvent répétées, deviennent habitudes, et qui ont pour mesure le
résultat même. Mais il n'en est pas ainsi en morale. La
répétition des mêmes actes ne produit la vertu, qu'à
la condition de dériver de certains principes, et d'être
faits en vue d'un bien qui soit bon par lui-même. C'est
ce qu'Aristote semble nier, au commencement de sa
morale : c'est ce qu'il affirme ensuite expressément.
Telle est la contradiction radicale dont il ne peut pas
être disculpé.

### § II. Politique.

Si le plus grand bien de l'individu est la vie contemplative, il y a cependant un plus grand bien encore,
selon Aristote : c'est le bien de l'Etat (1). La science du

(1) Voy. plus haut, p. 99. Il semble que ce soit là la solution de la
contradiction que nous venons de signaler dans les pages précédentes.
Ce n'est que dans l'individu que la contemplation est supérieure à la
vie politique : ce qui n'empêche pas que le bien de l'État, c'est-à-dire
le bien de tous, ne soit supérieur au bien d'un seul. Néanmoins la
contradiction subsiste suivant nous; car si le bien de l'État est supérieur au bien de l'individu, chacun doit préférer le bien de l'État au
sien propre, et par conséquent la vie politique à la vie contemplative.
Si au contraire la contemplation est supérieure à la vie politique, le
bien de l'individu est d'un ordre supérieur au bien de l'État; et par
conséquent c'est la politique qui est subordonnée à la morale, et non
la morale à la politique.

souverain bien n'est donc complète que si elle traite du bien dans l'Etat. C'est ainsi que la morale rentre et se confond dans la politique.

La méthode d'Aristote, dans sa politique, est la même que dans sa morale : l'observation et l'analyse (1). C'est une méthode toute contraire à celle de Platon. Celui-ci, dans le *Politique*, procède par la méthode logique de définition et de division ; dans la *République*, par la méthode d'analogie, puisqu'il conclut sans cesse, sans aucune autre raison que la vraisemblance, de l'individu à l'Etat ; dans les *Lois* enfin, par la méthode de construction : car il imagine ce que peut être ou doit être un Etat bien gouverné, sans chercher d'abord à déterminer par l'expérience ce que c'est que l'Etat. Aussi doit-on rendre cette justice à Aristote, qu'il a fondé la science de la politique, si celui-là doit être regardé comme le fondateur d'une science qui lui donne sa méthode, ses divisions, sa langue, et qui a le premier recueilli un nombre considérable de faits. La politique de Platon est admirable sans doute : elle est pleine de grandes aspirations, et les vues justes y sont nombreuses. Mais, faute d'une vraie méthode, cette politique manque de base. Le vrai y rencontre à chaque instant le chimérique : le réel et l'idéal, le possible et l'impossible s'y confondent perpétuellement. La politique d'Aristote nous offre un terrain plus solide : si elle n'est pas toujours vraie, elle repose toujours sur des faits admirablement observés. S'il ne devance pas son temps, il le comprend supérieurement, et son livre est la théorie la plus profonde et la plus complète de la société ancienne.

(1) *Ibid.*

Aristote nous montre dans la famille l'origine de l'E-
tat, quoiqu'il ne confonde pas, comme Socrate et Platon, l'Etat et la famille. Une association de familles
forme un village, et une association de villages, un
Etat. L'Etat est la dernière des associations, et leur
fin à toutes (1) ; c'est dans l'Etat seulement que chacune d'elles trouve à subvenir à ses besoins. L'Etat est
donc une association qui se suffit à elle-même (2). Il suit
de là que l'Etat est un fait naturel : car s'il est dans la
destination de l'homme, il faut qu'il soit conforme à sa
nature. On peut même dire que la nature de l'homme
n'est parfaite que dans l'Etat, puisque l'Etat est la
seule association qui se suffise à elle-même. « L'homme
est donc un être naturellement sociable ; et celui qui
reste sauvage par organisation, et non par l'effet du
hasard, est certainement ou un être dégradé ou un être
supérieur à l'espèce humaine (3). » Tout prouve que
l'homme a été destiné par la nature à vivre en société.
Les autres animaux n'ont que la voix : lui, jouit de la
parole « faite pour exprimer le bien et le mal, le juste
et l'injuste ; or c'est le propre de l'homme entre tous
les animaux de sentir la différence du bien et du mal,
du juste et de l'injuste ; et c'est la mise en commun de
ces sentiments qui constitue la famille et l'Etat (4). »
Sans lois, sans famille, sans justice, sans affections,
l'homme est le dernier des animaux : « Il n'y a rien
de plus affreux que l'injustice armée.» Mais il est le
premier, quand il se soumet à la justice : or le droit
ou le juste est la règle et le but de l'association poli-

(1) *Pol.* l. I, c. I, § 1, 1252 b. 31 τέλος ἐκείνων.
(2) *Ib.* 29.
(3) *Ib.* 1153 a. 2.
(4) *Ib.* 1253 a. 14.

tique (1). C'est là le bien en vue duquel cette association existe, et par lequel elle se maintient.

Si l'Etat se compose de familles, pour bien connaître
l'Etat, il faut analyser la famille. Or il y a quatre parties dans la famille, la femme, les enfants, les esclaves
et les biens. Le chef de famille est donc, selon le point
de vue que l'on considère, mari, père, maître ou propriétaire. De ces quatre rapports celui qui attire d'abord
l'attention d'Aristote, et qu'il s'attache à expliquer avec
le plus de soin, est celui de maître à esclave. Par une
profonde intelligence de la société antique, il place à la
tête de son ouvrage, comme le théorème principal, la
démonstration de l'esclavage.

Au temps d'Aristote, l'esclavage était devenu un problème. C'était un grand progrès. Une société qui cherche à justifier ses abus prouve par là même qu'elle en
doute. Nous apprenons par Aristote que certains philosophes de son temps contestaient le droit de l'esclavage. « Il en est, dit-il, qui prétendent que le pouvoir
du maître est contre nature ; que la loi seule fait des
hommes libres et des esclaves, mais que la nature ne
met aucune différence entre eux, et que par conséquent l'esclavage est inique, puisque la violence l'a
produit (2). » Peut-être ce langage si hardi est-il en
réalité moins étonnant qu'il ne paraît l'être. La distinction de la nature et de la loi était populaire depuis
les sophistes. On avait considéré comme le résultat de
la loi toutes les idées morales, et même le culte des
dieux : faudrait-il s'étonner que l'esclavage fût com-

---

(1) *Ib.*, *ib.*, a. 37, ἡ δικαιοσύνη πολιτικόν.
(2) L. I, ii, 1253 b. 20. Τοῖς δὲ παρὰ φύσιν τὸ δεσποτεῖν. On ne sait
à qui Aristote fait allusion. Seraient-ce les sophistes ou les cyniques?
Peut-être était-ce là une objection que l'on faisait dans le monde, non
dans telle ou telle école de philosophie.

pris, lui aussi, dans le nombre des choses de convention? Si cette supposition était juste, il se trouverait
que ce sont les adversaires de l'ordre social, qui les premiers ont attaqué l'esclavage. Aristote aurait pu croire
alors que la défense de l'esclavage était la défense de la
société même. Quoi qu'il en soit, voici les raisons spé-
cieuses et profondes qu'il oppose aux philanthropes de
son temps.

Il remarque que la propriété est une partie essentielle de la famille (1), et nécessairement de l'Etat : car
les hommes ont des besoins ; il leur faut donc de quoi
satisfaire à ces besoins. Mais la propriété est inutile
sans instruments, puisqu'elle ne produit rien d'elle-
même : et ces instruments sont de deux sortes ; les uns
inanimés, les autres vivants (2). Par exemple, dans un
« navire, le gouvernail est un instrument sans vie, et le
matelot de la proue un instrument vivant.».....«Si chaque instrument pouvait, sur un ordre reçu, ou même
deviné, travailler de lui-même, comme les statues de
Dédale, ou les trépieds de Vulcain, « qui se rendaient
seuls, dit le poëte, aux réunions des dieux,» si les na-
vettes tissaient toutes seules ; si l'archet jouait tout seul
de la cithare, les entrepreneurs se passeraient d'ouvriers, et les maîtres, d'esclaves (3).» Les instruments
ne sont pas seulement nécessaires à la propriété, ils
sont eux-mêmes une propriété. On voit par là ce que
c'est que l'esclave : c'est celui « qui par loi de nature ne
s'appartient pas à lui-même, mais qui, tout en étant
homme, appartient à un autre... Il est l'homme d'un

---

(1) *Ib.*, *ib.* 23. Ἡ κτῆσις, μέρος τῆς οἰκίας ἐστι.
(2) *Ib.*, *ib.* 28. Τὰ μὲν ἄψυχα, τὰ δὲ ἔμψυχα.
(3) *Ib.*, *ib.*, 23.

autre homme (1). » Il est impossible de donner une définition plus profonde et plus exacte de l'esclave. On
voit sur quel fondement elle repose ; la nécessité de
pourvoir à la subsistance par des instruments vivants.

Mais Aristote ne se contente pas d'établir cette nécessité. L'esclavage ne peut être juste à ses yeux que si la
nature elle-même a créé des hommes pour cette condition. Voici encore un principe incontestable. La nature
a rendu nécessaire, dans l'accomplissement de
toute action, l'union de l'autorité et de l'obéissance (2) ;
et elle a ordonné que les êtres les plus parfaits commandassent à ceux qui le sont moins, par exemple,
l'homme aux animaux, l'âme au corps. Or, lorsque
l'autorité est dans la nature, elle est aussi utile à celui
qui obéit qu'à celui qui commande. Mais existe-t-il de
tels hommes, aussi inférieurs aux autres hommes, que
la brute elle-même ? S'il en existe, ceux-là sont destinés à servir : il est juste, il est utile pour eux-mêmes
d'obéir perpétuellement. Or, il y a des hommes qui
n'ont que juste ce qu'il faut de raison pour comprendre la raison des autres. Ce sont ceux dont le travail corporel est le seul emploi utile. Il est évident que
de tels hommes ne peuvent s'appartenir à eux-mêmes :
ils appartiennent donc à d'autres ; ils sont donc esclaves par nature (3).

Aristote va jusqu'à prétendre que la destination primitive de l'homme libre et de l'esclave se trahit dans la
conformation même du corps : « La nature, dit-il, a créé
les corps des hommes libres différents de ceux des es-

---

(1) *Ib.*, 8254 a. 15. Ὁ γὰρ μὴ αὑτοῦ φύσει, ἀλλ' ἄλλου, ἄνθρωπος δὲ φύσει,
δοῦλος ἐστι. Ἄλλου δ' ἐστιν ἄνθρωπος.

(2) *Ib.*, *ib.*, 21 Τὸ ἄρχειν καὶ τὸ ἄρχεσθαι.

(3) *Ib.*, *ib.*, b. 20. Φύσει δοῦλος.

claves, donnant à ceux-ci la vigueur nécessaire dans les gros ouvrages de la société, rendant au contraire ceux-là incapables de courber leur droite stature à ces rudes labeurs (1). » Voilà l'extérieur de l'homme qui sert de signe pour découvrir les vrais hommes libres et les vrais esclaves. Mais ce signe n'est pas infaillible : « Souvent il arrive tout le contraire, j'en conviens ; et les uns n'ont de l'homme libre que le corps, comme les autres n'en ont que l'âme.» Ainsi, de l'aveu d'Aristote, il n'y a point de signe certain qui permette de distinguer sans erreur l'homme libre et l'esclave. Cependant, dans son système, l'esclavage n'est point arbitraire, tout homme ne peut pas être esclave : celui-là seul l'est légitimement, qui l'est naturellement. Est-il donc bien sûr que ceux qui servent sont les mêmes que la nature a destinés à servir ? Question redoutable, qui suffisait, si elle eût été posée par les esclaves, pour bouleverser toute la société ancienne.

Ce qui est remarquable dans cette discussion, c'est qu'Aristote a essayé de découvrir pour l'esclavage un principe philosophique. Il ne s'est pas contenté, comme on le faisait de son temps, de l'appuyer sur le droit du plus fort, et sur l'autorité des conventions. Il montre au contraire que cette double origine n'explique et ne justifie rien. Car ni la violence, ni la loi ne peuvent faire l'esclave d'un homme celui qui lui est égal ou supérieur par le mérite. Ce sont des accidents qui ne peuvent donner naissance à aucun droit : car le fait d'être vainqueur ou d'être vaincu, d'être prisonnier de guerre, etc., ne change en rien les rapports naturels des hommes, ne peut établir l'inégalité là où la nature a mis l'égalité, ni faire de l'inférieur le maître. C'est

(1) *Ib.*, *ib.*, 27.

alors que l'esclavage deviendrait injuste et arbitraire.
Loin d'unir le maître et l'esclave dans un intérêt commun, ainsi que cela doit être, un tel renversement les
rendrait nécessairement ennemis l'un de l'autre : car
il est odieux que le droit de commander puisse avoir
une autre cause que la supériorité du mérite (1).

Mais il y a bien des difficultés dans cette théorie absolue de l'esclavage. Pour ne s'être pas contenté de l'accepter comme un fait, mais avoir voulu l'expliquer,
comme un droit, Aristote a rencontré des objections
que la société ancienne ne s'avisait pas de se faire. C'est
une question pour lui de rechercher si l'esclave a des
vertus. « Peut-on attendre de lui, dit-il, au delà de
sa vertu d'instrument et de serviteur, quelque vertu,
comme le courage, la sagesse, l'équité ; ou bien, ne
peut-il avoir d'autre mérite que ses services corporels ?
Des deux côtés, il y a sujet de doute. Si l'on suppose
ces vertus aux esclaves, où sera leur différence avec les
hommes libres ? Si on les leur refuse, la chose n'est pas
moins absurde ; car ils sont hommes, et ont leur part
de raison (2). » On s'étonne que ces difficultés n'aient
point ouvert les yeux à Aristote sur la fausseté de la
théorie. Il est remarquable que ce philosophe qui, seul
de l'antiquité, a démontré le droit de l'esclavage, soit
celui précisément des aveux duquel on en puisse le
mieux conclure l'injustice. Le dilemme qu'il vient de
se poser à lui-même est insoluble. Aussi Aristote n'y
répond-il pas. Il le reproduit même une seconde fois
sous une forme nouvelle. « Si tous deux (le maître et
l'esclave) ont un mérite absolument égal, d'où vient que

_____

(1) *Ib.* 1255 a. 25. Τὸν ἀνάξιον δουλεύειν οὐδαμῶς ἂν φαίη τις δοῦλον
εἶναι.

(2) *Ib.* 1259 b. 21.

l'un doit commander, et l'autre obéir à jamais? Il n'y a
point ici de différence possible du plus au moins : autorité et obéissance diffèrent spécifiquement, et entre le
plus et le moins il n'existe aucune différence de ce genre.
Exiger des vertus de l'un et n'en point exiger de l'autre
serait encore plus étrange. Si l'être qui commande n'a
ni sagesse, ni équité, comment pourra-t-il bien commander? Si l'être qui obéit est privé de ces vertus, comment pourra-t-il obéir? Intempérant, paresseux, il man-
quera à tous ces devoirs (1).» C'est toujours le même
dilemme : ou l'esclave a les vertus du maître, et il lui
est égal ; ou il ne les a pas, et il n'est pas capable d'o-
béir. Cette double impossibilité n'éclaire pas Aristote ;
il croit résoudre la question en disant que tous deux doivent avoir des vertus, mais des vertus diverses et en
ajoutant, que « le maître est l'origine de la vertu de son
esclave (2).» N'est-ce pas précisément résoudre la question par la différence du plus ou du moins, comme il
défendait plus haut de le faire? Car s'il y a une tempérance de maître, et une tempérance d'esclave, il ne peut
y avoir entre ces deux vertus qu'une différence de degré : or l'obéissance et l'autorité diffèrent spécifiquement. Voilà la contradiction qu'Aristote avait à cœur
d'éviter. Il ne lui sert de rien d'ajouter que le maître
est le principe de la vertu de son esclave : car il faut au
moins que celui-ci soit capable de vertu. Aristote se fait
une singulière objection, qui prouve dans quelle dégradation étaient tombés chez les anciens les travaux utiles.
Il craint que s'il accorde quelque vertu aux esclaves, on
ne lui oppose que les ouvriers aussi doivent avoir des

(1) *Ib.*, *ib.* 39.
(2) 1260 b. 3. Φανερὸν ὅτι τῆς τοιαύτης ἀρετῆς αἴτιον εἶναι δεῖ τῷ δούλῳ
τὸν δεσπότην.

vertus, puisque souvent l'intempérance les détourne de
leurs travaux. « Mais n'y a-t-il point ici une énorme
différence ? répond-il. L'ouvrier vit loin de nous et ne
doit avoir de vertu qu'autant précisément qu'il a d'esclavage : car le labeur de l'ouvrier est en quelque sorte
un esclavage limité. La nature fait l'esclave : elle ne fait
pas le cordonnier (1).» Chose étrange ! Voici maintenant l'esclavage qui devient la source des vertus. C'est
que l'ouvrier, en tant qu'ouvrier, n'est pas un homme :
il n'a donc pas besoin de vertus ; mais, en tant qu'esclave, il a besoin des vertus qui rendent l'esclavage
utile. Ainsi, c'est son rapport à son maître, qui lui
donne une certaine aptitude à la vertu. Mais le travail
en lui-même, excluant la liberté, exclut aussi la vertu.
Au reste la théorie d'Aristote tend à confondre l'ouvrier et l'esclave. En effet, ses principes s'appliquent
aussi bien au premier qu'au second. En faisant dériver
l'esclavage du travail corporel, il condamnait à la servitude les agriculteurs, les artisans, les mercenaires,
tous ceux qui contribuent à la subsistance de la société, et il ne laissait parmi les hommes libres que ceux
qui, nourris par les premiers, ne se livraient qu'à des
occupations dignes de l'homme, la politique, la guerre,
la philosophie.

L'étude de l'esclavage conduit naturellement à celle
de la propriété, puisque l'esclave n'est que l'instrument de la propriété. Il est remarquable qu'Aristote,
qui examine si longuement l'origine et le principe de
l'esclavage, ait été si bref sur le droit de propriété.
Nous le verrons tout à l'heure démontrer contre Platon
l'utilité et la légitimité de la propriété ; mais ici il ne

_____

(1) *Ib.* 1260 a, 39. Ὁ μὲν δοῦλος τῶν φύσει, σκυτοτόμος δ᾽ οὐθείς.

paraît guère la considérer que comme un fait dont
l'origine lui paraît assez indifférente. La loi, l'agriculture ou le pillage lui semblent trois modes d'acquisition également légitimes (1). L'occupation, même par
la force, semble être à ses yeux le principe unique de
la propriété. C'est qu'en effet, dans l'antiquité, la propriété ne paraissait guère autre chose qu'un fait violent à l'origine, protégé par la loi ; et même, ce fait
était si loin d'être inviolable, que la loi elle-même le
modifiait chaque jour arbitrairement. Rien de plus
commun chez les anciens que l'intervention du gouvernement dans la distribution des propriétés. Le partage des terres, l'abolition des dettes, la défense d'a-
liéner son bien, toutes ces mesures contraires au droit,
selon nos idées, étaient très-fréquentes, et Aristote en
cite de nombreux exemples dans les républiques de la
Grèce.

Quoi qu'il en soit de l'origine de la propriété, Aristote a observé avec une sagacité supérieure quelques-
uns des faits qui sont devenus depuis les fondements de
l'économie politique.

C'est lui qui le premier a distingué deux espèces de
valeurs : la valeur d'usage et la valeur d'échange (2).
« Une chaussure, dit-il, peut servir à la fois à chausser
le pied et à faire un échange. » La première de ces valeurs est spéciale à la chose, la seconde ne l'est pas.
« Celui qui contre de l'argent et des aliments échange
une chaussure dont un autre a besoin, emploie bien
cette chaussure en tant que chaussure, mais non pas
cependant avec son utilité propre : car elle n'avait pas

---

(1) *Ib.* 1256 b. 1. Νομαδικός, γεωργικός, ληστρικός.
(2) *Ib.* 1257 a. 6. Ἕκαστου γὰρ κτήματος διττὴ ἡ χρῆσις, ... ἡ μὲν οἰκεία,
ἡ δ' οὐκ οἰκεία. Voyez tout le chapitre.

été faite pour l'échange. » Quelle est donc l'origine
de l'échange ? L'économie politique moderne ne dira
rien de plus qu'Aristote : « L'échange est né primitivement entre les hommes de l'abondance sur tel point et
de la rareté sur tel autre des denrées nécessaires à la
vie. » L'échange est inutile dans la première association, celle de la famille. Il commence avec la première séparation des familles, et ne va guère d'abord
au delà de la stricte satisfaction des besoins. Dans ces
limites, l'échange est un mode d'acquisition qui, sans
être tout à fait primitif, est cependant naturel. Mais
l'échange donne bientôt naissance à un autre mode
d'acquisition qui n'est point naturel, et qu'Aristote
proscrit comme illégitime. Lorsque le nombre des
échanges devint considérable, la difficulté du transport des denrées nécessaires introduisit l'usage de la
monnaie, c'est-à-dire d'un instrument d'échange qui
pût représenter toute espèce de denrées. On n'a rien
dit de mieux et de plus précis sur la monnaie que ce
passage : « On convint de donner et de recevoir dans
les échanges une matière qui, utile par elle-même, fût
aisément maniable dans les usages habituels de la vie ;
ce fut du fer, par exemple, de l'argent, ou telle autre
substance analogue, dont on détermina d'abord la di-
mension et le poids, et qu'enfin, pour se délivrer des
embarras d'un continuel mesurage, on marqua d'une
empreinte particulière, signe de sa valeur. » La vente
naquit de l'usage de la monnaie. On apprit bientôt à tirer de ce nouveau mode d'échange des profits
considérables, et l'acquisition de l'argent se substitua à
l'acquisition des objets immédiatement nécessaires. La
facilité d'accumuler de l'argent et de tout acquérir
avec de l'argent a répandu cette fausse opinion qu'il

est la seule richesse. Aristote montre très-bien que
la valeur de l'argent est toute représentative, qu'elle
n'est rien par elle-même, que la convention et la loi la
créent et la peuvent détruire. « Plaisante richesse que
celle dont l'abondance n'empêcherait pas de mourir de
faim ! »

Il y a donc deux modes d'acquisition des biens : l'un
naturel, qui n'a pour but que la subsistance, et qui
est limité comme les besoins de l'homme ; l'autre, le
commerce ou la vente, qui n'est point naturel, et n'a
pour objet que l'argent et l'accumulation de l'argent ;
ce n'est pas la satisfaction du besoin, mais la recherche
du plaisir qui lui donne naissance : il fournit, non le
nécessaire, mais le superflu : aussi est-il illimité, car
les désirs de l'homme n'ont pas de limite. Mais la
spéculation qu'Aristote réprouve le plus est celle que
l'on tire de l'argent même par l'usure ou l'intérêt.
L'argent n'est et ne doit être qu'un instrument d'é-
change. « L'intérêt, dit-il, est de l'argent issu d'argent.»
Or, cette multiplication de l'argent par lui-même
est ce qu'il y a de plus contraire à la nature (1). Protestation singulière d'un génie si positif contre le commerce, l'intérêt, le mouvement des capitaux, tout ce
qui fait la vie et la civilisation des peuples modernes.

Outre le rapport du maître avec l'esclave et du propriétaire avec les biens, il y a encore deux autres rapports dans la famille, celui du mari à la femme et du
père aux enfants. La nature, qui a mis partout la subordination et la discipline, a dû établir une autorité
dans la famille : c'est l'autorité du père et du mari (2).

_____

(1) *Ib.*, 1258 b. 6. Ὁ δὲ τόκος γίνεται νόμισμα νομίσματος · ὥστε καὶ
μάλιστα παρὰ φύσιν.
(2) *Ib.*, 1229 a. 38. Πατρικὴ καὶ γαμικὴ. Voy. tout le chapitre.

Mais cette autorité n'est pas celle du maître. La femme
et les enfants sont subordonnés, mais non pas esclaves.
D'ailleurs l'autorité conjugale n'est pas la même que
l'autorité paternelle : l'une est en quelque sorte républicaine et se rapproche de l'autorité du magistrat
dans un Etat libre ; l'autre est royale, mais non despotique (1). Quelquefois Aristote semble accorder au
chef de famille une autorité à peu près absolue, lorsqu'il dit qu'on ne peut pas commettre d'injustice envers son esclave, ni même envers ses enfants mineurs ;
car ce sont des parties de nous-mêmes, et l'on ne commet point d'injustice envers soi-même (2). Mais ces paroles ne sont vraisemblablement qu'une hyperbole
pour exprimer l'autorité souveraine et irresponsable
du père envers les enfants. Il est loin cependant de
considérer cette autorité comme tout à fait arbitraire,
puisqu'il déclare qu'elle est royale et non despotique.
Or la différence du pouvoir royal, c'est que le premier
n'a en vue que son intérêt propre, et le second l'intérêt des sujets. C'est donc du premier, mais non du second qu'il est juste de dire qu'il ne peut commettre
d'injustice.

Le pouvoir paternel a été, à l'origine, le modèle des
premiers gouvernements. L'Etat, sorti de la famille,
en a conservé d'abord la constitution. « Si les premiers
Etats ont été soumis à des rois, et si les grandes nations le sont encore aujourd'hui, c'est que ces Etats se
sont formés d'éléments habitués à l'autorité royale,
puisque dans la famille le plus âgé est un véritable
roi ; et les colonies de la famille ont filialement suivi

(1) *Ib.*, *ib.* Ἀλλὰ γυναικὸς μὲν πολιτικῶς, τεκνῶν δὲ βασιλικῶς.
(2) *Mag. Mor.* 1, I, xxxiv, 1194 b. 14. Ὥσπερ γὰρ μέρος τι ἐστὶ τοῦ
πάτρος ὁ υἱός.

l'exemple qui leur était donné (1). » Voilà l'origine de
cette erreur des philosophes, qui confondent la famille
et l'Etat, et l'administration de l'une avec celle de
l'autre. Mais quoique à l'origine ces deux choses aient
pu se confondre, elles n'en sont pas moins distinctes
en elles-mêmes (2). En effet, il y a toujours inégalité
entre le chef de la famille et ses membres : l'autorité y
est perpétuelle et non alternative ; elle est absolue,
sinon arbitraire. Dans l'Etat, au contraire, tous les
membres sont naturellement libres et égaux, et l'autorité du magistrat elle-même n'est que l'autorité d'un
égal sur des égaux : elle est limitée ; elle n'a jamais
pour objet l'intérêt de celui qui commande : son seul
salaire, c'est l'honneur ; elle n'est pas perpétuelle, mais
chacun commande et obéit alternativement. Cette distinction de l'Etat et de la famille était une réponse à
la théorie du *Politique* de Platon qui confondait le père,
le pasteur et le roi. En général, Platon fait émaner
l'autorité d'en haut. Aristote, au contraire, la tire de
la société même ; l'un la considère comme une tutelle,
l'autre comme un mandat. Et cette différence se retrouve entre tous les écrivains politiques, selon qu'ils
confondent ou qu'ils distinguent la famille ou l'Etat.

Mais c'est surtout dans la définition de l'Etat, que
Platon et Aristote s'opposent l'un à l'autre. Platon con-
cevait l'Etat comme une sorte d'unité idéale dont les
individus ne sont que les accidents. Pour Aristote au
contraire, l'Etat n'est pas une unité véritable, mais
une collection d'individus spécifiquement différents.
Selon lui, l'unité absolue est la ruine de l'Etat (3). Si

(1) *Pol.* l. 1, 1.
(2) I, 1, 1152 a. 7 sqq.
(3) II, 1, 1261 a. 17. Γενομένη μία οὐδὲ πόλις ἐστιν. ...24. Οὐ γὰρ γίνεται πόλις ἐξ ὁμοίων. Voir tout le chapitre et suivant jusqu'au ch. vi.

on la voulait pousser à bout, on serait obligé de réduire la cité à la famille, la famille à l'individu ; car
c'est lui qui a le plus d'unité. Ramener l'Etat à l'unité
absolue, c'est vouloir faire un accord avec un seul
son, un rhythme avec une seule mesure. Platon croit
rendre les citoyens plus attachés les uns aux autres en supprimant les affections naturelles, et créer
une seule famille sur les ruines de toutes les familles
particulières ; mais, en réalité, il supprime les affections certaines, sans en substituer de nouvelles. On se
soucie peu des propriétés communes. Si les mille enfants de la cité appartiennent à chaque citoyen, tous
se soucieront également peu de ces enfants. Il vaut
mieux être cousin dans le système ordinaire que fils à
la manière de Socrate ; car c'est un lien réel, au lieu
que le titre de fils dans le système de la communauté
n'est qu'un vain nom. Il n'y a d'affections vraies qu'entre des individus différents. Les affections se perdent
dans la communauté, comme la douce saveur de quelques gouttes de miel dans une vaste quantité d'eau.

Quant aux biens, c'est trahir la nature que de détruire la propriété. Qui peut dire ce qu'a de délicieux
l'idée et le sentiment de la propriété ? Elle n'est pas
seulement la satisfaction de l'égoïsme, elle est le moyen
de rendre service à ses amis, à ses hôtes ; et c'est détruire la libéralité que d'ôter aux citoyens l'usage de
leurs biens. Le système de Platon est plein d'illusions.
Il croit détourner la source des procès en mettant tous
les biens en commun. Mais ne voit-il pas que toutes les
dissensions qui partagent les hommes naissent de leur
perversité bien plus que de la propriété individuelle ?
Les querelles ne sont pas moins nombreuses entre les
propriétaires de biens communs, qu'entre ceux qui

ont des biens personnels. En outre, Platon ne nous dit
pas quel sera dans son système le régime de la propriété pour la classe des laboureurs? Si la communauté existe pour eux comme pour les guerriers, où est
la différence des uns et des autres ? Si les laboureurs
ont la propriété de leurs biens, ce sont eux alors qui
sont les vrais citoyens, et les guerriers des surveillants
chargés de les garder perpétuellement. Quelle sera
aussi l'éducation des laboureurs ? Socrate n'en parle
pas. Et cependant il ne veut pas de lois. Comment
espère-t-il éviter aussi les vices des institutions ac-
tuelles, qu'il critique avec tant de force ? Enfin, qui
donc est heureux dans cet Etat ? Platon soutient qu'il
n'est pas nécessaire que les différentes classes de l'Etat
soient heureuses, pourvu que l'Etat le soit. Mais qu'est-
ce que le bonheur de l'Etat, sans le bonheur de ceux
qui le composent ? Si les guerriers ne sont pas heureux, apparemment les artisans et les laboureurs ne
le sont pas davantage.

Aristote passe de la critique de la *République* à celle
des *Lois*. Il prétend que ces deux ouvrages contiennent
absolument le même système, la communauté exceptée (1). Peut-être, s'il y eût regardé de plus près,
aurait-il trouvé des différences notables que nous
avons signalées, par exemple : la législation, le principe
de l'élection, la responsabilité des magistrats, le jugement attribué en partie à la multitude ; ce ne sont pas
là des détails sans importance. Aristote fait au système
politique des *Lois* deux reproches qui semblent contradictoires ; car, d'une part, il paraît ne pas trouver
ce système assez aristocratique : « Bien des gens, dit-il,

_____

(1) II, vi, 1264 2 b. sqq.

pourraient lui préférer la constitution de Lacédémone,
ou tout autre un peu plus aristocratique. » Plus loin,
au contraire, il lui reproche une tendance prononcée à
l'oligarchie. S'il eût été juste, il eût reconnu que la
base de ce gouvernement est vraiment démocratique,
quoique Platon y ait apporté, comme avait fait Solon
lui-même, d'assez nombreux tempéraments, qui rapprochent son système de l'aristocratie. Aristote prétend que, selon Platon, il faut composer tout gouvernement de tyrannie et de démagogie, « deux formes de
gouvernement, dit-il, qu'on est en droit de nier complétement, ou de considérer comme les pires de toutes. »
Mais Platon n'a pas parlé de tyrannie, mais de monarchie, ni de démagogie, mais de démocratie ; et il
entendait dire qu'il faut tempérer l'un par l'autre le
principe d'autorité et celui de liberté : théorie tout à
fait semblable à celle d'Aristote lui-même, et dont on
peut affirmer qu'il a profité. Si la critique de la *République* est d'une force et d'une justesse admirables, la
critique des *Lois*, au contraire, est généralement
inexacte et injuste, et je dirais presque volontairement
injuste.

Aristote passe ensuite en revue plusieurs autres constitutions, les unes idéales, les autres réelles, et déploie
dans cette analyse toutes les ressources de son génie
critique et observateur. L'une de ces constitutions,
utopique comme celle de Platon, repose sur le principe
de l'égalité des fortunes (1). Sans nier absolument ce
principe, Aristote montre combien il est difficile de
l'appliquer à la rigueur ; et en outre, qu'il est chimé-

(1) C'est le système de Phaléas de Chalcédoine. II, vii, 1266 a.
31 sqq.

rique de prétendre guérir, par ce seul remède, tous les
maux des sociétés. Ces maux naissent plutôt de l'inégalité des honneurs que de celle des fortunes, et des
passions désordonnées que du besoin. C'est le superflu
et non le besoin qui fait commettre les grands crimes.
On n'usurpe pas la tyrannie pour se garantir des in-
tempéries de l'air. Il vaut mieux remonter à la source
de tous les déréglements, et au lieu de niveler les fortunes, niveler les passions.

Aristote passe ensuite des républiques idéales aux
républiques véritables, dont les constitutions ne sont
point l'œuvre des philosophes, mais des législateurs.
De toutes ces constitutions, la plus intéressante sans aucun doute dont il ait parlé, est celle de Lacédémone (1).
Il est curieux d'entendre juger cette célèbre constitution, non point avec cette admiration de commande
des rhéteurs modernes, mais avec la sagacité critique
d'un observateur contemporain, qui assistait à sa décadence et pouvait en apprécier, par l'avénement même,
les côtés défectueux. Platon déjà, dans le huitième livre
de la République, avait signalé et attaqué les abus qui
s'étaient glissés peu à peu dans la constitution de Lycurgue. Aristote reprend cette critique et la développe.
Il reproche à Sparte de n'avoir pas su gouverner ses
esclaves. Mais le problème, de son propre aveu, était
bien difficile. « Traités avec douceur, ils deviennent
insolents et osent bientôt se croire les égaux de leurs
maîtres ; traités avec sévérité, ils conspirent contre eux
et les abhorrent. Il n'est pourtant pas aisé de sortir
de ce dilemme, et si les Spartiates y ont échoué, est-ce
leur faute ou celle de l'esclavage ? Un autre point faible

(1) II, ix, 1269 a. 29 sqq.

de la constitution de Lacédémone, c'est la liberté et
l'autorité des femmes. Il paraîtrait que nous nous faisons des idées quelque peu chimériques des femmes
spartiates ; au moins elles avaient dû perdre beaucoup
de leur vertu patriotique et austère au temps d'Aristote ; car il nous les dépeint dans le déréglement et le
luxe, possédant presque toutes les richesses du pays,
exerçant une influence ruineuse sur les hommes, et
causant plus de désordre par leurs tumultes, qu'elles
n'étaient utiles par leur courage. Ainsi, dans toute
constitution, si bien réglée qu'elle soit, il y a toujours
quelque endroit par où le vice et le trouble s'introduit. A Sparte, c'était l'éducation des femmes qui faisait défaut, malgré les efforts qu'avait tentés inuti-
lement Lycurgue pour les soumettre aux lois. Quant
aux institutions politiques, Aristote approuve beaucoup le partage de la souveraineté, qui intéresse toutes
les parties de l'Etat à son maintien. « La royauté est
satisfaite par les attributions qui lui sont accordées ; la
classe élevée par les places du sénat, dont l'entrée
est le prix de la vertu ; enfin le reste des Spartiates par l'éphorie, qui repose sur l'élection générale. » Mais il critique néanmoins cette dernière magistrature, qui toujours prise dans la classe la plus
inférieure et la plus pauvre, est nécessairement cor-
ruptible, et dont le pouvoir a grandi jusqu'à la tyrannie, au point que les rois ont été contraints à se faire
démagogues, ce qui a changé l'esprit de la constitution. Aristote blâme encore avec raison le mode puéril
d'élection adopté par l'éphorie comme pour le sénat.
Enfin il reproche, ainsi que Platon, à ce gouvernement
énergique, mais violent, de n'avoir développé qu'une
vertu, la valeur guerrière, et d'avoir mis les conquêtes

au-dessus de la vertu. Tels sont les vices de ce gouvernement célèbre qu'Aristote avait pu étudier de près, et qui mêlait à de grandes institutions et à de fortes lois des faiblesses qui avaient échappé au génie du législateur, ou qu'il n'avait pu prévenir.

Après la critique, la théorie. Cherchons avec notre auteur les véritables principes de l'organisation politique.

Nous n'avons encore donné de l'Etat qu'une définition générale et superficielle. Pour le bien comprendre, il faut pénétrer jusqu'aux éléments, c'est-à-dire jusqu'aux citoyens. Définir le citoyen, c'est définir l'Etat (1).

Qu'est-ce que le citoyen ? Il ne faut pas s'arrêter à des traits accidentels et insignifiants, par exemple être fait citoyen par un décret, être né de père citoyen, et de mère citoyenne, être domicilié, etc. Il ne faut pas considérer non plus ceux chez qui le caractère de citoyen est incomplet et dégradé, l'enfant, le vieillard, les notés d'infamie, etc. Il faut chercher l'idée du citoyen en elle-même, dégagée de ces accidents et de ces imperfections.

Le trait essentiel et distinctif du citoyen, c'est la participation aux fonctions publiques (2). Il y a deux sortes de fonctions : les unes spéciales, limitées, temporaires, qui n'appartiennent pas nécessairement à tous ; les autres générales et indéfinies : ce sont celles de juges, de membres des assemblées publiques. Ces deux fonctions sont le titre véritable des citoyens. Il n'y a que dans la démocratie, que tous les citoyens sont appelés à ces deux fonctions. Le vrai citoyen est donc sur-

_____

(1) L. III, 1, 1274 b. 40. Δῆλον ὅτι πρότερον ὁ πολίτης ζητητέος.
(2) Ib., 1275 a. 23. Τῷ μετέχειν κρίσεως καὶ ἀρχῆς.

tout le citoyen de la démocratie (1). Mais on peut dire que dans tout Etat, quel que soit le nombre de ceux qui gouvernent, ceux-là seuls sont citoyens qui donnent leur avis sur les affaires publiques, et surveillent l'application des lois, c'est-à-dire les jugements ; les autres peuvent avoir le titre de citoyens : ils n'en ont que le titre, mais non les droits et le caractère.

Or l'Etat ne se compose que des citoyens. Car les deux pouvoirs essentiels de l'Etat sont la délibération des affaires communes, et la justice. Quiconque ne participe pas à ce double pouvoir est sujet de l'Etat, il n'en est pas membre. D'où l'on voit avec quelle exactitude un prince moderne, qui concentrait en lui tous les pouvoirs, a pu dire : l'Etat, c'est moi ; il exprimait ainsi rigoureusement à son insu la pensée d'Aristote.

Mais quels sont, selon Aristote, les vrais citoyens, c'est-à-dire, les vrais membres de l'Etat, non pas en fait, mais en droit ? Quelle est la limite précise et juste du droit de cité ?

Le principe conservateur des Etats, c'est la vertu (2), non pas la vertu parfaite, celle de l'homme de bien, mais la vertu politique, c'est-à-dire le dévouement à l'Etat (3), distinction reproduite plus tard par Montesquieu. Cela posé, le titre véritable du citoyen, c'est la vertu, ou du moins l'aptitude à la vertu.

Mais pour que l'Etat cultive la vertu, il faut qu'il vive, et pour qu'il vive, il faut qu'il y ait dans l'Etat

---

(1) *Ib.*, *ib.*, b. 23. Ἐν μὲν δημοκρατίᾳ μάλιστ' ἐστὶ πολίτης.

(2) L. IV, ɪ. J'adopte ici la division des livres proposée par M. Barthélemy Saint-Hilaire. Le livre IV correspond au livre VII. Voy. les ch. ɪ, ɪɪ, ɪɪɪ, xɪɪ et xɪɪɪ (xɪɪɪ et xɪv de la trad. franç.).

(3) L. III, ɪv, 1277 a. 1. Οὐκ ἂν εἴη μία ἀρετὴ πολίτου καὶ ἀνδρὸς ἀγαθοῦ.

des biens qui assurent sa subsistance, et des instruments inanimés ou vivants, dont le travail utilise ces
biens. De là, nous l'avons vu, la nécessité de l'esclavage. Or, dans la pensée d'Aristote, tout homme qui
travaille pour autrui, soit pour l'Etat, soit pour un
individu, bien plus, tout homme qui travaille pour
vivre, manœuvre, artisan, mercenaire, quelque état
que la loi lui laisse, fût-il même libre en fait, est véritablement et en droit un esclave (1). Travailler pour autrui, s'occuper de professions mécaniques, deux signes
de l'esclavage : l'un marque la dépendance absolue où
l'on est d'un autre homme ou du public ; l'autre nous
rend indignes du noble apprentissage de la vertu.
D'où il suit que tous les artisans et tous ceux qui travaillent pour vivre, ne peuvent pas être, ne doivent
pas être citoyens : aussi ne le sont-ils que dans la corruption de quelques démocraties. La société se divise
donc en deux classes : les hommes libres, les citoyens,
qui ont le loisir nécessaire aux nobles occupations de
la vertu, et ne courbent pas leur droite stature à de
grossiers labeurs ; et les artisans, ou esclaves qui dépendent en tout et partout des hommes libres dont ils
préparent la subsistance ; les uns sont les membres et
les maîtres de l'Etat, les autres en sont les sujets et les
instruments.

Le loisir, voilà le titre de l'homme libre chez les anciens. Le loisir n'est pas l'oisiveté, c'est l'occupation de
l'esprit aux choses nobles, et non aux travaux mécaniques. Le travail n'est pas interdit à l'homme libre,
mais il n'est que le délassement du loisir. Le travail en
lui-même, considéré comme nécessité, comme moyen

(1) *Ib.*, v, 1278 a. 11. Voy. tout le chapitre.

de subsistance, comme source de richesses, le travail est servile, il est exclu de la cité.

La définition du citoyen conduit naturellement au problème de la souveraineté (1).

Aristote a vu tous les aspects de ce problème : il en recueille, il en discute rapidement les principales solutions : la souveraineté d'un seul, la souveraineté des hommes distingués, la souveraineté des riches, et même la souveraineté des pauvres. Quant à lui, il incline à la plus large des solutions, la souveraineté de tous. « La majorité, dit-il, dont chaque membre, pris à part, n'est pas un homme remarquable, est cependant au-dessus des hommes supérieurs, sinon individuellement, du moins en masse, comme un repas à frais communs est plus splendide que le repas dont un seul fait la dépense.» En effet, y a-t-il un riche qui paye plus d'impôt à lui seul que le peuple tout entier? Si c'est à la richesse à commander, c'est donc au peuple tout entier à commander. De même pour la capacité : on dit bien qu'en toutes choses c'est le savant qui juge et non la multitude. Mais, qui donc fait la réputation de l'artiste, sinon la multitude? Qui décide plus vite et plus sûrement ce qui est bon, juste, vrai? L'architecte jugera bien de la commodité d'une maison, d'accord ; mais bien mieux encore celui qui l'habite. Ce n'est pas le cuisinier, c'est le convive qui juge le festin. Enfin la multitude est toujours meilleure en général que ne le sont les individus, semblable à l'eau, d'autant plus incorruptible qu'elle est en plus grande masse.

Aristote n'admet rien sans restriction. Il n'a guère

(1) *Ib.*, *ib.*, 20. Οὐ γὰρ ἐῶντα ἐπιτηδεύσει τὰ τῆς ἀρετῆς ζῶντα βίον βάναυσον ἢ θητικόν.

de principes absolus. Aussi déclare-t-il qu'il ne parle pas d'une multitude barbare et dépravée ; de plus, il n'attribue à la multitude qu'une intervention générale dans les affaires, mais il l'exclut des magistratures importantes qui réclament des lumières particulières et rares (1). Il sait faire la part dans l'Etat à tous les éléments, la noblesse, la fortune, le mérite. Enfin, il admet une exception capitale en faveur du génie pour lequel il ne reconnaît d'autre alternative que l'ostracisme ou la royauté.

Telle est la souveraineté en principe et en droit : en fait, elle n'appartient pas toujours à tous, mais tantôt à tous, tantôt à quelques-uns, quelquefois à un seul. De là les trois principales espèces de gouvernements, signalées par Platon : la royauté, l'aristocratie et la république, et leurs contraires : la tyrannie, l'oligarchie, la démocratie (2).

Aristote n'est pas un ennemi de la royauté : il l'admet dans certains cas, et sous certaines conditions. Mais il ne l'admet guère que comme une exception. Quant à la royauté absolue, il la rejette absolument ; il en renverse le principe par une forte et excellente discussion qui paraît être une réponse au *Politique* de Platon (3).

Lequel vaut le mieux de la souveraineté de la loi, ou de la souveraineté d'un seul homme ? La loi, il est vrai, ne statue qu'en général : dans les cas particuliers, c'est

(1) Sur la théorie de la souveraineté, voy. les ch. x, xi, xii, xiii du liv. III.

(2) L. III, c. iv. Cette distinction des trois formes de gouvernement est bien antérieure à Platon lui-même ; nous la retrouvons dans Hérodote. Voir plus haut, p. 74.

(3) L. III, xiv et xv,

une lettre morte; aussi une foule de cas échappent au gouvernement de la loi. Mais cette généralité même est une garantie pour les individus. La loi est impassible; l'individu est plein de passion (1). En supposant que la royauté ait ses avantages, que penser de l'hérédité? Si les enfants des rois sont tels qu'on en a tant vus, l'hérédité sera bien funeste. On dit que le roi peut toujours ne pas transmettre son pouvoir à ses enfants, s'il les trouve indignes : c'est compter naïvement sur un désintéressement surhumain. Sans parler de l'hérédité, la royauté en elle-même, quand elle est absolue, est contraire à la nature de l'Etat. Car l'État est une association d'êtres libres et égaux. La souveraineté de la loi laisse à tous l'égalité et la liberté : il n'en est pas de même de la souveraineté d'un seul homme. Si la loi est impuissante, il vaut mieux s'en rapporter au jugement des magistrats institués par elle qu'à l'arbitraire d'un individu. Enfin, demander la souveraineté de la loi, c'est demander que la raison règne avec les lois; mais demander la souveraineté absolue d'un roi, c'est déclarer souverains l'homme et la bête (2).

Quant à la monarchie légale (κατὰ νόμον) réglée, consacrée, limitée par la loi, Aristote en admet l'utilité, et il l'approuve à Carthage et à Sparte. Il admet même, je l'ai dit, la monarchie absolue, mais seulement en faveur du génie, soit qu'il se rencontre dans un individu ou dans une race. En général l'esprit étendu d'Aristote ne repousse aucune forme de gouvernement; il croit avec raison que la bonté d'un gouvernement est dans son rapport à l'état, aux dispositions et aux aptitudes

---

(1) 1286 a. 17. Κρεῖττον δ᾽ ᾧ μὴ πρόσεστι τὸ παθητικὸν ὅλως ἢ ᾧ σύμφυες 'τῷ μὲν οὖν νόμῳ τοῦτο οὐχ ὑπάρχει, ψυχὴν δ᾽ ἀνθρωπίνην τοῦτ᾽ ἔχειν πᾶσαν.

(2) *Ib.*, *ib.*, 1287 a. 30. Ὁ δ᾽ ἄνθρωπον κελεύων προστίθησι καὶ θήριον.

d'un peuple, quoiqu'il soit vrai de dire qu'en principe
un gouvernement est d'autant meilleur qu'il est plus
favorable à l'égalité et à la liberté, c'est-à-dire à la justice.

Ainsi la royauté est un bon gouvernement quand elle
est confiée au génie et à la vertu, et qu'elle travaille non
dans son intérêt propre, mais dans l'intérêt des sujets.
Entre cette forme parfaite et idéale de la royauté et la
tyrannie qui en est l'extrême corruption, « gouvernement de violence qu'aucun cœur libre ne peut supporter patiemment, » il y a un certain nombre de degrés
dont la bonté et la méchanceté se mesurent par leur
analogie avec l'une ou avec l'autre. Il en est de même
de toutes les espèces de gouvernement.

Rien n'est plus fin, plus riche, plus exact que l'analyse de toutes ces nuances de gouvernement, où Aristote
se joue sans se perdre, en déployant toute la force de son
talent d'observateur et d'historien philosophe. Nous ne
pouvons le suivre dans les détails de cette abondante
exposition. Arrêtons-nous à l'un des points essentiels,
à l'une des théories favorites de l'auteur, la théorie de
la République (1), à laquelle se rattache celle des
classes moyennes.

La République est une transaction, et en quelque
sorte une moyenne entre l'oligarchie et la démocratie. Cette transaction ne consiste pas à placer en face
l'un de l'autre, comme en état de guerre, un pouvoir oligarchique et un pouvoir démocratique, mais à
choisir dans chacun de ces gouvernements quelques-
uns des principes qui les font vivre, et à les combiner
dans une heureuse harmonie : par exemple, le principe

(1) L. VI (IV), ix, 1294, a. 30 et sqq.

de l'élection qui est propre à l'oligarchie, et le principe
de l'exemption ou de l'abaissement du cens propre à la
démocratie; ou bien encore l'amende aux riches qui
ne se rendent pas aux assemblées, et l'indemnité aux
pauvres, pour les y attirer; ce sont des exemples que
l'on peut varier à l'infini. En général, la nature de la
république, selon Aristote, est de tempérer le principe
absolu de la liberté, par le juste mélange d'autres éléments, par exemple, la fortune et le mérite.

Mais c'est surtout lorsqu'il décrit la classe la plus
propre au régime républicain, que l'originalité et la
pénétration prévoyante du génie d'Aristote éclatent.
L'oligarchie ne s'appuie que sur les riches, la démocratie sur les pauvres : le point d'appui de la République sera dans les fortunes aisées, les classes moyennes,
οἱ μέσοι (1). Aristote analyse admirablement les différents effets des grandes fortunes et des grandes misè-
res, deux choses inséparables : « La pauvreté empêche
de savoir commander, et elle n'apprend à obéir qu'en
esclave ; l'extrême opulence empêche l'homme de se
soumettre à une autorité quelconque, et ne lui enseigne
qu'à commander avec tout le despotisme d'un maître. .
On ne voit alors dans l'Etat que maîtres et esclaves, et
pas un seul homme libre. Ici, jalousie envieuse; là,
vanité méprisante, si loin l'une et l'autre de cette
bienveillance réciproque et de cette fraternité sociale,
qui est la suite de la bienveillance. » Au contraire, les
fortunes moyennes rendent les hommes plus égaux :
elles n'inspirent ni l'orgueil, ni la lâcheté, ni l'envie,
ni le désespoir. La classe aisée craint les renversements, dont elle ne peut que souffrir, elle empêche la

---

(1) Pour la théorie des classes moyennes voy. l. VI (IV), xi.

prépondérance excessive des riches qui conduit à l'oligarchie, la domination des pauvres qui est la démagogie. Ainsi, elle rétablit l'équilibre. Les riches veulent-
ils opprimer, elle se range du côté des pauvres, et
tient les usurpateurs en échec; de même pour les pauvres. C'est le défaut de la propriété moyenne qui a
rendu si fréquentes les révolutions dans les Etats de la
Grèce. La propriété s'était concentrée dans un petit
nombre de mains. De là ces luttes perpétuelles des
riches et des pauvres : de là cette vérité profonde aper-
çue par Platon qu'il y avait dans toute ville de la Grèce,
deux villes, dans tout peuple grec, deux peuples. Le
remède, c'est pour lui la communauté, remède impuissant, pire que le mal. Aristote a pénétré plus avant,
quand il a reconnu dans les classes moyennes le lien
des classes extrêmes, le contre-poids de leurs excès
contraires. Mais ce qu'il n'a pas vu, c'est que cet important élément ne peut se produire, se perpétuer,
s'étendre que par le travail. Les classes moyennes sont
filles du travail. De là leur rareté dans la société ancienne.

Après avoir étudié les différentes formes de gouvernement, Aristote cherche à déterminer les conditions
du gouvernement parfait : c'était une question chère
aux Grecs. Leur esprit spéculatif se montre partout :
il semblait que le ciel de la Grèce, si pur et si léger, in-
vitât à l'idéal. Platon, Phaléas de Chalcédoine, Hippo-
damus de Milet, plus tard Zénon de Citium eurent tous
leur république ; ils imaginèrent chacun une constitution parfaite. Aristote a aussi la sienne ; mais son
génie positif, dédaigneux des rêves et des abstractions,
se contenta de combiner les éléments réels que lui
fournissait l'expérience, selon l'idée qu'il s'était faite

de la société ancienne. Sans entrer dans les détails de
cette conception, ramenons-la à ses traits principaux ;
elle nous fera mieux pénétrer dans la pensée systématique d'Aristote.

Les éléments de l'Etat, selon Aristote, sont au nombre de six : les subsistances, les arts, les armes, les
finances, le culte, la justice. De là six classes nécessaires dans l'Etat : les laboureurs, les artisans, les
guerriers, les riches, les pontifes et les juges. Mais ces
six classes peuvent se ramener à deux principales, et
de ces deux classes, l'une est celle qui constitue l'Etat,
l'autre celle qui le sert et le fait vivre (1).

Rappelons-nous les principes d'Aristote. Pour lui,
comme pour Platon, l'objet et la fin de l'Etat, c'est la
vertu. C'est elle qui fonde le droit de cité. La vertu est
incompatible avec toute opération mécanique et ma-
nuelle. La vertu, et par conséquent le droit de cité, et
par conséquent encore la liberté, ne peut donc appartenir ni aux travailleurs qui font vivre la cité, ni aux
laboureurs, ni aux artisans. Ils sont donc nécessairement esclaves (2). Restent pour constituer la cité, les
guerriers et les juges, parmi lesquels quelques-uns
sont les riches, quelques-uns les pontifes. Le droit de
cité se reconnaît à ce double caractère : le port des
armes et l'intervention dans les affaires publiques. Ces
deux caractères ne peuvent êtré ni perpétuellement
unis, ni perpétuellement séparés. Faire la guerre et
traiter des intérêts de l'Etat, demandent des qualités

---

(1) Pour la théorie du gouvernement parfait voy. l. IV (VII), IV,
V, VI, VII. Sur l'idéal politique d'Aristote, comparé à celui de Platon,
voir la dissertation ingénieuse de M. Ch. Thuret, *Études sur Aristote*,
Paris, 1860.

(2) L. IV, VIII, 1329 a. 26. Ἀναγκαῖον εἶναι τοὺς γεωργικοὺς δούλους ἢ
βαρβάρους ἢ περιοίκους.

diverses, et qui s'excluent : d'une part la force et la fougue, de l'autre l'amour de la paix et la sagesse. Et cependant il serait dangereux d'opposer entre eux, par une séparation absolue, les guerriers et les magistrats. Le seul moyen est de séparer ces deux classes par une limite mobile, celle de l'âge. La jeunesse convient aux travaux de la guerre, la maturité aux fonctions publiques. Quant à la vieillesse, qui n'a plus assez de ressort ni de force pour porter les armes, ni assez de décision pour traiter des intérêts de la patrie, elle est réservée au pontificat.

Aristote est ici d'une logique admirable. Comme il réserve aux seuls guerriers la liberté civile et politique, il comprend que cette liberté a besoin d'être protégée et fortifiée par la propriété. C'est aux guerriers et aux magistrats, qui ne sont guère qu'une seule classe, que les biens-fonds doivent exclusivement appartenir. Les laboureurs et les artisans étant esclaves, ne peuvent en aucune façon être propriétaires. C'est là un point qui distingue profondément la République d'Aristote et celle de Platon. Celui-ci, voulant assurer la prépondérance aux classes supérieures, n'avait pas vu que le seul moyen efficace pour cela était de leur assurer la propriété. Celui qui a le sol a nécessairement le pouvoir.

La cité d'Aristote est la cité antique dans sa perfection : la liberté est ramenée à son vrai principe, la guerre et la force ; l'esclavage au sien, le travail. Le privilége de la propriété s'ajoute au privilége de la liberté, et le garantit. Les travailleurs, chargés exclusivement de la fonction de nourrir les citoyens, ne participent ni à la liberté ni à la propriété. Telle est la cité parfaite d'Aristote, démocratie pure, si l'on ne considère que les classes libres ; oligarchie tyranni-

que, si l'on considère les classes serviles : système qui,
tout aussi bien que celui de Platon, n'était que l'idéal
d'une société fausse et détestable.

Il ne suffit pas de décréter des citoyens par des lois
et des institutions, il faut les former par l'éducation.
L'éducation est l'une des plus grandes forces politiques. Les anciens le savaient bien ; tous leurs législateurs s'en étaient occupés. Platon la confond presque
avec la politique elle-même. Aristote y consacre également de grandes études (1).

L'éducation publique, l'éducation par l'Etat, voilà le
principe d'Aristote, comme de la société ancienne tout
entière. L'Etat se compose de familles, comme les familles d'individus. L'individu est donc subordonné à
la famille, et la famille à l'Etat. Nul ne s'appartient à
soi-même, et l'individu appartient à l'Etat. C'est donc
à l'Etat à faire son éducation. De plus, c'est par les
mœurs que les gouvernements se maintiennent, et il
faut que les mœurs soient d'accord avec la forme du
gouvernement ; il faut des mœurs démocratiques à
la démocratie, oligarchiques à l'oligarchie (2). C'est
l'éducation qui forme les mœurs ; elle doit donc être
entre les mains de l'Etat. Enfin, comme l'Etat ne peut
subsister sans unité, il importe que tous les citoyens
soient élevés dans des sentiments identiques : « ce qui
» est commun doit s'apprendre en commun (3). » Tels
étaient les principes de l'antiquité. Cependant on s'en
était relâché dans la pratique, et Aristote se plaint
que, de son temps, chacun instruisît chez soi ses en-

(1) Pour la théorie de l'éducation, voir tout le livre V.
(2) L. V (VIII), 1, 1337 a. 17.
(3) *Ib.*, *ib.* Φανερὸν ὅτι καὶ τὴν παιδείαν μίαν καὶ τὴν αὐτὴν ἀναγκαῖον
εἶναι πάντων.

fants à sa fantaisie, et par les méthodes qui lui plai-
saient. Ainsi la lutte entre l'éducation publique et
l'éducation privée, entre la liberté des familles et les
droits de l'Etat n'est pas d'hier. On débattait déjà cette
question chez les anciens. Il y a dans la politique certaines antinomies qu'il est de la destinée de l'homme
de discuter toujours, sans pouvoir peut-être jamais les
résoudre définitivement.

Une autre question éternelle, comme la précédente,
séparait encore les esprits : quel système d'éducation
doit-on préférer? celui qui tourne tout à l'utilité réelle
et pratique, ou celui qui ne prétend autre chose que
de préparer à la vertu ?

Aristote est ennemi de toute éducation qui ferait de
l'homme un artisan, un manœuvre, un mercenaire (1).
Ainsi, il rejette de l'enseignement ce qui est inutile
pour former un homme à la science et à la vertu, non-
seulement les arts mécaniques, qui déforment le corps
de l'homme et ôtent à la pensée son élévation, non-
seulement les travaux matériels, mais les travaux de
l'intelligence même, poussés trop loin : les arts étudiés
dans leurs difficultés curieuses, et surtout avec l'intention de s'en faire un moyen d'existence, ont quelque
chose qui sent le mercenaire ou l'esclave. On sait que
les hommes libres, selon Aristote, doivent être des
hommes de loisir : il faut donc que l'éducation les prépare à occuper noblement leurs loisirs. De là, la nécessité, dans l'éducation, de choses qui, n'étant pas utiles
et nécessaires, doivent être étudiées comme belles ; car
c'est le beau qui prépare à la vertu. Sans doute, il ne
faut pas rejeter l'utile de l'enseignement. Ainsi la

(1) *Ib.*, *ib.*, 1337 b. 5. Φανερὸν ὅτι τῶν τοιούτων δεῖ μετέχειν ὅσα τῶν
χρησίμων ποιήσει τὸν μετέχοντα μὴ βάναυσον.

grammaire est utile, le dessin est utile, la gymnastique
aussi ; mais elles ne doivent pas être cultivées exclusivement, ni avec excès. « Le dessin, par exemple, doit
être étudié beaucoup moins pour éviter les erreurs et
les mécomptes dans les achats et les ventes de meubles
et d'ustensiles, que pour se former une intelligence
plus exquise de la beauté du corps. D'ailleurs cette
préoccupation exclusive des idées d'utilité ne convient
ni aux âmes nobles, ni aux esprits libres (1). »

La musique est une de ces études libérales que l'on ne
cultive point pour l'utilité, mais pour l'agrément, pour
la beauté, pour le noble emploi du loisir. La musique
d'abord est l'un des plus vifs plaisirs, et lorsqu'elle ne
procurerait que cet avantage, n'est-il pas bon de préparer à l'homme mûr un jeu qui le délasse de la fatigue et du travail? Mais la musique est plus qu'un
jeu. Elle fait des prodiges, par l'action qu'elle a sur
l'âme de l'homme. Elle excite au plus haut degré l'enthousiasme, elle imite par des sons pathétiques toutes
les qualités morales, et en reproduit en nous l'impression. Or cette impression nous dispose à ces qualités
mêmes. Si l'imitation de la vertu nous plaît, nous
sommes bien près d'être vertueux. La musique ne fît-
elle qu'habituer les âmes à un plaisir noble et pur, elle
les préparerait encore par là à la vertu. On peut demander, il est vrai, s'il est nécessaire, pour apprécier
la musique, de l'avoir étudiée soi-même. Les Spartiates, disait-on, jugeaient très-bien de la musique,
sans savoir exécuter; mais « il est difficile, dit Aristote,
sinon impossible, d'être en ce genre bon juge des
choses qu'on ne pratique pas soi-même. » Cette édu-

_____

(1) L. V (VIII), III, 1338 b. 2. Τὸ δὲ ζητεῖν πανταχοῦ τὸ χρήσιμον
ἥκιστα ἁρμόττει τοῖς μεγαλοψύχοις καὶ τοῖς ἐλευθέροις.

cation, dit-on, fera des artistes, et non des hommes
libres. C'est ici qu'il convient surtout d'apporter la mesure que nous avons recommandée : il faut s'arrêter
dans toutes les études au point où elles deviennent serviles, et par exemple, il faut borner la musique à ce qui
est nécessaire pour apprendre à en bien juger(1).

Cette théorie de l'éducation est au fond la même que
celle de Platon. Platon et Aristote sont d'accord pour
diriger l'éducation de l'homme vers un seul but, la
vertu, et ils entendent par là, la disposition d'une âme
noble et libre, incapable d'actions honteuses. Pour atteindre à un but si élevé, l'enseignement des arts mécaniques et des sciences pratiques est d'un bien faible
secours : il ne doit pas sans doute être négligé, puisque
tout homme doit savoir ce qui lui est utile pour la vie ;
mais il doit se borner à l'indispensable, et l'objet principal des études doit être le beau, et avec lui le bon.
C'est pourquoi Platon et Aristote accordent une si
haute importance à la musique, qui n'était pas chez
les anciens, comme chez nous, un art à part, mais était
toujours associée à la poésie et la comprenait même
ordinairement. Montesquieu a très-finement expliqué
l'emploi de la musique dans l'éducation des Grecs :
« On était fort embarrassé, dit-il, dans les républiques
grecques. On ne voulait pas que les citoyens travail-
lassent au commerce, à l'agriculture, ni aux arts ; on
ne voulait pas non plus qu'ils fussent oisifs. Ils trouvaient une occupation dans les exercices qui dépen-
daient de la gymnastique, et dans ceux qui avaient
rapport à la guerre. L'institution ne leur en donnait
point d'autres. Il faut donc regarder les Grecs comme

(1) Sur la musique voy. même livre IV, V, VI.

une société d'athlètes et de combattants. Or, ces exercices, si propres à faire des gens durs et sauvages,
avaient besoin d'être tempérés par d'autres qui pussent
adoucir les mœurs. La musique, qui tient à l'esprit
par les organes du corps, était très-propre à cela. C'est
un milieu entre les exercices du corps, qui rendent les
hommes durs, et les sciences de spéculation, qui les
rendent sauvages. On ne peut pas dire que la musique
inspirât la vertu (c'est pourtant ce que dit Aristote),
cela serait inconcevable, mais elle empêchait l'effet de
la férocité de l'institution, et faisait que l'âme avait
dans l'éducation une part qu'elle n'y aurait point
eue (1). »

C'est par l'éducation que les Etats se peuvent maintenir. Car les mœurs et les principes des citoyens étant
en harmonie avec les principes du gouvernement, les
révolutions sont moins à craindre. Mais pour les éviter
plus sûrement, il faut en savoir les causes, les espèces,
les occasions et les remèdes. La théorie de l'éducation
nous conduit ainsi à la théorie des révolutions (2).

Les révolutions peuvent avoir des circonstances différentes, mais elles ont toutes une racine commune (3).
Deux choses sont également vraies : la première, c'est
que l'égalité politique appartient à tous les citoyens,
et qu'ils doivent avoir tous les mêmes droits ; l'autre,
c'est que l'inégalité de mérite entraîne légitimement
l'inégalité dans la considération, les honneurs, les richesses. Ainsi l'égalité et l'inégalité sont toutes deux

---

(1) Montesquieu, *Esprit des Lois*, l. IV, c. viii.
(2) Sur la théorie des Révolutions, voir le livre (V) VIII tout entier.
(3) VIII (V), ii, 1302, a. 22. Τοῦ μὲν οὖν αὐτοὺς πῶς ἔχειν πρὸς τὴν
μεταβολὴν αἰτίαν καθόλου μάλιστα θετέον · οἱ μὲν γὰρ ἰσότητος ἐφιέμενοι
στασιάζουσι... οἱ δὲ τῆς ἀνισότητος καὶ τῆς ὑπεροχῆς.

dans la nature. Rien n'est plus difficile que de les tempérer heureusement et de leur fixer une juste part. Or, il arrive souvent que le gouvernement pousse à l'extrême l'égalité politique et fait tort aux légitimes supériorités; ou bien que, par un autre excès, il établit l'inégalité en toutes choses et pour toutes choses, et blesse alors l'égalité des citoyens (1). De là une double source de révolutions, les unes contre l'inégalité arbitraire, les autres contre l'égalité absolue; dans le premier cas, l'État passe de l'oligarchie à la démocratie; dans le second, il passe de la démagogie à l'oligarchie. Toute révolution, sous quelque forme qu'elle se présente, est toujours une réclamation plus ou moins juste, plus ou moins opportune, plus ou moins heureuse de l'égalité naturelle contre l'inégalité artificielle, ou de l'inégalité naturelle contre une égalité brutale et impossible. Le principe, et en même temps le mystère de l'État, c'est l'égalité. Les gouvernements, comme les révolutions, en sont des interprétations diverses : c'est en le comprenant bien, et en l'appliquant justement que les États vivent. Les diverses formes de gouvernement qui accordent, les unes plus, les autres moins à l'égalité, ne peuvent subsister qu'à la condition de ménager ceux qui sont moins favorisés par la constitution : car ce sont ceux-là qui font les révolutions.

Ainsi, la cause première des révolutions est dans l'abus du principe sur lequel repose le gouvernement (1) : d'où il suit que tout État qui veut éviter les renversements, au lieu d'abonder à l'excès dans son principe, doit se retenir en quelque sorte, et s'en interdire toutes les applications démesurées. L'intempé-

(1) L. VIII (V), IX.

rance nuit partout. Pour forcer les ressorts, on les
brise. Sans doute aucun gouvernement n'est parfait et
ne peut l'être; mais le maintien d'un gouvernement
n'est pas au-dessus de la sagesse de l'homme. Il faut
seulement savoir étudier les conditions du succès. Le
difficile n'est pas de fonder un gouvernement, mais de
le faire vivre; et la plupart des politiques croient à tort
qu'on ne peut assez aller dans un sens, quand il est
bon : « Bien des institutions en apparence démocratiques sont précisément celles qui ruinent la démocratie;
bien des institutions qui paraissent oligarchiques dé-
truisent l'oligarchie. Quand on croit avoir trouvé le
principe unique de vertu politique, on le pousse aveu-
glément à l'excès..... La démocratie et l'oligarchie,
tout en s'éloignant de la constitution parfaite, peuvent
être assez bien constituées pour se maintenir; mais si
l'on exagère le principe de l'une ou de l'autre, on en
fera d'abord des gouvernements plus mauvais, et on
les réduira à n'être plus même des gouvernements (1). »
Dans les démocraties, par exemple, où le peuple assem-
blé peut faire souverainement les lois, les démagogues,
par les attaques continuelles contre les riches, divisent
toujours la cité en deux camps, tandis qu'ils devraient,
dans leurs harangues, ne paraître préoccupés que de
l'intérêt des riches : de même, dans les oligarchies, le
gouvernement ne devrait paraître avoir en vue que
l'intérêt du peuple. Voici les serments que l'on fait de
nos jours dans quelques États : « Je serai l'ennemi
constant du peuple, je lui ferai tout le mal que je
pourrai lui faire. » Il faudrait concevoir les choses
d'une façon tout opposée; et, prenant un autre mas-

(1) L. VIII (V), 1309, b. 20.

que, dire hautement: « Je ne nuirai jamais au peuple. »

A cette cause générale des révolutions, Aristote en joint de particulières, profondément observées. Tels sont l'outrage, la crainte, le mépris, la brigue, la corruption, les changements insensibles, la différence de mœurs, et quelquefois enfin des événements fortuits(1). Mais il faut suivre l'action différente de ces causes diverses selon les divers gouvernements. Dans les démocraties, les révolutions sont ordinairement causées par les violences des démagogues. Comme ils irritent continuellement le peuple contre les riches, qu'ils distribuent à la multitude tout l'argent du trésor public, qu'ils bannissent les citoyens élevés pour confisquer leurs biens, ils soulèvent ainsi contre le gouvernement la haine et le mépris des citoyens éclairés; et la démocratie fait place à l'oligarchie. Souvent aussi elle conduit à la tyrannie. En effet, les chefs populaires, après avoir désarmé les riches par les pauvres, et avoir capté la faveur de la multitude par l'apparente défense de ses intérêts, et par le partage de ses passions, finissent bientôt par s'élever au-dessus de la multitude même. Au reste, ce changement de la démocratie en tyrannie était plus fréquent, au dire d'Aristote, dans les temps anciens que de son temps. Dans les oligarchies, les révolutions se produisent aussi par des causes diverses : ou c'est la multitude opprimée, qui se soulève, ou bien quelques riches puissants exclus des honneurs, ou enfin quelques hommes mêmes du gouvernement, qui forment une sorte de démagogie dans le sein même du pouvoir. L'oligarchie ne peut résister à ces principes de trouble que par l'accord de sentiments dans les chefs

(1) Sur toutes les causes particulières des révolutions voyez le livre VIII (V), v, vi, vii.

et la modération du gouvernement. L'oligarchie périt
par son excès, lorsqu'elle se concentre en un trop petit
nombre de mains : elle périt par la guerre, par la
brigue, par le péculat. Elle se corrompt encore par des
causes insensibles ; lorsque, par exemple, la quantité du
cens ne suivant pas la variation des fortunes, le nombre
des censitaires s'augmente naturellement. L'oligarchie se
trouve ainsi changée, presque à son insu, en démocratie. Les révolutions qui ont lieu dans les aristocraties
et dans les républiques ne diffèrent guère des précédentes, puisque l'aristocratie est une espèce d'oligarchie, et la république de démocratie. Dans les unes,
comme dans les autres, le principal motif des révolutions est la violation de la justice. Il arrive alors que ces
gouvernements modérés se changent dans leurs extrêmes, ou encore dans leurs contraires.

Les causes connues des révolutions dans les divers
États nous montrent d'elles-mêmes leurs remèdes (1).
L'un des principes les plus importants de la politique
pour la conservation des États, c'est de prévenir les
plus petites atteintes portées aux lois : « car l'illégalité
s'introduit souvent sans qu'on s'en aperçoive, comme
les petites dépenses souvent répétées dérangent les fortunes. » Il faut donc se précautionner en toutes choses
contre les commencements. Quelquefois un danger prochain et connu est pour un État une cause de conservation. Car on cherche perpétuellement à s'en préserver ; et la vigilance est le salut des républiques : il est
donc bon de ménager toujours aux cités quelques sujets
d'alarme pour les tenir en éveil, et afin qu'à l'exemple
d'une sentinelle de nuit on tienne compte du danger

(1) Voy. l. VIII (V), VIII et IX.

éloigné, comme s'il était près. En général, dans tout
gouvernement, république, oligarchie ou monarchie,
il vaut veiller à ce qu'aucun citoyen ne s'agrandisse
d'une manière démesurée, et ne menace ainsi la liberté
et la sécurité de l'État. Aussi faut-il ne pas donner trop
de pouvoir aux magistrats, ou du moins limiter le pouvoir par le temps. Il faut aussi, par des mesures sagement combinées, faire qu'aucun parti ou aucune classe
ne s'élève trop au-dessus des autres; et il est bon, en
tout État, de mêler la classe riche à la classe pauvre.
Il faut surtout que les lois soient les maîtresses, et que
les magistrats ne puissent disposer des revenus publics
sans rendre compte : les profits illicites sont les causes
les plus fréquentes des révolutions. Il faut, dans les démocraties, avoir de la considération pour la classe riche,
s'interdire les partages des terres, ou même de leurs
produits: dans les oligarchies, au contraire, il faut ménager la classe pauvre, appeler les hommes de mérite
aux honneurs, laisser aux riches les fonctions gra-
tuites, et aux pauvres les fonctions rétribuées. Il faut
en général, dans tout gouvernement, accorder l'égalité
et même la préférence à la classe qui ne participe pas
au gouvernement. Enfin il faut que le nombre de ceux
qui veulent que l'État subsiste l'emporte toujours sur
le nombre de ceux qui ne le veulent pas. L'éducation
est le moyen le plus approprié à produire cet effet.
C'est pourquoi, il est important, comme nous l'avons
vu, qu'elle soit toujours entre les mains de l'État.

La royauté et la tyrannie ont rapport, l'une à l'aristocratie, l'autre à l'oligarchie et à la démocratie. Comme
l'aristocratie, la royauté est fondée sur la supériorité de
vertus, de talents, de fortune, unie à une grande puissance : le roi est le protecteur naturel des citoyens. La

tyrannie au contraire n'est fondée que sur la force: elle ressemble à l'oligarchie, en ce qu'elle ne cherche que les richesses et qu'elle accable la multitude : elle a de commun avec la démocratie, qu'elle fait une guerre perpétuelle aux riches et aux citoyens distingués. Les causes de révolutions sont donc à peu près les mêmes dans ces deux formes de gouvernement, que dans les précédentes. On peut dire en général que la royauté tend à sa ruine, quand elle se transforme en tyrannie, et que la tyrannie périt, lorsqu'au lieu de prendre les apparences de la royauté et de feindre en tout de gouverner selon la justice, le tyran ne cherche que la misère et l'humiliation de ses sujets. Ce qui renverse ordinairement les tyrans, ce sont deux passions excitées par leurs injustices : la haine et le mépris. En général, le meilleur remède pour la conservation des royautés et des tyrannies, c'est de modérer le pouvoir lui-même. « L'autorité, quelle qu'elle soit, est d'autant plus durable qu'elle s'étend à moins de choses. » La sagesse des tyrans est d'imiter le pouvoir royal.

Nous avons apprécié déjà la morale d'Aristote. Il nous reste à exprimer notre opinion sur sa politique.

Une des plus grandes vérités établies par Aristote dans sa politique, c'est que l'homme est né pour la société. L'homme, dit-il, est un animal politique. Toutes les raisons que l'on peut faire valoir en faveur de ce principe, Aristote les a connues, et même trouvées. Le besoin que l'homme a de l'homme, la nécessité de l'État pour compléter la vie de l'individu, la sociabilité naturelle des hommes, la famille, première société dont sortent toutes les autres, la parole, signe évident de la destination sociale des hommes, les idées du juste et de l'injuste, naturelles à la conscience humaine, et qui

n'ont de sens que dans la société; tous ces faits qui
déposent si éloquemment en faveur de l'état social, ont
été saisis et démêlés par Aristote avec la plus grande
sagacité. Tout en reconnaissant que la famille est la
base de la société, il a bien distingué la famille et l'État :
distinction importante qui servira toujours à distinguer les défenseurs des idées libérales, et ceux des doctrines absolutistes : c'est Aristote qui a fait voir que le
principe de la famille était l'autorité, et celui de l'Etat
la liberté et l'égalité. Dans la famille même, s'il s'est
trompé sur l'esclavage, il a bien démêlé la vraie nature
du pouvoir paternel et du pouvoir conjugal, en définis-
sant le premier un pouvoir royal, et le second un pouvoir républicain. Enfin, quant à la propriété, s'il n'en
a pas démontré le droit, et s'il se montre même assez
indifférent sur son origine, il a fait voir néanmoins le
rôle de la propriété dans la famille et dans l'État, et
on lui doit les premières notions précises d'économie
politique.

Telles sont les doctrines sociales d'Aristote, qui remplissent le premier livre de son ouvrage. Quant à sa politique proprement dite, elle se compose d'une partie
critique et d'une partie théorique. On a pu apprécier la
force de sa critique par les exemples que nous en avons
donnés. Son examen des théories sociales de son temps,
et de la constitution politique de Lacédémone ou de
Carthage, est d'une vigueur et d'une netteté qu'aucun
publiciste n'a surpassée. Quant à ses propres théories,
en voici les points les plus remarquables et les plus durables.

Il a vu que la cité se ramène au citoyen, et que le citoyen est celui qui participe directement ou indirecte-
ment aux magistratures. Il a soutenu par les plus forts

arguments que l'on puisse invoquer aujourd'hui encore
le principe de la souveraineté du plus grand nombre,
et en même temps il a compris et supérieurement
analysé toutes les formes du gouvernement; il a suivi
les traces de Platon, en donnant la préférence à un
gouvernement de transaction, où se tempéreraient l'un
par l'autre le principe de la fortune, du mérite et de
la liberté; il a vu qu'un tel tempérament est absolument incompatible avec une excessive inégalité des
fortunes, et il a eu le pressentiment du rôle que devaient jouer les classes moyennes, si peu importantes
dans l'antiquité, si considérables dans les temps modernes. Sa théorie de l'éducation, où l'influence de
Platon est évidente, est admirable : il dit avec raison
qu'elle a pour but de former des hommes par les arts
libéraux, et non des machines par ce que l'on appelle
aujourd'hui l'éducation professionnelle, qui n'était pas
ignorée même de son temps; il défend solidement l'é-
ducation publique contre les caprices de l'éducation
domestique, quoiqu'il ait tort d'accorder à l'Etat le
droit de s'emparer de l'individu malgré lui. Enfin sa
théorie des révolutions, esquissée déjà par Platon, est
la plus savante, la plus complète et encore aujour-
d'hui la plus neuve que puisse présenter la science
politique.

Il est vrai que cette grande et belle politique repose
sur un postulat inacceptable, la théorie de l'esclavage.
Mais cette théorie même témoigne d'un profond génie,
et l'on peut dire qu'elle a été un véritable progrès. Car
poser une question d'une manière précise et exacte,
c'est évidemment mettre sur le chemin de la solution.
Aristote a vu que l'esclavage dans l'antiquité reposait
sur des préjugés; et il lui a cherché un principe phi-

losophique. Il a démontré que ni la convention, ni la
guerre ne pouvaient fonder l'esclavage : or c'est ce
qu'aucun philosophe n'a vu, même depuis lui, jusqu'au xviii⁰ siècle. Cependant l'esclavage existait. C'é-
tait, au temps d'Aristote, un fait universel ; c'était la
pierre angulaire de la société antique : nul publiciste
n'était en mesure de pressentir qu'une société pouvait
s'en passer : et Aristote était un génie trop positif et
trop pratique pour qu'on pût attendre de lui une pareille intuition. Qu'a-t-il donc fait ? Il a cherché un
principe raisonnable à un fait déraisonnable, et il a
cru le trouver dans l'inégalité naturelle des hommes, et
dans une séparation du genre humain en deux races,
l'une destinée aux travaux du corps, l'autre aux travaux de l'esprit. Il a donné par là à la société antique
sa véritable signification, en la ramenant à ces deux
faits essentiels : le loisir et le travail, le premier
associé à la liberté, et le second à l'esclavage. Ceux
qui ont réfléchi sur les nombreuses difficultés que
rencontre dans les temps modernes la solution
du problème politique, par cette raison surtout
qu'il est toujours compliqué d'un problème social,
comprendront comment l'esprit analytique d'Aristote a pu être séduit par cette simplification du
problème : une société libre, nourrie par une société
esclave.

On peut aussi reprocher à Aristote, d'avoir, moins
que Platon sans doute, mais trop encore pour la vérité,
sacrifié l'individu. Mais cette erreur, comme la précédente, est l'erreur capitale de la politique ancienne.
Si Aristote avait évité ces deux erreurs, je ne vois pas
quelle supériorité nos doctrines politiques auraient
sur les siennes. Il est injuste de demander à un ancien

plus de vérités qu'il n'en pouvait atteindre dans les données de son temps. Celles que nous avons signalées suffisent à la gloire d'Aristote (1).

(1) Depuis la première édition de ce livre, un savant écrivain, très-compétent sur tout ce qui concerne Aristote, M. Thurot (*Études sur Aristote*, p. 105, Paris, 1860) a émis cette opinion intéressante et appuyée de fortes raisons, à savoir que l'on aurait beaucoup exagéré la différence des doctrines politiques, comme aussi des doctrines philosophiques en général de Platon et d'Aristote. Il pense au contraire que les analogies l'emportent de beaucoup sur les différences. Pour l'un comme pour l'autre, la politique est identique à la morale. Elle est une science pratique qui enseigne à rendre les hommes vertueux et heureux ; elle est, en d'autres termes, la science de l'éducation par l'État. D'où il suit que la politique doit avoir un idéal, qui serve de règle et de mesure aux gouvernements humains. De là les deux livres de la *Politique* sur l'État idéal. Ces livres ne sont point un hors-d'œuvre, comme on est tenté de le croire, mais le centre même de l'ouvrage et le nœud de toute la théorie. C'est ce qu'on voit surtout, quand on rétablit l'ordre des livres, comme l'a fait avec tant de raison M. Barthélemy Saint-Hilaire. Car après les trois premiers livres, qui ne contiennent que des généralités, et comme les prolégomènes de la science, viennent les deux livres sur l'idéal politique ; puis le livre sur la république, ou le meilleur gouvernement relatif, puis ceux qui traitent des gouvernements défectueux. L'idéal est donc, pour Aristote comme pour Platon, le point de départ de la politique et le principe qui doit la fonder. La seule différence, c'est que pour Platon, hors du gouvernement parfait, tous les autres sont absolument mauvais ; tandis qu'Aristote, qui fait toujours la part de l'expérience, montre quel parti on peut tirer en fait des gouvernements moins bons, et même de ceux qui sont tout à fait défectueux.

Cette identité fondamentale entre la doctrine politique d'Aristote et celle de Platon, en amène d'autres à sa suite, que M. Thurot a recueillies avec soin, et qui, rassemblées, donnent à sa thèse l'appui le plus frappant et le plus lumineux. Ainsi Platon et Aristote s'accordent tous deux, suivant lui, à admettre que le bien de l'individu ne diffère pas du bien de l'État, que la politique n'a d'autre but que d'assurer à l'individu les moyens d'atteindre son bien, et que le bien de l'individu n'étant ni dans la puissance ni dans la richesse, mais dans la vertu, le but de la politique n'est pas de rendre l'État riche par le commerce ni puissant par les conquêtes, mais vertueux par la vertu des citoyens. De là résulte immédiatement que le citoyen appartient entièrement à l'État. Le caractère essentiel des plus mauvais gouvernements, dit Aristote, est de laisser chacun vivre comme il veut. La liberté individuelle dans la disposition de la propriété et dans la vie de famille est aussi répréhensible aux yeux d'Aristote, qu'à ceux de Platon. Comme ils placent tous deux le souverain bien dans la contemplation scientifique, ils sont conduits à regarder la pratique de la vertu comme inséparable du loisir, et les travaux mécaniques comme inconciliables avec la pratique de la vertu accomplie ; ils refusent les droits de citoyen aux agriculteurs, aux commerçants, aux ouvriers. Enfin, l'État idéal d'Aristote est, comme celui de Platon, une petite cité ; l'exécution d'une pareille législation serait impossible dans une grande population. Je ne puis tout citer ; mais on peut dire que dans les pages que je résume, M. Thurot a épuisé la question des analogies de doctrines de Platon et d'Aristote en politique.

Maintenant, je dois avouer que malgré les preuves si nombreuses et si précises accumulées par l'auteur, il me reste encore quelques doutes. Je me demande si l'opinion qui oppose Aristote et Platon est un préjugé aussi déraisonnable que le dit M. Ch. Thurot : « Quoique Aristote, dit-il, ait *complétement adopté les principes* de la politique platonicienne, on s'obstine encore à opposer la politique *expérimentale et utilitaire* d'Aristote à la politique *idéaliste* de Platon. » Eh bien ! je me demande si cette obstination n'a pas sa raison ; si, dans le fond des choses, ce préjugé ne serait pas la vérité ; et enfin s'il n'est pas bien exagéré de dire qu'Aristote a complétement adopté en politique les principes de Platon.

Il faut bien distinguer, ce me semble, dans un auteur, les idées qui lui viennent de son temps, de ses habitudes, de son éducation, de mille influences diverses qu'il ne peut secouer, et les idées qui viennent de son génie propre, de sa personnalité. C'est là, je crois, le nœud de la question. Qu'Aristote, né Grec, et ayant été vingt ans, dit-on, disciple de Platon, ait eu en commun avec lui des idées et des tendances d'esprit qui étaient essentiellement grecques, et dont il ne pouvait pas plus se défaire que de ses mœurs et de sa langue, c'est ce qui n'a pas lieu d'étonner. Qu'il ait en outre été fidèle à certaines traditions de l'école platonicienne, de laquelle il avait reçu une si profonde empreinte, et que malgré tous ses efforts pour s'en délivrer et pour se distinguer de son maître, il ait conservé presque sans le savoir, et surtout sans le vouloir, beaucoup de ses principes, c'est encore ce qui est non-seulement facile à comprendre, mais très-vraisemblable. Mais est-ce bien là qu'il faut chercher le génie propre d'Aristote et sa vraie pensée ? Et ne pourrait-il pas se faire que, malgré tant de ressemblances apparentes, les dissemblances fussent plus grandes encore, et fussent précisément la vraie marque du génie de chacun ? En un mot, on est tenté de croire qu'en composant son idéal politique, Aristote ne fit autre chose qu'obéir à une habitude grecque, et à ce que j'appellerai une sorte de lieu commun dont on ne pouvait pas plus s'affranchir que nos tragiques de la règle des unités ; que ce n'est pas là qu'il mit son génie ; et en effet cet idéal n'a rien d'original, ni d'intéressant. Qui connaît la *République* d'Aristote, et qui ne connaît celle de Platon ? Sans doute le fond moral qui anime ces deux politiques est quelque chose de remarquable ; et

il est très-vrai qu'Aristote, tout comme Platon, a donné la vertu
comme objet principal ou même exclusif de l'État. Sa politique n'est
certainement pas *utilitaire*, mais elle est *expérimentale*, et l'idéal n'y
est guère autre chose qu'une machine de convention. Comparez ce
livre qui traite de l'idéal politique, et qui ne nous retrace qu'une sorte
d'État vague, sans physionomie ni couleur, au premier livre de la
*Politique*, ce livre incomparable, où Aristote analyse si merveilleuse-
ment la société et la famille ; au troisième livre, où il analyse, toujours
par la même méthode, le citoyen et la souveraineté, et l'on verra la
différence qu'il y a pour un auteur entre obéir à son propre génie ou
à une habitude consacrée. Dans les deux livres que je viens de citer,
Aristote est lui-même ; il est sans modèle dans l'antiquité ; il crée
vraiment la politique d'observation comme science. Qu'y a-t-il d'é-
tonnant que ce soit par là qu'il ait frappé les esprits, et que l'on se
soit habitué à le caractériser lui-même ?

Il ne faut pas sans doute refuser de reconnaître que déjà dans
Platon, sous le rapport de l'observation politique, il y a des parties
très-remarquables : par exemple, le huitième livre de la *République*,
sur les révolutions des États, a été à peine surpassé par Aristote dans
le dernier livre de la *Politique*. Il y a aussi dans les *Lois* beaucoup
d'excellentes vues. Cependant il est permis de dire qu'en général
Platon procède beaucoup plus par *construction* que par *observation*.
Il aime à faire des plans de républiques. Il est plutôt législateur que
savant ; il semble plutôt donner des projets pour l'éducation des cités,
que chercher à découvrir les lois générales des États : c'est un architecte politique. Aristote est un naturaliste. Je crois que cette distinction restera la vraie, malgré tous les rapprochements. Ces rapprochements, d'ailleurs, sont très-utiles pour restreindre et préciser l'opposition de ces deux grands génies ; mais ils ne doivent pas la faire
disparaître.

J'ajoute que ce n'est pas seulement par la méthode, mais encore par
le fond des choses, que la *Politique* d'Aristote s'éloigne de celle de
Platon ; elle est infiniment plus libérale et populaire ; et le royaliste
Hobbes a pu dire, avec quelque apparence de raison, que c'est par la
*Politique* d'Aristote que les idées démocratiques se sont répandues
dans l'Occident. Dans le dialogue du *Politique*, Platon avoue ses prédilections pour la monarchie paternelle ; il voit dans le roi le pasteur
des peuples, l'éducateur des peuples, et il lui confère le droit de faire
leur bonheur, *avec ou sans lois, de gré ou de force*. La *République* a
un caractère oriental et théocratique qui ne peut être contesté. Il est
clair que la classe des philosophes correspond à la caste des prêtres
en Orient. On voit que dans les idées de Platon le pouvoir vient toujours d'en haut, et est une véritable tutelle. Il confond la famille et
l'État, et donne à l'État le gouvernement de la famille. Dans les *Lois*,
à la vérité, il se rapproche des institutions grecques et populaires,
mais c'est à regret, et en faisant le moins de concessions possible.
Aristote, au contraire, n'a aucune prédilection pour les idées d'au-

tocratie, ou même d'aristocratie exclusive. Il définit l'État, une réunion d'hommes libres et égaux. Il distingue soigneusement la famille de l'État, en ce que l'une repose sur l'autorité et l'obéissance, l'autre sur l'égalité et la liberté. Dans sa théorie de la souveraineté, il se prononce (toujours avec les réserves d'un esprit pratique) pour la souveraineté du plus grand nombre ; il place l'autorité de la loi bien au-dessus de l'autorité de l'homme. Il comprend et admet la monarchie comme toute forme de gouvernement ; mais son vrai idéal est une république tempérée, fondée sur les classes moyennes. Sans doute il n'est pas moins sévère que Platon, pour le travail manuel, et il l'exclut rigoureusement des droits de cité : mais en cela il obéit au génie de l'antiquité. Toute part faite aux préjugés de son temps, il est, si l'on peut dire, un libéral. Platon, au contraire, se montre partout partisan du principe d'autorité. Je crois donc qu'il est exagéré de dire qu'Aristote a complétement adopté en politique les principes de Platon. Ce qui reste vrai, c'est qu'Aristote, malgré sa prédilection pour le résultat expérimental, a cependant eu un idéal en politique ; et que Platon, tout idéaliste qu'il fût, n'en a pas moins été aussi un grand observateur. Le génie est toujours complet, même lorsqu'il se développe de préférence dans un sens plutôt que dans un autre.

# CHAPITRE IV.

## LE STOICISME. — CICÉRON.

Erreurs et lacunes des doctrines de Platon et d'Aristote. — Le stoïcisme. — Principe de la liberté intérieure. — Principe de l'harmonie des êtres et de la cité universelle. — Théorie de la loi et du droit. — Principes de sociabilité. — Polémique contre l'esclavage. — Politique. — Polybe et Cicéron. — Théorie de la constitution romaine. Théorie des gouvernements mixtes. — Influence du stoïcisme sur le droit romain. — Théories sociales et politiques des jurisconsultes de l'empire. — Fin de l'antiquité.

Deux erreurs fondamentales, l'absolutisme de l'Etat et l'esclavage, communes l'une et l'autre à Platon et à Aristote, mais l'une exagérée par Platon, et l'autre par Aristote, corrompaient évidemment jusqu'à leur source même leur morale et leur politique. Au lieu de découvrir mieux que le présent, et d'entrevoir quelque chose de l'avenir, ils ne tournèrent leurs regards que vers le passé. Ils prirent pour la vérité absolue les erreurs passagères d'une société imparfaite, et encore barbare : ils eurent surtout le tort de ne pas comprendre quelques-uns des signes nouveaux qui se manifestaient, d'avoir trop oublié les traditions de Socrate, dont la vie et la mort auraient dû faire comprendre à Platon que l'Etat n'est pas tout, et dont quelques paroles admirables, que nous avons citées, devaient apprendre à Aristote que le travail n'est pas servile.

Il restait donc deux erreurs à combattre, deux vérités à introduire dans la philosophie morale et politique des anciens : 1° apprendre à l'homme qu'il est quelque chose en dehors de l'Etat ; 2° généraliser le titre d'homme, et étendre cette amitié, que Platon et Aristote n'avaient supposée qu'entre quelques hommes de privilége et de loisir. Telle fut l'œuvre du stoïcisme, que nous considérerons surtout par ces deux côtés.

Avant le stoïcisme, une école grossière et assez méprisée, mais qui eut quelques lueurs de grandeur, avait tenté déjà de rompre les liens artificiels qui dans l'antiquité enchaînaient l'homme à l'Etat : c'est l'école cynique (1). Fondée par un νόθος, Antisthène, rendue célèbre par les extravagances et les mots heureux d'un Diogène, exilé, mendiant, esclave, cette école fut évidemment une protestation des classes populaires et méprisées contre la philosophie aristocratique de Platon et des autres socratiques. Enseignée au Cynosarge, lieu consacré exclusivement aux νόθοι, où ils avaient leur temple, leur gymnase, leur tribunal, cette philosophie énergique et insolente est plutôt ennemie des lois et de la société, que vraiment amie de l'humanité. Diogène disait, il est vrai, qu'il était citoyen du monde, et que le seul gouvernement digne de notre admiration était le gouvernement de l'univers (2). Mais ces belles paroles ne cachaient peut-être qu'un grossier égoïsme. Ennemi de la patrie, de la famille, de la propriété (3), on ne voit pas par quels liens le cynique se

(1) Voy. sur l'école cynique et sur ses rapports avec le stoïcisme, l'excellente et exacte thèse de M. Ch. Chappuis, *Antisthène*. Paris, 1833.

(2) Diog. Laert. VI, 68, 72, 93.

(3) Diog. Laert. 72. Xén. *ibid*. Conv., 4, 38.

serait rattaché aux autres hommes. Il ne plaçait la vertu que dans la force à souffrir les privations, et dans l'indépendance de toutes les lois sociales. Il n'y avait là aucun principe de fraternité et de sociabilité. Néanmoins le cynisme, en attaquant les distinctions artificielles maintenues par les lois, et en montrant des philosophes affranchis, esclaves, mendiants, servit dans une certaine mesure à changer les idées de l'antiquité, et à préparer le stoïcisme (1).

Le trait le plus frappant du stoïcisme, et celui par lequel il est resté le plus populaire, c'est la force, l'énergie, la violence envers soi-même, la révolte contre la nature, le mépris de la douleur, du plaisir, de la mort, de tous les accidents de l'humanité. Par là le stoïcisme est profondément antique. Son modèle, c'est Hercule, qui était également le dieu des cyniques; tous les grands citoyens de l'antiquité, qu'ils le sussent ou non, étaient stoïciens : rien ne ressemble plus au sage du stoïcisme que ces anciens citoyens de Rome, durs, inflexibles, esclaves du devoir, de la discipline, du serment, de la patrie, les Brutus, les Régulus, les Scévola, les Décius, et mille autres moins célèbres. Lorsque le stoïcisme rencontra les derniers citoyens romains, il trouva une matière toute prête pour ses doctrines; il

_____

(1) Le stoïcisme a été très étudié en France dans ces dernières années. M. Ravaisson en a exposé et interprété la doctrine avec science et profondeur, soit dans son admirable *Essai sur la métaphysique d'Aristote* (t. II), soit dans un *Mémoire* spécial (*Mém. de l'Acad. des inscriptions et belles-lettres*, 1857). M. J. Denis, dans l'*Histoire des théories morales de l'antiquité*, que nous avons déjà plusieurs fois citée, a surtout étudié la morale pratique, c'est-à-dire les préceptes de l'école stoïcienne. Enfin M. C. Martha, dans ses *Moralistes sous l'empire romain* (Paris, 1864), a mis en lumière avec beaucoup de finesse le point de vue trop oublié de l'action pratique du stoïcisme sur les âmes et sur les mœurs.

fut la philosophie des derniers républicains, héros d'un monde qui disparaissait.

Ce caractère mâle, énergique et viril a été assigné par les anciens comme le caractère propre de la philosophie stoïcienne. Cléanthe, l'un des premiers philosophes de l'école, disait que la vertu unique, c'est la force. Mais ce caractère est surtout frappant dans l'un des derniers stoïciens, dans Épictète.

Il semble que le poids de la servitude ait forcé Épictète à rentrer en soi-même et à chercher dans les profondeurs inaccessibles de son âme une liberté inviolable. Aucun philosophe n'a séparé avec plus de rigueur la vie de l'âme de la vie sensible et extérieure, et la liberté morale de la liberté apparente, c'est-à-dire du pouvoir d'agir en dehors de nous (1). Toute la philosophie d'Épictète repose sur la distinction de ce qui dépend de nous et de ce qui n'en dépend pas. Les actions de l'âme, le vouloir, le désir, le renoncement, sont en nous et à nous; mais les biens et les maux extérieurs ne nous sont rien. De là une indifférence complète pour tout ce qui, n'étant pas en notre pouvoir, doit être pour nous comme s'il n'était pas. Ce ne sont pas les choses mêmes qui nous troublent, mais les idées que nous en avons (2). La mort n'est point terrible, mais l'idée de la mort. Nous sommes donc nous-mêmes les auteurs de nos maux; et comme nous pouvons changer nos idées et ne considérer les choses que comme elles sont, rien ne nous doit être terrible et rien ne nous doit troubler. Pour vivre tranquille, il ne faut pas demander que les choses arrivent comme on les désire, mais les vouloir

(1) Épict. Manuel, c. i-vi.
(2) Ibid., ib., c. v.

comme elles arrivent (1). Sois toujours dans la vie
comme le matelot qui descend un instant sur la rive
pour chercher quelque coquillage, toujours prêt à remonter dans le vaisseau sur l'appel du maître. Pour
toi, une femme, des enfants, voilà les jouets qui te sont
permis par celui qui gouverne ton vaisseau : sois toujours prêt à les quitter quand il t'appellera (2). Ne dis
d'aucune chose que tu l'as perdue, mais seulement que
tu l'as rendue. Ton fils est mort? tu l'as rendu. Ton
épouse est morte? tu l'as rendue. Ton champ t'est enlevé? tu l'as rendu (3). Ne te tourmente pas de ne pas
avoir de quoi vivre, d'avoir un esclave méchant; mieux
vaut mourir, mieux vaut avoir un méchant esclave,
que de vivre malheureux avec l'âme troublée (4). Sois
dans la vie comme dans un festin : le plat passe-t-il
devant toi? sers-toi avec discrétion. Passe-t-il sans
s'arrêter? ne le retiens pas. Ne vient-il pas jusqu'à toi?
attends avec patience. Agis-en de même dans la vie à
l'égard des enfants, de ta femme, des magistratures,
des richesses (5). Ne te tourmente pas du rôle que tu
joues : ce n'est point ton affaire de choisir ton rôle,
mais de le bien jouer (6). Ne te plains point de ton obs-
curité : dépend-il de toi d'obtenir une magistrature,
d'être invité à un festin? Tes amis, dis-tu, ne peuvent
rien attendre de ton secours. Mais qui peut donner ce
qu'il n'a pas? Vous me demandez d'acquérir des richesses, afin de vous en faire jouir : si je le puis, sans
sacrifier l'honneur, la bonne foi, la générosité, mon-

(1) Epict. Manuel, c. xiv.
(2) Ibid., xiii.
(3) Ibid., xvii.
(4) Ibid., xviii.
(5) Ibid., xxiii.
(6) Ibid., xxv.

trez-moi le chemin, je le suivrai. Si vous me demandez
de perdre ces biens précieux, qui sont vraiment à moi,
pour en partager d'autres, qui ne sont pas de vrais
biens, voyez comme vous êtes injustes et déraisonnables. Tu te plains de ne pas avoir la première place à
table, ou les honneurs dans le conseil? Si tu n'as pas
fait ce qui mérite ces récompenses, de quoi te plains-
tu? As-tu frappé aux portes d'un grand, lui as-tu fait
ta cour humblement, l'as-tu accablé de menteuses flat-
teries? Si tu n'as rien fait de tout cela, pourquoi veux-
tu ce qui ne s'achète qu'à ce prix? Combien se ven-
dent les laitues au marché? Une obole. Si tu ne donnes
pas l'obole pour la laitue, as-tu véritablement moins
que celui qui l'a donnée? Non, car il te reste ton obole.
De même n'as-tu rien pour ce repas, ces honneurs que
tu regrettes? Bien au contraire : il te reste de n'avoir
point loué ce que tu ne croyais point devoir louer, de
n'avoir pas souffert l'insolence des valets (1).

Voilà bien le stoïcien, tel que nous le représente la
tradition : fier, inflexible, presque dur, renfermé en
soi-même, insensible aux émotions du cœur, et occupé
par-dessus tout à défendre son indépendance. Tout en
admirant cette forte et sublime morale, le sentiment
populaire s'est toujours révolté contre elle, et on ne
peut nier qu'il n'y ait quelque chose de vrai dans ce
préjugé. La force n'est pas tout ni dans l'homme, ni
dans la nature. Il semble que le stoïcisme n'ait pas assez compris les grâces et les douceurs qui se mêlent
dans l'univers à l'exactitude des lois et à l'énergie des
forces primitives des choses. L'auteur de la nature, qui
sans doute devait savoir aussi bien qu'Épictète ce qui

---

(1) Epict. Manuel, c. xxxiii, xxxiv.

est vraiment bon et beau, a bien voulu créer une fleur
au pied d'arbres gigantesques, et faire couler une eau
tranquille au milieu de sombres rochers. Tous les
grands artistes imitateurs de la nature ont, sans y réfléchir, mêlé dans leurs peintures la douceur et l'énergie ; Achille et Andromaque sont les créations du même
poëte. Ces contrastes sont aussi dans l'homme, et ils se
doivent reproduire dans la morale, qui n'a pas pour
objet de détruire l'homme, mais de donner un développement réglé à toutes les puissances saines que la
Providence a mises en lui. Platon l'a bien compris : il
ne sépare pas dans le sage la force de la douceur, et
c'est à la musique, à la philosophie et à l'amour qu'il
confie le soin de fortifier à la fois et d'attendrir les
âmes. Mais plus tard, dans un temps de corruption
grossière et de barbarie sans nom, les ornements de la
vertu ne pouvaient paraître aux âmes fortes que des
séductions inutiles : elles devaient éviter d'autant plus
les pentes qui conduisent à la faiblesse, et de la faiblesse à la corruption. Au milieu d'une foule aveugle,
le sage se faisait en lui-même un monde solitaire, où il
vivait sans trouble, sans émotion tendre, sans espoir
dans l'avenir, mais dans la sécurité d'une âme résignée
à tout, plutôt que de s'humilier à ses propres yeux.

Ce principe d'une liberté intérieure, d'une force qui
se suffit à elle-même, devait conduire le stoïcisme à séparer l'homme du citoyen, à l'affranchir du joug de
l'Etat : l'étranger, le barbare, l'affranchi, le mercenaire, l'esclave peut être un homme, et le citoyen peut
ne pas en être un. Le sage, qui est le seul roi, est aussi
le seul citoyen. N'était-ce pas renverser tout le système
du monde antique que de chercher le titre de l'homme
ailleurs que dans le droit de cité?

Un autre principe stoïcien conduisait aux mêmes
conséquences : c'est le principe de l'unité du genre humain, principe qui reposait lui-même sur un autre
plus général encore, l'ordre universel, l'harmonie et la
correspondance de toutes les parties de l'univers.

Il n'y a, dit Marc-Aurèle, qu'un seul monde, un seul
Dieu, une seule loi, une seule vérité. De même qu'il n'y
a qu'une seule lumière, quoiqu'elle paraisse se diviser
sur les murailles, sur les montagnes et sur les objets
divers, il n'y a qu'une âme qui se partage entre les
êtres intelligents (1). Tous les êtres tendent à s'unir, la
terre avec la terre, l'eau avec l'eau, et l'air avec l'air :
les animaux se rassemblent, les abeilles, les poussins,
les grands troupeaux sont des sociétés qui nous présentent le modèle de ce que doit être la nôtre (2). Un
poëte a dit dans une pièce de théâtre : « O chère cité de
Cécrops! » Chère cité de Jupiter, s'écrie Marc-Aurèle (3). Ce lien universel est si étroit qu'il ne peut
rien arriver de bon ou d'utile à chacun, qui ne soit
bon à l'univers; et réciproquement ce qui sert à la
ruche sert à l'abeille (4). Celui qui se sépare autant
qu'il est en lui du reste de l'univers, soit en s'indi-
gnant contre les accidents de la vie, soit en commet-
tant quelque injustice, est semblable à un bras, un
pied, une tête, coupés et séparés du corps (5). Il ne
suffit pas de dire : je suis une partie du tout; il faut
dire : je suis une partie du corps de la société humaine,
et en général de la nature. Si l'univers entier forme

(1) Marc. Ant. l. XII, xxxii.
(2) Ib. l. IX, ix.
(3) Ib. l. IV, xxv.
(4) Ib. l. II, iii.
(5) Ib. l. VIII, xxxvi.

une seule famille, à plus forte raison le genre humain.
« *Homo sum et nihil humani à me alienum puto.* » Ce
beau mot de Térence est le cri du stoïcisme. Il faut aimer l'homme, par cela seul qu'il est homme (1). Tous
les hommes sont parents ; et comme leur mère commune est la nature, c'est-à-dire la raison de Dieu, commettre une injustice envers les hommes est une impiété (2).

Sur ce principe d'une raison universelle, lien commun des hommes et des dieux, Cicéron établit une
théorie du droit, qui est le fondement de ce que nous
appelons aujourd'hui le droit naturel. La science du
droit, dit-il, ne se tire pas des édits des préteurs, ou de
la loi des Douze Tables, mais de la philosophie même,
*ex intima philosophia.* Or, la philosophie nous apprend
qu'il y a dans tous les hommes une raison commune ;
cette raison, c'est la loi même : elle est dans les hommes,
elle leur parle à tous le même langage, elle vient de
Dieu, et elle nous unit à lui. Ce n'est pas une loi écrite,
elle est née avec nous, nous ne l'avons pas apprise,
reçue d'autrui, lue dans les livres, nous l'avons trou-
vée et puisée dans la nature même. C'est de cette loi
qu'émane le droit. La loi, c'est le droit : par conséquent
le droit, c'est la raison, puisque la loi est la raison
même ; et, étant la raison universelle, le droit l'est
aussi : comme elle, il est divin ; comme elle, il est invariable, fondé dans la nature et non dans l'opinion. Il
est absurde de supposer que la justice repose sur les
institutions et sur les lois des peuples. Eh quoi ! si les

(1) Cic. *de Offic.*, l. III, VI.
(2) Marc. Ant., l. IX, I. Sén. *ad Lucil.* 91 : Totum hoc, quo conti-
nemur, unum est et Deus ; et socii sumus ejus et membra... 95. Natura nos cognatos edidit.

lois sont faites par des tyrans ! Qu'importe que ce soit
ou un seul homme, ou plusieurs, ou tous ? Si tous les
Athéniens avaient approuvé des lois tyranniques, au-
raient-elles paru justes par cette raison? Il n'y a de justice que celle qui est fondée sur la nature : ce qu'un
intérêt établit, un autre le détruit. Si les volontés du
peuple, si les décrets des chefs de l'État, si les sentences
des juges établissaient le juste et l'injuste, ils pourraient rendre juste le brigandage, l'adultère, le faux.
Pour commettre un crime avec justice, il suffirait d'a-
voir les suffrages de la multitude. Tout ce qui est bon,
a sa raison en soi-même et dans la nature. Juge-t-on
du vrai et du faux par leurs conséquences, ou par leurs
qualités intrinsèques? Il en est de même de la vertu,
qui n'est que la nature perfectionnée par la raison. Il
en est de même du droit; car ce qui est juste est
vrai (1).

Ainsi, au-dessus de l'État, il y a la raison, le droit,
la loi. Les États particuliers ne sont que des membres
d'un grand tout, gouverné par la raison. Voilà l'État
véritable, voilà l'idéal de l'État, voilà cette république
universelle que Zénon rêvait entre tous les peuples,
supprimant, dans son utopie, les cités particulières,
comme Platon la famille et la propriété (2).

Ce n'était pas là seulement une utopie. Déjà, l'idée
d'un droit des gens, *jus gentium* (3), c'est-à-dire d'une

(1) Voy. Cicér. *de Leg.*, l. I, tout entier.

(2) Zénon (D. l. VII, 4, 37), et, avant lui Chrysippe (D. l. VII, 131),
fidèles en cela aux traditions du cynisme, soutenaient à la fois le
communisme et le cosmopolitisme.

(3) M. Egger, dans son curieux mémoire sur les *Traités publics
dans l'antiquité*, qui est en réalité une vraie histoire du droit des
gens chez les anciens, fait remarquer avec raison (p. 96) que le mot
*jus gentium*, chez les Latins, ne signifie pas seulement les règles de
droit commun chez les peuples, en opposition au droit civil des ro-

justice entre les divers peuples, qui vient tempérer et
purifier les droits de la guerre commune à s'introduire
dans les esprits. Le *de Officiis*, de Cicéron, est le premier écrit, chez les anciens, où ce principe d'une justice même à l'égard de l'ennemi commence à se faire
jour. Le droit fécial des Romains en était la première
forme (1). Cicéron, s'appuyant sur l'autorité de ce droit
sacré, recommande à ses concitoyens, à l'exemple de
leurs ancêtres, le respect des nations ennemies, la
loyauté dans les alliances. Il ne veut pas qu'à l'exécution d'un traité, l'on sacrifie l'esprit à la lettre (2). Il ne
veut pas qu'on éternise la guerre, quand la paix est
sans péril (3). Il flétrit l'habileté d'un certain Q. Fabius
Labiénus qui, chargé de terminer une contestation de
territoire entre Noles et Naples, avait adjugé à Rome
l'objet du débat (4). Ainsi commençait à se faire jour
l'idée d'une certaine fraternité entre les peuples, idée si
ignorée des âges barbares, où l'étranger n'est autre
chose que l'ennemi (5).

Il est aisé de comprendre que les principes précédents, si peu favorables aux préjugés de cité, devaient
l'être moins encore à la doctrine de l'esclavage. Si le
sage seul est vraiment libre, s'il est libre dans la pau-

---

mains, mais encore le droit que les peuples observent les uns à l'é-
gard des autres. (Tite-Live I, xiv; IV, xvii, xix, xxii; V, v, xxxvi, li.
— Sallust. Fragm. hist. id. Burnouf, p. 397. — Tacite, *Ann.* I, xli.
— Q. Curt. IV, ii, § 17.

(1) *De offic.* I, xi. Belli quidem æquitas sanctissimè feciali populi
romani jure præscripta est.

(2) *De offic.* I, x... ut ille qui, quum triginta dierum essent cum
hoste induciæ factæ, noctu populabatur agros, quod diurnæ essent
pactæ, non noctivæ induciæ.

(3) *Ib.* I, xi... paci, quæ nihil habitura sit insidiarum semper est
consulendum.

(4) I, x.

(5) On sait qu'*hostis* avait les deux sens.

vreté, dans la captivité, dans la servitude, si Épictète
est plus libre que son maître, s'il y a une liberté inviolable que ni la loi, ni la force, ni aucun accident extérieur ne peuvent faire fléchir, si enfin le seul esclavage
est l'esclavage des passions, n'est-il pas évident que
l'esclavage légal est une oppression, l'abus de la force,
la honte de celui qui l'impose et non pas de celui qui le
subit. Si tous les hommes sont parents, s'ils sont tous
d'une même famille et d'une même race, s'ils ont une
même raison, une même nature, un même auteur,
comment croire qu'il soit permis aux uns d'opprimer
les autres et de les réduire en servitude ? Le stoïcisme
n'eût-il pas déduit ces conséquences, elles se dédui-
saient d'elles-mêmes, par la force des choses, des principes posés.

On peut, à la vérité, mettre en question si le stoïcisme primitif a combattu l'esclavage. Un seul texte de
Zénon ne suffirait pas pour conclure à l'affirmative (1).
Mais dans les stoïciens romains, l'hésitation n'est plus
possible. Je citerai les deux passages les plus importants : celui de Sénèque, et celui d'Épictète. Tout le
monde connaît ce beau et célèbre morceau de Sénèque :
« Ils sont esclaves ? dites qu'ils sont hommes. Ils sont
esclaves ? Ils le sont comme toi ! Celui que tu appelles
esclave est né de la même semence que toi, il jouit du
même ciel, respire le même air, vit et meurt comme
toi (2). » Épictète est encore plus fort : il s'empare du
principe même d'Aristote, pour le tourner contre l'es-

---

(1) Voici le texte de Zénon : Il y a, dit-il, tel esclavage qui vient
de la conquête, et tel autre qui vient d'un achat ; à l'un et à l'autre
correspond le droit du maître, et ce droit est mauvais. » (Diog. Laert.
VII, 1.)

(2) Sén. ad Luc. 73.

clavage. « Il n'y a d'esclave naturel que celui qui ne
participe pas à la raison; or cela n'est vrai que des
bêtes et non des hommes. L'âne est un esclave destiné
par la nature à porter nos fardeaux, parce qu'il n'a
point en partage la raison et l'usage de sa volonté. Que
si ce don lui eût été fait, l'âne se refuserait légitimement à notre empire, et serait un être égal et semblable
à nous (1). » Épictète s'appuie encore sur le principe
que nous ne devons pas vouloir aux autres hommes ce
que nous ne voulons pas pour nous-mêmes. Or, nul ne
veut être esclave; pourquoi donc se servir des autres
comme d'esclaves? Telles étaient les pensées d'Épictète
et de Sénèque sur l'esclavage. Mais, par une rencontre
qui prouvait encore mieux que toutes ces maximes
l'égalité naturelle des hommes, les deux plus beaux génies du stoïcisme à Rome se trouvèrent aux deux extrémités des conditions sociales : Épictète, Marc-Aurèle,
un esclave, un empereur, animés d'une foi commune,
étaient sans doute un merveilleux témoignage de cette
nouvelle fraternité, dogme commun des stoïciens et des
chrétiens; et, par un renversement qui confondait tout,
la Providence avait voulu que l'esclave fût le maître,
et l'empereur le disciple.

Le plan de cet ouvrage ne nous permet pas d'insister
sur un point qui nous paraît aujourd'hui bien démontré, c'est que le principe de la sociabilité a été compris
par les derniers stoïciens de la manière la plus large;
que d'Aristote à Marc-Aurèle, la philosophie ancienne
a toujours été en développant les idées d'humanité, de
bienveillance, d'égalité. La seule question qui, pour
quelques esprits, semble encore en suspens, c'est de

(1) Arr. Ent. d'Epict. II, 8, 10.

savoir si la philosophie ancienne est arrivée par elle-
même à ces nouvelles conséquences, ou si elle les doit
à une influence venue d'ailleurs. Or, à notre avis, pour
celui qui étudie la philosophie antique dans tout son
développement, la réponse ne saurait être douteuse.
Que trouvez-vous en effet dans Platon ? Un principe qui,
entendu dans toute sa force, suffirait à lui seul pour
porter ces conséquences dont on s'étonne : c'est qu'il y
a une société naturelle entre l'homme et Dieu ; c'est
que l'objet de la science et de la vertu est Dieu. En
plaçant si haut le principe et le modèle du bien, Platon
affranchissait, sans le savoir, l'homme des fausses conventions, des lois arbitraires, du joug de l'inégalité.
Mais il ne vit pas ces conséquences, et laissa le citoyen
opprimé par l'État, tout en appelant le sage à une vertu
idéale, supérieure à la vertu politique. Aristote va plus
loin que Platon : il comprend admirablement le principe de la sociabilité ; il dit que rien n'est plus doux
pour l'homme que la société de l'homme ; il unit les
hommes à la fois par la justice et par l'amitié ; enfin
sa morale serait la morale universelle, s'il n'avait admis l'esclavage. Ainsi, quelles limites séparent la morale d'Aristote et de Platon de la morale des derniers
stoïciens ? Deux choses : la cité et l'esclavage. Or, voyez,
après Aristote, les révolutions qui mêlent et confondent
tous les États, Alexandre en Asie, les Grecs en Égypte,
en Syrie, jusque dans les Indes ; les Romains en Grèce,
en Judée ; les Juifs et les Grecs à Rome ; les républiques
partout détruites, l'empire romain établissant partout
l'unité ; en même temps, l'épicurisme dissolvant les
liens politiques ; le stoïcisme forçant l'homme à rentrer
en lui-même, à se séparer de la nature, des accidents
extérieurs, de la pauvreté, de la misère, de l'exil, de

l'esclavage ; un Cléanthe travaillant de ses mains, et tous les premiers stoïciens sortant des rangs les plus humbles de la société : la doctrine de l'unité du monde, de la république universelle, de la loi reine des mortels et des immortels, formant de tous les hommes une même famille ; la bienfaisance enfin proclamée par Cicéron, comme une vertu égale à la justice. Je demande si, après trois ou quatre siècles d'un pareil travail, il est étonnant que l'idée de la cité et celle de l'esclavage se soient affaiblies, atténuées, évanouies enfin dans cette philosophie humaine et généreuse que nous admirons. Je demande s'il est plus difficile à la raison humaine de comprendre que les hommes sont frères, que de comprendre que la fin dernière de la vertu est l'amour de Dieu. Or, saint Augustin lui-même reconnaît que c'est là le fond de la philosophie de Platon.

Le cosmopolitisme stoïcien conduisait naturellement à l'indifférence politique (1), et quoique, à Rome, l'opposition politique se soit principalement recrutée parmi les stoïciens, ce n'était là qu'une rencontre particulière due aux circonstances. Au fond, le stoïcisme était une doctrine morale et religieuse plus que politique. Il eut à l'égard de la république ou de l'État une attitude à peu près semblable à celle que prit plus tard le christianisme. Avant saint Augustin, les stoïciens distinguaient déjà les deux cités, la cité du ciel et la

---

(1) Plut. *Stoïc. rep.* 20, 1. Τὸν φρόνιμον καὶ ἀπράγμονα εἶναι καὶ ὀλιγοπράγμονα. Cependant ils faisaient une réserve. — Stob. Ecl. II, 186. Πολιτεύεσθαι τὸν σοφὸν καὶ μάλιστα ἐν ταῖς τοιαύταις πολιτείαις ταῖς ἐμφαίνουσαις τινὰ προκοπὴν πρὸς τὰς τελείας πολιτείας. Mais de telles républiques, il n'y en a pas.

cité de la terre, et ils recommandaient de sacrifier la seconde à la première (1).

La science politique ne fit donc pas de grands progrès chez les stoïciens. Selon Cicéron, ils en avaient traité avec quelque subtilité, mais d'une manière peu populaire et peu pratique. C'est jusqu'à Cicéron lui-même qu'il faut aller pour trouver, après Aristote, un traité politique de quelque importance; encore sa *République* ne nous est-elle parvenue que mutilée. Telle qu'elle est, elle est du plus haut intérêt, sinon par son originalité propre, au moins comme le seul ouvrage politique qu'ait produit le génie romain.

Qui ne croirait que ce peuple romain, d'une politique si prudente, si profonde, et si avisée, eût dû donner naissance à des publicistes de génie. Il n'en fut rien. A Rome, la politique pratique fut admirable, et la science politique négligée : la gloire même d'avoir le premier analysé les ressorts de la constitution romaine n'appartient pas à un Romain, mais à un Grec ; et ce fut Polybe, l'historien des guerres puniques, qui ajouta ce beau chapitre à la politique d'Aristote. Cicéron, si l'on en juge du moins par les fragments mutilés de sa *République,* n'a guère fait que s'approprier et traduire dans sa belle langue les fortes considérations de Polybe (2).

Polybe reconnaît avec Aristote six espèces de gou-

---

(1) Sén. *de Otio,* iv, 1 : Duas respublicas animo complectamur, alteram magnam et vere publicam, qua Di atque homines continentur... alteram cui nos ascripsit conditio nascendi. Ep. 68, 2; cum sapienti rempublicam ipso dignam dedimus, id est mundum, non est extra rempublicam, etiamsi recesserit ; imo fortasse relicto uno angulo in majora atque ampliora transit. — Cf. Epict. Dissert. III, 22, 83. Sur le cosmopolitisme stoïcien, voyez Zeller, *die philosophie der Griechen,* t. III, p. 275 sqq.

(2) Polybe, l. VI, c. i, iii, viii, ix.

vernement, trois bonnes et trois mauvaises. Il expose
ensuite comme Platon, mais non pas tout à fait dans
le même ordre, la succession des gouvernements. Il lui
emprunte cette pensée que la société civile est née des
débris du genre humain épargnés par les grandes
inondations, les catastrophes physiques qui ont signalé l'origine du monde. Faibles, dépouillés, dés-
armés, les hommes se sont confiés à la protection du
plus fort d'entre eux et du plus courageux. L'autorité
ne fut donc d'abord que l'apanage de la force. Mais
peu à peu les idées de l'honnête et du honteux, du
juste et de l'injuste se répandirent dans les esprits. On
vit des enfants trahir leurs parents et l'on condamna
leur ingratitude : on vit un homme rendre le mal à
celui dont il avait reçu le bien ; cette injustice blessa
toutes les âmes. On applaudit au contraire celui qui,
au péril de sa vie, essayait de défendre les faibles et de
leur faire du bien sans aucune vue d'intérêt : ces différents faits inspiraient peu à peu au cœur et à l'esprit
des hommes des sentiments et des jugements dont se
devait former insensiblement la noble idée de la justice. Les chefs de cette société primitive cherchèrent
d'abord à gouverner par l'équité plus que par la force,
et changèrent la monarchie en royauté. Mais leurs des-
cendants, enivrés par le long usage et les séductions
éblouissantes d'une autorité sans limites, ne virent
plus dans le pouvoir qu'une liberté de tout faire, au
lieu de la charge difficile de faire le bien, et changèrent
à leur tour la royauté en tyrannie. L'aristocratie succède à la tyrannie, l'oligarchie à l'aristocratie, la démocratie à l'oligarchie. Le peuple une fois maître se
contente d'abord de la liberté et de l'égalité : mais
bientôt il veut davantage : égaré par les ambitieux et

par sa propre corruption, il aspire à la domination, il
ne rêve que spoliation et brigandage ; il opprime à son
tour, et par cet excès il appelle sur lui une nouvelle
oppression : la passion l'aveugle et le livre à celui qui
sait le séduire et l'enchaîner, il fournit lui-même les
armes à de nouveaux tyrans. Ainsi s'accomplit le cercle
du gouvernement des Etats.

On le voit, chacune de ces formes de gouvernement
dégénère nécessairement et se change en son contraire.
Comme la rouille naît avec le fer et les vers avec le bois,
de même chaque espèce de constitution a en soi naturellement son défaut, qui devient le principe de sa
ruine. C'est pourquoi les plus sages législateurs ont cru
conjurer ce malheur inévitable par une combinaison
des trois gouvernements primitifs, afin de corriger leurs
défauts les uns par les autres. Lycurgue est celui qui
accomplit avec le plus d'art cet heureux dessein. Dans
sa république, le roi, les grands, le peuple partagèrent
la souveraine puissance, et ce partage, loin de causer
la division, produisit un équilibre favorable au maintien de l'Etat. Chaque force tient l'autre en respect, et
le tout demeure stable comme un vaisseau que les vents
poussent également de tous côtés. Le gouvernement de
Rome est une application plus belle encore du même
principe.

Polybe nous a laissé une admirable analyse de la
constitution romaine à l'époque des guerres puniques.
Il y retrouve les trois gouvernements, mêlés avec tant
d'art, qu'il est impossible de distinguer si la constitution est monarchique, ou aristocratique, ou populaire :
à considérer les consuls, vous diriez une monarchie ;
le sénat, une aristocratie ; le peuple, une république :
c'est un mélange de ces trois choses et un partage si

ingénieux de la souveraineté entre les trois pouvoirs,
que chacun est à la fois nécessaire aux deux autres, et
ne peut à son tour se passer d'eux. Le consulat ou magistrature suprême est divisé entre deux chefs, qui, à
la guerre, ont le pouvoir absolu, commandent dans la
paix à tous les magistrats, président le sénat, convo-
quent les assemblées populaires, rédigent les rapports,
font les sénatus-consultes et les lois de suffrages, et ont
enfin toutes les apparences du pouvoir royal. Mais outre
que leur pouvoir est divisé et annuel, ils dépendent du
sénat et du peuple en tant de choses, qu'autant ils ont
les mains libres pour le bien, autant ils les ont liées
pour le mal. Le sénat par la disposition des deniers et
des travaux publics, par le droit d'arrêter le consul au
milieu de ses entreprises les plus avancées, et enfin par
le privilége de décerner le triomphe ; le peuple, de son
côté, par le droit d'appel, par le droit de condamner
seul à mort, par sa prérogative de ratifier les traités et
les déclarations de guerre, d'approuver ou de rejeter
les lois, et surtout par le veto de ses tribuns, opposaient au consul, et s'opposaient l'un à l'autre une résistance qu'aucun pouvoir n'était capable de vaincre,
et dans laquelle chacun se retranchait. Fort pour se
défendre, on était impuissant pour se détruire, et de
ces résistances diverses ramassées en un faisceau se formait un corps uni, actif et indissoluble.

Telle est la constitution que Polybe et après lui
Cicéron nous présentent comme le modèle des constitutions politiques.

La *République* de Cicéron ne ressemble à celle de
Platon que par le titre. Il ne trace pas le plan d'une république imaginaire et toute philosophique ; mais il
ne disserte pas non plus comme Aristote sans modèle

et sans idéal, sur les diverses espèces de cités et leurs
divers systèmes de gouvernement. Sa prétention est
de réunir ces deux méthodes en une seule, d'établir,
comme Platon, les principes vrais et philosophiques de
l'Etat, et de les appliquer à un exemple réel, à un type
où se réunissent à la fois le possible et le juste, et qu'ap-
prouvent également l'expérience et la raison (1).

Cicéron définit heureusement la république ou l'Etat,
la chose du peuple (*res populi*), et fixe à tous les gouvernements, quelle que soit leur forme, un seul objet,
le bien du peuple. Ces gouvernements sont au nombre
de trois, et ont chacun leurs mérites et leurs imperfections (2). Le gouvernement démocratique a pour lui la
liberté; car il n'y a point de liberté sans égalité. Dans
la démocratie le droit est égal pour tous; ainsi tous les
citoyens n'ont qu'un même intérêt, qui est celui de
l'Etat, c'est la seule forme de gouvernement à laquelle
s'applique exactement la définition. Là seulement le
peuple est libre, puisqu'il dispose de tout. Dans les autres gouvernements il est sujet, et le despotisme des
grands est encore plus dur que le despotisme d'un roi.
L'aristocratie à son tour reproche au gouvernement démocratique ses tumultes, conséquences de son principe
de liberté absolue contraire à la nature même de l'état
social, sa prétendue égalité qui met sur le même ni-
veau les plus belles intelligences et la multitude la
plus méprisable, et qui, pour satisfaire l'envie du plus
grand nombre, ôte le principe des grandes actions. Le
gouvernement de plusieurs est de tous les gouvernements le plus conforme à la nature; un seul ne peut

_____

(1) *De Rep.* II, ii. Voyez le beau travail de M. Villemain sur la
République de Cicéron.
(2) L. I, 26-38.

pas tout voir, tout savoir, tout diriger : d'un autre
côté la foule est trop ignorante et trop passionnée pour
gouverner avec justice et avec prudence. L'aristocratie
se place entre les deux et se recommande par la modération. Enfin de ces trois gouvernements primitifs,
celui qui paraît avoir la préférence de Cicéron, c'est
la monarchie. Il y a quelque chose qui me plaît, dit
Cicéron, dans ce nom paternel de roi, dans cette image
vénérable d'un chef de famille qui voit ses enfants dans
ses concitoyens et n'y voit point d'esclaves. La démocratie a pour elle la liberté ; l'aristocratie, la sagesse,
mais la royauté nous attache par l'amour. La supériorité de la royauté se prouve par l'exemple de l'univers, de l'âme humaine, de la famille. Un seul dieu
commande au monde, Jupiter ; une seule puissance à
la passion, la raison ; un seul chef à la famille, le père.
A l'origine, les peuples choisirent naturellement le gouvernement d'un seul ; c'est ce qui eut lieu à Rome, qui
vécut heureuse pendant deux cents ans sous cette
forme de gouvernement ; et dans les circonstances graves, elle se confie encore à un seul, et lui livre une autorité vraiment royale.

On le voit, à l'époque de Cicéron, l'aversion de la
royauté s'était bien affaiblie dans les esprits. Un fidèle
citoyen, un ami sincère de la république, pouvait penser et dire que le gouvernement royal était le meilleur
des gouvernements. Il est vrai qu'autant il est favorable
et complaisant pour la royauté, autant il est sévère
pour la tyrannie.

Cependant, malgré sa préférence pour le gouvernement royal, Cicéron aime encore mieux, comme Polybe, l'heureux équilibre d'un gouvernement mélangé,
où un pouvoir suprême et royal réuni à l'autorité d'une

classe distinguée, et à une certaine liberté du peuple, satisfasse à la fois le besoin d'ordre et celui d'égalité, qui se rencontrent dans la nature humaine (1). Ce gouvernement doit être le plus stable de tous, par la mesure et le tempérament qui y règnent. C'est la condition de tout ce qui est tempéré de durer longtemps ; et toutes les extrémités se changent rapidement dans leurs contraires : *omnia nimia in contraria convertuntur* (2).

Polybe nous a expliqué les ressorts de la constitution romaine. Cicéron démonte ces ressorts, et nous en développe l'origine et le progrès (3). Son second livre de la *République* est une véritable histoire de Rome, et de ses institutions. La constitution de Rome fut originairement toute monarchique. Une révolution la renversa. La royauté détruite reparut divisée et diminuée sous le nom de consulat : le peuple continua à n'avoir qu'une faible part aux affaires : le sénat fut le pivot de cette constitution nouvelle. Une seconde révolution, par l'institution du tribunat, par la permission des mariages entre plébéiens et patriciens, donna enfin au peuple sa part légitime de liberté et d'égalité, et compléta la constitution. Ainsi de l'alliance et de l'équilibre des différents ordres, depuis les plus élevés jusqu'aux plus humbles, se forma dans l'État un accord parfait, semblable à l'harmonie, qui, dans un chant, résulte de l'union des tons contraires ; ce que les musiciens appellent harmonie, les politiques l'appellent concorde (4). Sans doute le tribunat fut une institution qui pouvait devenir menaçante par le grand pouvoir qu'elle accor-

(1) *De Rep.*, I, 45.
(2) *Ib.* 44.
(3) *Ibid.* l. II, tout entier.
(4) *Ibid., ibid.* 41.

dait au peuple ; mais le peuple eût été plus dangereux encore sans un chef qui le dirige et le contient : le tribunat désarme la jalousie naturelle du peuple, et le délivre de la crainte d'être opprimé. Enfin, la royauté une fois détruite, il fallait au peuple non pas une liberté de nom, mais de fait (1). Cicéron, malgré ses sympathies évidentes pour l'aristocratie, admettait donc la part du peuple dans les affaires de l'État. Il défendait l'institution du tribunat contre les critiques exagérées de son frère Quintus; et il pensait qu'une aristocratie tempérée par le pouvoir populaire, et par une certaine autorité semblable à celle des rois, valait mieux qu'une aristocratie simple.

C'est ici peut-être le lieu de nous demander ce qu'il faut penser de cette théorie du gouvernement tempéré ou mixte, qui doit occuper une si grande place dans les débats de la politique moderne. Cette théorie était déjà en germe dans Aristote, et même dans Platon. Mais remarquons qu'Aristote s'était contenté d'observer, avec admiration, il est vrai, qu'un semblable équilibre s'est rencontré à Sparte et à Carthage, sans en conclure toutefois que cette combinaison fût absolument la meilleure en politique. Platon avait dit aussi dans les *Lois* qu'il était bon de tempérer l'une par l'autre, la monarchie et la démocratie, c'est-à-dire l'autorité et la liberté. Mais ni lui ni Aristote, dans le tableau qu'ils ont présenté du gouvernement parfait, n'ont imaginé un pareil équilibre. Le fond de leurs conceptions, c'est toujours la république plus ou moins aristocratique, telle qu'elle existait dans l'antiquité, et non pas un véritable gouvernement mixte, fondé sur l'opposition et sur la balance des pouvoirs, et composé

(1) *De Leg.* III, 10.

à la fois de royauté, de noblesse et de peuple. Il est donc vrai de dire que cette théorie, depuis si célèbre, appartient à Polybe et à Cicéron plutôt qu'à Platon et à Aristote : ceux-ci recommandaient le gouvernement tempéré et ceux-là le gouvernement pondéré.

Historiquement, la théorie de Polybe est-elle vraie ? Rome fut-elle un gouvernement pondéré, où la royauté, l'aristocratie, la démocratie se balançaient et se faisaient équilibre ? Je ne le crois pas : le consulat, en effet, ne peut être considéré comme un pouvoir quasi-royal : une autorité annuelle et divisée entre deux personnes, quelque grande qu'elle puisse être, n'a jamais été une royauté ; autrement, il n'est pas un seul gouvernement au monde qui ne soit monarchique, puisqu'il n'y a pas de gouvernement sans chefs, au moins temporaires : à ce compte, Venise aurait été une monarchie, et la république des États-Unis en serait une encore aujourd'hui. Il faut donc retrancher la monarchie de la constitution politique de Rome, et n'y voir que la transaction savante du peuple et du patriciat pour protéger à la fois la sagesse politique et la liberté populaire. Il faut remarquer aussi que la constitution romaine n'a, pour ainsi dire, jamais offert cet équilibre parfait qu'admirait Polybe ; sauf le moment des guerres puniques, où la balance du pouvoir fut à peu près égale entre les deux classes, on peut dire que la constitution romaine a toujours été en mouvement, et je la définirais volontiers la transformation continue d'une ariscratie en démocratie ; lorsqu'elle fut devenue toute démocratique, elle périt, et tomba sous le gouvernement despotique.

Mais que conclure de la théorie en elle-même ? Nous aurons occasion d'y revenir plus d'une fois. Indiquons

seulement ici une objection importante. Ce qu'il y a de
vrai dans le principe de Polybe et de Cicéron, c'est que
tout gouvernement absolu, soit monarchique, soit démocratique, soit aristocratique, est un gouvernement
ou injuste, ou faible, et au contraire qu'un gouvernement fort, durable, équitable, doit être tempéré : c'est
ce qu'avaient dit Aristote et Platon. Mais un gouvernement ne peut-il être tempéré, sans être pondéré, doit-
il se composer nécessairement de trois termes ; doit-il,
sous peine de périr, être à la fois royal, aristocratique
et populaire ? C'est cette théorie qui nous paraît quelque
peu artificielle et utopique. Car il peut très-bien se
faire qu'un des éléments vienne à manquer : par exemple, à Rome, la royauté ; dans tel autre État, l'aristocratie. Il y a mille moyens de tempérer, de limiter, de
modérer l'action du gouvernement, sans le composer
nécessairement de ces trois termes fondamentaux, qui
peuvent très-bien ne pas se rencontrer ensemble à un
moment donné, ou qui, pour mieux dire, se rencontrent bien rarement. Il est vrai, comme le dit Platon,
qu'il faut concilier l'autorité et la liberté ; mais cette
conciliation a eu lieu dans des gouvernements qui n'é-
taient pas monarchiques. Il est vrai aussi, comme le
dit Aristote, qu'il faut concilier l'égalité naturelle et
l'inégalité de mérite ; mais cette conciliation a pu avoir
lieu dans des gouvernements qui n'étaient pas aristo-
cratiques. Enfin, pour emprunter à un politique célèbre du xvi<sup>e</sup> siècle (1) une pensée qui nous paraît très-
juste, ce ne sont pas les *formes* de gouvernement qu'il
faut concilier, mais leurs *principes* : l'unité d'action
qui est propre à la monarchie, la supériorité du mérite

(1) Bodin.

qui est propre à l'aristocratie, la liberté politique et l'é-
galité civile, caractères propres à la démocratie.

Après Cicéron, on ne retrouve plus à Rome de doctrines politiques. Si le stoïcisme primitif avait négligé
la politique, le stoïcisme de l'empire l'abandonna entièrement. Ce n'était plus le temps des études politiques, que celui où une puissance sans bornes avait détruit jusqu'aux derniers vestiges de l'ancienne liberté
romaine. Le stoïcisme fut en général la doctrine des
rares citoyens restés fidèles à la république dans les
corruptions de l'empire : c'était une philosophie de
résistance et d'opposition qui, apprenant avant tout à
braver la mort, convenait à ceux qu'une vertu particulière ou un caractère distingué désignait naturellement à la jalouse surveillance des tyrans. Plus tard, le
stoïcisme donna seul quelque gloire à l'empire, en ani-
mant de son esprit deux de ses plus grands princes.
Enfin, s'il ne produisit jamais de grands ouvrages politiques, il eut l'honneur de fonder le droit romain et
d'achever l'entreprise de Cicéron, qui, nous l'avons vu,
avait le premier appliqué la philosophie au droit, et
essayé de rapprocher le droit écrit du droit éternel.
Les grands jurisconsultes de l'empire, les Gaius, les
Paul, les Papinien, les Ulpien, les Modestus, tous élevés à l'école du stoïcisme, introduisirent dans le droit
les grandes maximes qui s'étaient jusqu'alors renfermées dans les livres des philosophes. Au droit littéral
de l'ancienne Rome, qui fondait la famille sur le pouvoir, la propriété sur le privilége du citoyen romain,
et la sainteté des contrats sur les conventions écrites,
le droit stoïcien substitua une justice plus humaine et
plus conforme à l'équité naturelle (1). « Vivre honnête-

(1) Sur ce point, consultez la savante Histoire du droit civil de

ment, ne faire de tort à personne, rendre à chacun le sien (1) : » tels sont les principes universels du droit, selon Ulpien. Ce sont des préceptes de morale. Les jurisconsultes définissent le droit naturel, « celui que la raison naturelle établit entre les hommes : » ils en reconnaissent l'éternité, l'immutabilité : ils refusent de le sacrifier au droit civil. « L'intérêt civil, dit Gaius, ne peut pas corrompre les droits naturels.» Ils font reposer les droits du père de famille sur la bonté et non la férocité (2) : principe manifestement dirigé contre les droits exagérés du père de famille dans l'ancienne législation. La loi des Douze Tables n'admettait de principes dans les conventions que les écritures, et ne faisait aucune part à la bonne foi. Le droit naturel réclame encore. « Il est grave de manquer à la foi, » dit Ulpien. « Le contrat, selon Ulpien, tire son origine de l'affection réciproque et du désir de se rendre service ; car la société repose sur un certain *droit de fraternité* (3). » Ajoutons enfin toutes ces belles maximes que l'on ne peut assez admirer : « Il ne faut pas faire payer au fils innocent la peine du crime de son père. Il vaut mieux laisser un crime impuni que de condamner un innocent. La peine a été établie pour l'amélioration des hommes (4). » Enfin les jurisconsultes stoïciens, fidèles aux doctrines de l'école, posaient en principe « que la

Rome et du droit français de M. Laferrière, t. II, l. III, c. 1, et son *Mémoire* spécial sur la question. — Comp. Influence du Christianisme sur le droit Romain, par M. Troplong.

(1) *Instit.*, l. I, t. I, § 3.
(2) *Dig.*, l. XLVIII, t. IX, 5.
(3) *Dig.*, l. XVII, t. II, c. 3.
(4) Nullum patris delictum innocenti filio pœnæ est (*Ulpien*). Satius est impunitum relinqui facinus nocentis, quam innocentem damnare (*Ulpien*, Dig. XLVIII, t. XIX, 5). Pœna constituitur ad emendationem hominum (*Paul*).

servitude est un état contre nature (1): » principe qu'ils
démentaient sans doute en maintenant la servitude
dans les lois, mais qui n'en était pas moins la condamnation de ces lois mêmes et le désaveu des mesures
qu'elles sanctionnaient.

Mais en même temps que les jurisconsultes exprimaient ces idées si grandes, si favorables à l'humanité,
au droit, à l'équité, signes de la révolution qui s'accomplissait dans la société ancienne, ils consacraient
en même temps une autre révolution, qui avait changé
l'ordre politique de l'antiquité : c'était le triomphe du
pouvoir absolu. « Le bon plaisir du prince, voilà la loi,
dit le sage Ulpien. *Quidquid principi placuit, legis habet
vigorem* (2). » Qu'eût dit un Caton, un Scipion, un
Aristide, un Phocion, en entendant de telles paroles ?
Il ne les eût pas comprises, et se fût demandé s'il était
en Perse, et si cette maxime venait d'un courtisan du
grand roi. Mais ce n'était plus en Asie, en Perse, dans
les gouvernements barbares que la monarchie absolue
était reléguée : c'était maintenant à Rome même qu'elle
avait son siége, à Rome, la reine du monde, aujour-
d'hui l'esclave d'un Tibère, d'un Néron, d'un Caracalla.

Cependant, en proclamant la doctrine du pouvoir absolu, les jurisconsultes conservaient encore le souvenir
de la liberté antérieure. Car ce pouvoir, sur quoi était-
il fondé ? Sur la force ? On n'eût osé le dire. Sur le droit
divin ? Cette doctrine n'était pas encore connue. Il restait que le pouvoir du prince reposât sur la cession du
peuple. « C'est le peuple, dit Ulpien, qui, par la loi

(1) Jure naturali omnes homines liberi ab initio nascebantur.
(*Instit.* l. I, t. ii, § 2.) Servitus est constitutio juris gentium quâ quis
dominio alieno contrà naturam subjicitur. (*Inst.* l. I, t. iii, § 2.)
(2) *Inst.* l. I, t. iii, § 6.

*Regia*, a transmis au peuple le souverain pouvoir (1). »
Doctrine de la plus haute importance, que nous retrouverons au moyen âge, au xvi° siècle, au xvii° siècle, et
qui, avec le principe du droit divin, a défrayé depuis
tous les défenseurs de la monarchie absolue.

Ainsi la société antique reposait sur deux principes:
la liberté politique, l'esclavage civil. Aristote, dans sa
politique, avait réduit le problème à ces deux termes.
Les jurisconsultes semblent l'avoir renversé. A la liberté politique ils substituent la doctrine du pouvoir
absolu, et à l'esclavage civil ils semblent vouloir opposer, en principe du moins, l'égalité naturelle. Quel
sujet de méditation! L'égalité et la liberté paraissent
deux poids contraires qui ne peuvent réussir à se faire
équilibre, et dont l'un ne peut monter sans que l'autre
s'abaisse. L'antiquité a connu la liberté politique, mais
avec quel cortége d'oppressions et d'iniquités! Les faibles opprimés par les forts, les pauvres par les riches,
les esclaves par les maîtres, les plébéiens par les patriciens, les alliés par les conquérants, la Grèce par
Athènes ou par Sparte, le monde par Rome. Mais voici
l'égalité qui tend à se répandre, les classes à se confondre, les cités à s'unir, les provinces à devenir égales
entre elles : Rome est à son tour conquise par ceux
qu'elle a conquis. C'est le moment où la liberté disparaît du monde, et tous ces progrès s'accomplissent à
l'ombre d'un despotisme sans nom. Qui pourra se décider entre les deux termes de ce dilemme? Qui pourra
regretter la république romaine ou la république
d'Athènes, c'est-à-dire la liberté de quelques-uns et
l'esclavage du plus grand nombre? Mais, d'un autre

(1) *Inst.* l. 1, t. ii, § 6.

côté, qui se féliciterait de la destruction de quelques préjugés, en voyant le monde entier dans la servitude, et la vertu condamnée au silence, à l'exil, au suicide? La seule chose certaine, c'est qu'il est plus facile de perdre que de gagner. La liberté avait disparu de la terre, tandis que l'égalité ne faisait que des progrès bien lents et bien incertains.

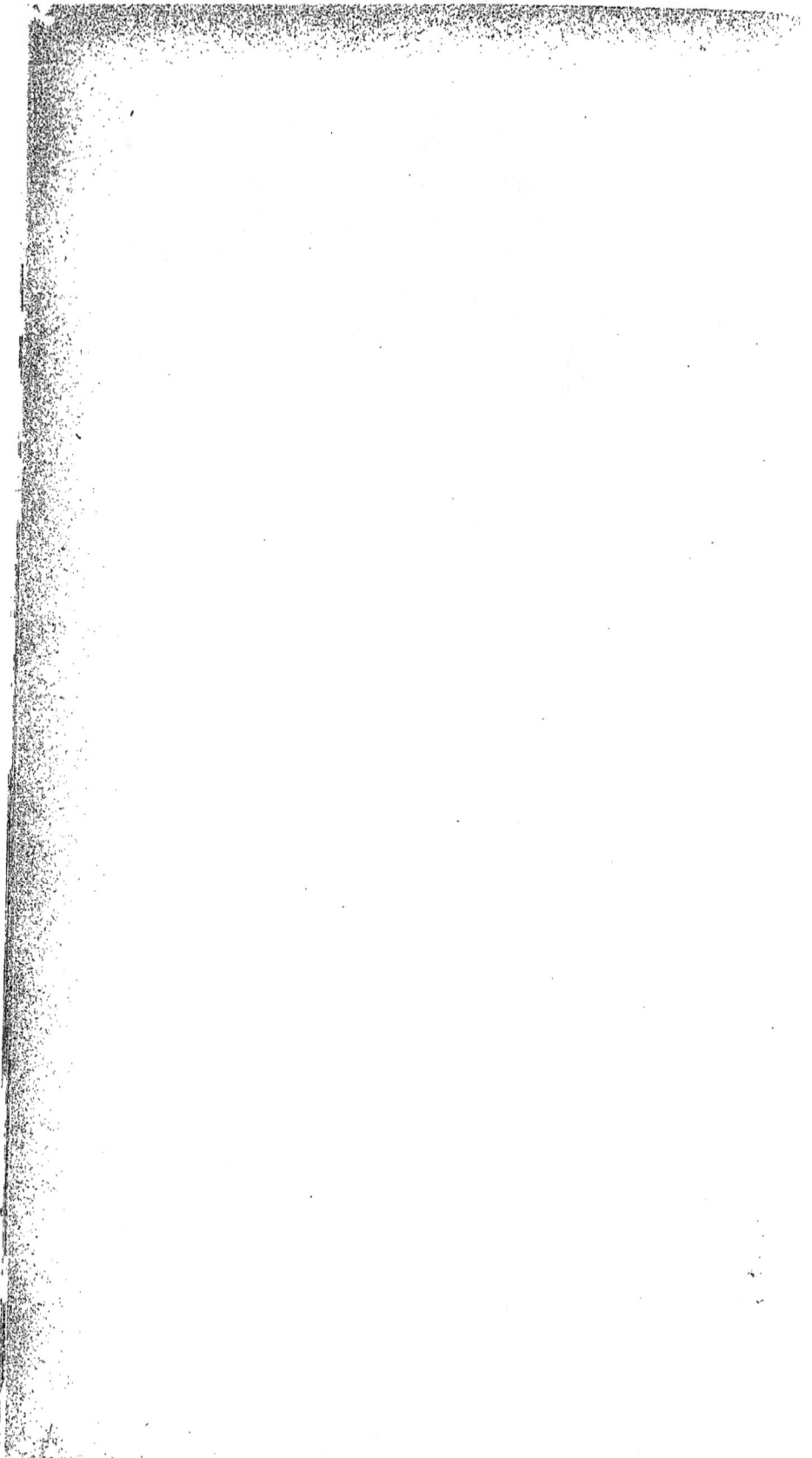

# LIVRE SECOND.

—

## CHRISTIANISME ET MOYEN AGE.

# LIVRE SECOND.

—

## CHAPITRE PREMIER.

Tandis que la philosophie ancienne épuisée se con-
sumait pour se rajeunir en efforts impuissants, que le
stoïcisme revenait au cynisme dont il était sorti, que le
platonisme dégénérait en une grossière thaumaturgie,
un grand événement s'accomplissait dans le monde
spirituel et moral : c'est l'apparition du christianisme.
Au sein d'un peuple longtemps ignoré, et plus tard méprisé, une doctrine venait d'éclore à laquelle il était
donné de renouveler l'âme humaine et la société. Quoique l'objet de ces études soit surtout l'histoire des idées
philosophiques et non des doctrines religieuses, cependant la religion est liée si étroitement à la morale

et à la politique, que ce serait s'exposer à ne rien comprendre à l'histoire du moyen âge et des temps modernes et au travail des idées, que de ne pas étudier à sa source même, sinon dans ses dogmes, au moins dans ses idées morales et sociales, une doctrine religieuse qui a produit dans le monde une si grande et si féconde révolution.

Mais le christianisme n'est que la suite et le développement du mosaïsme : c'est donc jusque-là qu'il faut remonter pour mesurer la grande rénovation morale, dont l'Evangile a été le signal et la cause. C'est pour cette raison que nous avons séparé le mosaïsme des autres doctrines orientales : il s'en sépare en effet, non-seulement par sa grande originalité et sa supériorité religieuse, mais surtout par ce privilége d'être devenu en se transformant la foi commune de tout l'Occident et la source de notre civilisation.

Le trait le plus essentiel et le plus original de la doctrine de Moïse, c'est l'unité et la personnalité de Dieu. L'Inde reconnaissait un dieu unique, mais impersonnel, et le confondait avec la nature. La Perse se rapprochait davantage de l'unité de Dieu ; cependant elle admettait deux principes et toute une hiérarchie de divinités inférieures. La Chine soupçonne à peine le dogme de Dieu, et nous présente ce rare et singulier spectacle d'une morale admirable sans religion. En Judée, au contraire, Dieu est au commencement, au milieu et à la fin de toutes choses. Il est séparé de la nature : il vit, il pense, il est libre : il est créateur, il est législateur, il est monarque; enfin il est spirituel, et on n'en a jamais vu aucune figure, ni aucune image.

Quelquefois, il semble que Dieu ne soit dans la Bible

qu'un Dieu national et local : il se compare aux autres
dieux et met en balance leurs œuvres et les siennes (1) ;
mais en plusieurs endroits il déclare qu'il est le seul
Dieu, le seul Seigneur, qu'il n'y en a pas d'autre que
lui (2). Toutefois, il se présente surtout comme le Dieu
des Juifs, celui qui les a tirés de la servitude d'Egypte(3),
celui qui les a conduits à travers le désert, et qui les établit dans la Terre promise. Dieu est toujours présent au
milieu de son peuple (4) : il lui parle, il le réprimande,
il l'encourage. Il l'a choisi entre tous, et il lui rappelle
sans cesse l'amour qu'il a eu pour ses pères. « Avez-
vous jamais ouï dire qu'un peuple ait entendu la
voix de Dieu, qui lui parlait du milieu des flammes,
comme vous l'avez entendu, sans avoir perdu la vie;
qu'un Dieu soit venu prendre pour lui un peuple
au milieu des nations, en faisant éclater sa puissance
par des épreuves, des prodiges, des miracles, par des
combats où il s'est signalé avec une main forte et un
bras étendu?...(5) » Aussi un tel Dieu, pour de tels bienfaits, a-t-il droit d'être le Dieu jaloux, le feu dévorant
qui punit l'iniquité des pères sur les enfants jusqu'à
la troisième ou quatrième génération (6).

Des divers attributs de Dieu naissent les devoirs que
la législation de Moïse impose envers lui. Dieu unique,
il ne veut pas qu'on adore un autre dieu que lui-
même. Dieu immatériel, il défend les images, les figures, les sculptures ; et le plus grand crime, c'est de le
confondre avec la créature : de là cette horreur de l'i-

(1) *Deutér.*, III, 24, IV, 7.
(2) *Ib.*, IV, 39, et VI, 4.
(3) v, 6 : *Ib.*, VI, 13.
(4) *Ib.*, IV, 7.
(5) *Ib.*, IV, 32-34.
(6) *Ib.*, v, 9.

dolâtrie, qui signale d'une manière si originale la religion mosaïque, et qui a maintenu la séparation du peuple juif d'avec les autres peuples. Dieu saint, il défend que son nom soit invoqué en vain. Enfin, Dieu créateur, il ordonne qu'à son image l'homme se repose le septième jour et le consacre à sanctifier son auteur.

Sur les dix commandements il y en a donc quatre consacrés à prescrire les devoirs envers Dieu : ne pas adorer d'autre Dieu que le véritable, ne pas lui faire d'images, ne pas jurer par lui, ne pas travailler le jour du sabbat. On voit que la forme de ces prescriptions est toute négative. Il en est de même des devoirs envers le prochain : ne point tuer, ne point dérober, ne point forniquer, etc. Aussi lorsque l'on compare le judaïsme au christianisme, a-t-on coutume de dire que le premier est une religion charnelle et extérieure, et le second une religion d'esprit : c'est dans ce sens que saint Paul dit que la loi est le principe du péché, c'est-à-dire que la loi ne commande que les actes extérieurs, tandis que le salut ne peut s'obtenir que par la réforme intérieure. Mais il ne faut pas oublier que la loi de Moïse est surtout une loi, c'est-à-dire une législation extérieure, qui comme toute législation, prend d'ordinaire la forme prohibitive; et il ne faudrait pas croire que la religion de Moïse ne fût qu'une religion formelle, sans aucun sentiment intérieur. On y trouve à plusieurs reprises ce principe, qui deviendra plus tard le commandement unique : « Aimez Dieu de toute votre âme, de tout votre cœur, de toutes vos forces »; il n'y manque que ces derniers mots : « Et votre prochain comme vous-mêmes. » Dieu n'est pas seulement le Dieu jaloux, il est encore le Dieu miséricordieux, et il promet de se donner « à celui qui le cherchera de tout son cœur, dans toute l'amertume et l'affliction de son âme (1). »

Il ne faudrait donc pas juger de l'esprit de la morale de Moïse en ne considérant que les dix commandements. Ces commandements sont la loi ou le fondement de la loi ; ils n'expriment que le strict nécessaire ; mais le sentiment d'une morale plus large paraît dans les lois particulières : pour l'amour des hommes, comme pour l'amour de Dieu, l'Évangile, selon la parole même de son auteur, n'est pas venu détruire la loi, mais l'accomplir. Il y a déjà une sorte de fraternité dans la loi de Moïse ; mais, il faut le dire, cette fraternité est restreinte : elle n'embrasse que la famille juive et laisse en dehors l'étranger. Toute union est interdite avec l'étranger, afin de conserver le culte de Dieu dans toute sa pureté. L'esprit d'exclusion que le sentiment de leur supériorité intellectuelle inspirait aux Grecs, les Juifs l'éprouvent à leur tour, en raison de leur supériorité religieuse : la science séparait les Grecs et les barbares, le monothéisme séparait les Juifs des étrangers. Cependant, excepté dans la guerre, les étrangers sont aussi l'objet de certains égards ; quoiqu'ils ne jouissent point des priviléges des frères d'Israël, quoiqu'il soit permis de leur prêter à usure, et que la remise septennale ne leur soit point applicable (2), ils sont souvent nommés à côté de la veuve et de l'orphelin, ces protégés et en quelque sorte ces favoris de la loi mosaïque (3). Enfin l'amour des étrangers est recommandé au nom des souvenirs de l'Égypte, où les Juifs eux-mêmes avaient été étrangers (4).

(1) *Deutér.*, iv, 29-31, vi, 24 ; vii ; xxviii.
(2) *Ib.*, xv, 3, xxiii, 19, 20.
(3) *Ib.*, xxiv, 17, 20, 21 ; xxvii, 19.
(4) *Ib.*, x, 19.

Mais c'est surtout à l'égard des frères d'Israël que cette législation si dure, qui veut œil pour œil et dent pour dent, s'adoucit et prend des accents d'humanité que l'antiquité grecque et latine n'a guère rencontrés qu'à son déclin. L'amour des pauvres, l'aumône, l'interdiction du prêt à intérêt, la remise septennale (1), sont des témoignages de ce sentiment de charité et de fraternité qui, entendu d'une manière plus vaste, va renouveler le monde par le christianisme. Au reste, cette sympathie, cette bienveillance pour les faibles est un trait généralement répandu dans les religions de l'Orient. A côté d'une certaine dureté, qu'il faut attribuer soit aux mœurs des peuples, soit à la haute antiquité des législations, se rencontre presque partout un caractère de douceur, beaucoup plus rare chez les Grecs et les Romains. Ainsi, dans toutes les religions orientales, l'aumône est un devoir pieux. Il n'en est pas de même en Grèce. Ce qu'il y a de remarquable, surtout dans la Judée, c'est non-seulement l'absence de castes, c'est presque l'absence de l'esclavage : l'esclavage y ressemble à la domesticité, et d'ailleurs la faculté qui lui est laissée de se libérer tous les sept ans ôte évidemment ce que cette condition a de trop odieux, je veux dire l'irrémédiable.

Le dernier caractère que nous devions signaler, et qui, du reste, est bien connu, c'est que la sanction de cette morale est exclusivement matérielle. A chaque prescription s'ajoute un motif intéressé, et ce motif est toujours le bonheur ou le malheur temporel. Les menaces surtout sont effroyables : c'est toujours l'extermination et la punition des pères sur leurs enfants, jusqu'à la troisième et quatrième génération. Sans doute,

---

(1) *Deutér.*, xv, 1-12.

il ne faut pas oublier encore une fois que nous avons affaire à une législation civile et politique aussi bien que religieuse ; néanmoins on ne peut nier sur ce point la supériorité de la morale philosophique des Grecs sur la morale des Hébreux ; et cela seul suffirait à prouver, s'il était nécessaire de le démontrer, que les doctrines grecques n'émanent pas de la doctrine hébraïque. Dans Moïse, le devoir n'est jamais présenté que comme un ordre de Dieu, comme un commandement de sa volonté. En Grèce, dans la philosophie de Socrate et de Platon, la justice se rattache aussi à Dieu ; mais elle se rattache à son essence, et non pas seulement à sa volonté. De plus, la justice est représentée comme obligatoire par elle-même : le bonheur la suit, il est vrai, et l'expiation suit l'injustice ; mais ce n'est pas l'espérance de la récompense, ni la crainte du châtiment, qui doivent déterminer l'action. Toutes les écoles grecques, l'épicuréisme excepté, sont d'accord pour représenter l'honnête comme désirable par lui-même. Dans la loi de Moïse, le devoir ne va jamais sans la promesse ou la menace et encore sans une promesse ou une menace qui ne dépasse pas les limites de la vie terrestre. Je ne prétends pas dire que les Hébreux n'ont pas connu le dogme de l'immortalité de l'âme ; mais il ne s'est développé chez eux qu'assez tard ; et si on le rencontre dans le Pentateuque, c'est sous la forme obscure d'une vague expression poétique et figurée (1).

(1) Ad. Franck, *Du droit chez les Nations de l'Orient*, p. 142 : « Sans cette croyance, comment expliquer la défense si souvent répétée d'interroger les morts ? Que signifieraient ces mots : « Être réuni à son peuple, être réuni à ses ancêtres, quand ils s'appliquent à un homme qui meurt comme Jacob, loin de son pays, et dont le corps n'est pas encore rendu à la terre ! » Mais lors même qu'on admettrait

De la religion mosaïque dérive naturellement et logiquement la politique des Hébreux. Cette politique
est, en un sens, théocratique ; mais c'est une théocratie
d'une nature toute particulière, et qui se mêle à la
théocratie. L'autorité souveraine appartenait à Dieu,
seul seigneur, seul monarque, seul propriétaire. C'est
avec lui que le peuple avait contracté, par l'intermédiaire de Moïse ; c'était Dieu qui avait donné sa loi au
peuple, et c'était lui que l'on consultait toujours dans
les occasions importantes, et qui donnait sa réponse
par la voix du souverain pontife ou des prophètes ;
mais le gouvernement, pour être théocratique, n'était
point sacerdotal. C'est un des traits les plus originaux
de la politique hébraïque ; tandis que dans l'Inde et
dans l'Égypte, la caste sacerdotale était presque seule
propriétaire, la famille de Moïse, à qui seule appartenait le sacerdoce chez les Hébreux, avait été exclue
du partage de la terre d'Aaron ou tribu de Lévi, et n'a-
vait reçu en partage que certaines villes privilégiées (1).
Ainsi, le sacerdoce formait une famille, puisqu'il était
héréditaire, mais il ne formait point une caste ; car il
n'y a point de caste sans propriété. Par cette exclusion
de la propriété territoriale, il est évident qu'un grand
moyen d'action politique manquait aux lévites, et qu'ils
devaient être réduits à leur fonction toute spirituelle.

sur ces vagues présomptions qu'il y avait chez les Hébreux une vague
croyance à la survivance, comme chez les Grecs d'Homère, toujours
est-il que cette croyance n'a aucun caractère moral. Moïse n'y fait
jamais allusion, et quoique à titre de législateur civil il n'eût pas à en
parler, cependant il ne faut pas oublier qu'il est en même temps législateur religieux ; il parle au nom de Dieu même ; et dans ces premiers
âges, la limite du spirituel et du temporel n'est pas assez fixée pour
que des récompenses et des peines surnaturelles n'eussent pas trouvé
place dans les prescriptions du législateur, si elles eussent été dans sa
pensée.

(1) *Deutér.*, xviii, 1, 2 ; xiv, 27-29.

Une autre conséquence de cette exclusion, c'est que la famille de Lévi, exclue du partage et consacrée aux fonctions du sacerdoce, dut se répandre dans toutes les tribus et servir à les retenir par un lien fraternel. Ces tribus, sans cesse tentées de rompre leur union primitive, étaient rattachées entre elles par une même loi, une même foi, un même temple. Le sacerdoce était le ciment de cette société. Au reste, l'influence politique du sacerdoce était considérable. S'il ne faisait point les lois, il servait d'intermédiaire entre Dieu et le peuple ; et il dictait ainsi les réponses que le chef du peuple et le peuple tout entier devait exécuter (1). Il avait une partie du pouvoir judiciaire, dans les cas difficiles (2). Quant au pouvoir politique proprement dit, il n'est point facile de déterminer exactement comment il fut organisé entre l'époque de Moïse et celle des Rois. Après Moïse, le gouvernement paraît avoir été patriarcal et démocratique, et concentré seulement en temps de crise entre les mains d'un chef militaire inspiré de Dieu. Les désordres qui résultèrent de cet état de choses amenèrent les Hébreux à désirer un gouvernement monarchique. Ce qui est très-remarquable dans l'institution de la royauté chez les Hébreux, c'est qu'elle ne doit point son origine à la volonté de Dieu. Dans l'Inde, la création du roi est une sorte de miracle ; le roi est une grande divinité ; le gouvernement monarchique est établi directement par Dieu. Il n'en est pas de même dans la Bible. Ce n'est point Dieu qui propose un roi aux Hébreux ; ce sont eux qui le demandent. Cette proposition déplaît à Dieu ; il y voit un dessein d'échapper à sa propre autorité : « Écoutez, dit-il à Samuel,

(1) *Nombres*, xxvii, 21.
(2) *Ibid.*, xvii, 8, 9 et suiv.

la voix de ce peuple ; car ce n'est point vous, c'est moi qu'ils rejettent, afin que je ne règne pas sur eux (1). » Avant de leur accorder leur demande, il veut que les Hébreux apprennent quelle est la nature de ce pouvoir qu'ils appellent de tous leurs vœux, et voici le tableau que Dieu lui-même fait du gouvernement royal : « Voici quel sera le droit du roi qui vous gouvernera. Il prendra vos enfants pour conduire ses charriots ; il s'en fera des cavaliers pour courir devant son char... Il se fera de vos filles des parfumeuses, des cuisinières et des boulangères... Il prendra ce qu'il y aura de meilleur dans vos champs... Il prendra vos serviteurs et vos servantes... et la dîme de vos troupeaux. Vous crierez alors contre votre roi que vous aurez élu, et le Seigneur ne vous exaucera point. — Le peuple ne voulut point écouter ce discours de Samuel : « Non, lui dirent-ils, nous voulons avoir un roi qui nous gouverne (2). » Il est évident, d'après ce récit, qu'il serait très-inexact de dire que Dieu, selon l'Écriture, préfère entre tous le gouvernement monarchique ; on voit, au contraire, qu'il ne l'établit qu'à contre-cœur, et pour se délivrer des importunités des Hébreux(3). Cependant, quoiqu'il les ait menacés du gouvernement tyrannique, ce n'est point cette espèce de gouvernement qu'il a institué. Dans le *Deutéronome* il défend d'avance au roi tous les

---

(1) *Rois*, I, viii, 7.

(2) *Ibid.*, *ib.*, 11-19.

(3) « Je vais invoquer le Seigneur, et il fera entendre le tonnerre et tomber la pluie, afin que vous sachiez et que vous voyiez combien est grand devant le Seigneur *le mal que vous avez fait en demandant un roi...* (Les Rois, c. xii, 17.) Et tout le peuple craignit le Seigneur, etc. et dirent tous ensemble à Samuel : Priez le Seigneur votre Dieu pour vos serviteurs, afin que nous ne mourions pas : *car nous avons encore ajouté ce péché à tous les autres de demander d'avoir un roi...* ib. 17. — Voyez la note suivante.

excès qu'il annonce dans les *Rois* comme les résultats de la royauté. « Il n'amassera point un grand nombre de chevaux, et il ne ramènera pas le peuple en Egypte. — Qu'il n'ait point une quantité de femmes qui se rendent maîtresses de son esprit, ni une quantité immense d'or et d'argent. — Que son cœur ne s'élève point par orgueil au-dessus de ses frères, et qu'il ne se détourne ni à droite ni à gauche (1). »

Pour devenir monarchique, le gouvernement des Hébreux ne perdit point cependant son caractère théocratique. C'est le Seigneur qui, par l'intermédiaire de Samuel, choisit le roi. Le sacre et l'onction sont les signes de ce choix. Lorsque Saül s'est rendu indigne de la royauté, c'est encore Samuel qui, par l'ordre du Seigneur, le dépose et lui choisit un successeur. Plus tard, sans doute, on voit la royauté se développer et aspirer de plus en plus à devenir absolue. » La parole du roi est pleine de puissance. Qui peut lui dire : pourquoi en usez-vous ainsi? » Mais le roi n'est jamais absolument indépendant de Dieu. D'abord, il ne peut rien sur les choses sacrées. Dans le temple, ce n'est plus le roi, c'est le grand-prêtre qui est souverain, comme on le voit par l'exemple d'Osias et d'Azarias (2). De plus

---

(1) *Deutér.*, xvii, 16. — Dans ce passage du *Deutéronome* qui, s'il est l'œuvre de Moïse, doit être antérieur aux *Rois*, il semble que Dieu institua d'avance la monarchie, et la monarchie de droit divin :« Quand vous serez entrés dans le pays de vos pères, et que vous viendrez à dire : Je choisirai un roi pour me commander... vous établirez celui que le Seigneur votre Dieu aura choisi. » Comment concilier ces textes avec le passage formel des *Rois*, cité plus haut, où l'institution de la monarchie est représentée comme odieuse à Dieu, et dirigée contre son pouvoir personnel ? Il est probable que le passage du *Deutéronome* est une interpolation ajoutée plus tard au temps de la royauté, pour en autoriser l'origine, et en même temps en limiter les excès.

(2) *Paralip.*, ch. xxvi, 16.

le droit de Dieu est toujours réservé : « C'est moi, dit-il,
qui fais régner les rois et domine sur les tyrans(1). » De
plus, en dehors de l'Église établie, il y eut toujours des
envoyés immédiats de Dieu, qui, sans autre titre que
l'inspiration divine dont les signes, à la vérité, n'étaient
pas toujours faciles à reconnaître, avertissaient le roi
et servaient de frein à son ambition (2). Ce sont les
prophètes, sorte d'opposition populaire, qui d'ailleurs
était aussi souvent dirigée contre le peuple lui-même
que contre le roi. Tels sont tous les principaux éléments auxquels on peut ramener la politique des anciens Hébreux, principes qu'il était intéressant de recueillir, parce qu'ils seront plus tard souvent invoqués
dans un sens ou dans un autre par les divers partis au
moyen âge.

Il ne peut entrer dans notre plan de suivre le progrès
des idées morales et le changement des institutions
politiques dans les livres saints et dans les écoles juives, depuis Moïse jusqu'à Jésus. Sans aucun doute,
l'étude approfondie des monuments nous montrerait
ici, comme dans la philosophie ancienne, une transformation progressive des idées et des mœurs, et un
acheminement vers la morale d'esprit et de fraternité
qui caractérise le christianisme. On a même prouvé
que quelques-unes des maximes que nous admirons le
plus dans l'Évangile, viennent des écoles juives, et
même de cette école si discréditée parmi les chrétiens,
si considérée parmi les juifs, l'école pharisienne. L'histoire de la morale ne doit pas oublier le nom du sage
Hillel (3), la gloire de la synagogue, antérieur à Jésus

(1) *Prov.*, XIII, 15 ; voy. aussi *Job*, XXXIX, 30.
(2) *Paral.* c. XVI, 7 ; XVIII, 6 et sqq. *et ut passim*.
(3) *Vie de Hillel l'ancien*, par Trénel, directeur du Séminaire is-
raélite de Paris.

d'une génération, et dont la vieillesse a coïncidé avec la jeunesse de celui-ci. C'est à Hillel et peut-être à la tradition qu'il faut attribuer cette célèbre parole, que du reste nous avons déjà retrouvée dans Confucius : « Ne fais pas à autrui ce que tu ne voudrais pas qu'on te fît. » La vieille et terrible théologie de Moïse s'était singulièrement adoucie avec le temps, comme on le voit par ces paroles d'Hillel : « Dieu est grand par la miséricorde ; sa justice doit toujours incliner vers la clémence. » Quelquefois la bonté et la bienveillance se manifestent chez lui sous une forme spirituelle et piquante : « Par quelles paroles faut-il manifester de la joie en présence des jeunes fiancées ? Il faut dire, selon Hillel : Voici la fiancée, la belle, la gracieuse, la pieuse. — Mais si elle n'est ni belle, ni gracieuse ? — Qu'importe ? dit Hillel, si quelqu'un est engagé dans une fâcheuse entreprise, faut-il l'attrister encore plus ? S'il a conclu un marché désavantageux, est-il charitable d'avilir à ses yeux la valeur de ce qu'il vient d'acquérir ? » La morale de ces paroles, c'est qu'il faut dire à un homme que sa femme est jolie, même lorsqu'elle est laide. La sincérité, sans doute, est un peu offensée ; mais la charité est satisfaite. Hillel n'avait rien de cet orgueil que l'on impute à l'école pharisienne : « Apprenons, disait-il, à juger avec indulgence les Israélites nos frères ; s'ils ne sont pas tous instruits et inspirés comme des prophètes, ils sont tous fils et disciples de prophètes. » La sagesse et la simplicité de sa morale se manifestent surtout dans ces passages : « Soyez des disciples d'Aron, aimant la paix et la recherchant sans cesse, aimant les hommes et les ramenant à la Thora. — Poursuivre la célébrité, c'est vouer son nom à l'oubli et au mépris. — Cesser d'accroître sa science, c'est la diminuer ; refuser de s'instruire, c'est

se montrer indigne de vivre. — Celui qui se sert de la
couronne de la Loi dans des vues égoïstes, sera flétri. —
Ne dis pas : lorsque j'en aurai le loisir, je me livrerai à
l'étude, peut-être ce loisir te sera-t-il toujours refusé.
L'ignorant ne craint point le péché, l'homme sans
lumières ne saurait avoir de vraie piété. — La timidité
est funeste à celui qui veut s'instruire; la colère, à
celui qui enseigne. Les spéculations ambitieuses ne
donnent pas toujours la sagesse. — Où les hommes
font défaut, sois homme toi-même. » De tous ces passages, il résulte évidemment que Hillel a été un moraliste d'un esprit noble, sage, humain, mêlant une
certaine finesse au bon sens. Ce serait cependant se
faire une grande illusion que de chercher là un argument contre l'originalité éclatante de la morale de Jésus. Que cette morale ne soit pas séparée par des abîmes
de tout ce qui a précédé, qu'elle ne tombe pas du ciel
comme un miracle, que l'on puisse en retrouver les
germes et les antécédents dans les sages antérieurs,
c'est ce que l'on peut préjuger tout d'abord, même
sans connaître les textes, mais en vertu des lois ordinaires et générales de l'histoire. C'est ainsi que Socrate
a été précédé et annoncé par les sages de la Grèce. Mais
il n'y a rien à conclure de là contre l'originalité de
Socrate et de Jésus-Christ : car tout est toujours préparé dans l'histoire des idées ; mais celui qui résume et
condense en sa personne, en y ajoutant un accent personnel, toutes les idées de ses prédécesseurs, celui-là
est un inventeur, quoi qu'en puissent dire la critique
et l'érudition (1).

(1) On combat souvent l'originalité de la morale de Jésus avec un
esprit singulièrement étroit. Il semble que l'on ait toujours devant les
yeux un Jésus surnaturel, dont il faut à tout prix rabattre les pré-

## § II. — Morale et politique évangéliques.

Nous avons vu le stoïcisme luttant selon ses forces contre l'égoïsme social de l'antiquité, s'efforçant de s'élever à l'idée de la fraternité humaine. Une autre doctrine, née sans bruit et sans éclat dans un coin du monde, allait s'emparer, avec une ardeur et un enthousiasme sans égal, de cette idée nouvelle et libératrice, et lui imprimer le cachet de son incontestable originalité. En effet, s'il est vrai de dire que la philosophie ancienne a pu arriver par elle-même à des principes qui n'étaient pas très-éloignés des principes chrétiens, il n'est pas vrai que le christianisme n'ait rien apporté de nouveau, et que le progrès moral eût pu s'accomplir sans sa puissante intervention. L'originalité des doctrines ne se mesure pas toujours aux formules qui les résument. Il n'en faut pas voir seulement la lettre, mais l'esprit et l'accent. On peut trouver dans les philosophes anciens des maximes qui ressemblent, à s'y méprendre, aux maximes de l'Evangile. Mais où trouver cet accent unique, inimitable, cette saveur si pure, si fine et si délicate que nous fait goûter la lecture des Evangiles ? Lisez une lettre de Sénèque, une dissertation d'Epictète, même une page de Marc-Aurèle, le plus chrétien des stoïciens, vous aurez sans doute une morale noble, irréprochable, d'une très-grande hauteur ; mais lisez ensuite le Sermon sur la montagne, et dites si rien ressemble à cela.

tentions à la divinité. Si l'on était réellement aussi libre d'esprit qu'on croit l'être, on oublierait ce fantôme pour se mettre en face d'un Jésus naturel et historique, qui a autant de droit à être un moraliste original que Confucius ou Socrate.

L'une des causes incontestables de l'originalité et de
la force de la morale chrétienne, c'est le dogme sur lequel elle repose : dogme extraordinaire, qui embra-
sait l'âme en confondant la raison, et qui, plaçant en
Dieu même le comble de l'amour et l'idéal du sacrifice,
attirait l'homme à une vertu surhumaine par l'exemple
du Sauveur, par la vertu d'un sang divin, par l'espérance d'une couronne sans prix.

Si quelque chose peut nous donner l'idée, ou plutôt
le sentiment de la morale chrétienne et de sa singulière
nouveauté, c'est la vie de son fondateur, vie si simple,
si humble, si bienfaisante, si patiente, si éprouvée ; mais
surtout c'est sa mort, cette mort unique dont le témoignage est encore présent partout dans nos monuments,
dans nos tableaux, dans nos maisons, et jusque dans
nos ornements et dans nos parures. Je ne voudrais point
renouveler le parallèle célèbre de Rousseau entre Jésus
et Socrate, mais ce parallèle est si frappant et montre si
bien le génie opposé de l'antiquité et du christianisme,
qu'on ne peut y échapper. Des deux côtés, un procès
inique et une mort injuste : mais ici, une apologie fière
et doucement ironique, une captivité facile et presque
volontaire, adoucie par la poésie, égayée par la conversation : au dernier jour, un paisible débat sur les destinées de l'âme, et enfin, la mort accompagnée de sourire venant comme un sommeil, loin des pleurs de la
famille, et au milieu des consolations de l'amitié. En
face de ce tableau, contemplez maintenant ce repas sévère et taciturne, où le maître se donne en sacrifice à
ses disciples, cette nuit d'angoisses et de prière au jar-
din des Oliviers, ce baiser de la trahison, cet amas d'injures, cette croix sanglante et déshonorante, ce supplice
entre deux voleurs, cette mère en pleurs, cette dernière

plainte, ce dernier pardon, enfin ce soupir suprême, si
lentement et si douloureusement exhalé ; scène incomparable, la plus grande sans doute qu'ait vue le monde,
et que Platon semble avoir entrevue comme dans un
rêve.

La Passion, qui est le mystère suprême dans le christianisme, indique assez que la vie de l'homme n'est
qu'une passion, c'est-à-dire une douleur. Tandis que
toute l'antiquité faisait consister le bien à ne pas souffrir, et invitait l'homme soit par la vertu, soit par le
plaisir, à fuir la douleur, l'Évangile présente à l'homme
la douleur comme un bien. La douleur est en quelque
sorte divinisée, puisque Dieu lui-même a voulu souffrir,
gémir, mourir.

Dans toutes les religions, il y a des préceptes en faveur des faibles, des malheureux, des opprimés. Mais
il semble que toute la morale du christianisme soit faite
pour ceux-là. « Heureux ceux qui pleurent ! » est-il dit :
mais ce n'est pas tout : « Heureux ceux qui souffrent
persécution pour la justice... vous serez heureux lorsque
les hommes vous maudiront et vous persécuteront(1)! »
Ainsi la douleur et l'injustice ne sont plus des maux
qu'il faut écarter ou supporter, ou des choses indifférentes qui ne méritent point qu'on y pense : ce sont
des biens qu'il faut rechercher, aimer et savourer ; car
la même doctrine, qui est une doctrine de douleur, est
une doctrine de consolation : « Venez à moi, vous tous
qui ployez sous le joug, je vous ranimerai (2). »

L'Évangile a deux sortes de consolations : les unes
pour les misérables, les autres pour les pécheurs : « Ce
ne sont pas ceux qui sont en santé, qui ont besoin de

(1) Matth. v, 4, 11 ; Luc. vi, 21, 22.
(2) Matth. xi, 28.

médecin, mais les malades. Je ne suis pas venu appeler les justes, mais les pécheurs à la pénitence (1). » C'est pourquoi Jésus ne dédaignait pas la société de ceux que l'on méprisait : c'étaient ceux-là surtout qu'il voulait amener à lui ; et c'étaient d'eux qu'il espérait le plus : « Je vous le dis, en vérité, les publicains et les courtisanes vous précéderont dans le royaume de Dieu (2). » Voilà ceux qu'il venait consoler et purifier ; et l'humiliation du vice et du mépris lui paraissait plus près de la simplicité nécessaire au salut, que l'orgueil de la vertu.

Je répète que ce qu'il y a de nouveau dans la morale chrétienne, c'est l'accent : c'est par là que les paroles du Christ pénétraient jusqu'au plus profond de ces âmes grossières, et les renouvelaient ; il savait parler aux misérables soit par le corps, soit par l'âme ; il avait des paroles exquises, rafraîchissantes, consolatrices : « Prenez mon joug sur vous, et apprenez de moi que je suis doux et humble de cœur, et vous trouverez du repos à vos âmes. Car mon joug est doux et mon fardeau léger (3). » ... « Quiconque donnera seulement à l'un de ces plus petits un verre d'eau froide à boire, il n'attendra pas sa récompense (4). » L'indulgence de cœur ne trouvera jamais de parole plus pure et plus haute que celle-ci : « Que celui qui n'a jamais péché lui jette la première pierre (5). » L'innocence, la candeur, la simplicité peuvent-elles être recommandées d'une manière plus touchante : « Je vous le dis, en vérité, si vous ne changez et ne devenez comme de petits enfants,

(1) Luc, v, 31, 32.
(2) Matth. xxi, 31.
(3) Matth. xi, 29, 30.
(4) Matth. x, 42. Marc, c. ix. 40.
(5) Jean, viii, 7.

vous n'entrerez point dans le royaume des cieux (1). »
L'oubli de soi-même dans la charité, le secret dans la
piété ont-ils pu inspirer des paroles plus heureuses et
plus vives : « Que votre main gauche ne sache pas ce
que fait votre droite (2). Lorsque vous jeûnez, ne soyez
point tristes, comme les hypocrites. Parfumez votre
tête et votre face (3). » Quelle sagesse dans ce mot admirable : « Demain aura soin de lui-même ; à chaque
jour suffit sa peine (4). » Ces paroles ne recommandent
pas l'oisiveté, mais la quiétude dans le travail : on peut
en abuser pour recommander l'hypocrisie mendiante
et paresseuse ; mais bien comprises, elles expriment la
confiance et la sécurité de l'âme qui se donne à Dieu.
Oublierai-je ces mots où le pardon a trouvé son expression la plus pathétique et la plus déchirante : « Mon
Dieu, pardonnez-leur ; car ils ne savent ce qu'ils
font ? » Oublierai-je cette sublime prière, la plus
pure qui soit dans aucune doctrine, et si haute qu'elle
peut convenir à tous les hommes sans distinction de
croyance ? Que dire enfin de la parabole de l'Enfant
prodigue, de celle du bon Samaritain, de celle du
Publicain et du Pharisien, et de tant d'autres récits
naïfs et grands, qui de siècle en siècle ont servi à nourrir les âmes populaires, les cœurs simples, les petits et
les innocents de la sainte manne de la parole, tandis
que les beaux écrits des philosophes demeuraient le
mets réservé des raffinés et des délicats ?

L'esprit de la morale chrétienne est de demander à
l'homme tout ce que l'on peut lui demander ; c'est d'exi-

(1) Matth. xviii, 3.
(2) Matth. vi, 3.
(3) Matth. vi, 16, 17.
(4) Matth. vi, 34.

ger de lui le plus grand effort de dévouement, de sacrifice, d'oubli de soi-même, que l'âme humaine puisse, je ne dis pas exécuter, mais concevoir. C'est pourquoi elle est la plus grande morale qui ait jamais paru. Essayez, en effet, de concevoir une obligation morale qui ne soit point prévue dans les principes de l'Évangile, une prescription à ajouter à toutes celles qu'il contient, un devoir nouveau enfin, vous n'y parviendrez pas. On peut bien dire que l'Évangile demande trop à l'homme, mais non qu'il ne lui demande pas assez. Il n'en est pas non plus de l'Évangile comme du stoïcisme, qui demande trop d'un côté, et trop peu de l'autre. Mais l'Évangile nous impose tout l'amour de Dieu, tout l'amour des hommes, tout le courage, toute la patience, toute la chasteté, toute la modestie et l'humilité, en un mot, toute la perfection que l'on peut rêver pour l'homme, et non pour un homme qui n'a jamais existé et n'existera jamais, mais pour l'homme véritable, tel que l'a fait la nature. Cette doctrine me paraît contenir la plus parfaite idée de la vertu humaine, et je ne devine pas quel progrès on pourrait faire sur une telle morale, à la condition, bien entendu, qu'on n'y cherche pas autre chose qu'une morale, c'est-à-dire une doctrine de devoir.

Mais une objection s'élève contre cette admirable morale : c'est qu'en présentant l'idée du devoir dans sa perfection, elle semble sacrifier ou négliger le principe du droit ; c'est qu'en exagérant l'obligation, elle ne fait pas la part suffisante de ce qui est permis ; c'est qu'elle donne trop à la vertu et pas assez à la nature : disons quelques mots de cette objection.

Le principe suprême de la morale chrétienne et évangélique est l'amour ou la charité. Or, on ne peut douter

que ce principe bien entendu et appliqué dans toute
son extension, ne suffise entièrement et même au delà,
pour résoudre tous les problèmes de la vie morale et
sociale. Si, par exemple, je fais du bien aux hommes
par amour pour eux, il est tout à fait inutile de m'a-
vertir que je ne dois pas leur faire du mal : car le premier contient le second, et si je fais le plus, il va sans
dire que je ferai aussi le moins. De même, si c'est par
amour des hommes que je ne leur fais pas de mal, il est
inutile de m'avertir, que je devrais encore ne pas leur
faire de mal, lors même que je ne les aimerais pas. En
d'autres termes, si je suis disposé à accomplir tout mon
devoir et au delà de mon devoir, il m'est indifférent de
savoir que les autres ont des droits, puisque je veux
faire pour eux bien au delà de ce qu'ils ont droit d'exiger. Supposez maintenant que tous les hommes sans
exception soient animés des mêmes sentiments, n'est-
il pas évident que tous faisant les uns pour les autres
tout ce qu'ils peuvent faire, n'ont pas besoin de s'opposer les uns aux autres un droit jaloux, puisque le
droit n'est qu'une défense, et qu'une défense est super-
flue entre personnes qui s'aiment? En un mot, la charité parfaite dévore le droit (1) : ce n'est point qu'il

(1) Un critique des plus bienveillants, et des plus éclairés, M. Adolphe Franck a combattu cette pensée, en l'entendant comme si j'avais
voulu dire que la charité supprime le droit, ce qui n'est nullement
ma pensée. Ce que j'ai voulu dire, et ce que je maintiens, c'est que la
charité, si elle est parfaite et éclairée, rend le droit inutile. Par
exemple, deux amis liés par la plus tendre amitié ont certainement
l'un envers l'autre des droits, comme le droit de propriété ; mais ni
l'un ne songe pas à en faire usage pour le défendre contre l'autre, ni
l'autre ne songe à respecter un tel droit. Le fait seul d'invoquer le
droit entre personnes qui s'aiment est déjà presque une injure. Une
femme, que son mari s'abstiendrait de battre, uniquement parce que
c'est son droit de ne pas être battue, aurait déjà le droit de s'offenser.
L'amour s'élève donc au-dessus du domaine du droit; il l'absorbe

cesse d'exister, mais il n'est plus qu'en puissance. Tel
est l'idéal de la société chrétienne ; idéal qui est sans
aucun doute le plus pur et le plus élevé qu'ait jamais
conçu aucune doctrine philosophique et religieuse. Le
christianisme, supérieur en cela à toutes les doctrines
modernes de réformation et d'émancipation, a pénétré
jusqu'au plus profond principe d'action qui soit dans
la nature humaine ; il a réveillé ce principe, lui a donné
conscience de lui-même, en a tiré les effets les plus admirables ; et si prévenu qu'on soit, il faut fermer volontairement les yeux à l'évidence, pour nier qu'aujourd'hui encore, si loin qu'il soit de son origine et de
sa première ferveur, le christianisme enfante encore
des miracles de charité et de dévouement.

Mais voici maintenant les difficultés que rencontre
un tel idéal dans l'application. Comme il est de bien loin
au-dessus des forces de la nature humaine, il arrive
qu'il n'est pratiqué à la rigueur que par quelques âmes
d'exception, ou bien dans de certains moments de ferveur. La véritable piété étant très-rare, la vraie charité l'est au moins autant. Mais, comme en demandant
aux hommes de faire pour leurs frères tout ce qu'il est
possible, on ne s'est pas appliqué à fixer tout ce qui

---

sans le détruire, bien entendu à la condition de ne pas agir contre
lui. Au reste, la pensée critiquée n'est autre chose qu'une pensée
d'Aristote : Φίλων μὲν ὄντων οὐδὲν δεῖ δικαιοσύνης. Un autre critique,
également bienveillant, M. D. Nisard m'a fait une objection en sens
inverse. Il s'est étonné de me voir dire que le Christianisme n'a pas
fait une part suffisante à l'idée du droit. Mais il me semble que cette
vérité ressort très-évidemment de tout ce que je dis plus loin sur la
propriété, sur l'esclavage, sur la liberté de conscience. Sans doute,
l'idée de droit est implicitement dans le Christianisme, comme l'idée
de charité est implicitement dans la morale de Socrate ou de Platon ;
*nil sub sole novum*. Mais, dans l'histoire des idées, c'est le développement qui constitue l'invention. Or, à ce point de vue, il est difficile
de nier que l'idée de droit est la découverte des temps modernes, et
en particulier du xviiie siècle.

est rigoureusement dû à chacun, cette incertitude sur
les limites du droit est très-favorable aux lâches interprétations du devoir. Ajoutez que le devoir de charité
étant absolu, il est prescrit à ceux qui souffrent d'aimer ceux qui les persécutent : précepte admirable, et
vraiment sublime, mais qui fournit malheureusement
un aliment à la persécution. Car, remarquez qu'entre
ces deux préceptes : faire le bien et supporter le mal,
le second est beaucoup plus facile à appliquer que le
premier : car la plupart du temps il s'appuie sur la
nécessité même, tandis qu'il faut toujours beaucoup
d'efforts pour faire du bien. Supposez maintenant que
entre les forts et les faibles, la patience soit d'un côté,
sans que la charité soit de l'autre, ne voyez-vous pas
naître de cette inégalité une cruelle et irrémédiable
oppression?

C'est ce qui arriva, par exemple, au moyen âge. Les
principes chrétiens tombant au milieu d'une société
barbare, où la force était tout, ne purent avoir que des
effets partiels et très-incomplets. Dans le chaos que pro-
duisirent la rencontre et le conflit des races vaincues et
des races victorieuses, la violence individuelle dut avoir
la plus grande part : une société se forma comme elle
put ; la force eut le dessus, comme il arrive toujours ;
la faiblesse fut heureuse de se cacher à l'ombre de la
force : un ordre artificiel les enchaîna l'une à l'autre ; et
c'est ce qu'on appela la société féodale. Le christianisme
s'accommoda tant bien que mal à cette fausse société :
il en adoucit les maux, il en tira quelques grandes vertus, mais il n'en corrigea pas la radicale injustice.

De là vint que les temps modernes se réveillèrent en
invoquant une idée toute différente de l'idée chrétienne :
l'idée du droit. Ce n'est pas que ces deux idées soient

contraires l'une à l'autre; mais elles sont très-distinctes. Chrétiennement, je dois supporter l'injustice, et même m'en réjouir; en droit, je n'y suis point tenu. Chrétiennement et religieusement, je dois aimer mes persécuteurs; en droit, je puis m'en défendre, et opposer la force à leur violence : ce qui se concilie difficilement avec le principe de l'amour. Sans nul doute, l'idée chrétienne est plus haute et plus divine que l'idée du droit. Mais celle-ci est indispensable pour maintenir l'ordre dans la société, et empêcher que les uns n'abusent de la candeur et de la charité des autres.

C'est la confusion de ces deux idées, l'idée chrétienne de la charité, et l'idée philosophique du droit, qui a souvent donné le change de nos jours sur le véritable caractère du christianisme, et lui a fait attribuer un sens politique et social, qu'il n'a jamais eu à l'origine. Rien de plus contraire au bon sens que de transformer Jésus-Christ en une sorte de réformateur philanthrope et socialiste. Jésus n'a jamais voulu qu'une seule réforme : l'amélioration des âmes. La seule société qu'il eut devant les yeux, c'est la société céleste, qu'il considérait comme le renversement de la société terrestre. La richesse et la domination qui assurent la supériorité sur la terre sont, au contraire, pour le ciel une croix et un empêchement. C'est pourquoi, il allait s'écriant : « Malheur à vous, riches, qui avez votre consolation !... Malheur à vous qui êtes rassasiés, parce que vous aurez faim (1) ! » C'est pourquoi il dit encore que les riches entreront difficilement dans le royaume des cieux (2), tandis que ce royaume appartient aux pauvres en es-

(1) Luc, vi, 24, 25.
(2) Marc, x, 23.

prit, c'est-à-dire à ceux qui supportent la pauvreté religieusement. Il en est de la domination comme de la richesse : « Les princes des nations les dominent; il n'en sera pas ainsi parmi vous. » Dans la cité promise, « les premiers seront les derniers et les derniers seront les premiers (1). » Mais un tel renversement n'aura lieu que dans le royaume du ciel; ou s'il peut se réaliser ici-bas, c'est à la condition que les grands se fassent volontairement petits, et non que les petits aspirent à devenir grands : l'égalité chrétienne est une égalité morale, religieuse, volontaire, et non sociale et politique.

Un point qui n'est pas moins certain, c'est que Jésus, qui n'a aucun caractère de réformateur politique, n'a pas davantage de prétentions au rôle de dominateur et de roi. On sait que c'est en cela même qu'a consisté l'aveuglement des Juifs : leur erreur a été de ne pas reconnaître le Messie, dans celui que n'accompagnait aucun signe sensible de la royauté. Or il est certain que Jésus-Christ n'a jamais réclamé la domination ni pour lui ni pour ses disciples. Comment l'aurait-il fait, lui qui disait : « Je ne suis pas venu pour être servi, mais pour servir (2); » et encore : « Mon royaume n'est pas de ce monde (3). » Tous les textes qui, au moyen âge, ont été interprétés dans le sens de la domination ecclésiastique, n'ont qu'un sens religieux et spirituel. « Fais paître mes brebis, » disait-il à saint Pierre. Il entendait par là : nourris-les de la parole. Lorsqu'il disait : « Tout ce que vous lierez sur la terre sera lié dans le ciel; tout ce que vous délierez sur la terre, sera

(1) Matth. xx, 25-27 ; Luc, xxii, 25-27.
(2) Matth. xx, 28.
(3) Jean, xviii, 36.

délié dans le ciel (1), » il ne voulait parler évidemment
que de la rémission des péchés, et non de la dispense
du serment de fidélité envers les puissances. Dans ces
paroles : « Allez, enseignez les nations, et les baptisez
au nom du Père, du Fils et du Saint-Esprit, » il insti-
tuait le sacerdoce et la prédication, mais il ne donnait
aucun pouvoir temporel à ses disciples. Quant à lui, il
rejetait toute fonction qui avait rapport aux intérêts de
la vie. « Maître, disait un de ses disciples, dites à mon
frère de partager avec moi mon héritage. » Jésus lui
dit : « Qui m'a établi juge sur vous, ou pour faire vos
partages (2) ? » Enfin, dans le passage le plus célèbre,
et le plus souvent cité, Jésus fait le partage entre les
puissances, en disant : « Rendez à César ce qui est à César, et à Dieu ce qui est à Dieu (3). » Il est vrai que dans
ces termes généraux, la question reste entière, puisqu'il s'agit toujours de savoir ce qui est à César et ce
qui est à Dieu. Mais le principe se détermine par l'application particulière qui en est faite. Or, de quoi s'agit-
il ? de payer le tribut. Ainsi le tribut est à César. Or,
le tribut est le signe de la soumission civile ; il en résulte que César est le véritable chef de l'union civile,
c'est-à-dire de l'État. Ainsi Jésus-Christ a séparé le
royaume de Dieu et le royaume de l'État, et il n'a pas
voulu que le premier dominât sur le second.

On peut donc rejeter comme fausses les deux thèses
soutenues à diverses époques, et à différents points de
vue : la première que le christianisme est une doctrine
d'émancipation sociale et politique, qu'il est pour les
peuples contre les rois, et qu'il met la force au service

(1) Matth. xviii, 18.
(2) Luc, xii, 14.
(3) Matth. xxii, 17, 21 ; Luc, xx, 22, 25 ; Marc, xii, 14, 17.

du droit; la seconde, que l'Eglise est supérieure à l'Etat, que l'Etat lui doit obéissance et hommage, que le chef de l'Eglise est le chef du monde. Ces deux doctrines sont contraires à la lettre et à l'esprit de l'Evangile. L'Évangile n'est ni démocratique ni théocratique, il ne prêche ni la révolte, ni la domination.

Il est vrai qu'en introduisant un royaume de Dieu dans le royaume de ce monde, le christianisme soulevait, par là même, la question de savoir comment ces deux royaumes pourraient s'unir, s'entendre, se limiter. Mais cette question est à peine indiquée dans l'Evangile; c'est le problème du moyen âge et des temps modernes.

### § III. — Les Apôtres et les saints Pères.

Le principe du christianisme était l'amour ou la charité. Mais l'on peut distinguer deux formes et deux aspects dans la charité; d'une part, la charité contemplative, celle qui se complaît à goûter les joies de la méditation et de la prière; de l'autre, une charité active, énergique, enflammée du feu du prosélytisme. Tandis que le doux apôtre saint Jean retiré dans les solitudes de Patmos savourait les mystères de l'union du Verbe avec son Père et avec la nature humaine, et reproduisait dans ses épîtres les accents les plus tendres et les plus paisibles de l'amour évangélique, saint Paul marchait à la conquête du monde ancien, portait la nouvelle parole à Athènes et à Rome, et méritait le nom d'Apôtre des gentils. On peut dire qu'il a été le second fondateur du christianisme en l'établissant au cœur même de la civilisation antique (1).

(1) Tout le monde a été étonné de voir le récent historien de saint

Le principe du christianisme a été l'amour ou la charité. Jésus a exprimé ce principe sous la forme la plus
tendre et la plus exquise, et l'a surtout fait sentir dans
ses applications. Saint Paul a exprimé le principe lui-
même avec une éloquence abrupte et sublime, qui laisse
bien loin d'elle celle de Cicéron. « Quand je parlerais
toutes les langues des hommes et des anges, si je n'ai
point la charité, je ne suis qu'un airain sonore, une
cymbale retentissante. — Quand j'aurais le don de pro-
phétie, que je pénétrerais tous les mystères, et que je
posséderais toutes les sciences ; quand j'aurais la foi qui
transporte des montagnes ; si je n'ai pas la charité,
je ne suis rien. — Et quand je distribuerais tout mon
bien pour nourrir les pauvres, et que je livrerais mon
cœur pour être brûlé, si je n'ai point la charité, tout
cela ne me sert de rien. — La charité est patiente, elle
est bienfaisante ; elle n'est point jalouse, elle n'est point
téméraire ; elle ne s'enfle point. — Elle souffre tout ;
elle croit tout ; elle espère tout ; elle supporte tout (1). »

Le principe de l'amour des hommes et de la charité
entraînait comme sa conséquence légitime la doctrine
de l'égalité des hommes, et de l'unité de la race humaine. C'est encore saint Paul qui a exprimé ces deux
doctrines avec le plus d'énergie et de précision : « Il y
a plusieurs membres, dit-il, mais tous ne font qu'un
seul corps (2) ; » image semblable à celle de Platon

---

Paul, M. Ernest Renan, préférer le tendre et contemplatif apôtre de
Patmos, à l'énergique et ardent organisateur du Christianisme naissant. C'est l'éternel procès entre la vie active et la vie contemplative,
procès qui ne sera jamais vidé, et que chacun juge d'après sa propre
humeur. Seulement il est permis ici de se demander si Paul n'a pas
eu un sentiment du divin aussi profond que Jean, en y joignant un
sentiment du réel, que celui-ci n'a jamais eu.

(1) I. *Corinth.*, XIII.
(2) I. *Corinth.* XII, 12.

dans la *République*, avec cette double différence que Platon exprime par là l'unité de l'État, et que de cette unité il exclut les classes misérables et inférieures, tandis que saint Paul parle de l'unité du genre humain, et qu'il n'en exclut personne : « Il n'y a, dit-il, ni gentil, ni juif, ni circoncis, ni incirconcis, ni barbare, ni Scythe, ni esclave, ni libre, mais Jésus-Christ est en tous (1). » Il est inutile d'insister sur cette grande doctrine de la fraternité humaine, qui est si incontestablement une doctrine chrétienne (2). Mais il est un point très-délicat, qui mérite d'être étudié de près, et où se trouve une application très-claire des observations que nous faisions plus haut sur le génie de la morale chrétienne ; c'est la question de l'esclavage.

Il y a ici, je crois, un peu d'exagération dans les opinions courantes. C'est le christianisme, dit-on, qui a détruit l'esclavage : et cependant il subsiste encore à l'heure qu'il est dans des pays chrétiens. On reproche aux philosophes païens, tels que Sénèque, Epictète ou les autres, de n'avoir soutenu que des doctrines abstraites, sans conséquences pratiques ; et en même temps on fait honneur aux apôtres de n'avoir pas eux-mêmes poussé jusqu'à ces conséquences. Quelle est en effet la doctrine de saint Paul, de saint Pierre, des apôtres en général ? c'est d'abord, qu'en Jésus-Christ il n'y a pas d'esclaves, que tous les hommes sont libres et égaux ; c'est ensuite, que l'esclave doit obéir à son maître, et le maître être doux envers ses esclaves (3). Ainsi, quoiqu'il n'y ait point d'esclaves en Jésus-Christ, saint

---

(1) *Coloss.* iii, 11.
(2) Dans le sens où nous avons déjà dit qu'une doctrine peut être considérée comme propre à une école ou à une église.
(3) *Éphés.* vi, 5. 6. 9.

Paul et les apôtres ne nient pas qu'il puisse y en avoir
sur la terre. Je suis loin de faire un reproche aux apôtres de n'avoir pas proclamé la nécessité immédiate
de l'affranchissement des esclaves. Mais je dis que la
question était posée exactement dans les mêmes termes
par les philosophes anciens du même temps. Sénèque,
il est vrai, ne proclamait que l'égalité morale des
hommes et non leur égalité civile ; mais saint Paul ne
parle non plus que de l'égalité en Jésus-Christ. Sénèque
dit au maître de se conduire envers son esclave, comme
il voudrait que l'on se conduisît envers lui-même (1).
N'est-ce pas dire autant que saint Paul et saint Pierre,
qui recommandent au maître la douceur et la bonté?
La supériorité du christianisme sur le stoïcisme dans
cette question tient donc uniquement à la supériorité
même de l'esprit chrétien, c'est-à-dire de ce souffle ardent de charité, enflammé par le sentiment religieux,
qui obtenait plus facilement le même résultat demandé
de part et d'autre, à savoir l'humanité des maîtres envers les esclaves.

S'il nous était permis de faire un rapprochement,
nous dirions que la doctrine des apôtres et des Pères
sur l'esclavage est la même que leur doctrine sur la
propriété. Le christianisme a-t-il nié la propriété?
Non ; cependant Jésus-Christ disait : « Si vous voulez
être parfait, vendez tous vos biens, et donnez-les aux
pauvres (2). » Aussi voyons-nous dans les premiers
temps de la ferveur chrétienne, les biens communs
entre tous les fidèles (3), et cette communauté persister
jusqu'au temps des apologistes. Que dit en effet saint

(1) Sén., Ep. ad Lucil., 73.
(2) Matth. xix, 20-23.
(3) Act. ii, 44, 45 ; iv, 32. sqq.

Justin : « Nous apportons tout ce que nous possédons, et nous partageons tout avec les indigents (1). » Que dit Tertullien : « Tout est commun parmi nous, excepté les femmes (2). » La richesse n'a jamais été approuvée dans les premiers temps du christianisme. Elle inspire même à l'apôtre saint Jacques des paroles si violentes, qu'il est difficile de ne pas y reconnaître un sentiment de révolte populaire, assez contraire à l'esprit évangélique (3). La doctrine des Pères de l'Eglise est uniforme et constante sur la propriété : le riche n'est que le dispensateur des biens du pauvre. Tout ce que nous possédons est à Dieu, il n'y a rien véritablement qui puisse être appelé mien ou tien. Quelques-uns même poussent ces principes très-loin. « La terre, dit saint Ambroise, a été donnée en commun aux riches et aux pauvres. Pourquoi, riches, vous en arrogez-vous à vous seuls la propriété (4)? » Et dans un autre passage plus important encore, parce qu'il est tiré d'un traité philosophique, saint Ambroise nie expressément le droit de propriété : « La nature, dit-il, a mis en commun toutes choses pour l'usage de tous... La nature a créé le droit commun. *L'usurpation a fait le droit privé* (5). » Malgré ces paroles si hardies, malgré le conseil donné par Jésus-Christ au riche de tout vendre et de tout donner, malgré la première communauté des apôtres, dit-on que le christianisme a condamné la propriété, et serait-il juste de le dire? Non, sans aucun doute. Le christianisme a considéré

(1) Just. *Apolog.* I, 14.
(2) Tertull. *Apolog.* c. 39.
(3) Voy. Jacq. ɪ, 9, 10, 11; ɪɪ, 1, 5, 6; ᴠ, 1, 2, 399.
(4) Ambr. *De Nabuthe Jesraelita*, c. 1, 2.
(5) Ambr. *De offic.* l. 1, c. xxvɪɪɪ.

comme la perfection chrétienne de se priver du *sien*;
il n'a pas abrogé le droit de chacun. Il a proposé un
idéal, dont les hommes peuvent s'approcher par leur
libre volonté; mais il n'a point dit que ce fût absolument une injustice de conserver son bien. Saint Pierre
même reconnaît expressément le droit de propriété;
car dans le passage des Actes des apôtres, où l'on voit
Ananie et sa femme frappés à mort pour avoir détourné
une partie de leur bien, ce n'est pas ce détournement
qui leur est reproché, c'est leur mensonge : « Ne de-
meurait-il pas toujours à vous, leur dit saint Pierre, si
vous aviez voulu le garder? Et après l'avoir vendu,
n'étiez-vous pas maîtres de l'argent (1)? » La communauté était donc volontaire et non obligatoire. Les
Pères disent tous expressément que la richesse et la
pauvreté ont été établies pour donner aux riches l'occasion de la libéralité, aux pauvres celle de la patience.

Que faut-il conclure de ces divers passages? C'est
qu'en Jésus-Christ il n'y a pas de riches ni de pauvres,
de mien et de tien; que dans la perfection chrétienne,
tout est à tous, et que néanmoins la propriété est légitime et de droit humain? N'est-ce pas dans le même
sens que les Pères ont condamné l'esclavage comme contraire à la loi divine, tout en le respectant comme conforme à la loi humaine? » Les lois du monde, dit saint
Chrysostome, connaissent la différence des deux races;
mais la loi commune de Dieu l'ignore; car Dieu fait du
bien à tous; il ouvre à tous le ciel indistinctement (2). »
Ainsi, il n'est point douteux qu'il n'y a pas d'esclavage
de droit divin, mais il y en a un de droit humain. Or,

(1) *Act.* v, 4.
(2) Chrysost., in *Ep. ad Ephes.* vi, 5, 8. homil. xxii, 2.

les jurisconsultes stoïciens, en proclamant que la servitude est un état contre nature, tout en la maintenant
dans la loi, ne soutenaient-ils point une doctrine tout
à fait semblable ? Les Pères abondent en passages contraires à l'esclavage : mais nous avons vu aussi un
grand nombre de textes contraires à la propriété. En
conclut-on que le christianisme a détruit la propriété ?
Il y a plus, les Pères, en combattant l'esclavage, pour
apprendre aux maîtres l'humanité et la charité, le re-
levaient d'un autre côté, comme favorable à la patience
et à l'humilité de l'esclave : « La servitude est un don
de Dieu, » disait saint Ambroise. C'est par là que brille
le peuple chrétien ; que celui qui veut être le premier
soit votre serviteur (1). » Pour relever l'esclavage, on
montrait Moïse exposé, Joseph vendu, J.-C. crucifié ; et,
par de tels exemples, l'esclavage se trouvait tellement
ennobli, qu'il n'y avait plus à se plaindre de l'injustice
de cette condition (2). Aussi saint Chrysostome ne craint
point de tirer de là cette conséquence, que l'esclavage
est un bien parce qu'il est pour le chrétien une occasion de mérite : « Pourquoi, dit-il, l'Apôtre a-t-il laissé
subsister l'esclavage ? afin de vous apprendre l'excellence de la liberté ; car de même qu'il est bien plus
grand et plus digne d'admiration de conserver, dans
la fournaise, les corps des trois enfants sans atteinte ;
de même il y a bien plus de grandeur et de merveille,
non pas à supprimer l'esclavage, mais à montrer la
liberté jusque dans son sein ? » ... « C'est pourquoi,
dit-il encore, l'Apôtre ordonne de rester esclave. Si
l'on ne pouvait, esclave, rester ce que doit être un
chrétien, ce serait pour les gentils une belle occasion

(1) Ambr. *de Paradis.* xiv, § 72.
(2) Wallon, *Histoire de l'esclavage,* t. III. part. III. c. viii, p. 325.

d'attaquer la faiblesse de notre religion ; comme, au
contraire, ils admireront sa force, s'ils voient qu'elle
ne souffre rien de l'esclavage (1). »... « Les esclaves
chrétiens ne demandent pas cela de leurs maîtres (la
libération après six ans, comme dans la loi juive), car
l'autorité apostolique ordonne aux esclaves de rester
soumis à leurs maîtres, de peur que le nom de Dieu ne
soit blasphémé (2). »

Voici enfin un passage de Lactance qui prouve, d'une
manière frappante, l'identité des doctrines chrétiennes
primitives sur la propriété et sur l'esclavage. « Dieu,
qui a fait les hommes, a voulu qu'ils fussent tous
égaux. Comme il leur a distribué également sa lumière,
il a donné à tous l'équité et la vertu. *Devant Dieu*, il
n'y a ni *esclave* ni *maître* ; car, puisqu'il est notre père
commun, nous sommes tous libres. *Devant Dieu*, il n'y
a de *pauvre* que celui qui manque de justice, de *riche*
que celui qui est plein de vertus. » Ce qui a causé, suivant Lactance, la chute de l'empire romain, c'est l'excès de l'inégalité dans les conditions. « Sans égalité,
point de patrie. » Mais de quelle égalité veut-il parler ?
de l'égalité du riche et du pauvre, en même temps que
celle du maître et de l'esclave. « Eh quoi, dira-t-on,
n'y a-t-il point parmi vous des *riches* et des *pauvres*,
des *maîtres* et des *esclaves* ? N'y a-t-il rien qui les distingue ? *Rien* ; et si nous nous nommons frères, c'est
que nous nous croyons égaux. Car nous ne mesurons
pas les biens humains par le corps, mais par l'esprit ;
et quelle que soit la diversité des conditions corporelles, nous n'avons pas d'esclaves, nous n'avons que

---

(1) Chrys. in *Genes. serm.* v. 1, cf. in ep. i, ad Corinth. Homil. xix, 4.
(2) Aug. *Quæst. in Exod.* lxxvii.

des frères en esprit, ou des compagnons de servitude en religion (1). »

Ainsi, les Pères de l'Église ont considéré de la même façon l'esclavage et la propriété ; c'étaient deux choses qui ne devaient pas être dans l'état d'innocence ou dans l'état parfait, mais qui peuvent être et sont permises dans l'état où se trouve l'homme aujourd'hui. On conseillait au riche d'abandonner ses richesses, et aux maîtres d'affranchir ses esclaves ; on recommandait aux pauvres la patience, et aux esclaves la docilité. Ainsi la distinction de maîtres et d'esclaves n'est pas considérée dans saint Paul et dans les apôtres comme plus injuste que la distinction de riches et de pauvres ; et l'égalité sociale ne doit pas être entendue dans un autre sens que la doctrine de la communauté. Il est vrai qu'en J.-C. tous les hommes sont frères, et qu'il n'y a pas d'esclaves ; mais, en J.-C., personne ne possède rien à soi. Dans le monde, l'esclavage, la propriété, sont admis comme un fait légitime. Sans doute le christianisme a affranchi beaucoup d'esclaves, mais comme il fondait des hôpitaux, au nom de la charité, mais non au nom du droit : distinction essentielle, sans laquelle on ne peut comprendre comment les plus grands docteurs chrétiens, saint Augustin, saint Thomas et Bossuet, ont admis la justice de l'esclavage.

Lorsque la société chrétienne se fut étendue, lorsqu'elle fut devenue, pour ainsi dire, le monde entier, il fut de plus en plus nécessaire de s'accommoder aux conditions de la société civile, et de diminuer quelque chose de l'enthousiasme des premiers temps. Aussi voyons-nous saint Clément d'Alexandrie essayer de

(1) Lactan. *Inst. chrét.* l. V, c. xiv, xv.

tempérer les interprétations excessives que l'on faisait
des paroles de l'Evangile sur les riches, et saint Augustin établir expressément la propriété et l'esclavage,
la première sur le droit civil, le second sur la loi du
péché.

Clément d'Alexandrie, dans son traité : *Quel riche
peut être sauvé ?* essaye de déterminer le sens de cette
parole évangélique : « Que jamais un riche n'entrera
dans le royaume des cieux ; » et de cet autre passage :
« Vends ce que tu as, et donnes-en le prix aux pauvres.» Ces paroles, prises à la lettre, inquiétaient les
riches. Saint Clément écrit pour les rassurer. Au sens
littéral il substitue le sens figuré ; à l'abandon des richesses, le mépris des richesses. « Comment faut-il entendre ces paroles : *vends ce que tu as ?* Est-ce à dire
qu'il faut rejeter toutes ses richesses, et renoncer à son
argent ? Non, mais chasser de son esprit les vains jugements sur les richesses, l'amour effréné de l'or, la souil-
lure de l'avarice, les inquiétudes, les épines du siècle...
Ce n'est point une si grande chose que de n'avoir pas
de richesses. Autrement, ceux qui sont dépourvus de
tout moyen d'existence, qui sont jetés mendiants sur
les chemins, ignorant Dieu et la justice de Dieu, par
cette seule raison qu'ils sont accablés par la pauvreté,
seraient les plus heureux et les plus religieux des hommes. Ce n'est point une chose nouvelle que de renoncer
aux richesses, et que de les répandre sur les indigents :
beaucoup, avant l'arrivée du Sauveur, l'avaient déjà fait,
afin de se livrer à l'étude des lettres et d'une sagesse
morte, ou afin d'obtenir, par une vaine jactance, l'illus-
tration de leur nom : Anaxagore, Démocrite, Cratès. »
Il se peut que beaucoup d'anciens eussent donné l'exemple de la libéralité et du sacrifice de leurs biens ; mais

il faut reconnaître que beaucoup aussi ont donné l'exemple et les préceptes du mépris des richesses, et que réduire à ces termes l'enseignement du Christ, c'est en diminuer de beaucoup la portée. Lorsque J.-C. disait au
riche : Vends tes biens, il ne lui demandait pas seulement de renoncer à l'amour de la richesse, mais à la richesse elle-même. On voit donc déjà dans saint Clément
une tendance à s'accommoder avec les nécessités humaines. Rien de plus raisonnable que les principes suivants, mais rien de moins conforme à l'enthousiasme
apostolique. « Ne vaut-il pas mieux, dit-il, que chacun,
en conservant des richesses médiocres, évite, pour lui-
même l'adversité, et vienne au secours de ceux qui ont
besoin ? Quel partage pourrait-il y avoir entre les hommes, si personne n'avait rien ? Si nous ne pouvons
remplir les devoirs de la charité sans argent, et si,
en même temps, il nous est ordonné de rejeter les richesses, n'est-ce pas contradictoire, n'est-ce pas nous
dire à la fois de donner et de ne pas donner, de nourrir
et de ne pas nourrir, de partager et de ne pas partager?
ce qui est extravagant. » Saint Clément conclut en ces
termes : « Puisque les richesses ne sont par elles-mêmes
ni bonnes, ni mauvaises, il ne faut donc point les blâ-
mer... Lorsqu'il nous est ordonné de renoncer à toutes
richesses, et de vendre tous nos biens, il faut entendre
ces paroles des passions et des mauvais sentiments de
notre esprit. » C'est cette doctrine tempérée et prudente
qui l'a définitivement emporté dans l'Église. L'Eglise a
cessé de condamner la richesse, et de demander aux
hommes un partage impossible. Elle a consenti à ce que
chacun gardât le sien, pourvu que ce fût dans un esprit
religieux, et elle s'est contentée de demander pour les
pauvres le superflu : témoignage de condescendance

que le christianisme triomphant a dû avoir pour les
faiblesses humaines aussitôt que le monde civilisé est
devenu tout entier chrétien.

Saint Clément reconnaît donc le droit de posséder la
richesse, de la garder, et de s'en servir avec modération.
Saint Augustin, de son côté, cherche à expliquer le droit
de propriété. « De quel droit chacun possède-t-il ce qu'il
» possède ? N'est-ce pas de droit humain ? Car, d'après
» le droit divin, Dieu a fait les riches et les pauvres du
» même limon ; et c'est une même terre qui les porte.
» C'est donc par le droit humain que l'on peut dire :
» Cette villa est à moi, cette maison est à moi, cet es-
» clave est à moi ; mais le droit humain n'est pas autre
» chose que le droit impérial. Pourquoi ? Parce que
» c'est par les empereurs et les rois du siècle que Dieu
» distribue le droit humain au genre humain. Otez le
» droit des empereurs ; qui osera dire : Cette villa est à
» moi, cet esclave est à moi, cette maison est à moi ?..
» Ne dites donc pas : Qu'ai-je affaire au roi ? car alors
» qu'avez-vous affaire avec vos propres biens ? C'est par
» le droit des rois que les possessions sont possédées.
» Si vous dites : Qu'ai-je affaire au roi, c'est comme si
» vous disiez : qu'ai-je à faire avec mes biens ? vous re-
» noncez par là même au droit en vertu duquel vous
» possédez quelque chose (1). » On voit par ce texte que
pour saint Augustin la propriété n'est que de droit positif et non de droit naturel ; et qu'elle ne repose que
sur l'autorité civile.

C'est encore saint Augustin qui nous donne sur la
question de l'esclavage l'opinion la plus précise et la
plus importante. Il a tranché la difficulté, soulevée par

(1) August. in Evang. Joannis. Tract. vi, 25, 26.

les doctrines des apôtres : il a démêlé l'équivoque qui
était au fond du principe de l'égalité, invoqué par tous
les Pères : enfin il a fondé la théorie qui a subsisté dans
les écoles à travers tout le moyen âge, jusqu'au XVIIe
siècle.

Dans la vraie idée chrétienne, le commandement n'a
lieu que dans l'intérêt de ceux auxquels on commande :
le gouvernement n'est en quelque sorte qu'un service
rendu à ceux qui sont gouvernés. Tel est l'ordre naturel. Dieu a voulu que l'homme commandât aux bêtes ;
mais il ne l'a point fait pour dominer sur les autres
hommes. Mais, selon saint Augustin, « l'ordre de la
nature a été renversé par le péché ; et c'est avec justice
que le joug de la servitude a été imposé au pécheur.....
Le péché a seul mérité ce nom, et non pas la nature.....
Dans l'ordre naturel où Dieu a créé l'homme, nul n'est
esclave de l'homme ni du péché ; l'esclavage est donc
une peine... C'est pourquoi l'Apôtre avertit les esclaves
d'être soumis à leurs maîtres et de les servir de bon
cœur et de bonne volonté, afin que s'ils ne peuvent être
affranchis de leur servitude, ils sachent y trouver la liberté, en ne servant point par crainte, mais par amour,
jusqu'à ce que l'iniquité passe et que toute domination
humaine soit anéantie, au jour où Dieu sera tout en
tous (1). »

Dans cette théorie on doit remarquer les points suivants : 1° l'esclavage est injuste en droit naturel. Ce qui
est contraire à la doctrine d'Aristote, conforme à celle
des stoïciens ; 2° l'esclavage est juste, comme conséquence du péché. C'est là le principe nouveau particulier à saint Augustin. Il a trouvé un principe de l'escla-

_____

(1) *De civ. Dei*, l. XIX, 14-15,

vage, qui n'est ni l'égalité naturelle, ni la guerre, ni la convention, mais le péché. L'esclavage n'est plus un fait transitoire, que l'on accepte provisoirement, pour ne pas soulever une révolution sociale : c'est une institution devenue naturelle, par suite de la corruption de notre nature; 3° il ne faut point dire, que l'esclavage venant du péché est détruit par Jésus-Christ qui a détruit le péché. Car d'abord, le péché subsiste après Jésus-Christ, et aussi les conséquences du péché, la maladie, la mort : l'esclavage est une de ces conséquences ; il est donc nécessaire. De plus, saint Augustin dit qu'il durera jusqu'à ce que l'iniquité passe, et que toute domination humaine soit anéantie. Mais tant que la société subsistera, il est impossible que toute domination humaine soit anéantie, puisqu'il y aura toujours quelques hommes qui commanderont à d'autres : donc l'esclavage doit subsister autant que la société. Enfin, quand est-ce que toute domination humaine sera anéantie ? Saint Augustin nous le dit : « Au jour où Dieu sera tout en tous. » Mais ce jour n'aura lieu qu'à l'accomplissement des siècles. C'est donc seulement dans la cité divine que Dieu sera tout en tous, et que l'esclavage sera détruit. Ainsi l'argumentation de saint Augustin conclut au maintien de l'esclavage : opinion qui ne mériterait pas d'être relevée avec tant de soin au milieu de tant de témoignages contraires des Pères de l'Église, si l'on ne savait qu'elle a été la puissance de l'autorité au moyen âge. Aristote et saint Augustin fournissant tous deux des arguments en faveur de l'esclavage ont arrêté ou retardé les progrès des idées sur cette question pendant dix ou douze siècles.

Que conclure de cette discussion ? Croit-on que nous voulions nier que le christianisme ait eu la plus grande

part à l'abolition de l'esclavage? Loin de là. Aucune
doctrine à nos yeux n'a plus fait pour l'humanité; et
nous accorderons sans peine qu'il était plus nécessaire
de relever l'esclave moralement et religieusement que
de lui donner l'égalité civile. Mais comme nous faisons
ici l'histoire des idées et des opinions, il nous paraît
cependant légitime et indispensable de préciser le caractère propre des doctrines. Or qu'avons-nous signalé?
C'est que l'égalité du maître et de l'esclave n'était proclamée qu'au nom du droit religieux, du droit divin;
qu'en Jésus-Christ seul, le maître et l'esclave sont égaux.
Sans doute une telle égalité suffirait et au delà, si le
droit divin, le vrai droit céleste pouvait s'appliquer
rigoureusement sur la terre; et à n'en pas douter, si la
société chrétienne fût restée ce qu'elle était dans les
premiers temps, elle eût établi une égalité parfaite,
comme elle avait réussi à établir la communauté. Mais
la société chrétienne devenant la société tout entière,
une telle égalité était impossible : la cité céleste se confondant avec la cité terrestre, dut en subir les lois. De
là une distinction entre l'ordre divin et l'ordre humain,
l'un où il n'y a plus ni maîtres, ni esclaves, l'autre où
les conséquences du péché maintiennent l'inégalité.
C'est pourquoi nous voyons l'esclavage, quoique adouci
dans la pratique, accepté en théorie par les scolastiques, défendu jusqu'au xvııᵉ siècle par Bossuet, et
maintenu encore à l'heure qu'il est dans des nations
chrétiennes avec l'autorité des docteurs chrétiens. L'erreur des Pères, si j'ose dire, est de n'avoir pas aperçu
entre le droit divin, droit mystique qui n'est pas de ce
monde, et le droit humain ou positif, un droit naturel
qui déclare simplement et expressément qu'un homme
ne peut pas être l'esclave d'un autre homme   que cela

est injuste, que la charité de l'un, la patience de l'autre
peut rendre cet état tolérable, ou même noble et excellent, mais non juste; que le péché ne peut pas avoir
eu pour conséquence de rendre un homme l'instrument
d'un autre. Or, ce n'est qu'aux xvie et xviiie siècles que
ces principes ont été exprimés et défendus, et ce n'est
qu'à partir de cette époque qu'on a pu espérer de voir
l'esclavage disparaître définitivement du monde.

Le même oubli du droit naturel a égaré les Pères dans
leur théorie de la propriété comme dans celle de l'esclavage. Que disent-ils? C'est qu'en Jésus-Christ il n'y
a pas de mien et de tien. Rien de plus vrai sans doute:
dans l'ordre divin, dans l'ordre de la charité absolue,
là où les hommes seraient tout en Dieu, la différence et
l'inégalité des biens serait impossible. Mais les Pères
ont bien vu qu'un tel état de choses n'est pas réalisable
ici-bas. Qu'ont-ils fait? Ils ont établi la propriété sur le
droit humain, sur le droit positif, le droit impérial. De
là ce dilemme : ou l'esclavage est légitime, puisqu'il
est fondé, comme la propriété elle-même, sur la loi civile, ou la propriété est illégitime, puisqu'en Jésus-
Christ il n'y a pas plus de pauvres et de riches que de
maîtres et d'esclaves. Au contraire, en droit naturel,
les mêmes principes qui font que la propriété est une
chose juste, font que l'esclavage est une chose injuste.
Tandis que les Pères de l'Église absolvent ou condam-
nent ces deux faits en même temps et par les mêmes
principes, le droit naturel admet l'un et repousse l'autre. La propriété est une chose juste, et voilà pourquoi
la communauté est une utopie ou une barbarie : une
utopie si on la suppose fondée sur le dévouement universel ; une barbarie, si on l'exige par la force. L'esclavage est une chose injuste, et voilà pourquoi l'abolition

de l'esclavage n'est point une utopie; car la société
chrétienne, qui ne peut pas s'élever jusqu'à l'idéal de
la charité, peut et doit s'affranchir de l'injustice. Enfin,
par les mêmes principes, il y a deux sortes d'inégalité :
l'inégalité du maître et de l'esclave qui est absolument
injuste ; l'inégalité du riche et du pauvre, qui n'est pas
injuste, quoiqu'elle doive être atténuée autant que possible par la volonté des hommes et par l'équité des lois.

C'est la même ignorance, le même oubli du droit naturel qui a fait également rétrograder la doctrine chrétienne sur un autre point non moins important que
l'esclavage, la liberté de conscience. C'est encore ici
saint Augustin qui marque le point d'arrêt, et le retour
en arrière.

La question de liberté de conscience, à peine connue de l'antiquité, ne commença à se soulever que lorsque les chrétiens, en refusant de sacrifier aux idoles,
semblèrent porter atteinte à la majesté de l'empire lui-
même. Leur principe était : « Il vaut mieux obéir à
Dieu qu'aux hommes, » et tout en restant fidèles citoyens dans l'ordre politique, ils résistaient dans l'ordre
religieux. Ainsi naquit la question de la liberté de conscience. C'était la pensée qui animait tous les apologistes. « Nous demandons le droit commun, disait Athé-
nagoras ; nous demandons à ne point être haïs et persécutés, parce que nous nous nommons chrétiens (1). »
« La religion, dit Lactance, est la seule chose où la liberté ait élu domicile. Elle est, par-dessus tout, volontaire, et nul ne peut être forcé à adorer ce qu'il ne veut
pas. Il peut le feindre, mais non pas le vouloir. Quelques-uns, vaincus par la crainte des supplices, ou par

(1) Athén. *Apolog.* n. 2.

les tortures elles-mêmes, ont pu consentir à des sacrifices exécrables... mais une fois libres, ils retournent à
Dieu, et essaient de l'apaiser par les prières et par les
larmes (1). » Les paroles de Tertullien sont encore plus
remarquables : « Voyez, dit-il, s'il est à la gloire de
l'infidélité d'ôter la liberté de la religion, d'interdire le
choix de la divinité, de ne point me permettre d'honorer qui je veux, et de me contraindre à honorer qui
je ne veux pas. Personne ne veut des honneurs contraints, pas même un homme... N'est-il pas inique de
forcer des hommes libres à sacrifier malgré eux (2)? »

Telles furent les doctrines de l'Église militante. Que
devinrent-elles après la victoire? L'Église a conquis
son propre droit : accordera-t-elle le même droit aux
doctrines qui lui sont contraires ? Dans les premiers
temps, on ne peut pas dire que l'Église ait renoncé à
ses principes de patience et de douceur. On peut trouver encore dans saint Chrysostome de belles paroles en
faveur de la liberté de conscience. Mais la lutte des catholiques et des ariens, et en Afrique, la lutte des catholiques et des donatistes répandirent l'intolérance et la
persécution. Sont-ce les hérétiques eux-mêmes qui en
ont donné le premier exemple? Cela est possible. Mais
bientôt on vit le plus grand docteur de l'Église latine,
saint Augustin en donner la théorie. Grâce à l'autorité
de son nom, cette théorie a passé dans toutes les écoles
du moyen âge, elle a alimenté le fanatisme du XVIᵉ siècle, et a été invoquée par les protestants aussi bien que
par les catholiques; enfin, dans le XVIIᵉ siècle encore, le
nom de saint Augustin a été mêlé aux discussions du
temps sur le droit de contraindre les consciences. On

(1) Lact. *Epitom. Divin. Inst.* c. LIV.
(2) Tertull. *Apol.* c. 24, *ad Scap.* c. 2.

ne peut donc nier l'importance historique de l'opinion
de saint Augustin dans cette question.

Saint Augustin ne fut pas d'abord favorable à l'emploi de la force pour imposer la foi. « Ma première opinion, dit-il, était que personne ne peut être contraint
par force à entrer dans l'unité du Christ, qu'il fallait
agir par la parole, combattre par la discussion, vaincre par le raisonnement, de peur de transformer en
faux catholiques ceux que nous avions connus hérétiques déclarés (1). » Mais depuis il fut ramené à d'autres sentiments, non pas, dit-il, par des raisonnements
opposés, mais par l'exemple des faits. Ainsi toute sa
petite ville qui était d'abord dans l'hérésie de Donat
avait été contrainte par les lois impériales à revenir à
la foi catholique, et il paraît qu'elle y montrait la
même ardeur (2). Cet exemple et plusieurs autres l'a-
menèrent à penser que c'était pour le bien des hérétiques qu'on les contraignait à changer de foi. Agir
autrement, dit-il, ce serait leur rendre le mal pour le
mal. Si nous voyions un de nos ennemis, qui dans le
transport de la fièvre courrait à un précipice ne serait-
ce pas lui rendre le mal pour le mal, que de lui permettre de s'y jeter, si nous pouvions l'en empêcher en
l'enchaînant (3)? Tous, il est vrai, ne profitent pas
également de cette médecine salutaire. Mais faut-il les
abandonner tous, parce que quelques-uns sont incu-

---

(1) Epist. cx111, 17; ep. clxxxv, vii, 25. Nonnullis fratribus vide-
batur, in quibus ego eram, non esse petendum ab imperatoribus ut
ipsam hæresim juberent omnino non esse.

(2) Ep. cxiii, 1. De multorum correctione gaudemus, qui tam vera-
citer unitatem catholicam tenent atque defendunt, et a pristino errore
se liberatos esse lætantur. cxiii. Ita hujus vestræ animositatis perni-
ciem detestari, ut in ea nunquam fuisse credatur.

(3) Ep. cxiii, 2.

rables (1)? On n'est pas toujours ami en épargnant, ni toujours ennemi en frappant. Les blessures d'un ami valent mieux que les baisers trompeurs d'un ennemi. Il vaut mieux aimer avec sévérité, que de tromper avec douceur. Il est plus humain d'ôter le pain de la bouche à celui qui, sûr de son pain, négligera la justice, que de rompre le pain avec lui, pour qu'il se repose dans les séductions de l'injustice (2).

Les donatistes se servaient de la persécution dont ils étaient victimes pour prouver la justice de leur cause. Mais il ne suffit pas de souffrir la persécution pour avoir raison. Le Seigneur a dit : Heureux celui qui souffre la persécution ; mais il a ajouté : *pour la justice* (3). Quelquefois celui qui est persécuté est injuste, et celui qui persécute est juste. Il peut arriver que les bons persécutent les méchants, comme les méchants peuvent persécuter les bons : mais ceux-ci le font par injustice, ceux-là par une juste sévérité ; les uns cruellement, les autres avec modération (4). Les bons et les méchants peuvent faire la même chose, mais dans des desseins différents : Pharaon et Moïse ont l'un et l'autre persécuté le peuple hébreu ; mais le premier par tyrannie, le second par amour (5). On ne trouve pas, il est vrai, dans les Évangiles, que les apôtres aient jamais rien demandé aux rois de la terre contre les ennemis de l'Église ; mais comment l'eussent-ils fait, les rois d'alors n'étant pas chrétiens (6)? L'histoire de l'Église est figurée dans celle de Nabuchodo-

(1) Ep. cxiii, 3.
(2) Ep. cxiii, 4.
(3) Ep. cxiii, 8, clxxxv, 8.
(4) Ep. cxiii, 8.
(5) Ep. cxxiii, 6.
(6) Ep. cxiii, 9, et cxxxv, c. v, 19.

nosor : au temps de son incrédulité, il contraignait les fidèles d'adorer les idoles : c'est l'image de la persécution injuste que les empereurs païens infligeaient aux chrétiens. Mais, au temps de sa conversion, il punissait des mêmes peines quiconque blasphémait Dieu ; image de la persécution que les empereurs chrétiens doivent infliger aux hérétiques (1).

On dit que l'Écriture n'autorise pas l'emploi de la force. Mais n'est-il point écrit : « Contraignez d'entrer tous ceux que vous rencontrerez. » Ne voyons-nous pas l'apôtre Paul contraint par la violence du Christ à adorer la vérité (2). Jésus ne dit-il pas lui-même : « Personne ne vient vers moi que celui que le Père a attiré à moi (3). » Enfin, Dieu lui-même n'a pas épargné son Fils, et l'a livré pour nous aux bourreaux (4), *Deus proprio Filio non pepercit.*

Tels sont les arguments (5), ou plutôt les sophismes, que saint Augustin a eu le malheur d'inventer, sans se douter du triste succès qu'ils devaient avoir, et de leurs lamentables conséquences. Ces doctrines ne sont pas seulement une atteinte au droit naturel, auquel personne ne songeait alors, mais aux principes chrétiens eux-mêmes dont elles faussaient complétement le sens véritable. C'est là que nous voyons pour la première fois le *compelle intrare*, entendu dans un sens violent et grossier. Le coup de foudre qui a frappé

(1) Ep. cx111, 9, et clxxxv, c. 11, 8.
(2) Ep. cx111, 5, et clxxxv, c. vi, 22.
(3) Ep. x111, 5.
(4) Ep. cx111, 5, et clxxxv, c. vi, 22, la même idée sous une autre forme. « Quis enim nos potest amplius amare quam Christus, qui animam suam posuit pro ovibus suis. »
(5) Les mêmes arguments se retrouvent dans la lettre clxxxv, *De correctione donatistarum.*

saint Paul devient un encouragement à employer le
fer et le feu contre les consciences égarées. L'attrait
mystérieux et intérieur de la grâce divine, qui fait
dire à Jésus-Christ : « Nul ne vient à moi, s'il n'est
attiré par mon Père, » devient pour saint Augustin
l'image et la justification de la contrainte matérielle,
exercée par le bras séculier. Enfin, par un rapprochement que je ne crains pas d'appeler sacrilége, il invoque l'immolation divine elle-même comme une invitation à ne pas plus épargner nos frères, que Dieu
n'a épargné son Fils (1). Ainsi, la philosophie chrétienne, à mesure que son domaine s'étendait sur un
plus grand nombre d'âmes, et qu'elle grandissait en
autorité, semblait s'éloigner peu à peu de ce merveilleux esprit de mansuétude et de fraternité qui avait été
la gloire des apôtres et des martyrs.

Passons maintenant à la politique des apôtres et des
Pères. C'est dans saint Paul qu'il faut chercher les principes de cette politique. On connaît ce célèbre passage
si souvent cité, si controversé, interprété dans tous les
sens, et qui peut se prêter en effet à bien des explications : « Que toute personne soit soumise aux puissances, dit saint Paul. Toute puissance vient de Dieu.
Celui qui s'oppose aux puissances s'oppose à l'ordre
de Dieu... Le prince est le ministre de Dieu pour exercer sa vengeance (2). » Que disent ces paroles ? Con-
tiennent-elles le principe du droit divin, et la justification du pouvoir absolu ? Ou, comme l'ont cru les

(1) Dans la tragédie de *don Carlos*, Schiller prête au grand inquisi-
teur, dans son entretien avec Philippe II, ce mot, justement admiré de
Mᵐᵉ de Staël : « Dieu lui-même n'a pas épargné son Fils. » Mᵐᵉ de
Staël et probablement Schiller lui-même ne se doutaient pas que ce
mot est de saint Augustin.
(2) Rom. xiii, 1, 7.

théologiens du moyen âge, ces principes peuvent-ils se
concilier avec la liberté du peuple, et admettent-ils
quelques restrictions ?

En principe, nous l'avons vu, l'égalité est absolue
dans le royaume du Christ, les premiers sont les derniers, nul ne domine sur les autres. Mais un tel royaume
est-il de ce monde ? non. Dans le monde, il faut rendre
à César ce qui est à César. Voilà la politique évangélique. Que dit maintenant saint Paul ? Que toute puissance vient de Dieu, que le prince est le ministre de
Dieu, que résister au prince, c'est résister à Dieu. Ainsi,
le prince représente Dieu sur la terre. C'est, à ce qu'il
semble, le principe même du droit divin. Mais, remar-
quons-le, en disant : *omnis potestas*, saint Paul n'explique pas de quelle espèce de puissance il entend parler ;
et il est certain que cette parole peut s'appliquer à
toutes les formes d'autorité qui sont parmi les hommes.
Il est vrai que saint Paul dit : le prince, ce qui impli-
querait surtout la forme monarchique. Mais il ne faut
pas oublier qu'il parlait sous l'empire romain, qu'il n'y
avait plus alors qu'une sorte d'autorité dans le monde,
que saint Paul ne faisait point une théorie générale,
mais une exhortation particulière : il devait donc appeler le pouvoir du nom qu'il avait de son temps.
Ainsi, l'autorité civile vient de Dieu, l'ordre de la société est établi par Dieu, il faut obéir à la loi ou à celui
qui représente la loi : voilà la doctrine de saint Paul.
Une telle doctrine n'est pas la justification du despotisme : elle s'applique à toute forme de gouvernement,
à celle qui fait la part de la liberté, comme à celle qui
la supprime ; car là où la liberté est dans la loi, là où
elle est représentée ou défendue par certaines institutions, comme les éphores à Sparte, les tribuns à Rome,

les parlements dans les temps modernes, ces institutions mêmes sont encore des puissances auxquelles il
faut obéir.

Mais si la liberté se concilie avec le principe, n'est-il
pas vrai de dire aussi que toute forme de gouvernement, même tyrannique, s'en accommode également ?
Car nous ne voyons dans saint Paul aucune restriction.
Il faut, dit-il, obéir aux puissances. Toute puissance
vient de Dieu. Donc, lorsque les docteurs du moyen
âge, et principalement saint Thomas, essayaient de
limiter cette doctrine, en y ajoutant cette restriction :
toute puissance juste (*modo sit justa*), ils étaient, je
crois, infidèles à la lettre et à la pensée de saint Paul.
Saint Pierre disait également : « Soyez soumis à vos
maîtres, lors même qu'ils sont fâcheux et malfaisants. »
Je suis bien loin de soutenir que le christianisme justifie ou autorise la tyrannie : car le principe de la charité est toujours là qui impose au principe l'obligation
d'être juste et bon, en même temps qu'aux sujets
d'être obéissants. Il n'en est pas moins vrai que, selon
saint Paul, toute puissance vient de Dieu, fût-elle mauvaise.

Mais si saint Paul ne fait pas de différence entre les
puissances, il n'en fait pas davantage entre les personnes soumises à l'obéissance, entre les fidèles et les
infidèles, les ecclésiastiques et les laïques ; et il dit sans
aucune réserve : que *toute* personne soit soumise. Il ne
fait pas non plus d'exception, lorsqu'il dit : « Rendez
le tribut à qui vous devez le tribut ; » et il se croit si
peu indépendant de César, que lui-même, dans un
passage invoqué souvent au moyen âge, s'écrie dans sa
persécution : « J'en appelle à César (1). » Il n'y a donc

(1) *Act.* xxv, 11.

point de traces à cette époque de lutte entre le pouvoir spirituel et le pouvoir temporel. Cependant il y a une limite à l'obéissance : c'est lorsque le pouvoir veut forcer les fidèles à nier la parole de Dieu ; c'est alors qu'il faut rendre à Dieu ce qui est à Dieu. De là ce principe : « Il vaut mieux obéir à Dieu qu'aux hommes (1). » Principe qui n'a point d'autre sens que celui que nous avons fixé, et qui laisse intact le devoir de l'obéissance, en dehors de la foi. Enfin ce défaut d'obéissance, pour tout ce qui regarde la foi, ne va pas jusqu'à la résistance armée. Le chrétien doit mourir plutôt que de déplaire à Dieu ; mais il ne doit point se défendre : de là le martyre.

La politique des Pères est en tout conforme à celle de saint Paul : obéissance à l'État en tout ce qui n'est pas contraire à la loi de Dieu. Tertullien, dans son Apologie, oppose la soumission des chrétiens à l'esprit de liberté et d'opposition des philosophes. « Combien de philosophes, dit-il, aboient contre les princes, sans que vous y retrouviez à redire ! » Ce n'est point parmi les chrétiens qu'il faut chercher des meurtriers : « D'où viennent les Cassius, les Niger, les Albinus et ceux qui entre deux lauriers ont assassiné César ? D'entre les Romains, mais non pas d'entre les chrétiens..... Hippias, pour avoir menacé la liberté de la république, est assassiné. A-t-on jamais vu un chrétien commettre un tel crime pour tous les siens persécutés avec tant d'atrocité (2) ? »... « Le chrétien n'est l'ennemi de personne ; comment le serait-il de l'empereur qui a été établi par Dieu ; il doit l'aimer, le révérer, l'honorer,

_____

(1) *Act.* v. 29.
(2) Tert. *Apolog.* 35, 46.

faire des vœux pour son salut. Nous honorons donc
l'empereur ainsi qu'il nous est permis et qu'il lui convient, comme le premier après Dieu, comme celui qui
n'a que Dieu au-dessus de lui (1). » Ce sont là, à ce
qu'il nous semble, des paroles bien fortes : il est difficile de dire davantage en faveur de la puissance, et
cependant ce n'est pas dire assez. Il y avait un point
sur lequel les chrétiens étaient rebelles, et il faut le
dire, mauvais citoyens : c'était, en refusant de reconnaître la divinité impériale. « Je veux bien appeler
l'empereur un maître, dit Tertullien, mais, dans le
sens ordinaire, non, si l'on veut me forcer à avouer
qu'il est maître à la place de Dieu. Je suis libre pour
lui ; Dieu est mon seul maître... Comment le père de
la patrie serait-il un maître (2) ? »

Telle fut la politique de l'Église, tant qu'elle fut persécutée. Lorsqu'elle devint victorieuse, cette politique
ne changea pas tout à coup. Ce fut alors le plus beau
moment de la politique chrétienne. L'Église obéissante,
mais respectée, n'intervenant auprès des empereurs
que pour défendre la justice, employant contre le crime
non pas l'anathème, mais la supplication ; ne soulevant
pas les sujets contre les souverains, mais fermant les
portes de l'Église à celui qui s'en était rendu indigne :
tel fut l'exemple donné par saint Ambroise, exemple
dangereux, il est vrai, et dont on devait plus tard
abuser, mais qui ne paraît alors que l'acte courageux
de la conscience et le droit de la piété.

Tout en maintenant l'autorité morale de l'Église, et
en soutenant, dans certains cas, ses droits avec énergie,

(1) Tert. *ad Scapul.* c. 2.
(2) Tert. *Apolog.* c. 34.

saint Ambroise a toujours reconnu l'indépendance et la
supériorité du pouvoir temporel : « Si l'empereur demande le tribut, dit-il, nous ne le refusons pas ; les
champs de l'Église payent tribut. Si l'empereur désire
nos champs, il a le pouvoir de les prendre, personne
de nous ne résistera... nous payons à César ce qui est
à César..... (1) » « Jésus-Christ nous a donné une
grande preuve de la soumission où les chrétiens doivent être des puissances supérieures et de l'obligation où nous sommes de payer le tribut aux princes
de la terre. Si le Fils de Dieu a payé le cens, qui es-tu
donc toi qui prétends ne pas le payer ? Lui l'a payé,
qui ne possédait rien, et toi qui as recherché les gains
du siècle, tu ne reconnaîtrais pas les obligations que tu
dois au siècle (2) ! » ... « Si tu veux ne rien devoir à
César, ne possède aucune des choses qui sont du monde ;
mais si tu veux posséder des richesses, sois soumis à
César (3). » Cette doctrine est aussi celle de saint Augustin : « Écoutez, Juifs ; écoutez, gentils ; écoutez,
royaumes de la terre, je n'empêcherai pas votre domination dans le monde (4). » ... « L'Église, composée des
citoyens de la Jérusalem céleste, doit servir sous les rois
de la terre. Car la doctrine apostolique dit : que toute
âme soit soumise aux puissances. Et le Seigneur lui-
même n'a pas dédaigné de payer le tribut, et il a ordonné de servir les puissances, jusqu'à ce que l'Église
soit délivrée, *quousque Ecclesia liberetur* (5)... « En quoi
les chrétiens ont-ils jamais offensé les royaumes de la

---

(1) Ambr. *Orat. de basilicis tradendis*, 38, t. III (éd. Bénéd.),
p. 872.
(2) Ambros. Oper. t. II, *Exp. Evang. ser. Luc.* l. IV, p. 73.
(3) Ambr. Oper., t. IX, p. 35.
(4) August. *Tract.* 115 *in Joann.*
(5) August. *De catechiz. Rudib.* c. 31.

terre, eux à qui leur roi a promis le royaume du ciel ?
N'a-t-il pas dit lui-même : Rendez à César... N'a-t-il pas
payé le tribut ? L'Apôtre n'a-t-il pas ordonné à l'Église
de prier pour les rois ? C'est donc gratuitement que les
rois de la terre ont persécuté les chrétiens (1). »

Je ne trouve dans les quatre premiers siècles de l'ère
chrétienne qu'un passage de saint Chrysostome, qui
semble indiquer un autre esprit que ceux que nous venons de citer. Le voici : « Le sacerdoce est supérieur
en dignité au pouvoir royal. Le roi n'a que la tutelle du
corps, le prêtre a celle de l'âme. Le roi remet les charges
d'argent, le prêtre efface les péchés. L'un contraint,
l'autre prie. Le prince a entre les mains des armes ma-
térielles, le prêtre n'a que les armes spirituelles. Le
roi engage la guerre contre les barbares, le prêtre contre les démons. » Jusqu'ici saint Chrysostome semble
n'admettre qu'une supériorité toute morale ; mais allons
plus loin. « Nous voyons dans l'Ancien Testament, que
les prêtres oignaient les rois, et aujourd'hui encore le
prince courbe la tête sous les mains du prêtre. Ce qui
peut nous apprendre que le prêtre est supérieur au roi ;
car celui qui reçoit la bénédiction est évidemment inférieur à celui qui la donne. » Vient alors l'histoire du
roi Ozias qui était entré dans le temple pour y faire un
sacrifice. « Le pontife Azarias y entra après lui pour le
chasser, non comme un roi, mais comme un esclave
fugitif, ingrat et contumace... Il ne regarda point à la
grandeur et à la majesté de la puissance ; il n'écouta
point ce mot de Salomon : *La menace du roi est semblable
à la fureur du lion ;* mais levant les yeux vers le roi du
ciel, il se précipita sur le tyran. Entrons avec lui et
écoutons le discours qu'il lui tient : « Il ne t'est pas

(1) August. In psalm. 118, conc. 31.

permis, Ozias, d'offrir l'encens à Dieu. » Il ne l'appela
pas roi, car Ozias, en se déshonorant, *s'était lui-même
dépouillé de la majesté royale.* Celui qui commet une
faute est esclave, portàt-il six cents couronnes sur
la tête (1). » Cependant saint Chrysostome lui-même,
dans un autre passage (2), se montre très-favorable à
la puissance civile, commente avec force les principes
de saint Paul et n'excepte pas les apôtres mêmes de l'o-
béissance.

Ainsi, à part quelques paroles dispersées et sans conséquence, les rapports de l'Église et de l'État restent en
général, dans ces premiers siècles, tels que les ont établis Jésus-Christ et les apôtres. Persécutée, l'Église ne
résiste que lorsqu'on veut la forcer de trahir la loi de
Dieu. Triomphante, elle demeure soumise, tout en com-
mençant à parler un langage plus ferme. Le pouvoir
temporel conserve son autorité ; les peuples n'ont pas
d'autres maîtres que les rois. Le tribut, signe certain
de la dépendance civile et de la suprématie politique,
est payé par l'Église comme par les laïques. La cité du
ciel et la cité de la terre vivent en paix.

Néanmoins, le christianisme léguait à l'avenir une
des questions politiques les plus compliquées et les
plus obscures, et que l'antiquité n'avait guère connue :
celle des rapports de l'Église et de l'État. En proclamant un royaume de Dieu, en revendiquant la liberté
de conscience, en affirmant enfin qu'il faut obéir à Dieu
plutôt qu'aux hommes, le christianisme affranchissait
l'homme de l'État ; il lui donnait une autre loi, une
autre fin, un autre principe. Le chrétien restait soumis,
mais volontairement ; et toute sa vie morale, sa vie vé-

(1) Chrysost. περὶ ἀρχῆς. Homil. xxi (Eclog. ex div. homil.).
(2) Chrys. in Paul. ad Rom. c. 13, serm. xxiii.

ritable était en dehors de la cité. De même que le stoïcisme affranchissait l'homme de l'État (en théorie au
moins), et en faisait un citoyen du monde, un membre
de la république universelle, de même aussi le christianisme affranchissait l'homme en l'appelant à une
cité céleste, dont Dieu est le roi, et dont les membres
sont les saints. Cette idée est le fond de l'ouvrage célèbre de saint Augustin. Tous les philosophes anciens
avaient eu leur cité, leur République. Saint Augustin
répondait donc à une idée de l'antiquité, en proposant
aussi à son tour une cité parfaite, qui, voyageant sur
la terre, n'a son vrai royaume que dans le ciel. Ici-bas,
elle est mêlée à la cité terrestre; elle jouit de sa protection: elle profite de la paix que celle-ci lui assure. Elle
vit à l'ombre de ses lois; mais sa vraie patrie est ailleurs. L'État n'est plus que le protecteur visible de la
cité invisible, de la vraie cité.

Mais cette cité invisible, en attendant qu'elle trouve
en Dieu la paix et l'éternel repos, vit et combat ici-bas
sous une forme visible. Elle aussi, elle a ses lois, sa
forme extérieure, son gouvernement : c'est l'Église.
L'Église, en face de l'État, représente la liberté de la
conscience; c'est sa grandeur. Mais bientôt ne recherchera-t-elle point autre chose? Etant le royaume de
Dieu, consentira-t-elle longtemps à se soumettre au
royaume de la terre? Appelée à maintenir parmi les
hommes la paix, la foi, la pureté des mœurs, pourra-
t-elle supporter sans résistance le spectacle de l'impureté, de l'impiété, de l'orgueil et de la tyrannie sur le
trône? N'est-elle pas chargée de défendre les petits
contre les grands, les affligés contre les oppresseurs?
Voilà l'Église intervenant entre les princes et les sujets;
la voilà jugeant, décidant du gouvernement temporel,

s'attribuant le suprême arbitrage entre les peuples et les rois ; de cet arbitrage à la suprématie absolue et universelle, l'intervalle n'est pas grand. L'Église devient supérieure à l'État ; mais, comme elle a en elle-même un gouvernement, des lois, des pouvoirs et des armes, elle est un État au-dessus de l'État : que dis-je, elle devient l'État lui-même. C'est ainsi qu'une révolution, née d'abord de la liberté, aboutit à une nouvelle espèce d'absolutisme, l'absolutisme théocratique. L'État oppresseur dans l'antiquité devient opprimé ; il lutte et finit par recouvrer, après plusieurs siècles, la liberté et l'indépendance. Cette lutte, ce conflit, cette victoire, voilà l'histoire politique du moyen âge.

# CHAPITRE SECOND.

### LE SACERDOCE ET L'EMPIRE.

Invasion des barbares : Boèce, Isidore de Séville. — Saint Bernard.
— Politique du ixᵉ au xiiiᵉ siècle. — Fausses décrétales. — Hinc-
mar.— Nicolas Iᵉʳ.— Grégoire VII.— Adversaires de Grégoire VII.
— Saint Bernard. — Hugues de Saint-Victor. — Thomas Becket.
— Jean de Salisbury. — Innocent III. — Débats des jurisconsultes;
décrétistes et légistes. — Hugues de Florence. — Théories des
scholastiques. — Pierre Lombard. — Alexandre de Hales. — Saint
Bonaventure.

Les quatre premiers siècles de l'ère chrétienne avaient
été employés par les apôtres et les Pères de l'Église à
fonder le dogme chrétien, à répandre et à enseigner la
morale, à convertir les gentils, enfin à conquérir l'État
lui-même, et à établir le christianisme sur le trône des
empereurs. Toutes ces grandes entreprises étaient à
peu près achevées au commencement du vᵉ siècle. C'est
alors que le monde romain fut bouleversé, et la civilisation confondue pendant plusieurs siècles par les in-
vasions des barbares : du vᵉ siècle au ixᵉ, et même au
xiᵉ siècle, c'est une triste décadence, où il ne faut pas
espérer trouver de traces d'une philosophie morale;
c'était beaucoup alors de conserver quelques vestiges de
la science, des lois, de la langue même de l'antiquité.
Les seuls noms qui méritent d'être cités dans cet intervalle, sont ceux de Boèce et d'Isidore de Séville, beaucoup moins encore pour leur valeur propre (car l'un
n'est qu'un rhéteur éloquent, l'autre un compilateur),
que pour l'autorité dont ils jouirent au moyen âge.
Boèce est un de ceux qui servirent à transmettre à la
philosophie scholastique quelques rayons de platonisme;

c'est à lui, à saint Augustin, au Pseudo-Denis l'Aréo-
pagite, que cette philosophie dut de ne pas être tout
entière et absolument péripatéticienne. Quant à Isidore
de Séville, il ne fit que transmettre quelques définitions
que lui-même avait recueillies et empruntées aux auteurs anciens, et particulièrement aux jurisconsultes :
lettre morte, qui servit seulement à faire passer de l'antiquité aux temps modernes quelques principes qui
avaient vécu et qui devaient revivre.

C'est vers le milieu du xiᵉ siècle, que l'on voit la pensée prendre son essor, et la philosophie recommencer
un mouvement qui ne doit plus s'arrêter. Comme nous
ne voulons pas faire ici l'histoire de la scholastique,
nous en signalerons seulement les traits qui se rapportent à notre objet. Deux éléments composent la philosophie du moyen âge : la dialectique et le mysticisme.
Dans la première période, ces deux éléments sont séparés et même se combattent : d'une part, une dialectique aride ; de l'autre, un mysticisme contemplatif ;
d'une part, Roscelin et Abélard ; de l'autre, saint Bernard et l'école de Saint-Victor. Dans la période suivante, c'est-à-dire au xiiiᵉ siècle, ces deux éléments
rivaux se rapprochent et se combinent, et nous les
voyons réunis et tempérés l'un par l'autre, dans des
proportions diverses, chez les trois grands maîtres de
la scholastique : saint Bonaventure, saint Thomas
d'Aquin et Duns Scot. Après celui-ci, la séparation
a lieu de nouveau. La dialectique se dépouille peu à
peu de tout ce qui en faisait la vie et le suc, et
elle revient au pur nominalisme d'où elle était sortie.
Le mysticisme, à son tour, de plus en plus impatient
des chaînes de la théologie scholastique, invoque l'expérience intérieure, et rejette la méthode de raisonne-

ment et d'autorité. D'une part, Guillaume d'Occam, et
de l'autre, Jean Gerson, travaillent ainsi l'un et l'autre,
sans le savoir, à la décomposition de la philosophie du
moyen âge. Car la dialectique et le mysticisme sont
en quelque sorte le corps et l'âme de la scholastique.
Sans l'âme, le corps finit par tomber en poussière, et
la dialectique se perd et s'éparpille dans un chaos de
distinctions verbales : de son côté, l'âme, se subtilisant
de plus en plus, perd chaque jour le sentiment de la
vie, et méprisant la science, les livres, le raisonnement,
les maîtres, elle va s'abîmer dans l'humilité et dans
l'amour pur.

L'histoire de la politique, au moyen âge, correspond
à peu près à l'histoire de la pensée. Le pouvoir spirituel et le pouvoir temporel représentent le mysticisme
et la dialectique, c'est-à-dire la partie divine et la partie humaine de la philosophie. Dans la première période,
ces deux pouvoirs sont en lutte, et le principe du pouvoir spirituel fait à chaque pas de nouveaux progrès.
L'époque du triomphe de la philosophie scholastique
coïncide avec le triomphe de la papauté. Innocent III est
contemporain de saint Thomas. Le treizième siècle est
l'âge d'or de l'autorité pontificale et de la philosophie
scholastique. Le pouvoir temporel est l'instrument de
l'autorité ecclésiastique, comme la dialectique péripatéticienne est la forme et l'arme du mysticisme chrétien. Avec le XIVᵉ siècle recommencent les luttes, et le
progrès a lieu en sens contraire. De toutes parts, une
opposition s'élève contre les abus du pouvoir ecclésiastique et en faveur de l'indépendance du pouvoir
civil. La séparation du spirituel et du temporel se
prépare pour l'avenir. Les prétentions exorbitantes de
la papauté, sous Boniface VIII, soulèvent une résis-

tance formidable. Le grand schisme nous montre cette
autorité excessive se détruisant elle-même par l'anarchie, et forcée enfin d'abdiquer devant les états généraux de l'Eglise.

Dans cette lutte célèbre et formidable deux grandes
doctrines étaient engagées : d'une part, la souveraineté
de l'Etat, et le droit de la cité terrestre à se gouverner
elle-même sans l'intervention du pouvoir ecclésiastique ;
de l'autre, la souveraineté de Dieu et le droit de con-
trôler les pouvoirs terrestres par la loi divine. Entre ces
deux principes, le moyen âge est incertain : car d'une
part l'indépendance des pouvoirs laïques est la vérité ;
de l'autre la surveillance des pouvoirs humains par un
pouvoir résistant est aussi une vérité. Or, au moyen
âge, cette résistance ne pouvait venir que de l'Eglise.
Mais, à son tour, lorsqu'elle voulait transformer la résistance en domination, elle devait aussi rencontrer une
résistance en face d'elle ; et les pouvoirs laïques, qui
nous apparaissent d'abord comme des pouvoirs légitimement surveillés, deviennent à leur tour des pouvoirs d'opposition, approuvés par les peuples et par la
raison. Ainsi la sympathie et l'antipathie passent successivement d'un pouvoir à l'autre. On les approuve
dans leur résistance ; on les désavoue dans leurs usurpations. Chose étrange ! la liberté ne subsista guère au
moyen âge que grâce à la lutte de ces deux puissances
gigantesques, qui aspiraient l'une et l'autre à la monarchie universelle. Supprimez l'une des deux, et le
monde tombait peut-être dans une servitude irrémédiable.

Rappelons rapidement comment se formèrent au
moyen âge ces doctrines théocratiques, qui mena-
cèrent d'engloutir l'indépendance de l'Etat, mais qui,

tout en préparant un despotisme d'un autre genre, durent cependant invoquer plus d'une fois les principes de la liberté.

On ne s'attend guère à trouver dans ces siècles barbares de traité théorique de politique. Aussi est-ce plutôt l'histoire des idées que de la science, que nous présenterons ici ; et les documents que nous consulterons ne seront pas seulement les écrits des philosophes, mais les correspondances, les codes, les écrits polémiques, etc. En un mot, tout ce qui va suivre, appartient autant, et plus peut-être, au domaine de l'histoire qu'à celui de la philosophie.

Nous trouvons d'abord dans Grégoire le Grand, avec une grande humilité dans la forme, un langage déjà très-fier adressé à l'empereur d'Orient. Il réclame contre une loi qui voulait prendre les ecclésiastiques pour le service militaire : « Que suis-je, dit-il, pour parler à mes maîtres, que poussière et vermisseau ; et cependant, comme je sens que cette loi est contraire au Dieu souverain, je ne puis me taire. Voici ce que le Christ vous répond pour moi, son serviteur et le vôtre : je t'ai fait César, empereur, et père d'empereurs. J'ai confié mes prêtres à ta main, et tu veux enlever tes soldats à mon service ? Je te le demande, pieux empereur, dis à ton serviteur ce que tu répondras à ces paroles au jour du jugement. » On le voit, l'humilité du langage ne fait que mieux ressortir la hardiesse du fond. Cependant l'évêque de Rome ne refuse pas encore l'obéissance : il se considère encore comme sujet. « Pour moi, soumis à vos ordres, j'ai fait savoir dans l'étendue de l'empire la loi que vous avez portée..... Des deux côtés j'ai fait ce que j'ai dû, en payant à l'empereur l'obéissance qu'il a le droit d'attendre, et en disant pour

Dieu ce que je croyais la vérité (1). » Dans ces termes, les principes politiques de l'Église primitive sont encore sauvegardés. Nous n'en sommes encore qu'aux avertissements et aux remontrances ; nous n'en sommes pas encore à la révolte et à la domination.

La question se maintient à peu près dans les mêmes termes jusqu'au temps de Charlemagne. Ce prince, en délivrant la papauté et en lui assurant un domaine, avait par cela même établi d'une manière éclatante sa suprématie, en préparant, il est vrai, la résistance, et en donnant des armes à l'ambition ecclésiastique, singulièrement favorisée, il est vrai, et peut-être justifiée par les besoins des peuples opprimés, et les vices des princes et des oppresseurs. Quoi qu'il en soit, au temps de Charlemagne, les deux pouvoirs sont encore dans le même rapport. Charlemagne écrit au pape Léon III, à l'occasion de son élection : « Nous nous sommes grandement réjouis, et de l'unanimité de l'élection, et de l'humilité de votre obéissance, et de la promesse de fidélité que vous nous avez faite. » Léon III écrit à son tour à l'empereur : « Si dans les affaires qui nous ont été soumises, nous n'avons pas suivi le sentier de la vraie loi, nous sommes prêts à la réformer d'après votre jugement et celui de vos commissaires (2). »

Mais après Charlemagne, et à peu près vers le milieu du IX° siècle, la scène change. Un mouvement tout nouveau se prononce en faveur du pouvoir spirituel. Dans le désordre universel, c'est le pouvoir de l'Église qui prend le dessus, et dans l'Église même, c'est le pouvoir de l'évêque de Rome, du pape, qui s'élève au-

(1) Gregor. magni opera.
(2) Guizot. *Histoire de la Civilisation*.

dessus de tous les évêques, et bientôt de tous les rois
et de l'empereur lui-même. C'est le temps des Fausses
décrétales, d'Hincmar, d'Agobard, de Nicolas Ier, le
premier des grands papes du moyen âge, le premier
qui ait conçu et commencé à réaliser le vaste projet de
la domination universelle de l'Église de Rome.

Nous savons aujourd'hui ce que c'est que les Fausses
décrétales qui parurent dans la première moitié du
IXe siècle, de 809 à 849. Ce sont des lettres attribuées
aux premiers papes, depuis Clément Ier, le successeur de
saint Pierre, jusqu'à saint Grégoire. Ce recueil était
supposé l'œuvre d'Isidore de Séville, qui vivait au
VIe siècle, et qui a joui d'une très-grande considération
au moyen âge, pour ses connaissances encyclopédiques :
c'est pourquoi on appelle aussi le recueil des Fausses
décrétales le *Pseudo-Isidorus*. Or, le but de cet ouvrage
apocryphe était d'appuyer par des pièces supposées
remontant jusqu'aux apôtres, la double doctrine qui
se formait alors de la suprématie de l'Église en général sur le pouvoir temporel, et de la suprématie de
l'Église de Rome sur les autres Eglises. Ce second point
étant exclusivement une question de politique ecclésiastique, nous le négligerons pour le premier qui seul
touche à la politique générale. Nous nous contentons
de faire remarquer que ces deux questions sont distinctes, quoique d'ordinaire elles entraînent une même
solution : il peut cependant se trouver des écrivains
qui défendent la prépondérance du spirituel sur le
temporel, et de l'Église sur le Prince, sans admettre
la domination de l'Église romaine sur les autres Églises : c'est ce qui est vrai, par exemple, pour Hincmar.

Nous trouvons donc dans le *Pseudo-Isidorus* la première expression hardie de la théocratie du moyen

âge. Voici ce que l'on fait dire à Clément Ier, l'un des premiers papes. « Sache que *tu* es au-dessus de tous, *tanquàm te omnibus præesse moneris*(1). » La juridiction temporelle était déjà mise en suspicion. « Si quelques-uns des frères ont des affaires entre eux, qu'ils n'aillent pas se faire juger aux choses du siècle, mais auprès des prêtres de l'Église, et qu'ils obéissent en tout à leurs décisions. » Voici encore quels étaient les principes de saint Pierre dans cette lettre supposée de saint Clément (2) : « Il ordonnait à *tous les princes de la terre et à tous les hommes* d'obéir et de courber la tête devant eux (les prêtres),... et il déclarait tous ceux qui refuseraient condamnés et infâmes jusqu'à satisfaction, et s'ils ne se convertissaient, il ordonnait de les chasser de l'Église (3). »

Nous voici, on le voit, en plein moyen âge. Saint Pierre parle ici comme Grégoire VII. Écoutez encore : « Votre office, dit-il aux ecclésiastiques, c'est de les instruire (les princes) ; leur devoir est de vous obéir comme à Dieu (4). » Enfin, on invoquait des exemples de l'histoire juive, aussi inexacts, d'ailleurs, que la thèse était fausse. » Le premier pontife, Aaron, fut en même temps le prince du peuple et comme son roi ; il levait par des têtes des prémices et des tributs sur le peuple, et il avait le droit de juger. » Nous avons vu, au contraire, avec combien de soin la législation de Moïse avait évité la confusion du sacerdoce et de la royauté.

C'est surtout dans ces premières lettres, attribuées à Clément Ier, que se trouvent les principes de la supé-

---

(1) *Pseudo-Isidorus* (éd. Genève, 1628), lett. I, p. 9.
(2) *Ib.*, p. 6.
(3) *Ib.*, p. 21.
(4) *Ib.*, lett. III, p. 73.

riorité du spirituel sur le temporel ! Dans les autres, l'auteur du *Pseudo-Isidorus* est surtout préoccupé de placer l'Église de Rome au-dessus des autres. « La sainte Église romaine et apostolique n'a pas reçu la *primauté* des apôtres, mais du Sauveur lui-même, lorsqu'il a dit : « Tu es Pierre, etc. »... « Pierre et Paul ont l'un et l'autre consacré la sainte Église romaine, et l'ont préposée à toutes les villes dans l'univers entier (1). » Il s'agit surtout d'arracher les ecclésiastiques à la juridiction temporelle. « Le Seigneur s'est chargé lui-même de chasser de son temple avec le fouet les prêtres prévaricateurs : d'où il résulte clairement que les prêtres ne doivent être jugés que par Dieu, et non par les hommes. Car, est-il quelqu'un parmi nous qui voudrait voir juger son esclave par un autre que lui-même (2). » Enfin, la juridiction spirituelle se substitue à la temporelle. « Si un crime temporel a été commis, qu'il soit soumis à des juges du même ordre, toutefois après l'avis préalable des évêques. Car l'Apôtre a voulu que les causes des particuliers soient déférées aux Églises, et terminées par le jugement des prêtres (3). »

Nous rencontrons enfin dans une des dernières pièces de ce recueil, le Privilége du monastère de saint Médard, attribué à Grégoire le Grand, le principe dont useront et abuseront tous les papes du moyen âge, à savoir le droit de révoquer les princes temporels : « Si quelque roi, prince, père, ou séculier de quelque ordre que ce soit viole les décrets de cette autorité apostolique,... quelle que soit sa dignité et son élévation,

(1) Lett. d'Anaclet, III, p. 138.
(2) Lett. d'Anaclet, II, p. 121.
(3) Lett. d'Anaclet, I, p. 110.

*qu'il soit privé de son pouvoir*, privetur suo honore (1). »
Nous avons vu tout à l'heure une lettre de saint Grégoire à l'empereur : on peut juger si ces dernières paroles sont authentiques, et si, lui, qui se déclarait
poussière et vermisseau, et qui obéissait à une loi qu'il
jugeait contraire aux lois de l'Église, eût prononcé un
tel anathème contre les pouvoirs séculiers. Ce n'est
donc point saint Grégoire qui parle : ce n'est pas là
une doctrine du vi⁰ siècle : mais c'est une doctrine du
ix⁰, et nous allons voir qu'elle n'est point, à cette époque, un fait isolé.

Les écrits d'Agobard, évêque de Lyon, quoique inté-
ressants pour apprécier le caractère du ix⁰ siècle, et
l'état des idées politiques à cette époque, sont cependant trop des écrits de circonstances, pour que nous
nous y arrêtions ici. Nous cherchons, non l'histoire
des faits, mais celle des doctrines. A ce point de vue,
nous trouverons plus d'instruction dans les écrits d'un
autre contemporain, le personnage politique le plus
illustre du ix⁰ siècle, Hincmar, archevêque de Reims,
que l'on a comparé à Bossuet, quoiqu'il n'en approche
guère par le génie, et qu'il s'en éloigne souvent par
les doctrines.

Il est évident qu'Hincmar est partagé entre le pouvoir temporel et le pouvoir spirituel, et voudrait déterminer avec une juste mesure les limites de ces deux
pouvoirs, mais c'est celui-ci qui l'emporte dans sa
pensée. Dans son traité : *De potestate regiâ et ponti-
ficiâ*, il dit d'abord qu'il n'y a que J.-C. qui ait été roi
et prêtre. Il y a, dit-il, deux puissances par lesquelles
le monde est gouverné, la puissance royale et la puissance sacerdotale. « Le Christ, connaissant la fragilité

(1) *Ib.*, p. 853.

humaine, a voulu séparer par des actions propres et
des caractères distincts les fonctions des deux puissances, voulant sauver les siens par une salutaire humilité, et les empêcher de tomber dans la superbe humaine, comme avant le Christ, les empereurs païens,
qui étaient en même temps souverains pontifes. Il a
voulu que les rois chrétiens eussent besoin de pontifes
pour la vie éternelle, et que les pontifes se servissent
des empereurs pour les besoins de la vie temporelle,
afin que les soldats de Dieu ne se mêlassent point aux
choses séculières ; qu'en retour, les hommes embar-
rassés dans les choses séculières, ne parussent point
présider au gouvernement des choses spirituelles, et
que la modération de chaque ordre fût conservée (1). »

On ne peut fixer avec plus de justesse et de fermeté
la part des deux pouvoirs. Mais Hincmar ne s'en tient
point à cette distinction si juste. Le voici maintenant qui
rompt cet équilibre, et qui, après avoir soutenu l'indépendance des deux puissances, chacune dans leur
ordre, assujettit la puissance temporelle à toutes les
prétentions du pouvoir sacerdotal. « Il est des sages,
dit-il, qui soutiennent que le prince n'est soumis à aucune loi ni à aucun jugement, qu'il ne doit obéir qu'à
Dieu qui l'a établi roi, sur ce trône que son père lui a
laissé... qu'il ne peut être ni excommunié par un évêque, ni excommunié par d'autres... que tout ce qu'il
fait comme roi il le fait avec la permission de Dieu,
ainsi qu'il a été écrit : Le cœur du roi est dans la main
de Dieu (2). » On voit quels étaient alors les arguments
des partisans de l'indépendance royale. Le pouvoir

(1) De potest. reg., ch. I. C'est là un des textes les plus souvent
cités au moyen âge, et que chacun interprète dans le sens de ses idées.
(2) Hincm. Opera de divortio Loth., p. 693, 697.

avait à se défendre, non contre le peuple, mais contre
le clergé; le clergé, de son côté, ne défendait pas le
pouvoir absolu; c'était lui, au contraire, qui soutenait les thèses libérales, libérales du moins en ce sens
qu'elles opposaient quelque limite au pouvoir du roi;
mais c'était pour le subordonner au pouvoir ecclésiastique.

A ces partisans du pouvoir royal, Hincmar répond
avec hardiesse et énergie : « Ce n'est pas là le langage
d'un chrétien catholique, mais d'un blasphémateur
rempli de l'esprit du diable. David, roi et prophète,
ayant péché, fut gourmandé par Nathan, son inférieur;
et il apprit de lui qu'il n'était qu'un homme... Saül
apprit de la bouche de Samuel qu'il était déchu du
trône. L'autorité apostolique *prescrit aux rois d'obéir
à leurs préposés dans le Seigneur* (1). » On voit qu'Hincmar invoque ici déjà l'autorité des décrétales. Car il n'y
a pas un mot dans les écrits authentiques des apôtres
qui puisse justifier une pareille assertion.

Hincmar conteste même le principe de l'hérédité :
« Nous savons certainement, dit-il, que la noblesse paternelle ne suffit pas pour assurer les suffrages du
peuple aux enfants des princes; car les vices ont vaincu
les priviléges naturels, et l'on bannit le délinquant, non-
seulement de la noblesse de son père, mais de la liberté
même. »

Remarquons avec soin cette circonstance intéressante que c'est ici l'Église qui attaque et cherche à restreindre la doctrine du droit divin. C'était à l'aide de
cette doctrine que le pouvoir royal essayait de se défendre contre les usurpations du pouvoir sacerdotal.
Le roi prétendait ne relever que de Dieu; il se préten-

(1) *Ib... ut reges obediant præpositis suis in Domino.*

dait établi sur son trône par Dieu ; il soutenait que
c'était la volonté de Dieu qui maintenait les familles
royales. Toutes ces doctrines, qui dans les temps modernes sont devenues celles de l'Église, sont au moyen
âge combattues par elle. Au moyen âge, la doctrine du
droit divin est une doctrine hérétique. Les rois, il est
vrai, sont les élus de Dieu ; mais ils le sont par l'intermédiaire des prêtres : dépendance qui est assez marquée
par la nécessité du sacre.

Cependant le titre de roi semble emporter naturellement avec lui une sorte d'inviolabilité. Aussi les ca-
suistes du moyen âge, partisans du pouvoir ecclésiastique et jaloux du pouvoir royal, distinguaient-ils entre
le vrai roi et le tyran ; ils soutenaient que celui qui
s'est rendu indigne d'être roi n'est plus roi : doctrine
complétement contraire à celle des apôtres, et dont
nous avons retrouvé les premières traces dans saint
Chrysostome (1). Cette distinction, qui fera une si
grande fortune et dont s'emparera la démocratie moderne, se trouvait sans doute déjà dans la politique ancienne ; mais la tradition ayant été rompue par le christianisme, qui enseignait l'obéissance pure et simple envers les pouvoirs, quels qu'ils fussent, c'est vers le
IXᵉ siècle, que l'on voit renaître cette distinction importante du roi et du tyran. La voici, dans Hincmar, très-
nettement et très-audacieusement accusée.

« Quant à cette thèse, que le roi n'est soumis à aucune loi et à aucun jugement, si ce n'est à ceux de
Dieu, elle est vraie, si celui que l'on nomme roi l'est
véritablement. *Rex* vient de *regere*; s'il se dirige (*regit*)
lui-même selon la volonté de Dieu, et s'il dirige les bons
dans une voie droite (*rectam*), et s'il ramène les mé-

(1) Voy. plus haut, p. 342.

chants dans le chemin droit, il est alors un *roi*, et n'est soumis qu'aux lois et aux jugements de Dieu... Mais le roi adultère, homicide, injuste, ravisseur, esclave de tous les vices, sera jugé avec droit publiquement ou secrètement par les prêtres, *qui sont les trônes de Dieu*, dans lesquels il réside, et par lesquels il rend ses jugements (1). »

On voit que la thèse de la subordination du pouvoir spirituel au temporel ne pouvait aller plus loin. On s'appuie, il est vrai, sur une étymologie douteuse, comme s'il n'était pas aussi vrai de dire que *regere* vient de *rex*, et non point *rex* de *regere*. Mais sous cette puérile argumentation se cache une doctrine des plus graves, celle qui attache la royauté à la valeur de la personne, et la dépouille de son inviolabilité. Mais dès que l'on reconnaissait que le roi avait des juges, ces juges, au moyen âge, ne pouvaient être que les prêtres. De là la théocratie.

Cette doctrine que nous venons de recueillir dans Hincmar, est celle de tout le clergé à cette époque. Les évêques disaient à Louis le Germanique : « Jésus-Christ a créé des évêques pour te gouverner et t'instruire. » Et

---

(1) *De divortio Loth. et Teutb.* Hincmar n'a pas tenu toujours le même langage. Dans une lettre écrite au pape Adrien, pour Charles le Chauve, on lit ces paroles qui démentent tout à fait celles que nous avons citées : « Il faut vous répéter ce que nous avons déjà dit : les rois de France sont nés de sang royal, ils n'ont pas été considérés jusqu'ici comme les substituts des évêques, mais comme maîtres du pays. Ils ne sont pas les serfs des évêques (*villici*). » On peut soupçonner avec M. Ampère (t. III, c. x), que cette lettre a été écrite sous la dictée de Charles le Chauve, et un peu à contre-cœur par Hincmar. Mais en tout cas ces paroles prouveraient que Hincmar s'est contredit, et changeait d'opinion selon les circonstances; elles ne détruiraient pas la force des paroles citées plus haut, et qui restent comme un des témoignages les plus remarquables de l'esprit ecclésiastique à cette époque.

l'audacieux Nicolas Ier, précurseur de Grégoire, repro-
duisant presque littéralement les paroles d'Hincmar,
écrivait à Auxentius, évêque de Metz : « Examinez bien
si ces rois et ces princes, auxquels vous vous dites soumis, sont vraiment des rois et des princes. Examinez
s'ils gouvernent bien d'abord eux-mêmes, ensuite leurs
peuples ; car celui qui ne vaut rien pour soi-même,
comment serait-il bon pour un autre? Examinez s'ils
règnent selon le droit ; car, sans cela, il faut les considérer *comme des tyrans plutôt que comme des rois*, et
nous devons leur résister et nous dresser contre eux au
lieu de nous soumettre. Si nous leur étions soumis, si
nous ne nous élevions pas contre eux, il nous faudrait
favoriser leurs vices. »

La lutte, si vivement engagée au ixe siècle, paraît se
ralentir, ou plutôt s'embrouiller et se confondre au
xe siècle, le plus ténébreux du moyen âge; mais elle
recommence avec éclat et tempêtes au xie siècle. Le violent et implacable Grégoire VII déclare la guerre à l'Empire, et le premier met à exécution cette menace de
déposition, que contenaient déjà les fausses décrétales,
mais que nul n'avait encore appliquée. On ne peut se
faire une idée de l'effet que produisit au moyen âge,
dans ce temps que nous croyons courbé dans l'ignorance
et la servitude, une nouveauté si audacieuse. Que l'on
en juge par cette protestation du clergé de l'Empire (1) :
« Il siége dans sa Babylone (y est-il dit du pape), il s'é-
lève au-dessus de tout ce qui est respecté, comme s'il
était Dieu lui-même; et il se vante de ne pouvoir se
tromper. Il délie les hommes non du péché, mais de la
loi du Christ et des serments... Tout ce qu'il dit, il l'ap-

---

(1) Goldast. *Apolog. pro Imp. Henr. IV adv. Greg. VII.* Hanovre,
1861, p. 46.

pelle la loi de Dieu... Dieu a dit : « Celui qui ceindra
l'épée, périra par l'épée. » Ce qui prouve la résistance
que rencontrèrent les innovations de Grégoire VII, c'est
l'obligation où il fut de défendre sa thèse et de la justifier. A ce point de vue, rien de plus curieux que ses
deux lettres à Hermann, évêque de Metz (1) : « Leur
folie, dit-il, en parlant de ses adversaires, ne mériterait
point de réponse. » Cependant il répond, et à deux reprises; et ce pontife tout-puissant, qui ne reconnaissait pas de supérieur sur la terre, se reconnaît cependant obligé d'avoir raison et de le prouver. Il s'appuie
sur l'histoire, sur les textes sacrés (2), mais surtout il
livre au mépris le pouvoir des princes, et au lieu d'en
rapporter l'origine à Dieu, comme saint Paul, il la rapporte au démon : « Qui ne sait, s'écrie-t-il avec une sorte
d'éloquence tribunitienne, qui ne sait que les princes
ont dû à l'origine leur pouvoir à des hommes ennemis
de Dieu, qui, par l'orgueil, les rapines, la perfidie,
l'homicide et tous les crimes, et comme entraînés par
le diable, prince du monde, ont voulu, avec une passion aveugle et une insupportable présomption, dominer sur leurs égaux, c'est-à-dire sur les hommes! A qui
les comparerai-je, lorsqu'ils veulent humilier à leurs
pieds les prêtres du Seigneur, sinon à celui qui règne

(1) Mansi, t. XX, ep. Greg. VII, l. IV, ep. ii, et l. VIII, ep. xxi.
(2) Il serait trop long et vraiment fastidieux d'entrer dans tous les
détails d'une controverse si contraire aux habitudes de notre temps.
Qu'il nous suffise de dire, que les arguments historiques sont : 1° saint
Ambroise excommuniant Théodose et lui fermant les portes du temple ; 2° Zacharie, déposant le roi des Francs, Chilpéric, le dernier des
Mérovingiens, et déliant ses sujets du serment de fidélité. Quant aux
arguments des textes, Grégoire VII cite : 1° l'autorité de Grégoire Ier
(Fausses décrétales, voyez plus haut, p. 261, note 2) ; 2° le texte de
l'Évangile : Pasce oves meas ; 3° Quidquid ligaveris in cœlo, ligatum
erit in terra ; 4° le texte de saint Paul : Si angelos judicabitis, cur non
et secularia ?

sur les fils de l'orgueil, au tentateur du souverain prince
des prêtres, à celui qui dit au fils du Très-Haut, en lui
montrant tous les royaumes du monde : Je te donnerai
toutes ces choses, si tu veux m'adorer. » Cette apostrophe superbe d'un moine couronné n'atteste-t-elle que
la fierté ambitieuse d'un chef de l'Église ? Me trompé-je
en y croyant reconnaître l'accent de l'orgueil populaire, et je ne sais quel souffle de révolte, qui s'unit plus
d'une fois, au moyen âge, aux prétentions dictatoriales
du pouvoir ecclésiastique ?

Cet esprit de révolte est remarquable dans quelques-
uns des écrits composés en faveur de Grégoire VII. Voici,
par exemple, une lettre écrite en réponse à l'un des défenseurs d'Henri IV (1). Celui-ci s'était défendu avec le
texte de saint Paul : « Toute puissance vient de Dieu. »
Son adversaire lui répond : « Si toute puissance vient
de Dieu, qu'est-ce donc que ces rois dont parle le prophète : *Ils ont régné, mais ce n'est pas par moi. Ils ont été
princes, mais je ne les ai pas connus.* Si toute puissance
vient de Dieu, que signifie cette parole du Seigneur :
*Si votre œil vous scandalise, arrachez-le et jetez-le loin
de vous ?* L'œil n'est-il pas une puissance ? Saint Augustin, dans son exposition de la doctrine des apôtres, dit :
Si la puissance ordonne quelque chose contre l'ordre
de Dieu, méprisez la puissance. » « ... On nous dit :
*Il n'y a point de puissance qui ne vienne de Dieu !*
Mais on oublie la suite du passage : *Tout ce qui vient de
Dieu est ordonné.* Donnez-nous donc une puissance qui
soit bien ordonnée, et nous ne lui résisterons pas. »

(1) Goldast. *Apol. pro Imp. Henr.* p. 252. Cette lettre est écrite au
nom du Landgrave de Thuringe par Étienne Herrandus, évêque d'Al-
berstadt, en réponse à une lettre très-modérée (ib. p. 51) de Wal-
tram, évêque de Naumbourg, l'un des partisans les plus dévoués de
Henri IV.

Le défenseur d'Henri IV avait fait un appel à la concorde et à la paix. Le défenseur de Grégoire VII répond
par l'apologie de la haine et de la guerre: « Le Seigneur,
dit-il, a lui-même recommandé la haine, lorsqu'il a dit:
*Celui qui ne haïra pas son père, sa mère, son frère, ses
sœurs, et jusqu'à sa propre vie, ne peut être mon disciple.*
Lui-même aussi a recommandé la guerre, en disant:
*Ne croyez pas que je sois venu apporter la paix sur la
terre ; non, je ne suis point venu apporter la paix, mais
le glaive.* »

Cette lettre curieuse, où éclatent tous les sentiments
violents, que l'entreprise de Grégoire VII avait soule-
vés, est un des documents qui nous montrent le mieux
comment les doctrines des papes furent interprétées au
moyen âge, comment elles devinrent des brandons de
discorde et de révolte. Sans doute, il s'en faut de beaucoup que les empereurs d'Allemagne fussent des personnages respectables, amis de la paix et de la liberté
ecclésiastique. Ce n'est point ici le lieu de décider un
si grand procès. Mais on ne peut nier que les papes en
mettant de leur côté, dans la balance, le poids de leur
autorité spirituelle, en se servant de l'arme meurtrière
de l'excommunication et de la déposition, n'aient introduit dans les États un germe de révolution et de
bouleversement, qui trouvait un milieu singulièrement
favorable dans les dispositions anarchiques de la noblesse et des grands.

Ces doctrines nouvelles ne restèrent pas sans réponse. Outre les lettres de Henri IV et de ses défenseurs, qui ne se faisaient point faute d'injures contre
la papauté, nous avons un écrit fort étendu, *De unitate
Ecclesiæ conservandæ* (1), écrit peu après la mort de Gré-

(1) Ce traité se trouve dans la collection de Schardius, *De juridic-*

goire VII, sous le pontificat de Pascal II, où les lettres
à Hermann de Metz sont longuement et sensément ré-
futées (1). L'auteur y confond la fausse histoire invoquée par Grégoire VII, rétablit le sens purement spirituel des textes évangéliques invoqués par lui, se sert
avec beaucoup de force des textes contraires et déci-
sifs : « Que toute âme soit soumise aux puissances supérieures... Payez le tribut à qui vous devez le tribut...
Rendez à César ce qui est à César... Craignez Dieu et
honorez le roi. » Il oppose l'esprit d'humilité de la
doctrine évangélique à cette doctrine nouvelle, qui fait
du vicaire de Jésus-Christ le maître de l'univers. Enfin,
il soutient avec force que le serment est une chose sacrée, que rien ne peut en délier, et que le pouvoir de
délier s'entend du péché, et non du serment.

Ce n'est pas seulement parmi les serviteurs et les
partisans de l'empire que les doctrines de Grégoire VII
rencontraient de l'opposition et excitaient la défiance.
Dans l'Église même, on vit le plus grand personnage
du XIIᵉ siècle, le dernier père, le dernier apôtre, fidèle
à la tradition chrétienne, saint Bernard, opposer l'autorité de sa grande parole à cet esprit profane de domination et d'usurpation : « Lequel vaut le mieux,
disait-il, et vous paraît plus digne, de remettre les péchés, ou de diviser les héritages? Ces soins infimes et
matériels ont pour juges les rois et les princes de la
terre. Pourquoi *envahir le territoire d'autrui?* Pourquoi
*étendre vos faux dans la moisson du voisin* (1)? » Et
plus loin : « Voici la voix du Seigneur dans l'Evangile :
*Les rois des nations dominent sur elles ; qu'il n'en soit*

tione, auctoritate et præminentia imperiali. Il est attribué à Wal-
tram de Naumbourg. Voyez page précédente.

(1) Bernard. *De consider.* l. 1, c. VI. Voy. l'excellente thèse de
M. Jules Zeller : *De consideratione S. Bernardi*, Paris, 1849.

*pas ainsi parmi vous.* Il est donc évident que la domination est interdite aux apôtres... Allez maintenant, et soyez assez hardi pour joindre la domination à l'apostolat ; si vous voulez posséder à la fois l'un et l'autre, vous serez privés de tous les deux. Autrement vous serez du nombre de ceux dont Dieu a dit : *Ils ont régné, mais non par moi ; ils ont commandé, mais je ne les ai point approuvés.* Que si vous voulez régner de la sorte, vous aurez la gloire, mais non devant Dieu. Voilà ce qui vous est défendu, voyons ce qui vous est ordonné : *Que celui qui est le plus grand parmi vous devienne comme le plus petit, et que le premier soit votre serviteur.* Voilà la règle prescrite aux apôtres. La domination leur est défendue, et le service leur est ordonné (1). »... « Dira-t-on que c'est détruire l'autorité apostolique ? mais l'autorité peut se concilier avec l'absence de domination. Est-ce que le champ n'est pas sous l'empire du fermier ; le jeune enfant, de son pédagogue ? Et cependant le fermier n'est point le maître du champ, ni le pédagogue de son élève... Je ne connais pas, je ne crains point pour vous de peines ni de glaive à l'égal de cette fureur de régner... Apprenez à reconnaître que vous n'êtes pas les dominateurs des sages ou des insensés, mais leurs débiteurs (2). » Il soutient dans ses lettres la même doctrine (3). Il faut ajouter cependant que l'on trouve dans saint Bernard lui-même un texte invoqué au moyen âge par tous les partisans de la suprématie ecclésiastique, tant il était difficile alors de garder la juste limite : « L'Église, dit-

(1) *Ib.* l. II, c. 6.
(2) *Ib.* l. III, c. 1.
(3) Bern. Epist. ccxxxIII. Regni dedecus, regni diminutionem nunquam volui ; violentes odit anima mea. Legi quippe: Omnis anima subdita sit, etc. Cf. Epist. xLII, c. VIII, et ep. ccxLIV.

il, a bien deux glaives, l'un matériel, l'autre spirituel ; mais le premier doit être tiré pour l'Église, le second par l'Église : l'un est dans la main du soldat, l'autre du prêtre : le premier n'est tiré que par l'ordre de l'empereur, avec le consentement de l'Église (1). » Ce passage équivoque pouvait être interprété dans l'un et l'autre sens, comme la plupart des textes cités dans cette question.

Malgré l'opposition de saint Bernard, les doctrines théocratiques ne cessèrent de grandir ; et il est remarquable, que l'un des écrivains de ce temps-là, qui a fourni l'un des textes les plus célèbres contre le pouvoir temporel, et en faveur du pouvoir ecclésiastique, soit précisément un mystique de l'école de saint Bernard, et lié d'amitié avec lui, Hugues de Saint-Victor. Il ne faudrait pas voir ici un lien nécessaire entre le mysticisme et la domination cléricale. Car nous avons vu saint Bernard, mystique lui-même, très-opposé à cette domination, et de même, au quinzième siècle, le plus grand adversaire de la suprématie pontificale est le mystique Gerson. Voici le passage de Hugues de Saint-Victor : « Autant la vie spirituelle est supérieure à la vie terrestre, et l'esprit au corps, autant la puissance temporelle l'emporte sur la spirituelle en force et en dignité. Car la puissance spirituelle est chargée *d'instituer* la puissance temporelle, afin qu'elle puisse exister, *ut sit*, et de la *juger*, si elle n'est pas bonne. Elle, au contraire, elle a été tout d'abord instituée par Dieu, et lorsqu'elle s'égare, elle ne peut être jugée que par Dieu seul, comme il a été écrit : *La puissance spirituelle juge tout, et n'est jugée par personne.* Quant à

(1) *De Const.* l. IV, c. III.

ce fait, que la puissance spirituelle est, par l'institution divine, la première dans le temps, et la plus grande
en dignité, on le voit dans l'histoire du peuple de Dieu,
où le sacerdoce est en premier lieu créé par Dieu, et
où la puissance royale est ensuite instituée par le sacerdoce, sur l'ordre de Dieu. Ainsi encore aujourd'hui
dans l'Église de Dieu, c'est la puissance sacerdotale qui
sacre la puissance royale, qui la sanctifie par la bénédiction, et la forme par l'institution. Si donc, comme
le dit l'Apôtre, celui qui bénit est plus grand que celui
qui est béni, il est évident que la puissance terrestre,
qui reçoit la bénédiction de la puissance spirituelle,
doit être estimée en droit inférieure (1). »

On voit que l'auteur de ce passage n'attribue pas
seulement au pouvoir spirituel une supériorité morale : il lui reconnaît les deux signes principaux de la
souveraineté, l'institution et la juridiction. L'Église
établit le pouvoir civil, et elle le juge. Que reste-t-il à
l'indépendance du pouvoir laïque ? Cette prérogative
du sacerdoce se fonde à la fois sur l'exemple de l'Ancien Testament, et sur les institutions nouvelles. Historiquement, la royauté a été instituée par le sacerdoce.
En fait, la royauté est sacrée par lui. Or, le sacre était
susceptible de deux interprétations : ou ce n'était
qu'une sanctification, qui appelait sur la royauté les
bénédictions divines, comme aujourd'hui encore les
actes les plus importants de la vie sociale s'accomplissent sous les bénédictions religieuses ; ou bien c'était
un acte de souveraineté et une véritable institution.

(1) Hug. de sanct. Victor. *De sacramentis*, l. II, pars II, c. IV. Ce
passage est reproduit textuellement dans la compilation de Vincent de
Beauvais : ce qui est cause qu'on le lui a attribué quelquefois. Voy.
*Speculum doctrinale*, l. VIII, c. 32.

C'est entre ces deux interprétations que se partageaient les défenseurs des deux pouvoirs. Hugues de Saint-Victor admet les deux sens, lorsqu'il dit : *Et sanctificans per benedictionem, et formans per institutionem.*

Nous trouvons à la même époque, en Angleterre, un défenseur énergique et courageux de la prérogative sacerdotale : c'est le célèbre saint Thomas de Cantorbéry, ou Thomas Becket. On voit par ses lettres (1) que le sacerdoce était alors aussi empressé à combattre le principe de l'inviolabilité royale, qu'il a été plus tard ardent à le défendre. Voici comment Thomas Becket écrit au roi d'Angleterre : « Si tu emploies ton élévation dans l'intérêt de ta force et de ta puissance et non dans l'intérêt de Dieu, si tu ne détournes pas tes desseins de l'oppression des biens et des personnes ecclésiastiques, celui qui t'a élevé, qui t'a fait roi pour gouverner et non pour opprimer, te demandera compte avec usure des talents qui t'ont été confiés, et comme Roboam, fils de Salomon, fut rejeté du trône pour les fautes de son père, il fera payer tes propres fautes à tes héritiers (2) ! » Dans plusieurs passages, il subordonne, sans réserve, la puissance royale à la puissance ecclésiastique. « L'Église se compose de deux ordres : le clergé et le peuple. Dans le clergé sont les apôtres, les évêques, les docteurs... dans le peuple sont les rois, les princes, les ducs, les comtes... Il est certain que les rois ont reçu leur puissance de l'Église, et qu'elle n'a pas reçu la sienne d'eux, mais du Christ..... (3). » .....
« Les rois chrétiens doivent soumettre leurs résolutions

(1) Epistol. div. Thomæ martyris et archiepiscopi Cantuarensis, Bruxelles, 1632.
(2) Epist. T. I, 1, ep. 42.
(3) Ep. 64.

aux chefs ecclésiastiques, et non leur commander...
Les princes doivent courber la tête devant les évêques,
et non juger les évêques... Plusieurs pontifes ont excommunié, les uns des rois, les autres des empereurs... » Ici viennent les exemples toujours cités, Ar-
cadius excommunié par Innocent, Théodose par saint
Ambroise, puis les exemples de l'Ancien Testament,
Achaz, Ozias, enfin David, dont il est dit : « Ce prince,
déposant son diadème, et abaissant la majesté du gouvernement, ne craignit pas de s'humilier devant la face
du prophète, d'avouer son crime et de demander pardon (1). » L'enthousiasme théocratique de Thomas
Becket va jusqu'à trouver trop faible la papauté elle-
même. Il écrit à Alexandre III, l'un des grands papes
du moyen âge, le fondateur de la ligue lombarde et
l'adversaire de Frédéric Ier, pour le presser, et presque
le reprendre de sa modération et de sa lenteur : « Si
nous négligeons ces maux, ô père bienfaisant, s'écrie-
t-il, répondrons-nous au Christ, le jour du jugement?
Les puissances du siècle s'habituent à de tels ménage-
ments, les *rois se changent en tyrans*, l'Eglise n'a plus
de droits ni de priviléges que ceux qu'ils consentent à
lui laisser... Prends courage, ô père, et sois fort, nous
sommes plus nombreux qu'eux. Le Seigneur a écrasé
le marteau des impies, Frédéric ; et il écrasera de même
tous ceux qui ne viendront point à résipiscence, et
ne feront pas la paix avec l'Eglise de Dieu. Enfin, nous
attendons votre jugement, ou plutôt le jugement de
celui qui ôte la vie aux princes, et délivre le pauvre du
puissant. » Ne retrouve-t-on pas là quelque vestige de
ce souffle populaire, que nous avons déjà signalé dans
Grégoire VII? Mais cet esprit est encore plus frappant

(1) Ep. 65.

dans le passage qui suit : « Vous dites que je me suis élevé d'une basse condition jusqu'à la gloire. Je l'avoue, je ne suis point né d'une longue suite de rois. J'aime mieux pourtant être ce que je suis que celui qui laisse dégénérer en lui la noblesse de ses aïeux... David n'était-il pas berger lorsqu'il fut choisi pour gouverner le peuple de Dieu, et Pierre n'a-t-il pas été fait de pêcheur prince de l'Église? Nous sommes les successeurs de Pierre, et non d'Auguste. »

Mais l'écrivain qui présente l'exemple le plus frappant de cette union des idées théocratiques, et des idées démocratiques les plus violentes, est le spirituel Jean de Salisbury, ami et auxiliaire de Thomas Becket, et l'un des meilleurs écrivains du moyen âge. Jean de Salisbury est un des précurseurs, et presque l'inventeur de cette politique détestable qui a été, au XVIᵉ siècle, la politique de la Ligue, et qui passe pour avoir été celle des Jésuites, politique qui d'une part pousse la haine du pouvoir civil jusqu'au tyrannicide, et de l'autre exalte le despotisme sacerdotal.

Le tyrannicide avait disparu des doctrines politiques depuis Cicéron, dernier écho des idées antiques sur ce point. Le stoïcisme ne paraît point avoir soutenu cette doctrine. Le christianisme la condamnait évidemment, et il est presque inutile de dire qu'il n'y en a pas trace dans les premiers écrivains chrétiens. Comment cette doctrine a-t-elle reparu dans les temps modernes? on en attribue quelquefois la résurrection aux jésuites, quelquefois aux protestants, et enfin à la renaissance des lettres antiques. Mais elle remonte beaucoup plus haut : c'est dans Jean de Salisbury qu'elle se représente pour la première fois depuis Cicéron. On ne peut donc nier que ce ne soit l'esprit théocratique, qui a ressus-

cité cette doctrine condamnée : cet esprit, uni à la violence du moyen âge, n'avait pas beaucoup de chemin à
faire pour aller de la déposition du prince à l'assassinat.

Jean de Salisbury distingue, comme Hincmar, le roi
du tyran ; et il montre même une certaine pénétration
psychologique dans l'analyse des causes de la tyrannie :
« Il y a, dit-il, deux instincts, l'amour du juste et l'a-
mour de l'utile. Du premier naît l'amour de la liberté
et de la patrie ; du second, la passion de la domination (1). » L'amour de la liberté peut cependant donner
aussi naissance à la tyrannie, lorsque l'on aime la liberté
pour soi et non pour les autres. « Il n'est personne qui
n'aime la liberté, et qui ne désire obtenir des forces
pour la défendre. La servitude est l'image de la mort,
et la liberté est la sécurité de la vie. De là vient que
pour se procurer la puissance, on répand de toutes
parts les richesses... Mais une fois maître de la puissance, on s'érige en tyran, et méprisant la justice, on
ne craint point, devant Dieu, d'opprimer ceux qui nous
sont égaux par la nature et par la condition (2). » Veut-
on savoir la différence du roi et du tyran : « Le vrai
prince combat pour les lois et pour la liberté du peuple ; le tyran ne croit avoir rien fait tant qu'il n'a pas
supprimé les lois et réduit les peuples en servitude. Le
prince est une image de la Divinité, et le tyran est une
image de Lucifer. Le prince, image de Dieu, doit être
aimé, honoré, vénéré ; le tyran, image de la méchanceté diabolique, doit être tué la plupart du temps, *ple-
rumque occidendus* (3). » Ce n'est point là une opinion
jetée par hasard et sans réflexion. L'auteur revient à

(1) Joab. Sarib. *Policraticus*, l. VIII, c. 5.
(2) *Ib*. l. VII.
(3) *Ib*. l. VIII, c. 17.

plusieurs reprises sur ce droit de tuer le tyran, et même
de le tuer avec perfidie. « Il faut se conduire autrement
avec un tyran qu'avec un ami ; il n'est point permis de
flatter un ami, mais on peut flatter un tyran. Car il
est permis de flatter celui qu'il est permis de tuer, *ei
namque licet adulari, quem licet occidere.* Non-seulement
tuer un tyran est permis, mais c'est une action convenable et juste, *æquum et justum...* C'est justement que
les droits s'arment contre celui qui désarme les lois, et
que la puissance publique se soulève contre celui qui
veut anéantir la puissance publique. Parmi les crimes
de majesté, il n'y en a pas de plus grave que celui
qui est commis contre le corps même de la justice.
La tyrannie n'est pas seulement un crime public,
c'est un crime plus que public. Si le crime de majesté
peut être puni par tous, combien plus celui-là qui
opprime les lois mêmes, qui doivent commander jusqu'aux empereurs (1). » Enfin il confirme ce prétendu
droit par les exemples de l'histoire profane et de l'histoire sacrée. Cependant cette doctrine a ses exceptions.
« Que les prêtres ne m'en veuillent pas, dit-il, si j'a-
voue que même parmi eux il peut se trouver des tyrans... Mais lorsque les prêtres prennent le personnage
de tyrans, il n'est point permis de lever contre eux le
glaive matériel, à cause du respect dû au sacrement (2). »
Une seconde exception, c'est la défense d'employer le
poison. « Quoique je sache, dit-il, que le poison a été
employé plus d'une fois par les infidèles, je crois cependant qu'il ne faut point le permettre. Non que je
pense que les tyrans ne doivent pas être tués, mais ils
doivent l'être sans dommage pour la religion, *sine re-*

(1) *Ib* l. III, c. 15. Cf. l. VIII, c. 18.
(2) L. VIII, c. 18.

*ligionis honestatisque dispendio* (1). » Singulière casuistique qui trouve une différence d'honneur et de moralité
entre le fer et le poison ! Il semble cependant reculer
devant ses propres conséquences : « Le meilleur et le
plus sûr moyen de détruire les tyrans, dit-il, est que
les opprimés se réfugient en s'humiliant auprès du pa-
tronage de la clémence divine, et levant leurs mains
pures vers le Seigneur, le supplient de détourner d'eux
le fouet qui les afflige (2). »

Ces doctrines si violentes, et si hostiles au pouvoir,
s'unissent, comme on doit le penser, aux doctrines les
plus hautaines sur la suprématie sacerdotale. On vient
de voir déjà que les prêtres sont exceptés du châtiment
mérité par les tyrans. Voici maintenant comment le
même écrivain entend les rapports du pouvoir spirituel et du pouvoir temporel : « Le prince reçoit le
glaive temporel des mains de l'Église; car elle-même
ne peut tenir le glaive du sang. Cependant elle le possède, et elle s'en sert par les mains du prince, à qui
elle a accordé la puissance de punir les corps, se réser-
vant l'autorité dans les choses spirituelles. Le prince
est donc le ministre du prêtre, exerçant à sa place une
des fonctions de la sainte autorité, mais qui paraît indigne des mains du prêtre (3). » Ainsi, dans cette théorie
superbe, le pouvoir temporel est réduit au rôle de
bourreau ; il tient le glaive, mais il le reçoit des mains
de l'Église; il le tient pour elle et exerce en son nom
une fonction dont elle ne veut pas se souiller. Il est impossible d'abaisser davantage le pouvoir civil.

Ce n'est pas seulement quelques esprits exaltés et

(1) L. VIII, c. 20.
(2) *Ib. ib.*
(3) L. IV, c. 3.

passionnés, ni même quelque pape hautain et ambitieux, qui soutiennent, au XII<sup>e</sup> siècle, les doctrines de la théocratie. On voit ces doctrines se glisser et prendre pied jusque dans les monuments authentiques et officiels de la jurisprudence canonique, et en particulier dans le plus grand et le plus célèbre ouvrage de droit ecclésiastique, qui est en quelque sorte le *Digeste* du droit canonique, le *Décret* de Gratien (1), qui jouit, au moyen âge, parmi les jurisconsultes d'une autorité au moins égale à celle du *Liber sententiarum*, parmi les théologiens.

Le décret de Gratien, remarquable par un certain esprit philosophique, l'est aussi par le manque absolu de critique, défaut du reste qu'il faut attribuer à son temps : ce n'est pas à cette époque que l'on pouvait vérifier l'exactitude et l'authenticité des textes. Plus tard, lorsque la critique fut plus avancée, un pape fit faire par des cardinaux le recensement des erreurs contenues dans le *décret* de Gratien, et ceux-ci y signalèrent qua-

(1) Le décret de Gratien qui parut au milieu du XII<sup>e</sup> siècle (1150), sous le pape Eugène III, sous ce titre : *Discordantium canonum concordia,* est plus connu sous le nom de *Decretum.* C'est le *Corpus juris canonici* du moyen âge. Il avait été précédé par plusieurs ouvrages du même genre : *Ecclesiæ decretorum libri XX* de Burchard, évêque de Worms (1220), ouvrage que l'on appelle aussi par abréviation le décret de Burchard. Déjà cet ouvrage est marqué du caractère ultramontain : il évite de citer les lois romaines, les Capitulaires, et il puise abondamment dans les *Fausses décrétales.* Le XX<sup>e</sup> livre de *Laïcis tam imperatoribus, regibus, principibus quàm subjectis,* est très-important et contient déjà toutes les doctrines théocratiques que nous allons retrouver dans le décret de Gratien. Avant Burchard, on cite encore le décret d'Yves de Chartres, *Exceptiones ecclesiasticarum regularum,* vers la fin du XI<sup>e</sup> siècle. Mais ces différents ouvrages furent effacés et remplacés par le décret de Gratien, personnage si célèbre au moyen âge, que Dante lui a fait une place dans son paradis. « Dans cette couronne d'esprits lumineux, ce sourire de flammes est celui de Gratien qui a rendu de tels services à l'un et l'autre droit que la vie bienheureuse l'en a récompensé. »

rante et un canons apocryphes, vingt-sept canons at-
tribués à des autorités étrangères, quatorze fausses
décrétales. On ne peut donc point se servir des citations comme de documents authentiques. Mais, par
cette raison même, ils témoignent d'autant mieux de
l'état des opinions au siècle où Gratien les a recueillis
et rassemblés.

Il serait difficile de recueillir dans le *Décret* la trace
régulière et suivie d'une doctrine politique. Elle est
dans le choix et la distribution des matériaux, dans
les divers titres sous lesquels sont réunis les documents,
dans l'interprétation qui leur est donnée, soit par l'auteur lui-même, soit par les gloses des commentateurs.
C'est surtout dans ces gloses que la pensée politique
des canonistes se fait jour. Les commentateurs renché-
rissent sur le texte. Ces gloses, d'ailleurs, en s'incorpo-
rant à l'ouvrage, ont obtenu au moyen âge une autorité presque égale à celle de l'auteur lui-même, et
comme elles sont de différentes mains (1), elles nous
fournissent les principes, non-seulement d'un individu,
mais de toute une école.

Parmi les textes et les documents recueillis par Gratien, il en est beaucoup que nous connaissons déjà :
mais parmi les documents que nous n'avons pas encore
rencontrés, il y en a deux surtout qui ont eu une grande
importance au moyen âge, et qui sont rapportés ici
textuellement. Le premier est le serment d'Othon au
pape Jean. Il est nommé *Constitutio Othonis* (2). Le second est la célèbre pièce connue sous le nom de la *Donation de Constantin* (3).

(1) A la vérité, elles ne sont pas toutes du xiie siècle ; mais elles ne
sont qu'un développement plus ou moins explicite du texte même.
(2) *Decretum*, Pars I, Distinct. 62, c. xxxiii.
(3) *Ib.*, Distinct. 96, c. xi.

Le serment d'Othon est rapporté comme une preuve
de la dépendance du pouvoir impérial envers le pouvoir du pape, et la glose qui y est ajoutée s'exprime
ainsi : « On voit ici comment le pape Othon a juré fidélité au pape Jean. » La glose transforme donc ainsi
ce serment en une sorte d'hommage féodal rendu par
l'Empereur au Pape ; car le serment de fidélité est l'acte
du vassal à l'égard de son suzerain. On peut voir si le
serment d'Othon se prête à cette interprétation. Nous
le rapportons fidèlement : « Moi, le roi Othon, je fais la
promesse et le serment suivant au seigneur pape Jean :
Je jure par le Père, le Fils et le Saint-Esprit, par ce
bois de la sainte croix, par ces reliques des saints, que
si, avec la permission de Dieu, je viens à Rome, j'élè-
verai l'Église romaine et toi son chef, selon mon pouvoir ; et jamais tu ne perdras ni la vie, ni les membres,
ni la dignité, par ma volonté, ou mon conseil, ou mon
consentement, ou mon exhortation ; et dans la ville de
Rome, je ne ferai ni décret, ni rendrai aucun ordre sur
toutes les choses qui se rapportent à toi et aux Romains,
sans ton conseil ; je te rendrai toutes les portions du
saint territoire qui ont été réunies à notre empire, et
quel que soit celui auquel je confie le royaume d'Italie,
je lui ferais jurer de t'aider à défendre le territoire de
saint Pierre, selon son pouvoir. » Il est difficile de voir
dans cette pièce autre chose qu'une sorte de traité par
lequel l'Empereur s'engage à partager avec le pape la
souveraineté dans Rome, et à respecter le territoire
temporel, que Charlemagne lui-même avait donné à la
papauté. De là à un serment de fidélité il y a loin ; et
même on peut dire que le ton de cette pièce est beaucoup
plus celui d'un protecteur que d'un vassal.

Passons à la prétendue donation de Constantin. On connaît l'histoire de cette donation qui, après avoir passé pendant tout le moyen âge pour un fait historique et authentique, a été complétement et définitivement écartée de l'histoire sérieuse par la critique du xvi° siècle. On prétendait que l'empereur Constantin, en se retirant à Constantinople, avait donné au pape Sylvestre l'empire d'Occident; que depuis cette époque la papauté avait disposé de l'empire comme elle l'avait voulu, et qu'ainsi l'empereur n'était que le vicaire du pape, seul véritable suzerain. Voici l'acte prétendu où ce contrat fut passé; il est tiré de la Vie de saint Sylvestre (1). Nous ne reproduirons pas la pièce en entier: nous en citerons les passages les plus saillants :

« Nous donnons, à partir de ce moment, à notre père Sylvestre et à ses successeurs, notre palais impérial de Latran..., le collier impérial, les vêtements, le sceptre et tous les ornements impériaux, enfin tous les signes extérieurs de la puissance impériale et la gloire de notre pouvoir... Et pour que la chaire pontificale ne soit point abaissée, pour que sa gloire et sa puissance s'élèvent au-dessus de la dignité de l'empire de la terre, nous donnons et nous laissons au bienheureux Sylvestre non-seulement notre palais, mais toutes les provinces, les villes et enfin le territoire de l'Italie et de l'Occident... Et nous avons jugé convenable de transporter en Orient notre empire et notre puissance, dans la magnifique province de Byzance, de bâtir une ville de notre nom, et d'établir là notre empire; car, là où la primauté du sacerdoce, et l'autorité suprême de la religion ont été établies par l'empereur céleste, il n'est point

_____

(1) On le rencontre déjà cité avant le *Décret* de Gratien dans les deux collections d'Anselme et de Deusdedit.

juste que l'empereur de la terre ait sa puissance. »

On voit avec quelle abnégation l'empereur Constantin aurait abandonné, selon ce naïf document, la moitié de son empire à l'évêque de Rome. Cette ridicule histoire, inventée par quelques moines barbares, est devenue au moyen âge l'un des titres les plus souvent invoqués par les défenseurs du pouvoir pontifical. On peut attribuer à Gratien l'importance nouvelle de ce document ; car il avait eu jusque-là si peu d'autorité que Grégoire VII lui-même n'en fait pas mention. Au reste, les grands papes aimaient mieux trouver l'origine de leur pouvoir dans l'institution de Dieu et dans la nature même de leurs fonctions, que dans un acte légal et dans la donation d'un prince temporel. Ils laissaient à leurs défenseurs le soin d'employer ces arguments de second ordre, qui éblouissaient le vulgaire.

Voyons maintenant les opinions qui se sont glissées à la suite du texte précédent, à l'aide de la glose et des commentaires. Les commentateurs, comme il arrive toujours, ont forcé le sens de quelques passages, et ont fait dire au texte ce qu'il ne dit point. C'est ainsi que, dans le célèbre passage : *Mediator Dei et hominum officia potestatis utriusque discrevit,* le glossateur, à propos du mot *discrevit,* argumente contre la distinction des deux puissances(1). Il commence par établir que ces

(1) *Ib. Decret.*, 9, b., c. vp. Ce texte, déjà cité plus haut dans Hincmar (voy. p. 356), l'un des plus souvent invoqués, est d'ailleurs rapporté d'une manière très-diverse, et l'on n'est pas d'accord sur son origine. Gratien le donne comme de Nicolas Ier; d'autres l'attribuent à Cyprien ou au pape Julien; mais le plus souvent il est cité, comme tiré d'une lettre du pape Gélase à l'empereur Anastase. Voici le passage : « Mediator Dei et hominum, homo Christus Jesus sic actibus propriis et dignitatibus distinctis officia potestatis utriusque discrevit... ut et christiani imperatores pro æterna vita Pontificibus indigerent, et Pontifices pro cursu temporalius tantummodo reretum

deux puissances ont été réunies dans le Christ, ce qui est l'argument fondamental des ultramontains, combattu par tous les partisans du pouvoir séculier. Voici ce que dit le glossateur : « Le Christ a fait certaines choses en qualité d'empereur, par exemple, lorsqu'il a chassé les marchands du Temple, et lorsqu'il a porté la couronne d'épines, ce qui est le signe de l'empire. » On ne peut s'empêcher de signaler dans ce dernier trait un sophisme palpable : comment le signe de l'humiliation aurait-il pu être un signe d'autorité et d'empire? Le glossateur ajoute, à propos même du mot *discrevit :* « C'est le contraire. Jésus-Christ n'a pas distingué, mais confondu ces deux pouvoirs ; car lui-même a rempli l'une et l'autre fonction. » Il est vrai que le dernier trait pourrait paraître favorable à la thèse de l'indépendance des pouvoirs : « Je dis qu'il a réuni les deux pouvoirs, pour montrer que l'un et l'autre coulent d'une même source. » Ici le glossateur semble donner raison aux partisans du pouvoir séculier, qui attribuaient immédiatement à Dieu l'origine des deux pouvoirs; mais il est évident qu'en les confondant en Jésus-Christ, il les confondait en même temps dans la personne du vicaire de Jésus-Christ. Car, après avoir donné quelques arguments en faveur de la distinction des puissances, il se décide en sens contraire, par ces trois raisons : 1° le serment d'O-thon, déjà cité; 2° les clefs données à Pierre, clefs du pouvoir céleste et terrestre; 3° le pape peut déposer l'empereur. On voit que chacune de ces raisons suppose précisément ce qui est en question. Dans un autre endroit, le glossateur reprend cette discussion, en ajoutant des arguments dans les deux sens, et il conclut : « Je crois

imperialibus legibus uterentur... etc. » On voit que ce texte peut être interprété dans tous les sens.

donc les deux puissances distinctes, quoique le pape puisse quelquefois assumer l'une et l'autre, *utramque potestatem sibi assumere.* » A propos d'un autre passage de saint Ambroise, où le pouvoir civil est comparé au plomb, et le pouvoir spirituel à l'or, le glossateur ajoute : « La différence de l'empire et du sacerdoce est aussi grande que celle de la lune et du soleil. » Comparaison que je note, parce qu'elle revient fréquemment dans cette discussion, et qu'elle deviendra même un argument. Enfin, dans une autre glose, je trouve : « Quel est le véritable empereur? Les uns disent que c'est l'empereur de Constantinople... Mais l'Église romaine a transporté l'empire d'Orient en Occident, et ainsi le véritable empereur, c'est celui de Rome. » C'est encore là une doctrine très-considérable du moyen âge, que la translation de l'empire. On soutenait que le pape ayant le droit de disposer de l'empire par la donation de Constantin, l'avait enlevé aux Grecs pour le transporter aux Germains, une première fois sur la tête de Charlemagne, une seconde fois sur la tête d'Othon le Grand. L'empire était donc l'œuvre du sacerdoce.

Nous voici arrivés au XIIIe siècle, c'est-à-dire à l'apogée du pouvoir spirituel, et au pontificat de l'un des deux ou trois plus grands papes du moyen âge, Innocent III. Ce pape est le digne continuateur de Grégoire VII. Il soutient les mêmes doctrines, et comme lui il ne craint point d'argumenter pour faire reconnaître son pouvoir. Mais il a la parole plus calme, parce qu'il sent son pouvoir moins contesté. Les principes sont les mêmes. La différence est dans le choix des arguments.

Veut-on connaître la doctrine d'Innocent III? Il l'expose en termes très-clairs et très-fermes dans la lettre suivante au duc de Caringie, à propos des élections impériales : « Nous reconnaissons, dit-il, aux électeurs le droit et la puissance de choisir le roi qui doit devenir empereur, nous devons reconnaître un droit qui repose sur un antique usage, surtout puisque ce droit leur a été donné par le siége apostolique lui-même, qui, dans la personne du grand Charles, a transféré l'empire romain des Grecs aux Germains. Mais il faut en revanche que les princes reconnaissent que le droit et la puissance d'examiner la personne nous regarde, nous qui sommes chargés de l'oindre, de le consacrer et de le couronner. Car il est de règle que l'examen de la personne appartienne à celui à qui appartient l'imposition des mains. Eh quoi! si les princes s'entendaient pour élever au rang de roi un sacrilége, un excommunié, un tyran, un imbécile, un hérétique ou un païen, nous serions tenus de l'oindre, de le consacrer et de le couronner? Cela est impossible (1). »

Dans ce passage, Innocent III attribue au pape l'absolue souveraineté. Car 1° c'est le pape qui a transféré l'empire des Grecs aux Germains ; 2° c'est lui qui a conféré le droit électoral ; 3° c'est lui enfin qui, par l'imposition des mains et le couronnement, est investi du droit d'examiner, et par conséquent de rejeter. Le pape, armé du veto contre les élections impériales, se trouve en réalité le seul électeur. Mais il va plus loin encore; car il prétend que c'est à la chaire de saint Pierre de décider qu'un serment est licite ou illicite, doit ou ne doit pas être gardé (2). C'était évidemment se réserver

---

(1) Decret. Greg. IX, l. 1, tit. vi, c. xxiv *de elect.* (ann. 1208).
(2) *Ib.* Utrum juramentum sit licitum, aut illicitum, et ideo servandum, nemo sane mentis ignorat ad nostrum judicium pertinere.

le dernier ressort en matière de souveraineté. Car celui qui juge le serment est au-dessus de celui à qui l'on prête serment.

Quelques-uns disaient que lorsque le roi pèche, il ne pèche qu'envers Dieu, et non envers les hommes. C'était enlever aux prêtres le droit de juger le roi pour le réserver à Dieu. Innocent ne peut admettre un pareil principe. « Jésus de Nazareth, dit-il, en s'oignant de l'huile de joie, a été fait prêtre, et a montré par là qu'il mettait le sacerdoce au-dessus de la royauté (1). » C'est ici un sophisme qu'on ne peut s'empêcher de relever en passant. De ce que Jésus s'est fait prêtre et non pas roi, on conclut qu'il a mis par là même le sacerdoce au-dessus de l'empire. Il faudrait en conclure au contraire qu'il n'a pas voulu être roi de ce monde; ce qu'il n'a point été, ses successeurs et ses vicaires ne peuvent pas l'être davantage, et à plus forte raison. Selon Innocent III, du temps de Moïse la royauté était sacerdoce; aujourd'hui le sacerdoce est royauté, *nunc sacerdotium est regale.* On prétend que les rois ne pèchent qu'envers Dieu : cela est vrai ; et comme les prêtres sont les représentants de Dieu, en péchant envers les prêtres, il est encore évident qu'ils ne pèchent qu'envers Dieu (2). Nouveau sophisme, si palpable qu'il est inutile de le démêler !

Dans une lettre adressée au vicomte de Montpellier (3), le même pape interprète encore dans le sens de ses doctrines favorites un passage souvent cité du Deutéronome : « S'il est difficile et embarrassant de juger entre le sang et le sang, la cause et la cause, la lèpre

(1) Inn. III oper. Colog. 1575. In IV Psalm. pœnitent.
(2) *Ib.*
(3) Decret. Grég. IX, l. iv, tit. xvii, c. xiii, *per venerabilem* (ann. 1213).

et la lèpre, lève-toi et monte au lieu qu'a choisi le Seigneur ton Dieu, va aux prêtres de la tribu de Lévi, et au juge qui aura été nommé dans ce temps, et fais tout ce qu'ils diront... Quant à celui qui, plein d'orgueil, refusera d'obéir à l'ordre du prêtre, qu'il soit frappé de mort. » A ce texte, qui se rapporte évidemment à l'organisation hébraïque, Innocent III applique la méthode d'interprétation en usage au moyen âge, et qui consiste à chercher partout des figures et des symboles. Ce lieu élevé dont parle Moïse est le siége apostolique : ces prêtres de la tribu de Lévi sont les coadjuteurs du saint Père. Ce juge ou ce prêtre suprême, c'est le successeur de saint Pierre. Quant aux trois sortes de jugements dont il est parlé dans le texte, le premier indique les causes criminelles et civiles (*inter sanguinem et sanguinem*); le dernier (*lepram et non lepram*) les causes ecclésiastiques et criminelles ; enfin celui du milieu les causes ecclésiastiques et civiles (*causam et causam*). Tous les genres de causes sont embrassées dans cette énumération. Or il n'en est pas une qui, en cas de difficulté, ne doive être portée au siége apostolique, dont les sentences doivent être exécutées sous peine de mort. Ainsi toute juridiction vient du pape et y retourne. C'est évidemment la doctrine de la souveraineté absolue.

Dans une autre lettre aux évêques de France (1), il se prétend le juge suprême entre le roi de France et le roi d'Angleterre, non qu'il veuille attenter à la juridiction du premier, mais pour obéir à cette parole de l'Évangile : « Si ton frère a péché envers toi, prends-le à part : s'il t'écoute, tu auras gagné un frère : s'il refuse

_____

(1) Decret. Greg. IX, l. II, tit. I, ch. XIII (ann. 1200).

de t'écouter, prends avec toi un ou deux juges, pour
que tout se passe entre deux ou trois témoins : s'il ne
t'écoute pas, dénonce-le à l'Église ; s'il n'écoute pas
l'Église, qu'il soit comme un païen et un publicain. »
Appuyé sur ce texte, Innocent III prétend juger les
rois, et prononcer entre eux, non pour les fiefs, mais
pour le péché, *non de feudo, sed de peccato :* car on ne
peut douter qu'il n'appartienne au souverain pontife
de juger tous les chrétiens en matière de péché. Biais
admirable pour attirer à soi toutes les affaires ; car
dans toutes les questions de droit, de justice et de
bonne foi, il y a lieu de supposer la possibilité du
péché.

Mais l'un des témoignages les plus curieux de l'esprit du temps, est la discussion en règle instituée par
le pape avec l'empereur Conrad, qui était entré le premier en lice avec lui (1). Spectacle vraiment remarquable qu'un pape et un empereur discutant comme
des docteurs un texte sacré, et se disputant l'empire du
monde comme un diplôme par la dialectique et l'argumentation.

La discussion portait sur ce texte de saint Pierre :
« Soyez soumis à toute créature humaine à cause de
Dieu, au roi, comme supérieur aux autres, aux grands
comme choisis par lui pour la punition des méchants,
et la gloire des bons. » L'empereur argumentait sur ce
texte de cette façon : 1° Le premier point, *subditi estote,*
indique la subordination du sacerdoce ; 2° le deuxième,
*Regi tanquam præcellenti,* signifie la prééminence de la
royauté ou de l'empire ; 3° le troisième prouve évidemment que l'empereur a reçu la puissance de l'épée, et

(1) *Ib.*, l. I, tit. xxxiii, c. iv et vi. — *De majore et obedientia*
(ann. 1198).

le droit de juridiction tout aussi bien sur les prêtres
que sur les laïques. Il faut convenir que cette argumentation était assez fine et assez forte pour un empereur germain du moyen âge. Innocent III essaie en vain
d'en détruire la force, et il n'a pas, ce nous semble,
l'avantage sur l'empereur. Celui-ci va droit au but.
Celui-là ne triomphe que par des subtilités et des artifices. Il fait observer que ces paroles de saint Pierre ne
s'appliquent qu'à la multitude, c'est-à-dire aux laïques
et non aux prêtres. Car si l'on soutenait que ces paroles s'adressent aux prêtres eux-mêmes, il faudrait
donc croire qu'il leur a ordonné d'être soumis, même
à des esclaves, puisqu'il est dit : *omni creaturœ*. Mais
l'empereur ne pouvait-il pas répondre : Oui, sans
doute : car Jésus-Christ a dit : Que le premier d'entre
vous soit votre serviteur : le prêtre est donc le serviteur de tous, même de ceux qui servent les autres, à
plus forte raison de ceux qui les commandent. Quant
au second point, Innocent III avoue que le roi commande au temporel, mais à ceux-là seulement qui
tiennent de lui des biens ou des honneurs temporels.
Mais cette addition est arbitraire; elle n'est pas dans le
texte ; elle ne vaut pas contre l'interprétation simple du
texte; elle est la question même. L'Apôtre dit : *subditi
estote propter Deum*. Dans ce *propter Deum* il y aurait
une réserve en faveur du pouvoir ecclésiastique. *Regi
tanquam excellenti : tanquam* indique aussi une intention de restreindre le pouvoir royal. Enfin pour le
troisième point, *ad vindictam malorum*, le pape distingue encore, et dit que cela n'implique la juridiction
du roi que sur ceux qui sont soumis à son glaive. Or,
les prêtres n'y sont pas soumis. Donc, etc. Mais cette
exception est précisément ce qui est en question. Or,

elle n'est pas dans le texte : on ne peut donc pas la tirer du texte. Mais peut-on la tirer d'ailleurs?

Ici la discussion se déplace ; et le pape abandonne la
discussion du texte de saint Pierre, pour invoquer
d'autres arguments fort célèbres au XIVᵉ siècle. 1° Un
texte de Jérémie : « Ecce constitui *te super gentes et
regna*, ut evellas et dissipes, ædifices et plantes. »
2° Dieu a mis au firmament deux grands flambeaux : le
plus grand préside au jour, et le moindre, à la nuit.
De même Dieu a créé deux grandes dignités : l'une, le
sacerdoce, qui préside au jour, c'est-à-dire au spirituel ;
l'autre, l'empire, qui préside à la nuit, c'est-à-dire au
temporel : il y a entre eux la même différence qu'entre
le soleil et la lune. 3° Tous les textes déjà cités par
Grégoire VII : *Pasce oves meas.... Quidcumque ligaveris*, etc. Innocent termine enfin cette longue et superbe
argumentation par une déclaration d'humilité, qui ne
paraît pas trop à sa place : « Nous plaçons notre grandeur dans l'humilité, et nous considérons l'humilité
comme notre suprême grandeur. Nous faisons profes-
sion de nous appeler et d'être en réalité, non-seulement
les serviteurs de Dieu, mais les serviteurs des serviteurs
de Dieu, et selon l'Apôtre nous sommes débiteurs, non-
seulement envers les sages, mais envers les insensés. »

Tandis que les papes et les empereurs discutaient
eux-mêmes, à l'aide de la dialectique, leurs droits et
leurs prétentions, des nuées de dialecticiens se livraient
journellement d'innombrables combats sur le même
terrain. C'était surtout entre les jurisconsultes que la
thèse du pouvoir ecclésiastique et du pouvoir civil
était disputée pied à pied, non plus seulement dans les
principes, mais dans tous les conflits particuliers que
ces prétentions contraires devaient susciter chaque

jour. Les jurisconsultes étaient divisés en deux camps : les *canonistes* ou *décrétistes* dévoués en général à la cause de la cour de Rome ; les *juristes* ou *légistes* dévoués à la cause impériale. En un mot les docteurs en *droit civil* étaient pour l'empereur, et les docteurs en *droit canon* étaient pour le pape. La plupart d'entre eux, il est vrai, étaient docteurs *in utroque jure;* mais ils appliquaient toujours leurs études à l'un ou à l'autre droit de préférence ; et leurs prédilections politiques suivaient leur choix. L'autorité suprême des canonistes était le *Decretum* de Gratien, qui fut, au moyen âge, comme le Digeste du droit canon. On y trouvait en abondance, nous l'avons vu, soit dans le texte, soit dans les gloses, des arguments dont la subtilité scholastique du moyen âge n'avait pas de peine à exagérer la valeur. Quant aux *légistes*, leur autorité était le droit romain, que l'école de Bologne venait de remettre en lumière et dont elle enseignait avec éclat les principaux monuments (1).

Ce serait une étude intéressante sans doute, mais beaucoup trop longue et sans proportion avec notre sujet, que de suivre dans ses détails, dans ses applications les plus particulières, dans ces conflits innombrables de juridiction et de compétence, cette guerre d'embûches, de piéges, de défilés, que se livrent les uns aux autres, à travers mille broussailles et dans d'épaisses ténèbres, les jurisconsultes, les glossateurs, les auteurs de sommes juridiques, les Irnérius, les Placentin, les Io, les Azo, les Accurce enfin, et leurs adversaires théo- ·

(1) Sur l'école de Bologne, et en général les jurisconsultes du moyen âge, voyez le livre de M. Laferrière : *Histoire du Droit français*, t. IV.

logiques. Ramenons seulement à quelques traits généraux cette grande querelle.

Les doctrines impérialistes, comme les doctrines
théocratiques, reposaient les unes et les autres sur des
fictions et des mensonges historiques. Tandis que les
partisans du pouvoir ecclésiastique invoquaient deux
faits complétement fictifs : la donation de Constantin
et la translation de l'empire des Grecs aux Germains,
hypothèse fondée sur le serment d'Othon cité plus haut,
les jurisconsultes impériaux n'étaient pas de leur côté
en reste d'inventions historiques et juridiques (1).
Aux fictions théocratiques ils opposaient deux fictions
du même genre : 1° la perpétuité de l'empire romain ;
2° la monarchie universelle.

L'empire deux fois brisé, d'abord après Augustule,
une seconde fois après Bérenger, deux fois restauré
par Charlemagne et par Othon le Grand, tend toujours
à renouer les anneaux de la chaîne et à faire disparaître
les intervalles. L'empereur Frédéric, dans ses décrets,
invoque le nom de ses prédécesseurs Constantin, Valen-
tinien, Justinien (2). A la prétendue donation de Constantin, il oppose ainsi une prétendue hérédité. La ville
de Rome se prête à cette illusion. Voici le discours des
ambassadeurs romains à Frédéric Iᵉʳ : « Faites revenir
les anciens temps; faites revivre les priviléges de la
ville. Que la ville éternelle reprenne le gouvernement
du monde; que l'insolence de l'univers soit réprimée
par un tel empereur et ramenée à l'obéissance envers
la cité éternelle (3). » Mais si Frédéric accepte l'héritage

(1) Voyez sur cette question la thèse de M. Himly : *De juribus sancti
Imperii romani.*
(2) Pertz, *Monum. Hist. Germ.*, t. I, leg. ii, p. 139.
(3) Otho Frising. II, c. 22 (Muratori, t. VI).

de l'empire, ce n'est point pour le rendre à la république : « C'est moi, dit-il, qui suis le légitime possesseur. Arrache qui le pourra la massue des mains d'Hercule. » Cependant l'historien de Frédéric Ier, Othon de
Frisingen ne se fait guère illusion sur cette perpétuité
de l'empire : « De la ville, du sénat, du peuple romain,
dit-il, il ne reste plus que l'ombre d'un grand nom.
Quant à la doctrine de la monarchie universelle, dont
on trouve des vestiges dans les premiers empereurs,
elle devient, au temps des Frédéric, une sorte de dogme,
soutenu principalement par les docteurs de Bologne (1).
Nous verrons cette illusion se perpétuer bien longtemps
dans le moyen âge, et subjuguer le grand esprit et la
puissante imagination du Dante.

Outre les jurisconsultes dévoués à sa cause, le pou-

---

(1) On voit paraître la théorie de la monarchie universelle vers le
temps de Henri II. C'est à cette théorie que se rapporte le symbole de
la pomme d'or surmontée d'une croix qui fit depuis partie des insignes
impériaux. Les empereurs prétendaient que les autres rois n'étaient
que des bénéficiers du saint empire. L'empereur était *dominus urbis
et orbis :* c'est l'expression de tous les écrits du temps, à l'époque
des Frédéric. Les jurisconsultes soutenaient cette doctrine par des
textes tirés du droit civil, de l'Évangile et des Pères, et interprétés
suivant la méthode du moyen âge. L'école de Bologne et ses quatre
docteurs, Bulgarus, Martinus, Jacobus et Hugo, ont surtout travaillé
à cette extension de la puissance impériale. Un jurisconsulte célèbre
de Toulouse, Placentin, les accuse d'avoir trahi l'Italie pour l'empereur. « Contrà proprias conscientias à miseris Bononiensibus Frederico
Imp. suasum est Italiam factam esse tributoriam (*Summa in tres li-
bros de annonis,* cod. X, 16). » La doctrine de la monarchie universelle
de l'empire n'a jamais été admise par les jurisconsultes français. « Li
rois n'a point de souverain es choses temporiens, ne il tient de nului
que de Dieu et de lui (*Établiss. de saint Louis,* 1. II, c. xiii). » Innocent III admet ce principe dans sa lettre au vicomte de Montpellier,
citée plus haut. Boniface VIII au contraire le rejette avec violence :
« Nec insurget hic superbia Gallicana quod dicit quòd non recognoscit
superiorem. Mentiuntur : quia de jure sunt et esse debent sub rege
Romano et Imperatore (Baluz. in add. ad lib. P. de Marca, *De Con-
cord. sacerd. et Imper.,* 1. II, c. 3). » Voyez pour tous ces détails la
savante thèse de M. Himly.

voir impérial, c'est-à-dire le pouvoir civil, trouvait encore pour le défendre et combattre les excès du pouvoir
contraire, des théologiens mêmes, plus fidèles aux doctrines de saint Bernard qu'à celles de Grégoire VII.
Voici, par exemple, un écrit assez curieux du douzième
siècle, composé évidemment en faveur des empereurs
et contre les théories ultramontaines. C'est la *De Regia
potestate et sacerdotali dignitate*, par Hugues de Florence, moine de l'ordre de saint Benoît (1).

« Je sais, dit l'auteur, qu'il y en a qui pensent de
nos jours que les rois ne tiennent pas leur puissance de
Dieu, mais de ceux qui, sans connaître Dieu, se sont
élevés au-dessus des hommes leurs égaux par l'orgueil,
les rapines, l'homicide, et tous les crimes. » Allusion
évidente à Grégoire VII, dont l'auteur cite ici les propres
paroles. Il montre au contraire que toute puissance
vient de Dieu. C'est Dieu qui a préposé le premier
homme au-dessus de toutes les créatures : c'est Dieu
qui a placé la tête au-dessus des autres membres du
corps, afin qu'elle leur soit supérieure et en situation
et en dignité. C'est Dieu enfin qui a distribué dans le
monde, suivant des degrés déterminés, des dignités et
des puissances, comme il a distribué des rangs divers
dans le royaume du ciel, dont il est le seul monarque(2).

Il y a deux grandes puissances : la puissance royale
et la puissance sacerdotale : toutes deux se sont trouvées réunies dans la personne du Sauveur, à la fois roi
et prêtre (3). Mais le roi est l'image du Père tout-puissant, et l'évêque est l'image du Christ. De là vient que
les évêques doivent être soumis au roi, comme le fils

(1) Baluz, l. IV, anno 1126.
(2) *Ib.* l. I, c. I.
(3) *Ib.* c. II.

est subordonné au père (1). Un roi a pour devoir de contraindre par les lois et par la terreur le peuple à faire le bien. Ainsi le royaume terrestre sert à l'avancement du royaume céleste : car ce que le prêtre ne peut pas faire par la parole et la doctrine, le roi l'obtient par la crainte de la discipline. Le peuple craint le roi : mais le roi ne craint que Dieu. Le bon roi est donné aux peuples par un Dieu propice : mais le mauvais roi leur est donné également par un Dieu irrité : « Je te donnerai un roi dans ma fureur, » dit-il au peuple d'Israël. Et ailleurs : « Dieu permet le pouvoir de l'hypocrite, à cause des péchés du peuple. C'est pourquoi les sujets doivent tolérer leurs rois et leurs princes quels qu'ils soient; et il ne leur est pas permis de leur résister. Tous ceux qui sont dans les honneurs doivent être nourris par ceux qui leur sont soumis, non pour eux, mais pour l'ordre établi par Dieu. Nous voyons par l'Écriture, que même les rois réprouvés ont été honorés. C'est à Dieu seul à faire descendre les superbes de leur grandeur, et à élever les humbles à la plus haute dignité. L'Apôtre ordonne de prier pour toutes les puissances, il ordonne à leurs serviteurs d'obéir même à des maîtres infidèles, et Jésus-Christ n'a point dédaigné de payer le tribut à César. Ce n'est pas par les armes de la chair, c'est par des prières qu'il faut résister aux rois. C'est ainsi que saint Ambroise a vaincu la tyrannie de l'impératrice Justine. Que dit le Seigneur : Remets ton glaive dans le fourreau. Celui qui ceint l'épée périra par l'épée. Dieu n'a-t-il pas dit encore : C'est par moi que les rois règnent, et que les princes dominent.

Il nous reste à interroger les docteurs scholastiques

(1) *Ib.* c. III.

pour compléter cette esquisse des idées politiques du moyen âge du IXᵉ au XIIIᵉ siècle.

Il n'est pas nécessaire de démontrer que ce n'est pas au XIIᵉ siècle, lorsque l'esprit humain renaît à peine, et recommence à balbutier quelques thèses philosophiques, ce n'est pas dans des cloîtres fermés, et plus ou moins étrangers aux affaires du monde, et enfin dans des écrits éminemment théologiques et dialectiques, que l'on doit s'attendre à trouver un sentiment juste et précis de la portée des problèmes politiques. Les premiers scholastiques seront donc, comme on doit le présumer, vagues, obscurs et indécis sur ces questions.

Si nous consultons la première autorité de la scholastique, le théologien qui, sans avoir d'opinion propre, a recueilli toutes les opinions de la tradition, et indiqué les questions traitées plus tard dans les sommes théologiques, nous trouvons dans le Maître des sentences, Pierre Lombard, la question suivante : « Est-il permis de résister quelquefois à la puissance? » C'était au fond le problème même de la souveraineté. Pierre Lombard recueille la solution des apôtres et des Pères, sans y rien ajouter : obéissance absolue, sauf l'obéissance due à Dieu. La puissance, même mauvaise, vient de Dieu. C'est dans ces termes qu'il livre le problème aux scholastiques qui vont suivre, leur laissant le soin de découvrir les distinctions et les exceptions qui, introduites dans un pareil sujet, ont bientôt changé le sens des principes et la valeur des termes.

Le premier auteur de *Sommes* au moyen âge, Alexandre de Hales, discute cette question sous une autre forme : Est-il juste que l'homme domine sur les hommes : *an justum sit hominem homini dominari* (1)?

(1) Alex. Hales. Summ. Pars III, q. XLVIII; m. I, a. I.

Mais la science n'était pas encore assez mûre pour
traiter une pareille question en elle-même. Aussi l'auteur n'emploie-t-il guère que des arguments tirés des
textes. Contre le principe de la domination, l'auteur
cite cette parole de Grégoire le Grand : « L'homme naturellement n'est maître que des hommes irraisonnables,
et non des êtres raisonnables; aussi est-il dit qu'il doit
être craint des animaux et non des hommes : car il est
contre nature de s'enorgueillir et de vouloir être craint
de ses égaux. » Voici un second texte en faveur de la
même opinion : il est tiré du livre de la Sapience.
« Tous n'ont qu'une même voie pour entrer dans la
vie, tous ont une même fin, et aucun roi n'est jamais
né autrement que les autres hommes. » Mais à ces
textes, il en est d'autres qui répondent : « Que toute
âme, dit saint Paul, soit soumise aux puissances. » Et
saint Grégoire dit à son tour : « La nature a fait tous
les hommes égaux : mais la juste dispensation de Dieu,
dont les motifs sont cachés, a préposé les uns aux autres
selon leurs divers mérites. »

Une seconde question, traitée avec plus de soin par
Alexandre de Hales, est celle des rapports du pouvoir
spirituel et du pouvoir temporel. La puissance ecclésiastique, se demande-t-il, commet-elle une usurpation, lorsqu'elle exerce des jugements séculiers (1)?
Selon la méthode scholastique, l'auteur démontre d'a-
bord le pour, puis le contre, et enfin il donne son opinion.

En faveur de la distinction du pouvoir ecclésiastique
et séculier, il dit que ces deux pouvoirs sont distincts
comme la vie terrestre l'est de la vie spirituelle; or la

_____

(1) *Ibid.* Pars II, q. cxix, m. iii, a. i. Voy. aussi part. III, quæst.
XL, m. v.

vie terrestre n'est pas soumise à la vie spirituelle, ni
réciproquement. Donc, les deux puissances sont indépendantes l'une de l'autre. A cette raison métaphysique, Alexandre de Hales en ajoute d'autres tirées des
textes : *Reddite Cæsari, etc. : Ecce duo gladii.* Ces deux
glaives sont le glaive matériel et le glaive spirituel.
Chacune des puissances doit donc tenir le sien sans
usurper l'autre. En faveur de l'opinion contraire, le
docteur scholastique rappelle les arguments ordinaires :
Jésus-Christ chassant les marchands du temple, Moïse
pontife et roi, le sacerdoce institué par Dieu, la royauté
par le sacerdoce, la bénédiction donnée au pouvoir
laïque, et enfin la supériorité de l'âme sur le corps.

Mais pour avoir l'opinion précise d'un docteur scholastique, il ne faut la chercher ni dans le *sic* ni dans le
*non*, c'est-à-dire dans la démonstration du pour ou du
contre de la question posée ; il faut interroger surtout le
corps de la discussion, cette partie qu'Alexandre de
Hales appelle *Resolutio* et saint Thomas *Responsio.* C'est
en quelque sorte le jugement rendu après plaidoirie ;
en général, les scholastiques soutiennent une opinion
moyenne entre le pour et le contre, et tranchent la
question par des distinctions.

Ici, la distinction d'Alexandre de Hales est assez équivoque et laisse encore un libre champ à la discussion.
« Les deux pouvoirs, dit-il, sont distincts quant à leur
exercice, *quoad exercitium ;* ils le sont encore quant au
commandement, *quoad imperium ;* mais non pas quant
au *consentement, quoad nutum.* » L'origine de cette distinction est dans une phrase de saint Bernard cité plus
haut (1). Mais Alexandre de Hales va plus loin que saint
Bernard, et il exagère singulièrement la puissance du

(1) Voy. plus haut, p. 366.

*nutus* sacerdotal, lorsqu'il en déduit le droit d'établir
les pouvoirs laïques, qui seuls peuvent tenir le glaive
matériel. Il est facile enfin de reconnaître l'esprit du
xiii⁰ siècle dans cette conclusion : « Le rapport de la
puissance séculière à la puissance ecclésiastique n'est
pas le même que celui de la puissance ecclésiastique à la
séculière. Le pouvoir ecclésiastique n'est jamais soumis
en quoi que ce soit au pouvoir séculier : mais le pouvoir séculier est soumis en certaines choses au pouvoir
ecclésiastique. Ainsi il est permis à l'Église d'établir
ceux qui doivent exercer le jugement séculier, mais il
n'est point permis à la puissance séculière d'instituer
ceux qui doivent tenir le glaive spirituel. »

La question du droit de dominer, à peine effleurée
par Alexandre de Halès, a été traitée par saint Bonaventure avec plus de développement (1). Il se demande
d'abord si toute puissance vient de Dieu. Il faut accorder que toute puissance, en tant qu'elle est puissance,
et par rapport à celui auquel elle commande, est juste
et vient de Dieu. Mais il faut accorder aussi que le
moyen de parvenir à cette puissance peut être juste ou
injuste ; que s'il est juste, il vient de Dieu, et que s'il
est injuste, il n'en vient pas. Mais comme il n'est personne qui soit tellement injuste, qui ne soit juste en
quelque partie, il n'est pas de puissance dont on ne
puisse dire qu'elle vient de Dieu, au moins en partie.
La puissance, prise en elle-même, peut être dans l'ordre, quoiqu'elle procède d'une volonté désordonnée. Si
l'on objecte qu'il est contre l'ordre que les stupides commandent aux sages, et les méchants aux bons, on peut
répondre que sous un désordre apparent, il y a souvent
un ordre caché dont nous ne savons pas le secret.

(1) S. Bonav. Lib. *Sentent.* II, distinct. xliv, art. 2.

On objecte qu'on ne peut ôter à personne ce qui lui
a été donné par Dieu; par conséquent, si toute puissance vient de Dieu, on ne peut déposséder personne
de la puissance. Saint Bonaventure répond sans hésiter
à cette objection scabreuse, et il soutient la doctrine
qui a été en quelque sorte traditionnelle dans l'ordre
des dominicains : c'est que la souveraine puissance
n'est point inviolable. « Oui, dit-il, la puissance ne
pourrait pas être enlevée à celui qui la possède, si Dieu
la donnait absolument et sans condition. Mais s'il ne
donne cette puissance que pour un temps, il a permis
qu'elle fût enlevée. Or nous reconnaissons qu'il en est
ainsi lorsque l'ordre de la justice l'exige. *Dieu a donné
la vie au brigand, et cependant le juge la lui ôte sans injustice ;*... selon le droit strict, celui-là mérite de perdre
la souveraineté et tous les priviléges de la puissance,
qui abuse de la puissance. »

Saint Bonaventure examine ensuite si le droit de dominer est selon l'institution de la nature, ou selon l'ordre
du châtiment. Il distingue trois puissances : 1° celle de
l'homme sur les choses ; 2° celle de l'époux ou du père;
3° celle du maître sur le sujet.

Cette troisième espèce de domination n'a lieu que
selon l'état de la nature déchue ; car la servitude qui y
correspond est la peine du péché. Il est vrai que celui
qui est régénéré dans le Christ est affranchi de la servitude du péché, mais il n'en est pas tellement affranchi, qu'il n'ait encore la possibilité, la facilité et l'inclination de retomber dans le même genre de servitude;
voilà pourquoi la servitude de la peine a survécu à la
servitude du péché. Les chrétiens meurent comme les
autres hommes. Ce n'est donc pas seulement selon une
institution humaine, mais selon l'ordre de Dieu qu'il

y a, parmi des chrétiens, des rois et des maîtres, des princes et des sujets. Les chrétiens sont donc obligés d'obéir à leurs maîtres, mais non pas en toutes choses, ni en celles qui sont contre Dieu, ni en celles qui sont contre la droite raison et la coutume.

On dit que l'Évangile est une loi de liberté. Mais il faut l'entendre. Elle nous délivre de la servitude du péché et de la servitude de la loi mosaïque, mais non pas de la servitude de la loi humaine, qui sert beaucoup à l'observation de la loi divine. La charité unit les hommes par le cœur, mais non pas dans le sens d'une abolition de toute hiérarchie et de toute distinction ; nous n'atteignons pas pleinement ici-bas l'effet de la rédemption. Ici commence l'affranchissement de la coulpe ; là, c'est-à-dire dans le ciel, sera consommé l'affranchissement de la misère et de la domination humaine.

Telles sont les doctrines politiques de saint Bonaventure, doctrines où, comme on le voit, l'obéissance n'est pas tout à fait sans réserve, ni le pouvoir sans frein. On y voit quelques traces de cet esprit libéral, qui a accompagné, dans tout le moyen âge, les doctrines théocratiques, et qui donne un caractère si original aux théories politiques de saint Thomas d'Aquin. Cependant la scholastique ne se hasarde encore que très-timidement dans ces problèmes si nouveaux et si redoutables. Elle semble avoir à peine conscience de ses hardiesses, et réciter plutôt un thème donné, qu'exprimer des convictions réfléchies.

Si nous cherchons maintenant à résumer l'ensemble des idées assez confuses dont nous avons présenté le tableau, nous trouvons que du xi⁰ au xiii⁰ siècle, la doctrine du droit divin, c'est-à-dire de l'inviolabilité royale et de l'obéissance passive des sujets, est invoquée par les défenseurs du pouvoir civil ou de l'État, et qu'elle a d'ordinaire pour adversaires les défenseurs du pouvoir ecclésiastique ou de l'Église. A cette époque, le trône et l'autel, loin de s'appuyer l'un sur l'autre, étaient presque toujours ennemis. Le droit divin s'opposait au droit de l'Église et non au droit du peuple. C'est pour échapper à la vassalité de la papauté, que l'empereur et les autres rois ne voulaient reconnaître d'autre suzerain que Dieu. L'Église au contraire avait intérêt à faire ressortir ce qu'il y a d'humain dans l'origine du pouvoir civil : elle insistait sur les violences, les passions, les injustices, les usurpations qui si souvent avaient donné naissance au pouvoir des princes. Elle combattait surtout la doctrine de l'inviolabilité royale ou impériale; elle se croyait le droit de déposer les princes et de les établir : chose impossible, si le pouvoir politique eût été de droit divin. De plus, comme elle se donnait pour la tutrice des peuples, qu'elle prenait leur parti contre les oppresseurs, il était naturel qu'elle fût conduite à ramener le pouvoir civil à sa vraie origine, le consentement populaire, mais sous la haute surveillance de l'Église. Ajoutez que la grande autorité philosophique du moyen âge a été Aristote, et que les principes d'Aristote sont tout à fait favorables à la souveraineté du peuple : au contraire, la grande autorité des jurisconsultes défenseurs de l'empire a été la compilation de Justinien, imbue des idées absolutistes. Il ne serait donc pas tout à fait inexact de dire qu'au moyen âge c'est dans les cloîtres qu'est née la doctrine de la souveraineté du peuple et du droit de résistance aux abus du pouvoir civil. C'est ce qui deviendra plus frappant encore dans les études qui vont suivre.

# CHAPITRE III.

SAINT THOMAS D'AQUIN ET SON ÉCOLE.

§ I. Morale. — Théorie de la loi. — Définition des lois. — Division des lois. — De l'idée du droit. — Division du droit. — Droit naturel. — Théorie de la propriété. — Théorie de l'esclavage.

§ II. Politique. — Du droit de souveraineté. — Du meilleur gouvernement. — Du droit divin. — Du droit de résistance. — Du tyrannicide. — Des rapports du pouvoir spirituel et du pouvoir temporel. — Théorie du *De regimine principum*, attribué à saint Thomas. — Nécessité du gouvernement. — Supériorité du gouvernement royal. — Du gouvernement tyrannique : du droit de résistance. — Distinction entre le pouvoir despotique et le pouvoir politique. — Comparaison de ces deux pouvoirs entre eux et avec le gouvernement royal. — De l'esclavage. — Du pouvoir sacerdotal; sa supériorité sur le pouvoir politique. — École de saint Thomas d'Aquin. — Gilles de Rome : son *De regimine principum*. Son traité *De ecclesiastica potestate*.

Nous voici parvenus au cœur du moyen âge, à ce grand XIIIᵉ siècle, considéré aujourd'hui par quelques écrivains comme l'âge d'or de la société chrétienne, âge d'or qui n'a pas été peut-être sans quelque mélange de fer ou d'airain. C'est le temps où la théologie scholastique et le pouvoir ecclésiastique règnent souverainement; c'est le temps des grands docteurs, les Albert le Grand, les Alexandre de Hales, les saint Bonaventure, entre lesquels s'élève et domine, comme leur maître à tous, l'illustre saint Thomas d'Aquin. La philosophie de saint Thomas est l'image fidèle de son temps : c'est le nœud du moyen âge, c'est le moyen âge lui-même ; c'est là qu'il a rassemblé, en apparence pour l'éternité, tout ce qu'il a su, pensé et aimé.

La philosophie de saint Thomas est un grand et admirable effort de l'esprit pour associer deux éléments

bien différents, la philosophie humaine et la philosophie divine, Aristote et le christianisme. La philosophie de saint Thomas est une œuvre artificielle, inférieure par cela même aux grandes doctrines morales
de l'antiquité, mais qui les complète cependant, et
leur donne plus de précision qu'elles n'en avaient. Ce
vaste enchaînement de principes et de conséquences,
ce travail d'un esprit puissamment logique, pour
constituer une science immobile, absolue, définitive,
ces tentatives mêmes de conciliation entre la philosophie humaine et la philosophie divine donnent à
la *Somme* de saint Thomas une sorte de grandeur, et
une véritable majesté. Ajoutez que dans certaines théories, il n'est pas sans originalité et sans profondeur, et
enfin que ses opinions sur les questions sociales et politiques sont des plus curieuses à étudier. Nous passe-
rons donc sur les parties de sa philosophie qui ne font
que rappeler et reproduire la morale d'Aristote pour
insister davantage sur les idées qui lui sont particulières, ou qui témoignent de l'esprit de son temps.

La philosophie des lois, par exemple, est une des
belles parties de la Somme théologique : ici saint Thomas s'affranchit d'Aristote, qui ne lui fournit plus que
des éléments incomplets et insuffisants. Quoique son
traité rappelle les théories de Platon et de Cicéron, il
ne paraît avoir connu ni le dialogue des *Lois* du premier, ni le *De legibus* du second. C'est donc à l'aide de
quelques idées éparses de saint Augustin, dans le *De
libero arbitrio*, idées empruntées à Platon, à Cicéron,
aux stoïciens, c'est avec quelques définitions d'Isidore
de Séville, et quelques axiomes de droit, qu'il construit
cette théorie des lois, l'un des monuments du moyen
âge. Ce traité a servi de type à tout ce qu'on a écrit sur

, ce sujet jusqu'au xvi<sup>e</sup> siècle, où le jésuite Suarez l'a paraphrasé dans un ouvrage considérable, et même jusqu'au xvii<sup>e</sup> siècle, où l'on en retrouve encore les grandes lignes dans le traité des *Lois* du célèbre Domat.

Saint Thomas, selon la méthode scholastique, cherche d'abord la définition de la loi, puis il donne la définition des lois, et examine chacune des espèces en particulier (1).

Quelle est l'essence de la loi? suivant saint Thomas, c'est la raison (2). La loi, dit-il, est une règle et une mesure des actes, selon laquelle chacun est obligé à agir ou à ne pas agir. Or, la règle et la mesure n'appartiennent qu'à la raison. On oppose la maxime du Digeste : *quod principi placuit, legis habet vigorem,* maxime qui semble donner à la loi, pour principe, la volonté ou le bon plaisir d'un homme. Sans doute, dit saint Thomas, il faut que la loi soit portée par une volonté ; mais pour que cette volonté elle-même ait force de loi, il faut qu'elle soit réglée par la raison. C'est en ce sens que la volonté du prince a force de loi ; sans quoi elle serait plutôt iniquité que loi. A ce premier caractère fondamental de la loi, saint Thomas en ajoute trois autres : 1° que la loi tende au bien commun ; 2° qu'elle soit portée par celui qui en a le droit ; 3° qu'elle soit promulguée (3). Et il conclut par cette définition générale (4) : « La loi est un ordre de la raison, imposé pour le bien commun par celui qui est chargé du soin de la communauté, et suffisamment promulgué. »

Cette définition a un mérite remarquable : c'est d'exclure la fausse définition qui rapporte l'auto-

___

(1) *Summ. Theol.* 1, 2. q. xc.
(2) *Ib. ib.* a. 1.
(3) *Ib. ib.* a. 2, 3, 4.
(4) *Ib.* a. 4.

rité de la loi à la seule volonté d'un chef, c'est-à-dire
à l'arbitraire; car elle est un *ordre de la raison*. Mais
elle a un défaut, c'est de contenir des éléments qui
ne sont point essentiels à l'idée de la loi. En effet :
1° La promulgation n'est pas nécessaire à l'idée de
loi; car elle n'est pas nécessaire aux lois physiques qui s'accomplissent à l'insu des êtres auxquels
elles commandent. Elle n'est pas nécessaire à la loi
éternelle en tant qu'elle existe dans l'intelligence divine; car Dieu n'a pas besoin de se promulguer à soi-
même sa loi. La promulgation est donc accessoire dans
l'idée de loi. 2° Le bien commun n'est pas un élément
essentiel de la loi. Il en est la conséquence, mais il ne
lui est pas essentiel. La loi d'un être résulte de sa nature; et la loi réciproque des êtres est le résultat de
leur nature réciproque. 3° L'idée même de législateur
n'est pas essentielle à la loi. Sans doute, la loi, dans un
être créé, suppose un législateur. Mais à quel titre?
est-ce à titre de plus puissant? non, car nous avons vu
que c'était là le principe de la tyrannie et de l'arbitraire; est-ce à titre de plus sage? C'est donc sa sagesse
qui est la raison de la loi. Par conséquent, la loi prise
en elle-même n'est autre chose qu'un acte de raison:
or, la raison ne peut rien vouloir qui ne soit conforme
à la nature des choses. La loi est donc la règle qui force
ou qui oblige un être à ne pas sortir des conditions de
sa nature, à n'aller pas au delà, à ne pas rester en deçà.
Suivant la juste expression de saint Thomas, c'est une
mesure. En excluant ainsi de cette définition les éléments hétérogènes qui la compliquent, nous arrivons
à la célèbre et profonde pensée de Montesquieu : « Les
lois sont les rapports nécessaires résultant de la nature
des choses. »

Quant à la division des lois, saint Thomas en reconnaît de quatre espèces : 1° la loi éternelle ; 2° la loi naturelle ; 3° la loi humaine ; 4° la loi divine (1).

La loi éternelle est la raison du gouvernement des choses, préexistant en Dieu (2). De même que tout artisan a dans l'esprit le plan de tout ce qu'il accomplit par son art, de même tout chef de gouvernement doit savoir à l'avance la règle et l'ordre de ce qui doit être exécuté par ses sujets. Or, Dieu est à la fois l'auteur et le souverain du monde : il l'a créé, et il le gouverne. Il faut donc qu'il y ait une loi éternelle, que nul, si ce n'est Dieu, ne connaît dans son essence, mais que toute créature rationnelle connaît, du moins en partie, par une sorte d'irradiation.

La loi naturelle est l'inclination naturelle qui porte les créatures raisonnables vers leur véritable fin (3). La créature raisonnable est soumise d'une manière plus excellente que les autres êtres à l'action de la Providence : car elle-même participe en quelque sorte à la Providence, et est chargée de veiller sur elle-même et sur les autres : elle reçoit donc une sorte de participation à la raison éternelle, et cette participation est la loi naturelle. Cette loi se résume en un seul précepte : faire le bien et éviter le mal : de ce principe fondamental dérivent tous les autres.

Mais la loi naturelle ne fait qu'établir certains principes communs et indémontrables. Il est nécessaire que la raison humaine en tire des applications particulières (4). De plus, pour arriver à la perfection de la vertu, il est impossible de s'en rapporter à l'homme lui-même.

(1) *Summ. Theol.* q. xci.
(2) *Ib. ib.* a. 1.
(3) *Ib.* q. xci, a. 2.
(4) *Ib.* q. xci, a. 5, et q. xcv, a. 1.

Car s'il y a des hommes bons, il y en a aussi de méchants et de corrompus, qui ne peuvent être détournés facilement du mal par des paroles. Il a donc fallu employer la force et la crainte, afin qu'au moins en s'abstenant du mal, ils laissassent aux autres la vie tranquille, et qu'eux-mêmes fussent peu à peu amenés par l'habitude à faire volontairement ce qu'ils ont d'abord fait par force. Or, il vaut mieux tout décider par des lois que de s'en rapporter à l'arbitraire des juges, et cela pour trois raisons : d'abord il est plus facile de trouver quelques sages qui fassent de bonnes lois, qu'un grand nombre de juges habiles à juger dans les circonstances particulières ; en second lieu, ceux qui font des lois, ont le loisir de réfléchir longtemps, et ceux qui jugent, jugent sur-le-champ ; enfin les législateurs décident sur le général et sur l'avenir, et ne sont pas influencés par les circonstances présentes. La loi naturelle a donc besoin d'être complétée par la loi humaine.

La loi humaine dérive de la loi naturelle de deux manières (1) : 1° comme conséquence d'un principe ; 2° comme détermination particulière d'un principe indéterminé. Par exemple, cette loi : « Ne tue pas, » est une conséquence de ce principe : Ne fais de mal à personne. Mais la condamnation à telle ou telle peine est une détermination du principe général qui déclare que celui qui fait du tort à un autre doit être puni. Dans le premier cas, la loi participe à la force même de la loi naturelle ; dans le second cas, elle n'a que la force de la loi humaine.

Quoique la loi humaine soit une application de la loi naturelle, et participe en quelque manière à la loi éternelle, cependant cette loi n'est pas suffisante pour di-

_____

(1) *Summ. Theol.* q. xcv, a. 2.

verses raisons, et elle appelle une loi supérieure, également positive, mais divine, qui corrige les imperfections de la loi naturelle et de la loi humaine (1). Cette loi est nécessaire pour quatre motifs : 1° Il faut une loi qui soit proportionnée à la fin de l'homme : or, la fin de l'homme, nous l'avons vu, dépasse la portée de la nature ; 2° les jugements humains sont obscurs et incertains : il faut une loi claire, exacte, infaillible, sur laquelle l'homme n'ait point à discuter, et qu'il ne puisse ni altérer, ni améliorer ; 3° la loi humaine n'ordonne que les actes extérieurs ; 4° la loi humaine ne peut pas tout punir. Mais, de même que l'on distingue l'imparfait du parfait, l'enfant de l'homme, de même la loi divine se divise en loi ancienne et loi nouvelle. C'est pourquoi l'Apôtre compare l'état de l'âme sous l'ancienne loi à l'état de l'enfant vivant sous un pédagogue, et l'état de la nouvelle loi à celui de l'homme fait qui n'a plus besoin de pédagogue. Ces deux lois se distinguent l'une de l'autre par les trois caractères suivants : 1° l'une tend au bonheur terrestre, l'autre au bonheur céleste ; 2° l'une l'emporte sur l'autre en justice ; 3° l'une agit par la crainte et l'autre par l'amour.

Telles sont les quatre espèces de lois, leurs rapports et leurs différences.

De l'idée de la loi, passons à l'idée du droit, qui est contenue dans l'idée de la justice. Le propre de la justice est de régler les rapports des hommes les uns avec les autres (*Ordinat hominem in his quæ sunt ad alterum*). Son essence est l'égalité. Dans les autres vertus, le bien ne se mesure que par rapport à l'agent : mais dans la vertu de la justice le bien se mesure à autre chose : ce qui correspond à autre chose selon la loi de l'égalité est

(1) *Summ. Theol.* q. xci, a. 4 et 5.

juste, par exemple, le salaire donné en compensation
de la peine : et il n'est pas nécessaire de rechercher de
quelle manière et dans quel esprit le salaire, ou quoi
que ce soit, est donné par l'agent. Pourvu qu'il y ait un
rapport strict d'égalité entre les choses échangées, la
justice existe. Or, ce rapport, cette proportion d'une
chose à une autre, abstraction faite de la volonté de
l'agent (*non considerato qualiter ab agente fiat*), est ce
qu'on appelle le *droit* (jus) (1).

Il faut distinguer le droit naturel du droit positif.
Deux choses peuvent être dites égales (*aliquid alicui
adæquatum*) de deux manières : 1° soit par la nature
même; 2° soit par un contrat, et un consentement
commun. Le premier est le droit naturel; le second le
droit positif. Quant à la convention, qui détermine
ainsi le droit naturel, elle peut être ou un contrat privé,
ou un acte public, consenti par le peuple tout entier,
ou par le prince qui le représente (2).

On distingue encore le droit naturel du droit des
gens, et le droit des gens du droit civil. Le droit naturel, dans son sens le plus général, est commun aux
hommes et aux animaux, comme, par exemple, le rapport du mâle et de la femelle, de la mère et de l'enfant;
le droit des gens n'appartient qu'à l'homme (*Illud ani-
malibus, hoc solum hominibus inter se commune est*) (3).
Le droit des gens, à son tour, se distingue du droit civil
de cette manière : au droit des gens appartient tout ce
qui se déduit de la loi naturelle, comme les conséquences des principes, par exemple, la vente, l'achat,
et en général les conditions indispensables de la so-

(1) *Summ. Theol.* 2. 2. q. LVII, a. 1.
(2) *Ibid. ib.* a. 2.
(3) *Ibid. ib.* a. 3. Cette doctrine est celle des jurisconsultes romains.

ciété. Au droit civil se rapportent les lois particulières
que chaque cité peut faire selon ses convenances et ses
intérêts (1).

Mais laissons les définitions et entrons dans les questions particulières. Les deux plus grandes questions du
droit naturel sont : la propriété et l'esclavage. Quelles
sont sur ces deux questions les principes de saint
Thomas?

La question de la propriété est traitée avec précision
et exactitude par l'auteur de la *Somme* : et pour l'époque, on peut dire que sa solution a déjà une certaine
profondeur. Une chose, dit-il, peut être de droit naturel de deux façons : soit en vertu d'un rapport naturel
et absolu entre une chose et une autre, soit relativement à telle ou telle conséquence, à telle ou telle utilité.
Absolument parlant, il n'y a rien par exemple dans la
nature d'un champ, qui puisse faire dire qu'il soit à
celui-ci plutôt qu'à celui-là. Mais si l'on considère
d'une part la commodité de la culture, de l'autre l'u-
sage pacifique des choses, il y a là des raisons naturelles
qui font qu'il vaut mieux qu'un champ soit à tel ou
tel. De là un rapport entre l'idée de champ et celle de
propriété : rapport qui, à vrai dire, n'est pas immédiat, mais qui ne laisse pas que d'être naturel, quoique
dérivé (2).

Si l'on considère les choses en elles-mêmes dans leur
substance et dans leur nature essentielle, elles ne sont
pas soumises à la puissance de l'homme, mais seulement à la puissance divine : à ce point de vue, Dieu est
le seul propriétaire. Mais si on les considère quant à
leur usage, on peut dire que l'homme a un empire na-

(1) *Summ. Theol.* q. xcv, a. 4.
(2) *Ibid.* q. lvii, a. 3.

turel sur les choses : car il peut se servir de sa raison et de sa volonté pour utiliser les choses extérieures, en tant qu'elles ont été faites pour lui.

Il y a entre l'homme et les choses extérieures deux rapports : 1° la puissance de les mettre en œuvre et de les utiliser ; 2° l'usage lui-même.

Quant au premier point, il est intéressant pour l'homme que les propriétés soient particulières, et cela pour trois raisons : 1° Chacun met plus de soin et de sollicitude à s'occuper de ce qui lui appartient à lui seul. 2° La société humaine sera mieux réglée, si chacun n'est chargé que du soin de sa chose. 3° La paix régnera parmi les hommes, si chacun est content du sien, et n'aspire pas au bien de son voisin.

Ainsi l'utilité publique, l'intérêt individuel, l'intérêt même des choses veut la distinction des propriétés (1).

Mais si les choses sont partagées, quant à la *possession*, elles doivent être communes quant à l'*usage* (2). Il faut que chacun consente à les partager avec les autres pour soulager leurs besoins, selon la parole de l'Apôtre (I. *Timoth. ult.*) : « Dis au riche de partager ses biens avec le pauvre. »

On voit que saint Thomas, fidèle à la méthode de toute sa philosophie, essaie encore ici de concilier la doctrine d'Aristote sur la propriété avec celle des Pères de l'Église. Aristote démontre la nécessité de la propriété individuelle par le principe de l'intérêt particulier et de l'intérêt public. Les Pères de l'Église acceptaient la distinction des propriétés, comme un fait, mais à la condition que les riches s'en servissent pour le bien des pauvres ; ils appelaient les riches les dis-

(1) *Summ. Theol.* q. LXVI, a. 1.
(2) *Ibid.*, *ib.* q. LXVI, a. 1.

pensateurs du trésor des pauvres. Saint Thomas réunit
ces deux solutions : il admet avec Aristote que l'indus-
trie humaine a besoin de la propriété, et que la paix
de la société est à ce prix : mais il demande la communauté et le partage dans la jouissance. Seulement l'expression d'*usus* (usage) est très-vague, et il est difficile
de savoir quel sens il faut lui attacher. Car, si on la
prend dans toute sa rigueur, il faudrait admettre que
chacun n'a que la propriété du fonds, mais que les
fruits sont communs : ce qui serait l'anéantissement de
l'idée même de propriété. Si on l'entend dans le sens
le plus naturel, qui est que les uns doivent aider aux
besoins des autres, ce n'est donc pas l'usage de tous
les biens qui est commun, mais seulement d'une certaine partie, celle que chacun, selon sa libéralité, met
à la disposition de ceux qui souffrent : mais alors l'idée
du commun usage des choses ne doit pas entrer dans
la définition du droit de propriété, qui est nécessairement exclusif, soit dans la possession, soit dans l'usage,
quoiqu'il puisse et doive être tempéré par la bienveillance. Sans doute, il est des choses dont l'usage est
commun, quoique la propriété ne soit pas commune :
mais c'est là l'objet d'une convention particulière, et
cela ne ressort pas de l'idée même de la propriété individuelle.

Quoique la propriété, selon saint Thomas, ne soit pas
établie primitivement par le droit naturel, elle n'est pas
cependant contraire au droit naturel. Il avait contre
lui le principe de saint Augustin, recueilli et adopté
par le Décret de Gratien (1) : à savoir que, selon le droit
naturel, tout est commun entre les hommes (2). Mais il

(1) Decret. Grat. I Pars, dist. vii.
(2) Voy. plus haut, I, II, c. i, p. 326.

fait ici une distinction fine et profonde. Le droit naturel, dit-il, ne déclare pas que tout doit être possédé en
commun, et qu'il ne doit pas y avoir de propriété particulière : seulement il n'établit pas la distinction des
possessions. Mais de ce que cette distinction n'est pas
établie par le droit naturel, il ne s'ensuit pas qu'elle
lui soit contraire. Sans doute, il n'y a rien dans la nature des choses qui fonde une telle distinction : mais il
n'y a rien non plus qui s'y oppose, si une convention
humaine vient à établir tel ou tel ordre. La propriété
n'est donc pas contraire au droit naturel ; mais elle s'y
ajoute par une invention humaine (*per adinventionem
rationis humanæ*) (1).

Cette distinction de saint Thomas est très-juste. La
prétendue communauté primitive des biens n'est pas
une communauté positive, en vertu de laquelle tous les
hommes, par le droit naturel, devraient jouir des choses
en commun : c'est simplement une communauté négative, c'est-à-dire qu'il n'y a pas de raison *à priori* pour
que l'un soit plutôt propriétaire que l'autre. Mais il
n'en résulte pas que la communauté première soit exclusive d'une propriété particulière ; et s'il y a des raisons pour qu'une telle propriété existe, elle est légitime.
Seulement, on peut trouver ici que saint Thomas ne
va pas assez loin en affirmant que la propriété s'ajoute
au droit naturel, en vertu d'une convention ou d'une
invention humaine. Car on peut trouver, en droit naturel même, une raison qui fasse que telle chose soit à
tel homme plutôt qu'à tel autre : cette raison, il est
vrai, ne peut se tirer de la nature de la chose, mais de
la nature de la personne, et de son rapport avec la
chose ; tel est, par exemple, le fait de l'occupation ou

(1) *Summ. Theol.* 2. 2. q. LXVI, a. 1.

le fait du travail. La convention vient bien s'ajouter à
ces faits pour les consolider et les garantir ; mais, tout
en consacrant la propriété, elle n'en est pas le fondement.

Telle est la doctrine de saint Thomas sur la propriété.
Que pense-t-il de l'esclavage ? L'admet-il ? le rejette-t-
il ? Question délicate et importante. Car saint Thomas,
c'est le moyen âge, c'est la scholastique. La scholastique a-t-elle admis l'esclavage, a-t-elle abandonné la
première tradition chrétienne, ou a-t-elle sur ce point
si considérable servi la cause de la civilisation ?

Il faut le reconnaître, le système d'autorité qui dominait toute la scholastique devait la rendre peu favorable à la vérité dans la question de l'esclavage. En effet,
les deux plus grandes autorités du moyen âge, Aristote
et saint Augustin, ont admis par des raisons diverses
la légitimité de l'esclavage, le premier au nom de l'inégalité naturelle des hommes, le second au nom du péché originel. Pour contester la justice de l'esclavage, il
eût fallu nier l'une ou l'autre de ces autorités, ou les
éluder. Les éluder était impossible dans une question
aussi considérable et où l'opinion de ces deux grands
penseurs était si précise. Les nier était contraire à l'esprit même de la scholastique. En effet, la scholastique
marche quelquefois sans l'autorité, mais jamais contre
elle. Enfin, l'esclavage qui subsistait encore, quoique
adouci, sous la forme du servage, était un fait que la
scholastique ne pouvait pas nier, sans paraître troubler l'ordre de la société civile. Il est donc à supposer
déjà que saint Thomas, s'il n'a pas positivement affirmé
l'esclavage, n'a pas dû et n'a pas pu le nier non plus
d'une manière positive.

D'abord, nous avons le commentaire de saint Tho-

mas sur le chapitre d'Aristote qui traite de l'esclavage.
Or, ce commentaire suit pas à pas la pensée d'Aristote,
non-seulement sans aucune critique, mais même sans
aucune réserve. Cependant lorsque saint Thomas rencontre quelque allusion au polythéisme, il a soin d'indiquer, ne fût-ce que par un mot, que c'est à titre de
commentateur, et non en son propre nom, qu'il reproduit la pensée d'Aristote. N'aurait-il pas ici indiqué
également, d'une manière quelconque, son opposition,
si la doctrine d'Aristote lui avait paru radicalement
contraire à la doctrine chrétienne?

Cependant un commentaire ne peut pas être invoqué comme l'expression de la pensée d'un auteur.
Voyons-le s'exprimer lui-même. Voici un passage de
la *Somme* qui est très-important. Il s'agit de savoir si
le droit naturel est le même que le droit des gens. En
faveur de cette opinion, on donne l'argument suivant :
« La servitude entre les hommes est naturelle : car
quelques-uns sont naturellement esclaves, dit le Philosophe. Mais la servitude est de droit des gens. Donc le
droit naturel est la même chose que le droit des gens. »
Que répond saint Thomas : « Absolument parlant, il
n'y a pas de raison naturelle pour que l'un soit plutôt
esclave qu'un autre : mais cela peut avoir pour raison
l'utilité qui en résulte, par exemple il peut être utile au
plus faible d'être gouverné et aidé par le plus sage ;
par conséquent (1)... » Ce texte nous apprend deux
choses : 1° c'est que saint Thomas n'admet pas tout à
fait l'opinion d'Aristote ; 2° qu'il l'admet en partie. Il
déclare, il est vrai, qu'absolument parlant il n'y a pas
de raison pour que l'un soit plutôt esclave que l'autre :
et Aristote soutenait qu'il y avait des raisons pour qu'il

(1) *Summ. Theol.* 2. 2. q. LVII, a. 3.

en fût ainsi. Mais saint Thomas ajoute que si l'esclavage n'est pas de droit naturel considéré en lui-même, il l'est cependant par rapport à l'utilité qui en résulte pour l'esclave et pour le maître (1).

Ainsi, il est vrai que saint Thomas renonce au principe de l'inégalité radicale qui rendrait impossible l'égalité religieuse ; mais il maintient le principe de l'esclavage naturel.

En veut-on une autre preuve? Il se demande si dans l'état d'innocence les hommes eussent été parfaitement égaux. Non, dit-il : car il aurait encore subsisté, l'inégalité de sexe, l'inégalité d'âge, l'inégalité de science et de justice, l'inégalité des forces corporelles, de la taille, de la beauté, etc. Les seules inégalités qui auraient disparu sont celles qui viennent du péché (2). Mais quelles sont ces inégalités qui naissent du péché, si avant le péché les hommes étaient déjà inégaux par l'âme, par le corps, par le sexe et par l'âge? il faut que ce soit l'inégalité du maître et du serviteur.

Dira-t-on que la seule inégalité qui naisse du péché, c'est l'inégalité politique, c'est-à-dire l'autorité et l'obéissance? Saint Thomas répond à cette difficulté. Il y a, dit-il, deux manières d'entendre le pouvoir (3) : 1° en tant qu'on l'oppose à la servitude, et que celui qui y est soumis est dit *esclave, servus;* 2° en tant que le pouvoir s'oppose en général au *sujet, subditus;* et en ce sens celui qui gouverne et dirige, même des hommes

(1) Pour bien comprendre cette distinction, il faut se rappeler que S. Thomas admet deux degrés dans le droit naturel : l'un qui résulte de la nature absolue des choses et qui est commun aux hommes et aux animaux, l'autre qui est relatif à l'utilité. La propriété elle-même n'est de droit naturel qu'à ce second point de vue. Donc, l'esclavage est de droit naturel au même titre que la propriété.

(2) *Summ. Theol.* I part. q. xcvj, a. 3.

(3) *Ib.* a. 4.

libres, peut être appelé leur maître. Voilà bien les
deux pouvoirs distingués par Aristote, le pouvoir despotique et le pouvoir politique. Quelles en sont les différences ? L'esclave diffère de l'homme libre en ce que
l'homme libre est cause de soi (*causa sui*), et que l'esclave se rapporte à un autre que lui-même. Ainsi le
maître commande à un homme comme à un esclave,
lorsqu'il s'en sert pour sa propre utilité : sorte de pouvoir qui ne peut exister que comme un châtiment.
Est-ce bien là l'esclavage selon Aristote ? Eh bien ! c'est
cette sorte de pouvoir, et celui-là seulement qui, selon
saint Thomas, n'eût pas existé dans l'état d'innocence.
N'en faut-il pas conclure qu'il existe actuellement,
puisque l'homme n'est plus dans l'état d'innocence ?
La prééminence politique, celle d'un homme libre sur
des hommes libres eût pu exister sans le péché. Il ne
reste donc qu'une seule inégalité qui n'aurait pas existé
avant le péché, par conséquent une seule inégalité qui
naisse du péché : c'est la différence du maître et de
l'esclave (1).

Les considérations qui précèdent nous conduisent
naturellement à la politique de saint Thomas ; où devons-nous chercher les éléments de cette politique ?

Il existe d'abord, sous le nom de saint Thomas, un
ouvrage important, très-célèbre et souvent cité : le *De
regimine principum* (2). Mais cet ouvrage est d'une au-

(1) S. Thomas reproduit la même argumentation avec plus de précision encore (*Comm. sent.* super XLV dist. q. 1, a. 3). « Ideo secun-
dus modus prælationis in natura integra esse non potuisset... Creatura
rationalis, quantum est de se, non ordinatur ut ad finem ad aliam, ut
homo ad hominem : sed si hoc fiat, non erit nisi in quantum homo
propter peccatum irrationalibus creaturis comparatur. » Donc un tel
état peut résulter du péché. Ce qui est la doctrine de saint Augustin.

(2) Ne pas confondre cet ouvrage avec un autre, *De regimine
principum*, de Gilles de Rome, dont nous parlerons plus bas.

thenticité très-contestable, et l'on ne saurait s'en servir sans réserve. On y trouve, surtout dans la seconde partie, des anachronismes, qui ne peuvent permettre de supposer que le livre soit, du moins tout entier, de la main de saint Thomas. Quelques critiques supposent qu'il en a composé les deux premiers livres, et que le reste est l'œuvre de l'un de ses disciples. Cette opinion, qui était celle de Cujas, se trouve déjà dans un écrivain du xive siècle, Natalis Anglois, de l'ordre des frères prêcheurs. Cette conjecture se rencontrerait avec le témoignage positif d'un contemporain, ami et disciple de saint Thomas d'Aquin, qui nous apprend que ce saint avait fait sa politique (*politica*), mais qu'il l'a laissée incomplète. Pierre d'Auvergne, son disciple, l'aurait achevée. Un autre témoignage important, celui de Bernard Gui, évêque de Louvain, presque contemporain (1310), est favorable à l'authenticité. Il faut conclure de ces différents faits, que le livre, sans pouvoir être attribué à saint Thomas lui-même, est sans aucun doute de son école. Il doit servir à éclairer, à confirmer ou à développer ce que nous savons d'ailleurs de la politique de saint Thomas d'Aquin ; mais il ne peut être le fondement de notre exposition (1).

C'est dans la *Somme théologique*, et dans le *Commentaire sur les sentences*, qu'il faut recueillir les passages certains, qui, interprétés et comparés, peuvent nous servir à reconstruire la politique authentique de saint Thomas. Le *De regimine principum* viendra ensuite à l'appui, et servira à constater la pensée de l'école plus encore que celle du maître lui-même.

Selon saint Thomas, le pouvoir politique et le gou-

(1) Sur l'authenticité du *De regimine principum* de saint Thomas, voy. *Hist. litt. de la France*, xix, 251, 313, 335, 347.

vernement sont de *droit humain : Dominium et prœ-
latio introducta sunt a jure humano* (1). Sans doute, le
droit humain a sa source dans le droit naturel, qui lui-
même n'est que l'image de la loi éternelle ; et ainsi le
droit humain et les gouvernements qui en naissent se
rattachent à Dieu. Mais, en ce sens, tout a son origine
en Dieu. Et ce n'est pas cette origine éloignée qui constitue ce que nous appelons le droit divin : c'est une
institution spéciale, expresse, par laquelle Dieu manifeste sa volonté particulière. Le droit humain est laissé
à la volonté des hommes ; c'est à eux qu'il appartient
d'appliquer diversement selon les temps, les lieux, les
circonstances, les moyens et les chances de la fortune,
les principes généraux et universels du droit naturel.
De là, la diversité des formes de gouvernement.

Dans cette doctrine, que devient le principe de saint
Paul, ou le principe chrétien par excellence : *Omnis
potestas à Deo?* Si on l'entend à la lettre, le pouvoir
n'est plus de droit humain ; et de plus, il faut imputer
à Dieu non-seulement les pouvoirs justes, utiles, équitables, mais encore les pouvoirs injustes et violents.
Saint Thomas introduit dans cette matière délicate une
importante distinction (2). Il distingue le pouvoir en
soi, et le pouvoir dans telles ou telles conditions ; d'une
part, la forme même du pouvoir (*forma prœlationis*),
c'est-à-dire le rapport abstrait de quelqu'un qui gouverne à quelqu'un qui est gouverné (*ordo alterius tanquam regentis et alterius tanquam subjacentis*) ; et de
l'autre, le moyen par lequel on s'élève au pouvoir, et
l'usage que l'on en fait. Or, ce qui vient de Dieu, c'est
le pouvoir pris absolument, la forme même du pouvoir,

(1) *Summ. Theol.* 2. 2. q. x, a. 10.
(2) *Comm. sentent.* super xlv distinct.

en un mot ce qu'il y a d'essentiel dans l'idée de pouvoir et d'autorité. Mais il ne résulte pas de là que Dieu ait institué par un acte de volonté particulier telle famille, telle forme de gouvernement. Ainsi l'institution politique reste toujours de droit humain, quoique ce soit Dieu lui-même qui commande d'obéir au pouvoir.

On voit que le principe : « tout pouvoir vient de Dieu » ne s'appliquant qu'à la forme même du pouvoir, laisse indécise la question de savoir quelle est l'origine humaine du pouvoir, et en qui réside le droit de souveraineté. Sur cette question, la solution de saint Thomas est beaucoup plus libérale qu'on ne l'attendrait du moyen âge, d'après les idées que l'on s'en fait généralement.

Quel est l'attribut essentiel de la souveraineté? C'est la puissance de faire les lois. A qui appartient cette puissance ? A la multitude tout entière, ou à celui qui représente la multitude (*vel totius multitudinis, vel alicujus gerentis vicem*) (1). Le pouvoir est donc originairement entre les mains de tous; et s'il se concentre entre les mains de quelques-uns, ou même d'un seul, c'est que ceux-ci sont censés représenter la multitude tout entière : c'est donc à titre de représentant de la multitude que le prince ou le magistrat peut faire les lois. On voit que c'est dans la multitude que le pouvoir souverain a sa source. Aussi saint Thomas n'hésite-t-il pas à déclarer que dans un bon gouvernement il faut que tous aient quelque part au gouvernement (*ut omnes aliquam partem habeant in principatu*) (2).

Quant à la forme de gouvernement, la meilleure,

(1) *Summ. Theol.* 1. 2. q. xc, a. 3.
(2) *Ibid.* 1. 2. q. cv, a. 1.

selon saint Thomas, qui suit en cela l'opinion de Polybe
et de Cicéron, est le gouvernement mixte, où se combinent à la fois la monarchie, l'aristocratie, et le gouvernement populaire (1). Un chef suprême, choisi en
raison de sa vertu et de son mérite ; au-dessous de lui,
des grands, qui doivent également leur grandeur à leur
valeur personnelle ; enfin une multitude participant au
gouvernement, soit parce que c'est en elle que les
grands sont choisis, soit parce qu'elle les choisit elle-
même : tel est le meilleur gouvernement. La royauté
s'y rencontre, puisqu'un seul gouverne ; l'aristocratie,
puisque les grands commandent sous l'autorité du roi ;
enfin la démocratie elle-même, puisque c'est au peuple
qu'appartient l'élection des grands.

Mais quelle que soit la forme que prenne le pouvoir,
selon les divers pays, il y a une différence intrinsèque
qui peut se rencontrer dans toutes les formes politiques : c'est la différence du gouvernement juste et du
gouvernement injuste. De là deux questions de la plus
haute importance : 1° Tout pouvoir, même injuste,
vient-il de Dieu ? 2° Les chrétiens sont-ils tenus d'obéir
à tous les pouvoirs, même aux pouvoirs injustes ?

Remarquons d'abord, pour bien mesurer la portée
des réserves de saint Thomas, que les principes apos-
toliques sur lesquels roule toute la question semblent
absolus et sans aucune restriction : 1° *Omnis potestas
a Deo.* Saint Paul ne dit pas : *Potestas justa.* 2° *Omnis
anima subdita sit potestatibus sublimioribus.* Saint Paul
ne dit pas : *Dum sint justæ.* 3° *Non bonis tantum et mo-
destis, verum etiam discolis dominis reverenter subditos
esse.* Saint Pierre déclare ici expressément que l'obéis-

---

(1) *Ib. ib.*

sance est due sans réserve, même aux pouvoirs injustes
et fâcheux.

Cependant saint Thomas introduit certaines réserves
dans ces principes; et quelques-unes de ces réserves ont
une portée considérable (1). D'abord, il y a, nous l'a-
vons vu, trois choses à considérer dans tout pouvoir :
1° l'essence même du pouvoir, c'est-à-dire le rapport
d'un supérieur à un inférieur, et la puissance de porter
des lois; 2° l'acquisition de ce pouvoir; 3° l'usage. Pris
en soi et dans son essence, tout pouvoir vient de Dieu ;
mais relativement (*secundum quid*) il peut n'en pas
venir : 1° Si l'action qui l'a établi est injuste ; 2° si l'u-
sage en est également injuste. Ainsi, il y a deux pouvoirs injustes : le pouvoir mal acquis, ou le pouvoir dont
on abuse. Ni l'un ni l'autre ne vient de Dieu, au moins
d'une manière directe et positive; car le pouvoir injuste peut dépendre de Dieu permissivement (*permis-
sive*) (2) ; c'est ainsi que le mal lui-même vient de Dieu.
Mais rien ne peut venir de Dieu, même permissivement, qui n'ait une raison, et qui ne soit bien ordonné
dans le plan général. Or, le pouvoir des méchants a
souvent pour raison d'être le châtiment des sujets, et
quoique ceux qui exercent le pouvoir en soient indignes, ceux qui en pâtissent ont mérité peut-être de le
supporter.

Quels sont, d'après ces principes, les devoirs des sujets dans un gouvernement injuste? Jusqu'à quel point
sont-ils tenus d'obéir? Et dans quelle mesure leur est-il
permis de résister? Déjà les apôtres ont reconnu et proclamé une limite à l'obéissance des sujets : Il vaut
mieux obéir à Dieu qu'aux hommes, disaient-ils. Un

(1) *Comm. sentent.* sup. XLV distinct. q. I, a. 2.
(2) *Ib.* q. IV, a. 2.

gouvernement n'a donc pas le droit de se faire obéir, lorsqu'il commande quelque chose contre l'ordre de Dieu. Mais, dans l'ordre purement humain, y a-t-il une limite à l'obéissance des sujets?

Si la proposition : Tout pouvoir vient de Dieu, avait un sens absolu, toute résistance et même tout refus d'obéir serait par là même un sacrilége : et en effet, saint Paul n'hésite pas à dire « que quiconque résiste aux puissances résiste à l'ordre de Dieu. » Mais saint Thomas, ayant limité le principe, en restreint aussi les conséquences. Rappelons-nous qu'il faut considérer dans le pouvoir politique, outre son essence, deux choses : 1° le mode d'acquérir; 2° l'usage. Or, il y a deux manières d'acquérir qui ne viennent pas de Dieu : l'indignité de la personne, et le défaut de titre. Le premier cas a lieu lorsque le pouvoir tombe légitimement entre des mains indignes; dans ce cas, la forme du pouvoir vient de Dieu, et par conséquent le sujet doit obéissance, comme à Dieu même, à un maître indigne. Le second cas a lieu lorsqu'un homme s'empare du pouvoir soit par la violence, soit par la simonie; et dans ce cas, on ne peut pas dire qu'il soit véritablement un maître, et qu'il possède un vrai pouvoir. Les sujets ne sont donc pas tenus envers lui à l'obéissance, et *même ils ont le droit de le rejeter, s'ils en ont la faculté.* Il faut remarquer cependant qu'un pouvoir mal acquis peut devenir légitime, soit par le consentement des sujets, soit par l'investiture d'un supérieur. Quant à l'abus dans l'exercice du pouvoir, il peut avoir lieu de deux manières : soit que le prince commande quelque chose de contraire à la vertu, et dans ce cas, le sujet n'est pas tenu à obéir, mais est tenu même à désobéir; soit lorsqu'il prétend quelque chose au delà de son droit, par exemple des impôts qui ne sont pas dus : dans ce cas les sujets ne sont pas tenus à obéir, mais ils ne sont pas tenus non plus à désobéir.

Il ne s'agit jusqu'ici que du pouvoir usurpé. Mais n'y a-t-il aucun recours contre le pouvoir légitime, mais abusif? Sans doute ce pouvoir peut être permis par Dieu, comme un châtiment. Mais saint Thomas ne dit pas qu'il en soit toujours ainsi ; il dit seulement que cela peut être. Aussi reconnaît-il qu'il est des cas où il est permis de s'affranchir d'un pouvoir même légitime. « Quoique quelques-uns, dit-il, aient pu recevoir leur pouvoir de Dieu, cependant s'ils en abusent, ils méritent qu'il leur soit enlevé. *Et l'un et l'autre vient de Dieu*(1). » Il est vrai qu'en parlant de la perte du pouvoir, il ne s'explique pas sur le comment, et ne dit pas si c'est par la résistance du peuple, ou par la condamnation du pouvoir ecclésiastique. Mais dans cette phrase est contenu évidemment le principe de la déposition possible du pouvoir civil, et puisqu'il a été établi d'abord que le pouvoir est de droit humain, il est évident que ceux qui l'ont établi sont compétents pour le détruire et le remplacer.

Il est donc des cas où les sujets ont le droit de repousser et de détrôner leurs maîtres : c'est quand ceux-ci se sont emparés du pouvoir par la violence ou s'en sont rendus indignes par l'abus qu'ils en ont fait. Saint Thomas va-t-il plus loin encore dans cette doctrine? A-t-il admis, comme l'ont prétendu plus

(1) *Ib.* q. ɪ, a. 2 ad 4. Il dit encore : « Le gouvernement tyrannique n'est pas juste, puisqu'il n'est pas ordonné pour le bien commun, mais pour le bien de celui qui gouverne ; et par conséquent le renversement de cette sorte de gouvernement n'a pas l'essence de la sédition... C'est plutôt le tyran qui est séditieux.. » *Summ. Theol.* 2. 2. q. xlɪɪ, a. 3.

tard les docteurs de la Ligue, le droit de tuer le tyran? On croit en général que sa doctrine sur cette
question se rencontre dans le *De regimine principum*,
ouvrage dont l'authenticité, comme nous l'avons vu, est
fort douteuse (1). Mais, dans cet écrit, le tyrannicide,
loin d'être loué, est expressément condamné. Le seul
passage authentique de saint Thomas sur le tyrannicide
est un texte du Commentaire des sentences, texte fort
controversé dans le grand débat soulevé au xvᵉ siècle
sur cette question, devant l'Université de Paris et au
concile de Constance, par l'affaire de Jean Petit. Dans
ce passage, saint Thomas explique l'approbation que
Cicéron, dans son *De Officiis*, donne aux meurtriers de
César : « Il faut remarquer, dit-il, que Cicéron parle du
cas où quelqu'un s'empare du pouvoir par violence,
malgré les sujets, ou en forçant leur consentement, et
sans recours possible à un supérieur qui puisse juger
l'envahisseur. Alors celui qui, pour l'affranchissement
de sa patrie, tue le tyran, est loué et obtient une récompense (2). » Il faut remarquer ici la réserve des
expressions. Saint Thomas dit que celui qui tue le
tyran est loué, mais non pas qu'il est louable; qu'il
reçoit la récompense, mais non pas qu'il la mérite.
Ajoutez que dans ce passage la question n'est traitée
qu'incidemment et non en elle-même. Néanmoins on
ne peut nier que ce passage n'ait servi de base à toute
la théorie du xviᵉ siècle.

Sur la question des rapports du pouvoir spirituel et
du pouvoir temporel, saint Thomas est assez réservé.
Il se contente de dire que, pour ce qui touche au salut

---

(1) *De regimine principum.* Voy. plus haut, p. 330, et aussi plus
loin, p. 344.
(2) *Comm. sent.* sup. xlv distinct. q. ii, a. 2, 5 et ad 5.

de l'âme, il faut plutôt obéir à la puissance spirituelle qu'à la temporelle; mais que pour ce qui touche au bien civil, il vaut mieux obéir à la puissance séculière, à moins que les deux puissances ne se retrouvent réunies en une seule, comme elles le sont dans le pape, qui occupe à la fois le sommet des deux puissances, *qui utriusque potestatis apicem tenet* (1). Ce dernier trait semble ramasser dans la personne du souverain pontife la totalité du pouvoir spirituel et temporel.

Cependant saint Thomas ne reconnaît pas à l'Église le droit de condamner et de déposer les princes infidèles (2). Il fait ici une distinction. En elle-même, dit-il, l'infidélité ne répugne pas à la souveraineté; car la souveraineté, avons-nous dit, est de droit humain. La distinction des fidèles et des infidèles est de droit divin : or, le droit divin ne supprime pas le droit humain. Un prince infidèle peut, il est vrai, perdre son droit de souveraineté. Mais ce n'est pas à l'Église qu'il appartient de punir l'infidélité chez ceux qui n'ont jamais reçu la foi. Quant à ceux qui l'ont reçue, ils peuvent être punis par sentence, et il est juste qu'ils le soient : autrement il pourrait en résulter une grande ruine pour la foi. Par conséquent, aussitôt qu'un prince apostat a reçu une sentence d'excommunication, ses sujets sont, *ipso facto*, dispensés de l'obéissance et de leur serment de fidélité. On objecte l'exemple de Julien l'apostat, auquel l'Église n'a pas ôté son pouvoir. Saint Thomas répond : Dans ce temps-là l'Église n'était pas assez puissante pour contraindre les princes de la terre, et voilà pourquoi elle a toléré que les sujets continuassent d'obéir à Julien l'apostat. Enfin, saint Thomas cite

---

(1) *Ibid.* q. LXVII, a. 1.
(2) *Ibid.* q. X, a. 10, et q. XII, a. 2.

l'autorité de Grégoire VII : ce qui nous fait assez comprendre le fond de sa pensée.

Pour compléter la doctrine de saint Thomas sur les rapports de l'Église et de l'État, il faut savoir ce qu'il pensait du droit de punir les hérétiques. Sa doctrine, sur ce point, est celle du moyen âge tout entier. « Il est bien plus grave, dit-il, de corrompre la foi, qui est la vie de l'âme, que de falsifier la monnaie, qui ne sert qu'aux besoins du corps. Si les faussaires et autres malfaiteurs sont justement punis par les princes séculiers, à plus forte raison les hérétiques convaincus doivent-ils être non-seulement excommuniés, mais punis de mort, *justè occidi*. L'Église témoigne d'abord sa miséricorde pour la conversion des égarés : car elle ne les condamne qu'après une première et une seconde réprimande. Mais si le coupable est obstiné, l'Église, désespérant de sa conversion et veillant sur le salut des autres, le sépare de l'Église par la sentence d'excommunication, et le livre au jugement séculier, pour être séparé de ce monde par la mort. Car, ainsi que le dit saint Jérôme, les chairs putrides doivent être coupées, et la brebis galeuse séparée du troupeau, de peur que la maison tout entière, tout le corps, tout le troupeau, ne soit atteint de la contagion, gâté, pourri et perdu. Arius ne fut qu'une étincelle à Alexandrie. Mais pour n'avoir pas été étouffée d'un seul coup, cette étincelle a enflammé l'univers (1). » Telle a été la doctrine officielle de la théologie au moyen âge. On voit par là combien est menteur le faux-fuyant par lequel on justifie quelquefois du moyen âge, en en rejetant la faute sur le pouvoir séculier. Telles étaient les doctrines d'un des plus

(1) *Summ. Theol.* 2. 2. q. xi, a. 3.

grands esprits de ce moyen âge, que quelques personnes mal éclairées regrettent si peu raisonnablement.

Voilà la politique certaine et authentique de saint Thomas telle qu'on peut l'extraire de ses ouvrages les plus importants, la *Somme théologique* et le *Commentaire sur les sentences*. Cette politique est incontestablement libérale; elle limite le sens absolu du mot de saint Paul : Toute puissance vient de Dieu; elle reconnaît des bornes au pouvoir du prince; elle place dans la multitude le principe de la souveraineté; elle autorise enfin, dans certains cas, la déposition du mauvais prince par ses propres sujets. Mais par-dessus tout plane le pouvoir ecclésiastique. Cependant, ce n'est qu'incidemment que saint Thomas traite de cette autorité suprême; et quoique sa pensée soit assez nette, elle n'est cependant pas assez développée pour qu'on puisse déterminer exactement dans quelle mesure il l'entendait.

Nous retrouvons à peu près les mêmes doctrines, mais avec certaines modifications, dans le *De regimine principum* (1). Le caractère principal de ce livre est l'incohérence des doctrines. Faut-il attribuer cette incohérence à la composition du livre, qui peut avoir eu plusieurs auteurs; à la diversité des autorités, que les écrivains du moyen âge sont toujours obligés d'invoquer en même temps et de concilier comme ils peuvent; enfin à l'incohérence même de la société politique du temps, dans laquelle tous les principes se trouvaient en quelque sorte mêlés et juxtaposés? Quoi qu'il en soit de ces explications, il est certain que cet ouvrage présente un mélange assez confus de doctrines absolu-

_____

(1) Voy. plus haut, p. 414.

tistes et démocratiques, couronnées par une absolue théocratie.

Saint Thomas, ou l'auteur quel qu'il soit du *De regimine principum*, commence par établir la nécessité d'un gouvernement. Son principe, emprunté à Aristote, c'est que la société est naturelle. Or, la société est une multitude : toute multitude a besoin d'une direction pour être conduite à sa fin. La société a donc besoin d'un gouvernement. Il faut un pouvoir qui veille à l'intérêt commun, tandis que chaque particulier ne songe qu'à son bien propre ; de même que l'âme, dans le corps, est chargée de veiller au bien de tous les membres ; de même que le premier ciel commande à tous les astres, la créature intelligente à tous les corps, et enfin la divine Providence à l'univers (1).

Or, le gouvernement peut être juste ou injuste. Le gouvernement est juste lorsque le chef gouverne dans l'intérêt commun, injuste lorsque le chef ne gouverne que dans son propre intérêt. Le premier est un gouvernement d'hommes libres, le second est un gouvernement d'esclaves : car celui-là est libre qui existe pour lui-même, qui est cause de ses propres actions, *qui sui causa est;* celui-là est esclave, qui est la chose d'autrui, *qui id, quod est, alterius est.* Or, lorsque le gouvernement ne gouverne que pour lui-même, il traite ses sujets en esclaves : car il s'en sert, non pour eux, mais pour lui. Quand il cherche le bien commun, il sert les sujets, au lieu de s'en servir ; il leur laisse, par conséquent, la liberté de leurs actions (2).

Saint Thomas considère donc comme le caractère propre du gouvernement juste la liberté des sujets, et

(1) *De reg. princ.* l. I, c. 1.
(2) *Ib. ib.*

comme le signe du gouvernement injuste leur esclavage : le mauvais gouvernement est celui qui est semblable au pouvoir du maître sur l'esclave ; et le bon
gouvernement est, au contraire, celui qui commande
à des hommes libres. Il est vrai qu'il y a dans cette
expression d'hommes *libres* une certaine confusion :
faut-il entendre par là simplement que les sujets ne sont
pas des esclaves, et ne sont pas traités en esclaves, ou
bien qu'ils sont des citoyens, jouissant de certains droits
et d'une certaine liberté politique? Il suffit, dit saint
Thomas, pour que le sujet soit libre, que le chef gouverne dans l'intérêt commun, et non dans le sien
propre. Dans ce sens, les sujets sont libres, même sous
un gouvernement monarchique.

C'est en effet la royauté ou la monarchie que saint
Thomas considère comme le meilleur gouvernement (1).
Le bien de l'État est l'unité. Or, qui peut mieux procurer l'unité que ce qui est soi-même un? De plus, le gouvernement doit être, autant que possible, conforme à
la nature : or, dans la nature, le pouvoir est toujours
un. Car dans le corps c'est un seul organe qui domine,
le cœur ; dans l'esprit, c'est une seule faculté, la raison : les abeilles n'ont qu'un roi, et l'univers entier n'a
qu'un chef, qui est Dieu. Enfin, l'expérience prouve
que les pays qui ont plusieurs chefs périssent par les
dissensions, et que ceux qui n'en ont qu'un jouissent
de la paix, de la justice et de l'abondance de toutes
choses. Par ces raisons, le gouvernement d'un seul est
le meilleur des gouvernements.

Mais de quelle sorte de royauté l'auteur du *De regimine principum* entend-il parler? Est-ce de la royauté
absolue? Est-ce d'une royauté limitée, tempérée, subor-

(1) *Ib.* c. ii.

donnée? Dans la vraie pensée de saint Thomas, celle
que nous connaissons déjà par ses ouvrages authentiques, le prince n'est que le représentant du peuple. En
est-il de même dans le traité qui lui est attribué et que
nous analysons? C'est ce qui semble résulter du passage suivant :

Si le meilleur gouvernement est la royauté, le pire
de tous est la tyrannie (1); il faut donc aviser à ce que
le roi ne puisse pas devenir un tyran (2). Pour cela, il
faut d'abord choisir pour roi un homme dans des conditions telles qu'il ne soit pas probable qu'il dégénère
en tyran. En même temps, il faut lui ôter l'occasion de
faillir, et limiter tellement sa puissance, qu'il n'en
puisse abuser (3). Que si enfin sa tyrannie se déclare,
il faut la supporter pendant un temps : car en agissant
contre la tyrannie on court des risques plus graves que
la tyrannie elle-même. La tyrannie vaincue en suscite
de nouvelles. Quelques-uns ont pensé que dans une insupportable tyrannie il était permis de tuer le tyran.
Mais quoi de plus funeste que de permettre à chacun,
selon ses décisions privées, d'attenter à la vie des chefs,
même des tyrans? Le peuple perdra bien plus à la perte
d'un bon roi, qu'il ne gagnerait à la disparition d'un
mauvais. Ce n'est point par les conseils et les actions
de chaque individu, mais par le recours à l'autorité publique, qu'il faut agir contre un tyran. D'abord s'il appartient au droit d'une multitude de choisir un roi (*pro-
videre de rege*), cette même multitude pourra, sans
injustice, défaire le roi qu'elle avait fait, et refréner sa
puissance, s'il en abuse. On ne devra point l'accuser

(1) *De reg. princ.* 1. I, c. vii.
(2) *Ib.* c. vi.
(3) *Ib.* Ut tyrannidis subtrahatur occasio... ut in tyrannidem de
facile declinare non possit.

d'infidélité, lors même qu'elle s'est soumise à perpétuité. Car, en gouvernant mal et contrairement aux
devoirs d'un roi, le tyran a mérité qu'on rétractât la
promesse faite. Si c'est quelque autorité supérieure
qui a le droit d'aviser au choix d'un roi dans l'intérêt
du peuple, c'est d'elle qu'il faut attendre le remède.
Enfin, s'il n'y a point de recours humain contre le
tyran, il faut recourir à Dieu, qui change le cœur des
tyrans, et les frappe (1).

Dans ce passage très-célèbre, l'auteur fait entendre
évidemment que la monarchie, pour ne point dégénérer
en tyrannie, doit être élective et limitée. Car, pourquoi recommanderait-il de n'élever au trône (*promo-
vere in regem*) que celui qui ne paraît pas pouvoir
devenir tyran? Un tel choix n'est pas possible dans
une monarchie héréditaire. En second lieu, saint Thomas dit expressément que l'autorité du roi doit être
tempérée de façon à ne point tomber facilement dans
la tyrannie : or, cela est-il possible, si l'on n'impose
point à la royauté certaines limites? Enfin remarquons
que dans ce passage le tyrannicide est expressément
condamné, mais que le droit de déposer le roi est reconnu. Seulement ce droit n'est pas absolu ; c'est lorsqu'il appartient à la multitude de choisir le roi, qu'il
lui appartient aussi de le déposer. Hors ce cas, il faut
s'en rapporter à un pouvoir supérieur, qui évidemment,
dans la pensée de l'auteur, est le pouvoir de l'Église.

Même dans ces limites, il faut reconnaître que de
telles pensées ne manquent pas de hardiesse ; et on ne
peut nier que ce ne soient là les premiers germes des
doctrines démocratiques modernes. Mais il faut prendre

(1) Voy. tout le ch. vi du l. I.

garde d'exagérer ces inductions, et de voir dans le *De regimine principum* une sorte de *Contrat social* du moyen âge. D'abord, comme nous l'avons signalé déjà, les idées de l'auteur sont fort incohérentes, et à côté des principes que nous venons d'exposer, on en rencontre d'autres assez différents. De plus, cette démocratie est couronnée par la théocratie.

Saint Thomas établit une nouvelle division entre les pouvoirs : le pouvoir despotique et le pouvoir politique (1). Qu'est-ce que le pouvoir despotique? C'est le pouvoir du maître sur l'esclave, *domini ad servum* (2). Qu'est-ce que le pouvoir politique? C'est le pouvoir établi dans certaines villes ou provinces, gouvernées soit par un seul, soit par plusieurs, mais selon certains statuts, certaines lois, certaines conventions (3). Le pouvoir despotique est donc la même chose que le pouvoir tyrannique, et le pouvoir politique, la même chose que le pouvoir limité. Mais nous avons vu que, selon l'auteur, le pouvoir tyrannique est le pire des gouvernements, et que pour ne point dégénérer en tyrannie, le pouvoir royal doit être limité. Si tel est le caractère du pouvoir politique, ne devons-nous pas en conclure que c'est le pouvoir politique, c'est-à-dire limité par des lois, qui a la préférence de l'auteur?

Il n'en est pas ainsi cependant; et ici vient une comparaison pleine d'équivoque et de confusion entre le pouvoir despotique, le pouvoir politique et le pouvoir royal, qu'il est bien difficile de démêler. Essayons cependant d'en venir à bout (4).

---

(1) L. II, c. VIII.
(2) *Ib.* c. IX.
(3) *Ib.* c. VIII.
(4) L. II, c. VIII et IX tout entiers; et l. III, c. II, tout entier.

Le pouvoir despotique est le pouvoir du maître sur l'esclave. Cherchons d'abord si un tel pouvoir est légitime (1). L'auteur du *De regimine principum* n'a pas sur ce sujet le moindre doute. L'autorité d'Aristote et celle de saint Augustin sont décisives pour lui. Il y a, dit-il, des degrés entre les hommes, comme entre toutes les choses. De même que l'âme est appelée à commander au corps, et qu'entre les puissances de l'âme, les unes doivent commander et les autres obéir, de même parmi les hommes il en est qui sont naturellement appelés à commander aux autres ; il en est d'autres qui manquent de raison, et qui ne sont propres qu'aux travaux serviles. Il y a donc des esclaves par nature. Telle est, dit l'auteur, l'opinion du Philosophe dans le premier livre de la Politique. Mais il ne fait aucune objection à cette opinion, et la prend comme sienne. Bien plus, Aristote avait dit que l'esclavage né de la guerre est injuste ; l'auteur, au contraire, le reconnaît comme juste légalement ; et il trouve que cette loi a sa raison : c'est d'inspirer un plus grand courage aux combattants. Enfin, le pouvoir despotique ou du maître sur l'esclave eût été injuste dans l'état d'innocence ; mais il a été justement introduit par le péché : tel est l'avis de saint Augustin.

Ainsi l'auteur du *De regimine principum* admet l'esclavage autant qu'on peut l'admettre, et pour toutes les raisons par lesquelles on peut l'admettre. Il admet avec Aristote qu'il y a un esclavage naturel ; avec saint Augustin, que l'esclavage est né du péché ; avec les jurisconsultes, que l'esclavage est né de la guerre et de la convention. Toutes les doctrines des apôtres, des Pères de l'Église sur l'égalité des hommes ont complétement

(1) L. II, c. x ; et l. III, c. ix.

disparu : il n'en reste pas trace. Le principe de l'inégalité a repris toute la force qu'il avait dans l'antiquité,
et il est même appuyé par des raisons nouvelles.

Mais si saint Thomas admet le pouvoir domestique
du maître sur l'esclave, admettra-t-il le pouvoir despotique du chef sur les sujets? Non, sans doute, puisque,
selon lui, nous l'avons vu, la tyrannie est le pire des
gouvernements. Et en effet, saint Thomas distingue
avec soin le pouvoir royal du pouvoir domestique (1).
Le roi est pour le royaume, et le royaume n'est pas pour
le roi (*regnum non est propter regem, sed rex propter
regnum*). La fin du pouvoir royal, c'est de faire prospérer le royaume, et d'assurer le salut des sujets. La
bonté du roi n'est qu'un reflet de la bonté de Dieu, par
lequel il est roi. Or, Dieu gouverne les hommes non pour
soi-même, mais pour leur salut; ainsi doivent faire les
rois et les maîtres de l'univers.

Saint Thomas établit, dans une suite de chapitres
pleins d'intérêt, les conditions et les devoirs du pouvoir
royal (2). Tout ce que ce pouvoir essayait alors de conquérir peu à peu sur l'anarchie féodale, saint Thomas
en démontre le droit et la nécessité. Il faut que le roi
ait la force nécessaire pour faire le bien; qu'il ait des
forteresses, des troupes, des propriétés personnelles, un
trésor bien fourni. En retour, il recommande au roi
d'user activement et utilement de toutes ses forces ; et
il résume dans deux grandes œuvres le devoir et l'autorité royale : 1° la défense du territoire ; 2° l'assistance
des faibles et le soulagement des malheureux. Admirons
surtout ce nouveau devoir prescrit à l'autorité publique. Cette nouveauté est un des grands côtés de la poli-

(1) L. III, c. ii.
(2) Liv. II tout entier.

tique chrétienne. Ni Platon, ni Aristote, ni Cicéron, n'indiquent ce devoir d'assistance et de charité publique, qui est devenu dans les temps modernes l'une des impérieuses obligations des gouvernements.

On ne peut donc point accuser saint Thomas d'avoir confondu la royauté et le despotisme; cependant il semble tomber dans cette confusion, lorsqu'il veut distinguer le pouvoir royal, non plus du pouvoir despotique, mais du pouvoir politique (1).

Le pouvoir politique est celui qui est réglé par des lois. Le pouvoir royal, au contraire, est celui qui gouverne sans lois, celui où la sagesse du prince est libre, où il ne la puise que dans son cœur, et qui imite par conséquent davantage la Providence divine. Mais un tel pouvoir est évidemment le pouvoir absolu. C'est ce que saint Thomas reconnaît lui-même en déclarant que le pouvoir despotique peut se ramener au gouvernement royal (*quem principatum ad regalem reducere possumus*). En effet, les lois royales qui sont données par Samuel au peuple d'Israël, sont en même temps des lois despotiques. De plus, l'auteur dit que dans l'état d'innocence, le pouvoir eût été politique, et non pas royal; car dans l'état d'innocence, il n'y eût pas eu de pouvoir qui emportât la servitude : le pouvoir royal emporte donc la servitude. Dans l'état de corruption, le gouvernement royal est meilleur, parce que la nature a besoin d'être retenue plus énergiquement dans ses limites. C'est donc la corruption et le péché qui ont amené la nécessité du gouvernement royal. Mais nous avons vu que, selon saint Thomas, c'est aussi le péché qui a été la cause du pouvoir despotique. Ainsi, le pouvoir despotique et le

(1) L. II, c. IX.

pouvoir royal ont la même cause. Saint Thomas établit
enfin la nécessité du pouvoir royal par la différence des
peuples. Les uns, dit-il, sont aptes à la servitude, les
autres à la liberté. Le pouvoir royal correspond donc à
la servitude, et le pouvoir politique à la liberté. N'est-
ce pas encore une fois confondre le despotisme et la
royauté?

Si le pouvoir royal est né du péché, s'il convient aux
peuples nés pour la servitude, en quoi diffère-t-il du
gouvernement despotique? Mais si le gouvernement
royal ne diffère pas en essence du gouvernement despotique, comment alors l'un est-il le meilleur des gouvernements, et l'autre le plus mauvais? Si un gouvernement juste est celui qui commande à des hommes
libres, comment le meilleur gouvernement est-il celui
qui résulte de l'aptitude des peuples et de la nature humaine à la servitude? Il y a là, sans aucun doute, une
grande confusion d'idées; et on peut dire que le publiciste du xiiiᵉ siècle n'avait pas une conscience bien
claire des principes qu'il proposait.

La même confusion a lieu, lorsque l'auteur parle du
pouvoir politique ou républicain. On ne sait trop dire
s'il lui est favorable ou s'il lui est contraire. Il affirme,
il est vrai, que ce gouvernement est plus doux que le
gouvernement royal (1); mais les raisons qu'il en donne
ne sont pas trop favorables à cette forme de pouvoir.
C'est, dit-il, que les chefs dans ce gouvernement sont
temporaires; ce qui fait qu'ils ont moins de sollicitude
des intérêts des sujets; d'où il semble que l'on devait
conclure que la sollicitude d'un chef pour ses sujets
consiste à les traiter durement. En effet, saint Thomas

(1) L. II, c. VIII et IX.

cite, comme exemple du pouvoir politique, Samuel, qui
au sortir de charge, dit au peuple : « Ai-je pris le bœuf
de l'un d'entre vous, ou son âne, l'ai-je calomnié, l'ai-je
opprimé, ai-je reçu des présents? » Est-ce donc manquer de sollicitude envers les sujets que de ne pas les
opprimer? Une seconde cause de la douceur relative du
pouvoir politique ou républicain, c'est qu'il est *mercenaire*. Or, le pouvoir mercenaire s'intéresse moins au
salut du troupeau : Le mercenaire voit le loup et se
met à fuir. Mais, par une nouvelle incohérence d'idées,
l'auteur nous cite comme exemples les anciens chefs romains qui faisaient la guerre à leurs propres frais, et qui
donnaient toute leur âme à l'intérêt public. Ainsi pour
démontrer que le pouvoir politique ou républicain est
mercenaire, et par là même indifférent au bien public,
l'auteur cite le désintéressement et le patriotisme des
grands citoyens romains. Le dernier caractère du pouvoir politique, c'est qu'étant circonscrit dans les lois,
il ne peut tout atteindre, puisque le législateur ne peut
pas tout prévoir. Le pouvoir royal, au contraire, imite
la divine Providence.

On pourrait conjecturer que ces apparentes contradictions ont leur source dans une préférence secrète et
non avouée pour le gouvernement républicain, préférence qui s'expliquerait chez saint Thomas d'Aquin
(qu'il soit l'auteur ou l'inspirateur du livre) par son
origine italienne. Mais quoique ce puisse être là une
des causes de l'indécision de doctrines que nous avons
signalées dans ce livre, la cause principale, à notre
sens, est l'inexpérience du moyen âge dans les théories
politiques. De quoi se composent en effet ces théories?
De réminiscences et de pièces rapportées, beaucoup
plus que de systèmes originaux et personnels. Ajoutez

l'influence inévitable du temps, des circonstances, et
des sympathies particulières de l'auteur ; il n'est point
étonnant qu'il ne résulte de tout cela qu'un assemblage
sans cohésion et sans unité (1).

Quelle que soit d'ailleurs la préférence que saint
Thomas accorde au pouvoir royal ou au pouvoir politique, il est un troisième pouvoir qu'il leur préfère à
tous deux : c'est le pouvoir sacerdotal (2). Ici la pensée
de l'auteur devient claire et sans ambages, parce que
c'est une pensée personnelle et convaincue.

Il y a dans l'homme deux natures, deux fins, deux
ordres de vertus, deux degrés de bonheur. C'est bien
là, nous le savons, la doctrine de saint Thomas. Or, à
ces deux parties de la nature humaine doivent corres-
pondre deux pouvoirs : le pouvoir temporel et le pouvoir religieux ; et celui-ci est nécessairement supérieur
à celui-là. Mais cette supériorité n'est-elle qu'une supériorité morale ou de dignité? ou est-ce une suprématie politique qui emporte un droit et une autorité
du pouvoir supérieur sur le pouvoir inférieur? Telle
est la question. La seconde de ces deux solutions est
celle du *De regimine principum*.

Si l'homme et la société pouvaient arriver par leurs
seules forces à leur vraie fin, ce serait au roi seul à diriger l'une et l'autre dans cette voie. Mais comme c'est
par la vertu de la grâce divine que l'homme peut atteindre à un pareil but, il n'a pas seulement besoin de
soins temporels, mais encore de spirituels, non-seulement d'un gouvernement humain, mais d'un gouvernement divin. Le roi de ce gouvernement divin est

---

(1) Ajoutez encore que le livre n'est peut-être pas tout entier de la
même main.

(2) L. III, c. x et c. xix.

Jésus-Christ, Dieu et homme à la fois, qui a transmis son pouvoir à l'Eglise, et surtout au chef de l'Eglise, au successeur de saint Pierre, au vicaire de Jésus-Christ, à qui tous les rois chrétiens doivent être soumis comme à Dieu même ; car celui qui a pour objet de veiller à la dernière et à la plus importante des fins, doit avoir sous son empire ceux qui travaillent pour des fins de moindre importance. Dans l'antiquité, le culte avait pour objet les biens temporels. De là la soumission des prêtres aux chefs de l'État. De même, dans l'ancienne loi, où toutes les promesses divines portaient sur des biens terrestres et périssables, le sacerdoce était sous la domination de la royauté. Mais tout est changé dans la loi nouvelle : car tout s'y rapporte aux biens célestes. De là la subordination nécessaire des rois aux prêtres (1).

L'autorité s'ajoute au raisonnement pour établir la suprématie du pouvoir sacerdotal, et, par-dessus tout, du pouvoir pontifical. Ces textes sont ceux qu'avait invoqués Grégoire VII, et que reproduisent sans cesse tous les défenseurs de la papauté au moyen âge : « Je te dis que tu es Pierre (2)... » « Je te donnerai les clefs du royaume des cieux (3). » « Pierre, si tu m'aimes, fais paître mes brebis. » Ces différents textes, dit l'auteur du *De regimine principum*, prouvent l'institution divine du pouvoir sacerdotal, et en particulier du pouvoir de la papauté. Il est vrai que l'institution divine n'était niée par aucun des adversaires du pouvoir ecclésiastique. Ils soutenaient seulement que ces textes n'avaient qu'un sens spirituel, et ne donnaient au pape d'autre pouvoir que le pouvoir spirituel. Mais, répond

(1) L. I, c. xiv.
(2) Matth. xvi, 18.
(3) *Ibid.*, 19.

l'auteur, le spirituel ne peut être séparé du temporel :
le temporel dépend du spirituel, comme les opérations
du corps dépendent de celles de l'âme. Ainsi, la puissance des rois n'a de vie que par la puissance spirituelle
de saint Pierre et de ses successeurs (1).

L'histoire, enfin, confirme les preuves du raisonnement et de l'autorité. Viennent ici les soi-disant faits
historiques et les fausses traditions, sur lesquels les
canonistes du moyen âge appuyaient les prétentions de
la cour de Rome : la donation de Constantin, ou la prétendue cession de l'empire d'Occident par Constantin
au pape Sylvestre (2) ; la translation de l'empire de
l'Orient à l'Occident, et des Grecs aux Germains, par
le pape Adrien V (3) ; puis les exemples de déposition des empereurs par les papes : Zacharie déposant
Chilpéric et déliant ses sujets du serment de fidélité ;
Innocent III enlevant l'empire à Othon IV, et Honorius,
successeur d'Innocent III, à Frédéric. « Si les souverains pontifes, ajoute l'auteur, ont étendu la main sur
ces princes, c'est en raison du péché (*ratione delicti*) (4). »

La *ratio peccati* ou *delicti* que nous avons rencontrée
déjà dans les lettres d'Innocent III (5), était le biais
imaginé par les docteurs en droit canon, pour concilier
les prétentions ambitieuses du pouvoir pontifical avec
sa nature et son rôle de pouvoir spirituel. Le pouvoir
spirituel est juge du péché ; il est donc juge du pécheur, et s'il intervient dans le temporel, ce n'est pas à

(1) L. III, c. x.
(2) L. III, c. xvi. Voy. plus haut.
(3) C. xviii.
(4) C. x. Il dit encore au c. xix : « In duobus casibus ampliatur ejus
potestas (scil. papæ), vel ratione delicti, vel ad bonum totius fidei. »
(5) Voy. plus haut, l. II, c. ii.

titre de pouvoir temporel, mais de pouvoir spirituel.
Mais ce biais conduisait évidemment à l'absorption de
l'un de ces pouvoirs dans l'autre : car, comme il n'est
pas un seul acte de souveraineté qui ne puisse donner
lieu au péché, par exemple, l'établissement des tributs,
la fixation des monnaies, la déclaration des guerres, la
violation des traités, il est évident que cette simple réserve (*ratione delicti*) déplaçait le principe de la souveraineté, et du prince la transportait au souverain pontife. Tel est le dernier mot de la politique du xiii° siècle.

On doit encore rapprocher de saint Thomas, et rapporter à son école, un autre traité qui porte le même
titre que le précédent, et qui est de la même époque
ou à peu près, le *De regimine principum*, d'Egidius
Romanus ou Gilles de Rome (1). L'auteur adresse son
livre à celui qui fut plus tard Philippe le Bel, et dont
il était le précepteur. C'est un ouvrage très-étendu,
beaucoup plus complet que celui dont nous venons de
parler ; mais il manque complétement d'originalité. Il
ne faut point, sans doute, en attendre de cette époque ;
mais l'auteur ne fait que suivre Aristote pas à pas, et
ne paraît pas avoir une seule doctrine qui lui soit propre. Mais si l'ouvrage a les défauts de la scholastique,
il en a aussi les mérites. Il est bien composé : les questions s'y divisent et s'y succèdent avec clarté et avec
ordre. Les preuves, empruntées presque toujours au
Philosophe, sont claires, bien déduites, bien coordon-
nées. Elles se reproduisent avec une certaine mono-
tonie scholastique qui n'est pas sans avantage pour la
facilité de la lecture et de l'intelligence. Mais, de quel-

(1) Le *De regimine principum* d'Egidius a été récemment étudié
avec soin dans une thèse latine exacte et judicieuse de M. Courba-
veaux. Paris, 1857.

que mérite que témoigne cet ouvrage, la servilité avec laquelle les théories d'Aristote y sont reproduites ne nous permet pas de nous y arrêter longtemps. Donnons-en cependant l'analyse et l'esprit.

Le *De regimine principum* d'Egidius est un traité complet de morale, d'économie et de politique. L'idée du gouvernement y est analysée dans toutes ses parties. Or, il y a trois espèces de gouvernement : le gouvernement de soi-même, le gouvernement de la famille, le gouvernement de l'Etat. De là trois sciences : l'éthique, ou monastique ; l'économique ; la politique(1). La première enseigne au prince comment il doit se gouverner soi-même, la seconde comment il doit gouverner sa maison, et la troisième comment il doit gouverner son peuple. Mais, comme il faut aller du plus facile au plus difficile, et de l'imparfait au parfait, on commencera par le gouvernement de soi-même, pour terminer par le gouvernement de l'Etat.

Le premier livre du *De regimine principum* d'Egidius traite du gouvernement de soi-même, ou de l'éthique ; et il est divisé en quatre questions : 1° Dans quelles choses le roi ou le prince doit-il placer sa félicité ? 2° Quelles vertus doit-il avoir ? 3° Quelles passions doit-il suivre ? 4° Quelles mœurs doit-il imiter ? Ainsi quatre sujets remplissent le premier livre : le bonheur, la vertu, les passions et les mœurs : c'est toute la vie morale.

Le second livre traite du gouvernement de la maison, ou de l'Economique. C'est, relativement, le plus étendu, car il est aussi long que les deux autres, et ne correspond cependant qu'aux deux ou trois premiers chapitres de la Politique d'Aristote, et à quelques cha-

(1) L. I, c. II.

pitres de sa morale. Le gouvernement de la maison se
divise en trois gouvernements distincts : le gouvernement de la femme, le gouvernement des enfants, et
le gouvernement des serviteurs ou des esclaves. De
là trois parties qui embrassent tout le droit domestique.

Enfin, le troisième livre contient la politique proprement dite, ou le gouvernement de l'Etat ; ce livre
est également divisé en trois parties : dans la première l'auteur discute les opinions des autres philosophes sur la politique ; dans la seconde, il parle du
gouvernement de l'Etat en temps de paix, et dans la
troisième, du gouvernement de l'Etat en temps de
guerre.

Cet ouvrage embrasse, comme on le voit, la morale,
le droit naturel, l'économie domestique et politique, la
philosophie sociale et la politique proprement dite.
Egidius doit à Aristote ou à saint Thomas toutes ses
théories, mais le plan et la distribution lui appartiennent. En général, on ne peut nier que la scholastique
n'ait sur l'antiquité une certaine supériorité de composition, non pas sans doute au point de vue de l'art,
mais au point de vue de la logique. La scholastique a
rendu les modernes plus exigeants pour l'ordre,
la distribution et le développement d'un sujet. On a
renoncé à la raideur des lignes scholastiques ; mais,
sous des contours plus souples et plus dissimulés, il
est facile de retrouver dans les écrits des modernes,
et surtout des philosophes français, la sévérité et
l'exactitude introduites par la philosophie du moyen
âge.

L'auteur établit d'abord, en s'appuyant toujours
sur l'autorité d'Aristote, que l'homme est né pour vivre

en société, et que c'est seulement dans la société qu'il trouve le complément et l'achèvement de son existence. Il le prouve par le besoin de la nourriture, ou des vêtements que l'homme ne peut seul se procurer, par les dangers de toute sorte qui le menacent, et qu'il ne peut seul écarter ; enfin par la nécessité de l'instruction. L'homme, en effet, ne se conduit pas comme les animaux par l'instinct seul : mais la nature lui a donné le langage pour qu'il puisse exprimer ses besoins à ses semblables, et apprendre d'eux le moyen de les satisfaire (1).

Égidius reconnaît quatre degrés d'associations : c'est un degré de plus qu'Aristote. Celui-ci n'en admettait que trois : la famille, le village, qui est, dit-il, une colonie de la famille, et enfin la cité ou l'État. Égidius en ajoute un quatrième, le royaume. Aristote n'avait point distingué la cité et l'État. Quoique vivant lui-même dans une monarchie, il avait plutôt donné la théorie de l'État grec, c'est-à-dire de la cité, que de l'État macédonien, première ébauche de l'État romain, ou de l'Empire, qui après avoir été le point culminant de la concentration de l'État, devait à son tour se subdiviser en royaumes, d'où sont sortis les États modernes. De là l'idée de royaume qu'Égidius ajoute aux trois degrés reconnus déjà par Aristote. La définition qu'il donne du royaume est bien caractéristique, et nous reporte au cœur du moyen âge : « C'est, dit-il, la confédération de plusieurs camps et de plusieurs cités sous un seul prince ou un seul roi, confédération utile pour faire la guerre contre l'ennemi, et écarter les dangers qui menacent la famille, le bourg et la cité (2). » N'est-ce pas

(1) L. II, p. I, c. I.
(2) L. II, p. I, c. IV.

là le régime féodal, qui a été en effet une sorte de confédération militaire, sous le gouvernement d'un chef?
Mais ce principe d'unité et de concentration était précisément ce que le régime féodal était le moins disposé
à admettre. On voit déjà apparaître ici la doctrine monarchique; et l'on se souvient que l'auteur écrit entre
le temps de saint Louis et celui de Philippe le Bel.

Egidius ramène, comme Aristote, à trois relations
principales, ou décompose en trois sociétés la société
complexe de la famille : la société du mari et de la
femme, du père et des enfants, du maître et des serviteurs.

Egidius établit l'indissolubilité du mariage : c'est là
encore un point qui n'est pas dans Aristote, et qui indique un état de société nouveau. Il prouve sa thèse par
les deux raisons suivantes : 1º l'amitié qui doit exister
entre époux, et qui ne subsiste que si chacun est fidèle
à sa parole et n'abandonne pas l'objet de son choix;
2º le bien des enfants, qui exige que les parents s'en
occupent en commun. Il montre encore que l'homme
doit se contenter d'une seule femme et la femme d'un
seul mari, par des raisons du même ordre.

Quant au gouvernement de la maison, il faut distinguer le gouvernement du mari, du père et du maître.
La femme ne doit pas être gouvernée comme les enfants; ni la femme et les enfants comme les esclaves.
Comme Aristote, Egidius compare le pouvoir paternel
au pouvoir royal et le pouvoir conjugal au pouvoir républicain. Entre le mari et la femme, il intervient des
lois et des pactes; entre le père et le fils, il n'y a aucune convention. Le mari ne commande à la femme
que dans des limites déterminées par des lois mutuellement consenties : le père ne commande que selon sa

volonté. Le premier pouvoir est en quelque sorte particulier, le second total; le premier vient du choix, le second de la nature (1).

Mais quelque différence qu'il y ait entre le pouvoir conjugal et le pouvoir paternel, ils sont l'un et l'autre bien différents du pouvoir despotique, ou celui du maître sur l'esclave. L'auteur démontre ainsi, et par des raisons assez faibles, empruntées du reste à Aristote, la différence de la femme et de l'esclave. La femme est née pour la génération, et non pour le service. Or la nature n'est pas comme les ouvriers de Delphes. Elle ne fait pas le même instrument pour deux usages différents. Chez les barbares, il est vrai, la femme est la même chose que l'esclave : mais cela n'est pas étonnant puisque chez les barbares il n'y a pas de maître naturel. Le barbare peut être défini celui qui est étranger à lui-même, qui ne se connaît pas lui-même. Le barbare est donc celui qui manque de la raison et de l'intelligence. Mais c'est là précisément la définition même de l'esclave. C'est donc la même chose d'être barbare ou esclave. Donc il n'est pas étonnant que la femme soit esclave chez les barbares. Mais il n'en résulte pas qu'elle soit naturellement esclave. Une seconde raison, non moins faible, c'est que la maison sera imparfaite et pauvre, si la femme est en même temps servante. La seule raison digne d'un docteur chrétien est celle qu'Egidius donne en dernier : elle se tire de l'égalité de l'homme et de la femme. « Quoique l'homme, dit-il, soit supérieur par la raison, il n'y a pas entre lui et la femme la différence du maître à l'esclave : elle est plutôt comme sa compagne, *tanquam socia* (2). »

(1) L. I, p. I, c. XIV et XV.
(2) L. II, p. I, c. XV.

C'est par des raisons analogues que l'auteur démontre la différence du pouvoir paternel et du pouvoir du maître. Le pouvoir paternel est bien royal, et n'est pas soumis à des règles et à des conventions; mais il n'est pas arbitraire. Le père commande à son fils pour le bien du fils; le maître à l'esclave pour son bien propre. Le père s'aime lui-même dans le fils, et il y voit un témoignage de sa propre perfection (1).

Egidius enfin passe au gouvernement des serviteurs. Ici encore, il admet la théorie d'Aristote (2). Il reproduit tous ses arguments sans paraître se douter que l'Évangile puisse y avoir changé quelque chose. L'esclave, dit-il, est un instrument animé, de même que l'instrument est un esclave inanimé. Ce sont l'un et l'autre des choses possédées : ils ne diffèrent qu'en ce que les uns sont des instruments animés, les autres des instruments inanimés. Ceux qui manquent d'intelligence doivent être dirigés par ceux qui en ont : car ils sont, par rapport à eux, comme l'âme par rapport au corps, et l'instrument par rapport à l'ouvrier. De plus, on voit que les bêtes domestiques trouvent leur salut dans la direction de l'homme : or, les stupides (*insipientes*) sont par rapport aux hommes instruits comme la brute est à l'homme (quel argument pour un chrétien!) Donc, comme il est naturel que la brute obéisse à l'homme, il est naturel que les ignorants obéissent aux hommes instruits. Outre l'esclavage naturel, seul reconnu par Aristote, Egidius reconnaît encore un esclave légal. Car, dit le philosophe, c'est selon le juste légal que les vaincus sont esclaves des vainqueurs. Mais Egidius n'ajoute pas, qu'Aristote

(1) L. II, p. II, c. II.
(2) L. II, p. III, c. I et II.

trouve cela très-injuste. Il donne lui-même deux arguments en faveur de l'esclavage légal : 1° les législateurs ne trouvant pas une marque certaine pour discerner ceux qui sont véritablement esclaves, ont trouvé naturel que les vainqueurs à la guerre commandassent aux vaincus. 2° Cette loi est en faveur des vaincus. Car les vainqueurs à la guerre sont enclins à l'homicide. Mais leur intérêt les oblige à conserver les vaincus : et en effet, *servus* vient de *servare*. Ainsi Egidius, comme l'auteur de l'ouvrage précédent, admet à la fois les raisons d'Aristote en faveur de l'esclavage naturel, et les raisons des jurisconsultes en faveur de l'esclavage légal. On peut donc considérer comme un fait certain que la théologie scholastique a accepté l'esclavage, qu'elle y a souscrit sans réserve, sans hésitation, qu'elle l'a défendu par toutes les raisons que l'on peut invoquer ; et cette question que l'on pouvait croire tranchée à la fin de l'antiquité, par les attaques communes du christianisme et du stoïcisme, est arrivée jusqu'aux temps modernes, et presque jusqu'à nos jours, dans le même état et dans les mêmes termes.

Egidius fait entrer dans le gouvernement de la maison la possession des biens. Il en donne plusieurs raisons plus ou moins bonnes, mais dont l'une cependant est remarquable. Elle se tire de la dignité humaine. A l'égard des choses corporelles et sensibles, dit-il, l'homme est la créature la plus digne; et il a un empire naturel sur elles : il est donc naturel qu'il leur commande et qu'il s'en serve pour son usage : mais cela même, c'est les posséder : la possession des biens de la terre est donc naturelle. Aussi ceux qui renoncent à de tels biens, et se proposent de vivre sans possessions temporelles, ne vivent pas comme des hommes et choisissent une vie céleste, ainsi que ceux qui renoncent au mariage et à la société, et qui sont, selon l'expression du Philosophe, ou des hommes ou des dieux (1).

Doit-on voir dans l'ouvrage d'Egidius une pensée dominante et réfléchie? ou n'est-ce qu'une reproduction scholastique et morte de la morale et de la politique d'Aristote? Il y a, je crois, quelque chose de plus. L'auteur dédie son livre au futur Philippe IV, et il veut lui apprendre la différence entre un bon et un mauvais gouvernement, entre la royauté et la tyrannie ; leçon qui sans doute n'était pas inutile à ce prince éminent, mais peu scrupuleux. C'est donc dans la dédicace qu'il faut chercher l'esprit et la pensée du livre.

« Tous les exemples de la nature nous attestent que rien de violent n'est perpétuel... Un chef d'Etat, qui veut perpétuer son empire, doit faire des efforts pour que son gouvernement soit naturel. Or, un gouvernement n'est naturel que s'il ne repose pas sur la passion et sur la volonté, mais qu'étant le gardien du juste, il ne commande rien sans raison et en dehors de la loi. Si, selon le Philosophe, celui-là est naturellement esclave, qui a pour lui les forces du corps, mais qui n'a pas l'intelligence, celui-là est naturellement maître qui l'emporte par la sagesse et par la prudence. »

Le principe d'Egidius est donc la distinction entre le gouvernement naturel et le gouvernement violent, le premier fondé sur la raison et la violence, le second sur la passion et le caprice. Egidius, moins hardi que saint Thomas d'Aquin, ne paraît point accorder aux sujets le droit de résister à la tyrannie, Mais en établissant que la tyrannie est un état contre nature, et que ce qui

(1) L. II, p. III, c. v.

est contre la nature ne peut pas durer, il semble mena-
cer les tyrans d'un châtiment, dont le peuple est nécessairement l'instrument.

Quoi qu'il en soit, Egidius se fait une idée très-grande
et très-élevée du gouvernement lorsqu'il dit : L'homme
qui possède naturellement le libre arbitre, ne commande véritablement que lorsqu'il commande librement et volontairement, et lorsque les sujets lui obéissent de même. Ce qui est violent et contre nature ne
peut pas durer. L'histoire atteste qu'aucun tyran n'a
trouvé le bonheur dans la tyrannie. Il est plus digne
de l'homme de commander à des hommes libres qu'à
des esclaves. Car les hommes libres sont meilleurs que
les esclaves (1). On demande si le roi doit être juste et
équitable? C'est demander si la règle doit être réglée.
Le roi, c'est la loi animée, comme la loi est un prince
inanimé. L'injustice et l'iniquité enlèvent aux rois leur
dignité royale. Ils ne sont plus dignes d'être rois. *Non
tunc digni sunt ut sint reges* (2).

Quelles sont maintenant les opinions d'Egidius sur
la grande question du moyen âge, les rapports du pouvoir civil et du pouvoir religieux? Cette question n'est
pas même effleurée dans le *De regimine principum*. Il
faut en chercher la solution dans d'autres écrits. Parmi
ces écrits, il en est un attribué généralement à Gilles
de Rome, et recueilli sous son nom dans la collection
de Goldast : c'est le *De utraque potestate*, traduit en
français au xiv⁰ siècle par Raoul de Presle, conseiller
de Charles V; il est tout à fait contraire au pouvoir ecclésiastique, tout à fait favorable au pouvoir civil. D'où
l'on avait conclu qu'Egidius devenu archevêque de

(1) L. **I**, part. **I**, c. **x**.
(2) L. I, p. II, c. xiii.

Bourges, après avoir été précepteur de Philippe le Bel, avait pris le parti de ce prince dans sa querelle avec Boniface VIII.

Mais cette conjecture paraît en contradiction avec les faits. D'ailleurs l'authenticité du *De utraque potestate* souvent contestée est tout à fait démentie par un autre ouvrage, inédit, il est vrai, mais parfaitement authentique, et dont l'analyse nous a été donnée récemment par M. Charles Jourdain (1). Ce nouveau traité est intitulé *De ecclesiastica potestate*, et il en est question dans les historiens de l'ordre de saint Augustin, Gandolfo et Ossinger. Il en existe un manuscrit à la Bibliothèque impériale de Paris; et c'est de ce manuscrit que M. Jourdain a eu connaissance.

Le *De ecclesiastica potestate* est certainement un des ouvrages les plus curieux du moyen âge sur cette question; car aucun, à notre connaissance, n'est allé aussi avant dans les doctrines théocratiques. Nous en rapporterons, d'après M. Jourdain, les principaux arguments. Je laisse de côté toutes les raisons exposées dans la première partie. Elles n'ont rien de nouveau, et se rencontrent dans tous les écrits du même genre. C'est surtout dans la seconde partie, qui traite du pouvoir de l'Église sur les biens temporels, que se rencontrent les opinions vraiment excessives. Selon l'auteur, non-seulement l'Église a le droit de posséder des biens temporels; mais elle a une juridiction naturelle sur toute espèce de biens de ce genre. La destination des choses temporelles est l'utilité du corps. Le corps est subordonné à l'âme, et l'âme l'est à son tour au souverain pontife. Nos âmes, nos corps et nos biens, tout relève

(1) Voyez la note savante et curieuse donnée par M. Ch. Jourdain au Journal général de l'instruction publique, 24 et 27 février 1858.

de lui. Alors même que cette dépendance n'existe pas en fait, méconnue qu'elle est par les passions des hommes, elle subsiste en droit; elle constitue pour les fidèles une dette dont ils ne peuvent pas absolument s'affranchir (1). Il est évident que l'art de gouverner les peuples consiste à les coordonner aux lois de l'Église, comme la matière est coordonnée à la forme (2). Telle est l'étendue de la puissance ecclésiastique, qu'elle comprend même les propriétés privées, et que, par exemple, le possesseur d'un champ ou d'une vigne ne peut pas les posséder justement, s'il ne les possède sous l'autorité de l'Église et par l'Église (3). L'enfant qui a recueilli la succession paternelle est moins redevable à son père qu'à l'Église; car si son père l'a engendré selon la chair, l'Église l'a régénéré selon l'esprit, et autant l'esprit l'emporte sur la chair, autant les droits que sa régénération spirituelle lui confère, l'emportent sur ceux qu'il tient de sa génération charnelle. Sans le baptême et sans les sacrements, que sommes-nous, sinon des esclaves du péché, des créatures rebelles à qui cette désobéissance a enlevé toute espèce de droits, non-seulement sur les biens de l'éternité, mais encore sur ceux

(1) P. ii, c. 4, fol. 14, v° : « Patet quod omnia temporalia sunt sub dominio Ecclesiæ collocata, et si non de facto, quoniam multi forte huic juri rebellantur, de jure tamen et ex debito temporalia summo pontifici sunt subjecta, a quo jure et a quo debito nullatenus possunt absolvi. »

(2) C. 6, fol. 18, v° : « Patet ergo, quod terrena potestas et ars gubernandi populum secundum terrenam potestatem, est ars disponens materiam ad dispositionem ecclesiasticæ potestatis. »

(3) Ibid., fol. 20, v° : « His ergo declaratis, volumus descendere ad propositum et ostendere quod nullum sit dominium cum justitia, nec rerum temporalium, nec personarum laïcarum, nec quorumcumque, quod non sit sub Ecclesia et per Ecclesiam, ut agrum vel vineam, vel quodcumque quod habet hic homo, vel ille, non possit habere cum justitia, nisi habeat id sub Ecclesia et per Ecclesiam. » C'est exactement la doctrine des Lois de Manou exposée plus haut, p. 14.

de la vie présente? L'Église seule, en nous réconciliant
avec Dieu, nous fait recouvrer ce que nous avons
perdu, et légitime en nos mains les possessions qui
composaient l'héritage de nos pères (1). Mais quoi! les
infidèles qui n'ont pas été régénérés par le baptême, les
chrétiens eux-mêmes qui n'ont pas été purifiés de leurs
fautes par la pénitence, tous ceux qui vivent en dehors
de l'Église, ne sont-ils pas, malgré leurs souillures, les
justes propriétaires des biens qu'ils possèdent? Non,
répond Egidius; cette possession en leurs mains n'est
pas légitime; elle a lieu contre la vérité et le droit. Tout
ce que nous avons, nous l'avons reçu de Dieu; si nous
ne l'employons pas pour la gloire de Dieu, si nous nous
élevons contre l'Église de Dieu, nous ne sommes que
des dépositaires déloyaux et d'iniques détenteurs des
dons de la Providence (2).

Cet ouvrage d'Egidius Romanus peut être considéré
comme le point culminant des doctrines théocratiques
au moyen âge. On y reconnaît l'exagération qui est
d'ordinaire le signe des pouvoirs qui vont tomber.
Echo des prétentions exorbitantes de Boniface VIII, il

(1) *Ibid.*, fol. 20, v⁰ : « Vides ergo quod ad justam et dignam possessionem rerum plus facit regeneratio per Ecclesiam quæ est spiritualis, quam generatio prima quæ fuit carnalis. » Fol. 20, v⁰ : « Magis
es dominus possessionis tuæ et cujuscumque rei quam habes, quoniam
es Ecclesiæ filius spiritualis, quam quoniam es filius patris carnalis. »
Cap. ix, fol. 23, v⁰ : « Quilibet fideles quoties in peccatum mortale
labuntur et per Ecclesiam absolvuntur, toties omnia bona sua, omnes
honores, omnes potestates et facultates suas debent recognoscere ab
Ecclesia, per quam absoluti facti sunt talibus digni quibus, cum peccato serviebant, erant indigni. »

(2) Cap. xi, fol. 26, v⁰ : « Volumus ad ipsam possessionem, et dominium et potestatem infidelium nos convertere ostendentes, quod
nullam possessionem, nullum dominium, nullam potestatem possunt
infideles habere vero et cum justitia. » *Ibid.* fol. 27, v⁰ : « A Deo habemus res temporales et dominia et potestates, quoniam non est potestas, nisi a Deo : quanto ergo magis hæc omnia habemus a Deo,
tanto sumus magis injusti possessores, si inde non servimus Deo. »

nous fait pressentir la réaction éclatante du quatorzième siècle contre ces doctrines insensées. Le progrès de la théocratie s'arrête. Les défenseurs du pouvoir civil s'élèvent de toutes parts, et remplissent de leurs écrits le siècle qui va s'ouvrir. La philosophie de saint Thomas pâlit et s'efface. C'est le moyen âge qui se dissout et qui disparaît.

# CHAPITRE IV.

DANTE, OCKAM.

Philosophie chrétienne après saint Thomas. Mysticisme : Gerson,
l'Imitation. — Politique du xive siècle. — Lettre de Boniface VIII
et de Philippe le Bel. — *Bulles* du pape ; *Lettres* du roi. — *Dialogue
entre un clerc et un soldat.* — Dante. *De Monarchia.* Théorie de la
monarchie universelle. Philosophie de l'histoire romaine. Le Pape
et l'Empereur. — Ockam : sa scholastique, son argumentation
contre le pouvoir des papes. Théorie de la liberté chrétienne. —
Doctrines libérales du xive siècle. Marsile de Padoue : principes
démocratiques ; liberté de conscience. — Doctrines sociales et politiques des ordres mendiants. — Philippe de Commines. — Conclusion sur la morale et la politique du moyen âge.

La philosophie de saint Thomas, admirable monument d'école, cadre excellent pour la distribution et la
classification des problèmes, paraissait au mysticisme
du moyen âge faire la part trop grande encore à la philosophie humaine, et, en réduisant à des formules sèches et didactiques tous les principes de la vie chrétienne, avoir plutôt en vue l'ordre et la discipline de
l'enseignement que la satisfaction religieuse de l'âme.
Le mysticisme, d'ailleurs, s'était montré toujours, pendant le moyen âge, plus ou moins impatient de la
scholastique. Au xiiie siècle seulement, il s'était laissé
enchaîner, et saint Bonaventure, obéissant au génie de
son temps, avait introduit la forme scholastique dans
ses écrits ; mais dans le siècle suivant, la séparation
recommence, et au xve siècle la rupture est déclarée.

En Italie déjà, nous voyons renaître, au xive siècle,
le mysticisme philosophique et platonicien. C'est lui
qui éveille et inspire le génie subtil de Pétrarque. Pé-

trarque est une sorte de Platon mêlé de Sénèque ; chrétien profane, alexandrin et académicien à la fois, il fut
surtout utile à la philosophie en brisant la forme scholastique, et en lui donnant un mouvement plus libre
et plus naturel. Vers le même temps, s'élève sur les
bords du Rhin un mysticisme hardi et spéculatif, qui
se place tout d'abord au sein de l'Être, et du haut de
cette contemplation, considère le monde et l'homme
comme des phénomènes, dont le suprême bonheur est
l'identité avec Dieu (1) : c'est le mysticisme de maître
Eckart, Tauler, Suzo, et enfin du Flamand Ruysbroeck,
contre lequel écrit Gerson, mystique lui-même, mais
dans un autre sens et avec une autre méthode.

Gerson, comme saint Bernard et l'école de Saint-
Victor, fonde son mysticisme sur des expériences in-
térieures (2), sur certains états de l'âme que celui-là
seul peut connaître qui les a éprouvés ; c'est en quelque sorte un mysticisme psychologique. Gerson oppose
la théologie mystique à la théologie spéculative : l'une
qui est dans le cœur, l'autre dans l'intelligence ; l'une
fondée sur l'expérience, l'autre sur le raisonnement.
Néanmoins, il croit que l'une et l'autre sont également
nécessaires. La mystique est indispensable à la spéculative ; car parler des phénomènes intérieurs sans les
connaître, c'est parler comme des pies qui ne se com-
prennent pas elles-mêmes (3). D'un autre côté, les
âmes dévotes, qui ont le sentiment très-vif de ces phé-

___

(1) Voy. sur le mysticisme allemand du xive siècle, le savant mémoire de M. Ch. Schmidt de Strasbourg. Mém. de l'Académie des
sciences mor. et polit.
(2) Gers. *De mystica theologia*, pars I, cons. II, experimentis habitis
ad intrà in cordibus animarum devotarum, c. 5, non unus aut alter
ista dicunt, sed mille.
(3) *Ibid.* p. VI, c. 30. Sicut pueri vel picæ.

nomènes, ne doivent point dédaigner la philosophie savante, qui leur apprend à régler leurs affections sur la loi du Christ. C'est là, suivant Gerson, la cause des erreurs de Ruysbroeck et des faux mystiques (1). Comme Bossuet plus tard, il cherche à fixer la limite entre le vrai et le faux mysticisme, et il combat avec force la doctrine de l'identité entre le créateur et la créature.

Cependant ni le mysticisme littéraire de Pétrarque, ni le mysticisme spéculatif des théologiens allemands, ni enfin le mysticisme de Gerson lui-même, trop savant encore, ne suffisaient aux âmes pieuses et dévotes, fatiguées des formules de l'école, et cherchant dans les profondeurs de l'âme un oubli plus profond d'elles-mêmes, un abandon plus entier. De là un mysticisme populaire, qui trouva son admirable expression dans l'Imitation de Jésus-Christ (2), l'un des plus beaux livres du monde, plainte sublime d'une âme altérée de foi et d'amour devant une science tarie. L'Imitation est la traduction populaire de la théologie mystique, c'est le dernier cri du mysticisme du moyen âge contre la philosophie des écoles, la théologie spéculative, le christianisme péripatéticien des universités. Ainsi s'écroulait l'artificiel édifice construit par le grand docteur du xiii<sup>e</sup> siècle, auquel les Pères de l'Église avaient fourni les pierres, et Aristote le ciment. La morale de saint Thomas, cette ingénieuse conciliation d'éléments

_____

(1) *De myst. theolog.* pars I, c. 8. Compertum est multos habere devotionem, sed non secundum scientiam,... Hoc in Begardis et Turelipinis manifestum fecit experientia. — Cf. Epistol. super libr. Ruysbroeck. *De ornatu spiritualium nuptiarum.*

(2) Je ne considère pas comme prouvée l'opinion avancée dans ces derniers temps que l'Imitation est du xiii<sup>e</sup> siècle : c'est pourquoi j'en parle ici. Le mysticisme du xiii<sup>e</sup> siècle n'a pas ce caractère mélancolique et désabusé.

inconciliables, perdait tout empire devant cette morale pénétrante et profonde, dont le premier mot était :
« Mieux vaut éprouver la componction, que d'en savoir
la définition (1). » Et encore : « Tout homme désire savoir naturellement, mais qu'importe la science sans la
crainte de Dieu (2) ? » Mais cette morale elle-même
était-elle la dernière vérité ? Si séduisante qu'elle soit
par sa simplicité sans égale, et par l'attrait d'une tristesse délicieuse, par la justesse du sentiment intérieur et la connaissance profonde de la vie morale,
cette doctrine ne penche-t-elle pas à son tour vers un
autre excès ? Ce livre a-t-il raison lorsqu'il nous dit :
« Cours çà et là, tu ne trouveras le repos que dans
l'humble soumission à l'autorité d'un chef (3) ! » Lorsqu'il écrit : « Qu'il est grand de ne pas s'appartenir à
soi-même, *sui juris non esse* (4) ! » A-t-il raison d'éloigner l'homme du commerce des hommes ? Et enfin cette
longue plainte, si légitime qu'elle puisse être, n'a-
t-elle pas le tort d'amortir l'activité de l'homme, et de
lui ôter cette joie de la vie, si nécessaire à la vertu ?

Tandis que la philosophie morale du moyen âge re-
tournait au mysticisme dont elle était sortie, et s'affranchissait des formes de la scholastique, désormais condamnée, la philosophie politique engageait une lutte de
plus en plus vive contre la théocratie du moyen âge. De
toutes parts, au xive siècle, s'élèvent des protestations
contre le pouvoir pontifical. Boniface VIII accélère la
crise par sa violence ; les flots bouillants de son or-

(1) *De Imit. Christ.* l. I, c. I.
(2) *Ib.* c. II.
(3) *Ib.* c. IX.
(4) *Ib. ib.*

gueil et de son ambition viennent se briser contre la froide ténacité de Philippe le Bel : c'est le signal d'une révolte universelle. Les écrits se multiplient sans interruption (1), et l'on peut dire qu'à la fin du xiv° siècle la question est tranchée. On continuera longtemps, au xv° et au xvi° siècle, et jusqu'à nos jours, à écrire pour ou contre le pouvoir politique du souverain pontife ; mais la question rentre peu à peu dans le nombre de ces thèses d'école que l'on discute sans fin, mais dont la science ne s'occupe plus. Sans doute les rapports du temporel et du spirituel, de l'Eglise et de l'Etat sont encore et seront toujours une des questions principales de la politique ; mais ce n'est plus, comme au moyen âge, la question dominante, la seule question. Or, on peut dire que ce résultat est dû au grand débat que le xiv° siècle a institué à ce sujet.

Les pièces qui contiennent les doctrines politiques de Boniface VIII sont ses bulles, dont les trois principales sont la bulle *Clericis laïcos* (1296), la bulle *Ausculta, fili* (1301), et surtout la bulle *Unam sanctam* (1302). Dans la première, le pape déclare que les ecclésiastiques qui paieront des tributs (2), et les princes sécu-

(1) On trouvera tous ces écrits dans la collection de Goldast (*Monarchia*), et de Schardius (voy. plus haut, p. 363). Quant aux pièces de la querelle, que nous citons plus bas, elles sont tirées de Dupuy (*Hist. du différ., de Bon. VIII et de Phil. le Bel*, Paris, 1655).

(2) Disons quelques mots de cette question des contributions ecclésiastiques, qui est l'une des faces de la grande question politique du moyen âge. On sait quelle est sur ce point la tradition évangélique et apostolique et la tradition des Pères. Jésus-Christ a payé le tribut. Saint Paul a dit de payer le tribut à ceux auxquels on doit le tribut (Rom. xiii. 7), et il ne fait nulle exception en faveur du sacerdoce. Même, sous les empereurs chrétiens, saint Ambroise disait, comme nous l'avons vu (p. 341) : *Agri Ecclesiæ solvunt tributum.* Au ix° siècle, Hincmar disait encore : « Quant à la milice et aux impôts, que suivant l'antique usage, selon la quantité et la qualité des églises qui nous sont confiées, on a coutume d'exiger, nous pensons que nous devons écouter les paroles et suivre l'exemple d'Ambroise... pour la défense du Roi et de la Ré-

liers qui les exigeront sans le consentement du siége
apostolique, seront excommuniés *ipso facto*. Cette prétention, qui a paru exorbitante, et qui a soulevé cette
immense querelle, n'était, après tout, que le renouvel-
lement des décisions de la plupart des papes prédécesseurs de Boniface VIII, au moins depuis Urbain II. On
voit donc très-évidemment que le tort de Boniface VIII
a été de ne pas sentir sa faiblesse et de ne pas prévoir sa
défaite. Mais où a-t-on vu un pouvoir absolu se limiter
lui-même, et renoncer à des droits acquis, pour éviter
une chute que l'événement seul a démontré inévitable?

Entre la première et la seconde bulle en l'année 1300,

publique, l'église paye les impôts que nous appelons dons annuels. »
Il en était ainsi au ixᵉ siècle. Au xᵉ, il intervient déjà une constitution
d'Odon, archevêque de Cantorbéry, où nous lisons : « Il n'est permis à personne d'imposer un cens sur l'église de Dieu, parce que les
fils de l'Eglise, c'est-à-dire les fils de Dieu sont libres de tout cens
terrestre dans tout royaume. » Allusion au passage si controversé
de l'Evangile : *Filii sunt liberi*. Les premiers actes solennels de
l'Eglise sur cette question sont le décret d'Urbain II au Concile de
1089, et le célèbre décret d'Alexandre III au Concile de Latran, en
1179. Enfin, nous trouvons dans les lettres de Pierre de Blois, en
1188, une protestation contre la prétention de Philippe Auguste à
faire payer au clergé la dîme Saladine. « Pour quelle raison, ceux qui
combattent pour l'Église, dépouillent-ils l'Église, qu'ils devraient au
contraire enrichir de dons, de triomphes et des dépouilles de l'ennemi?
Qu'est-ce que le prince doit exiger des Pontifes et des Clercs, sinon
qu'ils fassent incessamment des prières pour lui?... Je sais que si ton
roi a décidé d'accabler l'Église sous le poids de mille exactions, il
trouvera plus d'un évêque pour complice de son audace. Car, oubliant
la liberté évangélique, qui les a faits non-seulement les fils, mais les
amis de Dieu, ils se laisseront percer l'oreille en signe d'une servitude perpétuelle et ignominieuse. » Cette protestation nous conduit
jusqu'au nouveau Concile de Latran (1205) où Innocent renouvelle le
décret d'Alexandre III, avec des additions importantes : « Si cependant
un évêque et son clergé voient utilité ou nécessité, et sans contrainte,
à venir en aide aux besoins publics, lorsque les moyens des laïques
sont insuffisants, et jugent que les Églises doivent accorder des sub-
sides, les laïques doivent les recevoir *humblement* et dévotement et
*avec des actions de grâces*. Cependant, la jurisprudence de quelques-
uns veut qu'ils consultent d'abord le Pontife romain, auquel il appartient de veiller à l'utilité commune. »

on dit que le pape, dans la grande cérémonie du jubilé séculaire, parut en habits pontificaux et ensuite, en habits impériaux, tenant deux épées à la main et disant : *Ecce duo gladii, ego sum Cæsar* (1). Une telle parole est bien peu vraisemblable ; quelque orgueil et quelque ambition qu'on suppose à Boniface VIII, il est douteux qu'il ait pu aller jusque-là. Au reste, que ce fût là le fond de sa pensée, cela n'est pas douteux ; mais cette pensée, c'était la pensée même de la papauté du moyen âge. Lorsque Boniface, dans un consistoire public, pour la confirmation d'Albert, roi des Romains, disait : « Dieu a fait deux grands luminaires ; et de même que la lune ne reçoit de lumière que du soleil, de même le pouvoir terrestre ne possède rien qui ne lui vienne du pouvoir ecclésiastique, » cette comparaison si célèbre à cette époque est littéralement empruntée à Innocent III. Au xiii⁰ siècle, elle ne soulève aucune protestation éclatante ; au xiv⁰, elle fut l'objet des plus vives attaques. Lorsque, dans le même discours, Boniface VIII menace les Germains de transférer l'empire à d'autres peuples, s'ils s'en montrent indignes, il ne fait que tirer la conséquence légitime de la doctrine de la translation de l'empire, qui était l'une des doctrines traditionnelles de la cour de Rome. Mais, en même temps que Boniface VIII abaissait ainsi l'empire devant la papauté, il l'élevait au-dessus de tous les monarques de la terre, et on en comprend aisément les motifs. Aussi disait-il dans le même discours cité plus haut : « Que l'orgueil gaulois fasse silence et cesse de proclamer qu'il ne reconnaît point de supérieur : c'est un

---

(1) Dupuy cite la parole autrement : *Ecce duo gladii :* me vides, ò Petri, successorem tuum, tu salutifer Christe, cerne tuum vicarium. (*Histoire du différend*, p. 8).

mensonge; car, de droit, la France est et doit être sous
la domination du roi des Romains et de l'empereur. »
Tels étaient les principes de Boniface VIII. Mais il allait
se rencontrer en face d'un monarque aussi tenace que
lui, profond politique, froid, énergique et peu disposé
à plier devant les menaces, le premier des rois modernes, comme on l'a dit.

L'affaire s'engage par la bulle *Ausculta, fili*, qui,
bien que écrite du ton paternel et emmiellé de la
cour de Rome, contient déjà les principes les plus
hautains. « Dieu, y est-il dit, nous a établis au-dessus des rois et des royaumes, en nous imposant
le joug de la servitude apostolique pour *arracher*,
*détruire*, *disperser*, *dissiper*, *édifier et planter* (1). »
Suivent des remontrances très-vives et très-pressantes
sur la conduite du roi, remontrances qui, à vrai dire,
n'ont rien de nouveau, et sont tout à fait semblables à
celles que tous les papes du moyen âge adressaient aux
princes et même aux empereurs. Les lettres de Grégoire VII à Philippe Iᵉʳ sont au moins aussi hautes et
aussi violentes que celles de Boniface VIII. Enfin la
bulle *Unam sanctam*, qui a paru la plus excessive de
toutes, n'est guère que la reproduction souvent littérale
de toutes les doctrines politiques du moyen âge. Le
pape cite le passage où saint Pierre montre les deux
glaives à Jésus-Christ, et où celui-ci répond : C'est assez,
et non pas, c'est trop. Il reproduit le passage de saint
Bernard : Que le glaive spirituel est tenu par l'Église,
le temporel pour l'Église; que le spirituel peut être tiré
par le prêtre, le temporel par le roi, mais d'après le
consentement du prêtre. Il invoque ensuite le passage
de Jérémie : *Ecce constitui;* le pouvoir de juger, décerné

(1) C'est le passage de Jérémie souvent cité.

au spirituel sur le temporel, etc. Enfin, il n'y a rien absolument de nouveau dans cette lettre, si ce n'est l'argument qui termine : celui qui reconnaît deux pouvoirs
dont l'un n'est pas soumis à l'autre, reconnaît deux
principes, et tombe dans l'hérésie du manichéisme. La
conclusion est absolue : « *Porro subesse romano pontifici omnem humanam creaturam declaramus.* »

Les principes contenus dans ces différentes bulles
ayant soulevé de grandes oppositions, le pape et la cour
de Rome essayèrent de les restreindre et de les limiter.
Mais leurs prétendues explications ne font que confirmer et établir plus fortement les doctrines qu'on leur
impute. Dans un consistoire tenu à Rome, à propos de
la querelle du pape et du roi de France, le cardinal de
Porto, Mathieu d'Aquasparta, prit la parole et dit qu'on
avait mal interprété les paroles du pape, qu'il n'avait
jamais soutenu que le roi dût reconnaître tenir son
royaume de l'Église ; mais que la doctrine tenue par le
pape était celle-ci : « De même qu'il n'y a qu'un seul
chef dans la maison, dans le vaisseau, de même qu'un
corps n'a qu'une seule tête, de même l'Église n'a
qu'un chef suprême auquel tous doivent obéir ; celui-là
qui possède la plénitude de la puissance est *maître suprême du temporel et du spirituel, et c'est le souverain pontife;* il y a deux juridictions, l'une spirituelle, l'autre temporelle, l'une appartenant au pape,
l'autre à l'empereur et aux princes ; mais le pape peut
connaître du temporel, eu égard au péché (*ratione
peccati*); il y a trois choses dans la juridiction : le
droit, l'usage et l'exécution : que l'usage et l'exécution
au temporel n'appartiennent pas au souverain pontife;
car il a été écrit : *Converte gladium in vaginam;* mais
la juridiction temporelle appartient de droit au vi-

caire de Jésus-Christ, d'où il suit, conclut le cardinal,
que le roi de France n'a pas lieu de se plaindre. » En
effet, on lui laissait l'usage de la puissance, on ne se
réservait que le droit et la direction. Dans le même
consistoire, Boniface VIII parla lui-même et répéta à
peu près ce qu'avait dit le cardinal de Porto, mais avec
des paroles qui se ressentent de son caractère emporté :
« On nous a fait dire, s'écria-t-il, que nous avions déclaré au roi qu'il devait reconnaître tenir son royaume
de nous. Voilà quarante ans que nous étudions en
droit, et nous savons qu'il y a deux puissances ordonnées de Dieu... Mais le roi ne peut pas nier qu'*il ne soit
notre sujet quant au péché.* » Il rappelle que les papes,
ses prédécesseurs, ont déposé trois rois de France, et il
menace Philippe d'une punition semblable, s'il ne vient
à résipiscence : « Le roi ayant commis les mêmes fautes,
nous n'hésiterions pas à le déposer, *sicut unum garcio-
nem,* quoiqu'avec douleur et beaucoup de tristesse. »

Tandis que Boniface essayait de faire triompher ses
prétentions à la monarchie universelle, son adversaire
lui résistait avec une fierté et une persévérance contre
laquelle devaient se briser tous les efforts de la cour de
Rome. A la bulle *Clericis laïcos,* il répondit par une
lettre d'une mâle éloquence et d'une vive dialectique :
« Avant qu'il n'y eût des clercs, disait-il, le roi de France
avait déjà la garde de son royaume, et le droit de faire
les lois qui lui paraissaient nécessaires. Notre sainte
mère l'Église n'est pas seulement composée de clercs,
mais de laïques. Est-ce donc seulement les clercs que
Jésus-Christ a délivrés du péché? Est-ce pour les clercs
seuls qu'il est mort? seuls ont-ils la grâce en ce monde
et la gloire en l'autre? Non sans doute. Pourquoi donc
les clercs veulent-ils s'approprier, à l'exclusion des

autres, la liberté ecclésiastique? Il est vrai qu'il y a
des libertés particulières accordées aux clercs par l'autorité du saint pontife, mais avec la permission des
rois. Mais de telles libertés ne peuvent ôter aux rois la
puissance de garder et de défendre leurs royaumes ;
elles ne peuvent le priver de ce qui est nécessaire à
cette défense. La partie doit être utile au tout, et c'est
un membre mort ou paralytique que celui qui refuse
de servir au corps. Ainsi quiconque refuse de subvenir
aux besoins du royaume et de son chef, clercs ou laïques, nobles ou roturiers, est un membre inutile et
paralytique. Personne n'est tenu de faire la guerre à
ses dépens : or, si une invasion d'ennemis menaçait le
royaume, il est certain que les biens ecclésiastiques seraient pillés; ils ont donc plus besoin que les autres du
secours de notre bras; et c'est faire injure au droit naturel que de défendre à qui ce soit, serf ou libre, clerc
ou laïque, noble ou roturier, de payer tribut à ses défenseurs. Aussi est-il un homme sage et éclairé qui
n'ait été confondu d'étonnement en voyant le vicaire
de Jésus-Christ défendre, sous peine d'anathème, de
payer le tribut à César, défendre aux clercs de venir au
secours du royaume et du roi, bien plus, d'eux-mêmes,
selon leurs moyens? Et on leur permet de donner aux
histrions, aux courtisanes, et, au mépris des pauvres,
de dépenser follement leurs revenus en chevaux, en
banquets, en pompes de toutes sortes : ce que la nature et la raison, le droit divin et humain déclarent
détestable. Et l'on défend à ces prêtres nourris et en-
graissés par nos complaisances, de venir à notre secours
dans nos nécessités! Ceux qui font de telles défenses
n'ont pas mûrement réfléchi : ils auraient vu que c'est
là prendre en main la cause de nos ennemis, encourir

le crime de lèse-majesté et trahir le défenseur de l'État. Nous adorons Dieu, nous honorons l'Église catholique et ses ministres ; mais nous n'avons pas peur des menaces des hommes, lorsqu'elles sont déraisonnables et injustes ; car Dieu, à la clémence duquel nous appelons, saura bien reconnaître la justice de notre cause. » Cette admirable lettre, pleine de passion et de raison, est peut-être ce que le xive siècle a laissé de plus fort contre la tyrannie pontificale : on y reconnaît un esprit droit et net, qui ignore et méprise les subtilités dialectiques, et entre immédiatement dans les choses mêmes, *in medias res*, une raison au-dessus de son siècle par la fermeté et la hardiesse, une force de pensée qui en laisse entrevoir plus qu'elle n'en découvre, enfin un langage nerveux et incisif, bien supérieur au langage diffus et violent de Boniface VIII.

La querelle de Boniface VIII et de Philippe le Bel est la plus célèbre du xive siècle, et l'une des plus grandes du moyen âge ; elle ne fut pas la seule : la papauté ne fut pas vaincue en un seul coup. Il faut rappeler encore celle de Henri VII et de Clément V, de Louis de Bavière et de Jean XXII. C'est à l'occasion de ces diverses querelles que furent composés les grands écrits polémiques du xive siècle, soit en France, soit en Italie. Dans cette lutte dont nul n'entrevoyait toutes les conséquences, deux noms surtout se font remarquer avec éclat, le nom du plus grand poëte et celui du plus grand scolastique de cette époque, Dante et Ockam.

Mais avant de parler du *De monarchia* et des grandes mais insupportables diatribes de Guillaume d'Ockam, arrêtons-nous un instant à un petit écrit très-court, mais très-intéressant, composé évidemment au temps de Philippe le Bel, et qui même semble s'être inspiré

de la lettre précédente. C'est un véritable pamphlet
connu sous le titre de *Dialogue entre un clerc et un
soldat* (1). Quelques-uns ont attribué cet ouvrage à
Ockam lui-même, et disent que c'est pour cet écrit
qu'il a été excommunié. Mais cette supposition nous
paraît peu vraisemblable, tant est grande la différence
de style entre ce petit écrit et les ouvrages authentiques
d'Ockam : ceux-ci sont d'une scholastique aride, tor-
tueuse et subtile. Le pamphlet, au contraire, est d'un
ton vif, rapide, plein de mouvement, d'esprit et de passion ; c'est un écrit remarquable pour le temps, et
même de quelque valeur littéraire.

On en jugera par le début qui ne manque pas d'originalité et même d'un certain comique. Le clerc rencontre le soldat et commence à gémir en termes tragiques et solennels de la situation de l'Église : « Je
m'étonne, excellent soldat, d'avoir vu en peu de jours
l'ordre du monde changé, la justice ensevelie, les lois
renversées, les droits foulés aux pieds. — Le soldat :
voilà de bien grands mots : pour moi je suis un laïque,
et quoique j'aie un peu étudié les lettres en mon enfance, je ne suis pas allé assez loin pour bien comprendre d'aussi hautes expressions. C'est pourquoi,
vénérable clerc, si vous voulez avoir un entretien avec
moi, prenez, je vous prie, un style plus simple. — Le
clerc : J'ai vu dans mon temps l'Église en grand honneur auprès des rois, des princes et des nobles ; maintenant je vois la misérable Église devenue à vous tous
une proie : on exige tout de nous, on ne nous donne
plus rien ; si nous ne donnons pas nos biens, on nous

(1) Voir Goldast. — Suivant l'abbé Grégoire (*Essai histor. sur les
bornes de l'Égl.*, etc.), ce pamphlet aurait été primitivement écrit en
vieil anglais. Il a été réimprimé à Londres en 1808, chez James Savage.

les arrache ; nos droits sont foulés aux pieds, nos libertés sont détruites ! — Le soldat : Qu'entendez-vous par vos droits ! » Il me semble qu'il y a là un sentiment vif et juste du dialogue : le caractère du personnage est indiqué avec assez de justesse et même de finesse ; le clerc a le ton emphatique et plaintif de la cour de Rome, le soldat prend le ton naïf, ironique et ferme du laïque révolté. « Je n'ai pu m'empêcher de rire, dit-il, lorsque récemment j'ai appris que le pape Boniface VIII prétendait être supérieur à tous les pouvoirs de la terre : à vrai dire, de cette manière, il lui est facile de s'acquérir un droit sur toute chose, puisqu'il n'a qu'à écrire que tout est à lui. Pour lui, avoir un droit, ce n'est autre chose que de le vouloir. »

Après ces premières escarmouches, la discussion s'engage d'une manière plus sérieuse. Le clerc ayant soutenu que le pape, comme vicaire de Jésus-Christ, peut tout ce que pouvait Jésus-Christ lui-même, le soldat répond qu'il faut distinguer deux états dans le Christ, l'un d'humilité, l'autre de gloire. Pierre a été établi vicaire de Jésus-Christ, mais de Jésus-Christ humilié, et non pas de Jésus-Christ dans sa gloire. Beaucoup de textes viennent à l'appui ; et le soldat, malgré son ignorance affectée, paraît assez versé dans les saintes Écritures. Il rappelle les passages suivants : « Mon royaume n'est pas de ce monde. — Je ne suis pas venu pour être servi, mais pour servir. — Qui m'a établi juge parmi vous pour décider vos partages? — Aucun soldat de Dieu ne doit se mêler aux choses séculières, etc. » Si l'on suppose que le pape a le même pouvoir que Dieu, parce qu'il est son vicaire, le pape pourrait de sa propre volonté prendre les biens de tous les fidèles :

car si Dieu demandait à quelqu'un son champ, sa vigne, il faudrait les lui donner.

Mais le pape, dit-on, peut et doit connaître du péché; or le péché roule sur le juste et l'injuste : le juste et l'injuste se rencontrent dans les choses temporelles. Le pape connaît donc du temporel. C'est là, dit le soldat, un argument cornu. En effet, dans la pendaison des voleurs, on ne peut nier qu'il n'y ait lieu à la différence du juste et de l'injuste. Faut-il en conclure que le pape peut juger du sang? Voici le même argument sous une forme plus pressante. C'est au pouvoir ecclésiastique qu'il appartient de juger les questions de mariage. Or, dit le soldat, je vais à Padoue pour un héritage que je réclame au nom de ma femme; vous voyez que c'est en raison de mon mariage que je poursuis cette succession. Eh bien? cette connexion qui lie la cause d'hérédité à la cause du mariage doit-elle faire que j'aille plaider devant vous pour mon héritage? Dans cette discussion, on voit que le soldat emploie surtout l'argument par l'absurde, qui est l'argument par excellence du sens commun. « Si le pape, dit-il, est le maître de toute chose, l'évêque serait le maître de son diocèse, et par la même raison, mon curé sera le maître de mon champ. »

Mais bientôt la discussion s'anime davantage, et le soldat laisse éclater une passion amère. Sur une observation du clerc, il s'écrie : « Prenez garde de réveiller le chien qui dort, et ne me forcez pas à dire des choses auxquelles je pensais à peine auparavant. » —Le clerc: Que le chien se réveille et qu'il aboie. — Le soldat : Oui, mais puisque vous avez abusé de la bonté et de la patience des princes, craignez qu'après les aboiements du chien, vous ne veniez à sentir ses morsures! »

Qui ne reconnaît ici le cri populaire, l'émotion contenue et prête à éclater, et cette rancune du laïque
contre le clerc, qui est une des causes les plus loin-
taines et les plus profondes des révolutions modernes.
Au reste, ces récriminations dont le soldat est ici l'interprète, ces accusations de licence et de corruption
dirigées contre le clergé, ne sont que l'écho de celles
qu'ont portées les plus grands hommes religieux du
moyen âge, saint Bernard au xii<sup>e</sup> siècle, et au xv<sup>e</sup>
d'Ailly, Clémangis, Gerson : « Ces biens temporels
dont vous jouissez, s'écrie le soldat, ne vous ont-ils
point été donnés ou plutôt prodigués par nos ancêtres pour que vous les consacriez au culte divin?
Mais non, vous appliquez à vos besoins ces richesses
que vous devriez répandre en aumônes et en œuvres
de charité dans les entrailles des pauvres. N'est-il pas
juste qu'on enlève la solde à celui qui ne veut pas
servir, que le vassal, qui ne remplit pas son hommage, soit dépouillé de son fief? Vous ne vous plai-
gnez pas que vos biens ecclésiastiques passent entre
les mains de vos neveux, de vos parents, et même quelquefois de personnes déshonnêtes. Mais vous trouvez
intolérable que le roi vous en demande une partie pour
votre salut et pour la défense de ces biens eux-mêmes!»
— Le clerc : Malheureux que je suis! vous m'arrachez
la peau avec la chair, et vous appelez cela mon salut!
— Le soldat : Ne vous fâchez pas, et écoutez-moi avec
patience. Si la main du roi venait à vous manquer,
quelle serait votre sûreté? La main du roi, c'est votre
mur; le pain du roi, c'est votre pain; le salut du roi,
c'est le vôtre... Eh quoi! si les rois et les princes sont
tenus de vous défendre à leurs frais et à leurs risques,
et de s'exposer gratuitement à la mort pour vous,

tandis que vous dormez à l'ombre, mangeant les mets
les plus raffinés, buvant les vins les plus exquis, vous
prélassant dans vos couches lascives, c'est vous qui
êtes les vrais maîtres des princes et des rois; ils ne
sont que vos esclaves! »

Tel est le pamphlet du *Clerc et du soldat,* l'un des
écrits politiques les plus remarquables du moyen âge,
l'un des témoignages les plus frappants de cet esprit
de révolte que la lutte de Philippe le Bel contre Boniface VIII avait provoqué. Mais du pamphlet il est
temps que nous passions à des traités plus sérieux, et
que nous retournions à l'argumentation scholastique
de l'école.

Dans cette vaste mêlée du XIVᵉ siècle, deux noms s'é-
lèvent au-dessus des autres : Dante et Ockam; l'un le
poëte le plus savant à la fois et le plus naïf; l'autre,
le dialecticien le plus tortueux du moyen âge. L'un et
l'autre sont les défenseurs du pouvoir impérial, c'est-à-
dire du pouvoir temporel; l'un et l'autre emploient à
cette défense toutes les ressources et tous les artifices
de la dialectique de leur temps. Mais dans le *De monar-*
*chia* de Dante, malgré la barbarie de la forme, et quelquefois la puérilité de certains arguments, on entrevoit
quelques traits et quelques vues qui trahissent le grand
esprit, et de certaines réminiscences poétiques rafraî-
chissent de loin en loin l'imagination. Au contraire, les
traités d'Ockam semblent ne mériter l'intérêt que par
une subtilité d'argumentation dont il est presque impossible de se faire une idée, tant la pensée est étouffée
sous les broussailles de la logique. La patience la plus
exercée et la curiosité la plus scrupuleuse ne peuvent
se flatter de suivre dans ses détours infinis cette scholastique enchevêtrée qui faisait les délices des esprits

dans ces temps grossiers, et qui, toute glacée qu'elle
nous paraît aujourd'hui, excitait alors la passion, la
colère ou l'enthousiasme.

Le *De monarchia* de Dante (1) n'est pas, comme on
pourrait le croire, un traité du gouvernement monarchique et royal, comparé aux autres formes de gouvernement ; non, c'est la démonstration de cette doctrine
chère aux jurisconsultes impériaux (2), que l'univers
doit avoir un seul chef ; que ce chef unique dans les
desseins de Dieu, est le peuple romain, ou son héritier,
c'est-à-dire l'empereur ; enfin que l'Empire ne relève
immédiatement que de Dieu, et que, dans l'ordre temporel, il n'a point de supérieur. C'est donc la défense
de la monarchie universelle, thèse favorite des Hohen-
stauffen, et que la cour impériale soutenait à l'aide de
fictions historiques semblables à celles qu'invoquait de
son côté la cour de Rome en faveur des mêmes prétentions.

Le *De monarchia* ne contient donc pas, à vrai dire,
de doctrine originale. Cependant la manière dont l'auteur soutient cette thèse banale à cette époque, trahit
un esprit vigoureux, né pour penser fortement, et qui,
dans d'autres temps, eût pu appliquer plus utilement
sa pénétration et sa profondeur. Deux points surtout
sont à remarquer dans cet ouvrage : c'est d'abord l'emploi de la métaphysique péripatéticienne, et de ses principes les plus fins et les plus subtils à la démonstration
d'une thèse politique. En second lieu, c'est une sorte de
philosophie de l'histoire, qui contient en germe le *Dis-*
*cours sur l'Histoire universelle*, et qui s'appuie sur l'au-

(1) Sur le *De monarchia*, voyez une bonne thèse latine de M. Ouvré.
(2) Voy. plus haut, p. 389.

torité de la poésie et de la science, et, comme le dit
Dante lui-même, de Virgile et de Béatrix.

Dante définit la *monarchie*, l'empire d'un seul chef
sur tous les hommes qui sont dans le temps, et par rapport à toutes les choses qui peuvent se mesurer temporellement. Cette définition implique que la monarchie embrasse l'universalité du genre humain, et
l'universalité des intérêts humains, des affaires temporelles. C'est la nécessité et le droit d'une telle puissance
qu'il s'agit de démontrer (1).

Pour déterminer la nature du gouvernement parmi
les hommes, il faut connaître la fin de la société politique. La politique est une science pratique, et non spéculative. En tant que science pratique, elle s'occupe
des actions. Or, la nature de l'action est relative à la fin
de l'action : par exemple, l'action de celui qui bâtit une
maison se détermine par le but qu'il se propose en construisant une maison. Par conséquent, pour déterminer
la nature des actions qui conviennent à toute société
politique, il est indispensable de fixer d'abord la fin
d'une société de ce genre.

Voulons-nous savoir quelle est la fin d'un être? écar-
tons ce qui lui est commun avec d'autres êtres, pour
rechercher ce qui lui est propre. Ainsi, ce qui est la fin
de l'homme, ce n'est pas l'être pris simplement, ni l'organisation, ni la vie, ni même la simple appréhension
(la sensation), c'est *l'appréhension par l'intellect en
puissance*, c'est-à-dire la faculté de généraliser (*intel-
lectus possibilis*) (2).

(1) *De monarchia*, l. I.
(2) Sur la différence de l'entendement en acte et de l'entendement
en puissance (νοῦς ποιητικός, νοῦς παθητικός), voy. Arist. *De anim.*,
l. III, c. 5.

L'homme ayant pour caractère essentiel de son espèce
la puissance intellective, ou l'intellect en puissance, il
reste à savoir comment cette puissance passe à l'acte.
Ici Dante cite l'autorité d'Averroès, et il semble admettre avec lui qu'il y a un entendement universel répandu
dans la multitude du genre humain, et qui se réalise,
non pas dans l'individu, mais dans la totalité des hommes, de même que la matière première s'actualise dans
la multitude des choses générales et individuelles. Ainsi,
le genre humain réalise successivement cette puissance
indéfinie qui préexiste dans chaque homme en particulier, mais qu'aucun n'exprime dans sa plénitude.

Or l'intelligence en acte a deux degrés : l'intellect
pratique (νοῦς πρακτικὸς) et l'intellect spéculatif (νοῦς
θεωρητικὸς); le premier dont la fin est d'agir et de produire (πράττειν καὶ ποιεῖν), c'est-à-dire d'accomplir des
actions et des œuvres; le second, dont la fin est de connaître purement et simplement, ce qui est, à vrai dire,
la plus parfaite de toutes les actions. Or l'action est subordonnée à la spéculation, comme au terme le meilleur
que la souveraine bonté ait eu en vue en nous créant.

Pour quelle raison Dante débute-t-il par ces prémisses
métaphysiques? C'est pour arriver à cette conséquence,
que ce qui est vrai de la partie est vrai du tout. Or,
l'individu ne peut arriver à la sagesse que par le repos :
de même le genre humain ne peut arriver à sa fin que
par la paix. La paix est donc la meilleure des choses
qui se rapportent à notre fin. C'est pourquoi Dieu a
dit : « Gloire à Dieu dans les cieux, paix sur la terre aux
hommes de bonne volonté! »

On trouvera sans doute que Dante va chercher bien
loin la démonstration d'une vérité aussi claire qu'est à
nos yeux la nécessité et le bienfait de la paix, et qu'il

était assez inutile d'invoquer à ce sujet les théories d'A-
ristote et d'Averroès sur l'intelligence en puissance et
l'intelligence en acte. Mais on doit remarquer cependant qu'il y a là un effort digne d'attention, pour ramener à des principes les vérités élémentaires de la
science politique. Or, à cette époque, les seuls principes
qui fussent à la disposition des penseurs (la théologie
exceptée), c'étaient les principes péripatéticiens. C'é-
taient les cadres tout prêts dans lesquels venaient se
résoudre toutes les questions. L'esprit humain, si vigoureux dans l'antiquité, n'avait pas encore repris assez
de force pour traiter les problèmes à la seule lumière
de la raison libre. Il avait encore besoin des lisières de
l'école. Ces creuses formules étaient des liens qui l'em-
barrassaient et le soutenaient à la fois.

Dante avait bien raison de proclamer la nécessité de
la paix. Le moyen âge n'était que guerre : guerre du
pape contre l'empereur, guerre de l'empereur contre
les villes, guerre des seigneurs contre l'empereur,
guerre des villes les unes contre les autres, guerre des
Guelfes contre les Gibelins, des blancs contre les noirs ;
guerre partout, en haut comme en bas de la hiérarchie.
Dante gémissait de cet état déplorable. Exilé, persécuté,
il appelait de ses vœux la paix, qui eût donné à son
génie la liberté et le repos. Il ne rencontrait autour de
lui que division, il aspirait à l'unité ; et comme il
était poëte en même temps que logicien, il rêvait une
unité impossible, l'union du genre humain sous une
seule autorité.

Voici les raisons que Dante fait valoir en faveur de la
monarchie universelle :

Dans toute multitude qui a une fin commune, il faut
un chef unique. Voyez l'homme : toutes ses facultés

tendent vers une seule et même fin, le bonheur. Aussi une seule force domine-t-elle toutes les autres, la force intellectuelle ; elle est comme la maîtresse et la directrice. Ainsi de la famille, de la commune, de la cité, etc. Or nous avons vu que le genre humain a une fin commune et unique. Il lui faut donc un seul chef : c'est l'empereur.

Le meilleur état du monde est de ressembler le plus à Dieu. Or, cela arrive quand il est le plus un possible, Dieu étant l'unité. Mais il est le plus un quand il est réuni en un, c'est-à-dire sous un seul prince.

Tout fils doit suivre les traces de son père. Or, l'homme est fils du ciel. *Homo hominem generat et sol.* Le ciel est animé d'un seul mouvement, et dirigé par un seul moteur. Donc le genre humain ne doit avoir qu'un seul chef.

Partout où il peut y avoir litige, il doit y avoir jugement. Entre deux princes dont l'un n'est pas soumis à l'autre, il peut y avoir contestation, Il faut un juge. Ils ne peuvent l'être ni l'un ni l'autre : de là la nécessité d'un tiers. Mais on ne peut aller à l'infini. Il faut donc un juge suprême qui décide en dernier ressort, et qui soit par conséquent le maître de l'univers entier.

Le monde le mieux organisé est celui où règne la justice. La justice est la plus parfaite, quand elle se rencontre dans un sujet qui a le plus de bonne volonté et le plus de pouvoir (*volentissimo et potentissimo*). Or, le plus grand obstacle à la volonté, ce sont les passions. Mais il n'y a pas de passions là où il n'y a rien à désirer. Le maître du monde entier n'a rien à désirer : donc il n'a pas de passion ; et chez lui la bonne volonté, c'est-à-dire la justice ne rencontre pas d'obstacle. De plus, il n'a point d'ennemis ; son pouvoir ne rencontre

donc pas plus d'obstacle que sa volonté. Et ainsi la
justice est chez lui dans les conditions les plus parfaites.

Le genre humain est le plus heureux, quand il est le
plus libre. Or, c'est sous un monarque que les hommes
sont le plus libres. Car, selon Aristote, *illud est liberum,
quod suîmet, non alterius causâ*. La liberté consiste à
vivre pour soi et non pour un autre. Dans la monarchie, le citoyen ne vit pas pour le magistrat, mais
le magistrat pour le citoyen. Si le magistrat paraît être
le maître des sujets, sous le rapport des moyens, il en
est le ministre, sous le rapport de la fin. Donc, dans ce
système de gouvernement, le genre humain n'existe
que pour lui-même. Il est donc très-libre. La monarchie
est donc le plus parfait des gouvernements.

Ce qui peut se faire par un seul est mieux fait par
un seul que par plusieurs. En effet, il faut retrancher
toute inutilité, puisque Dieu et la nature ne font rien
en vain. Or, le genre humain peut être dirigé par un
seul monarque, non pas, il est vrai, quant aux lois municipales et aux intérêts locaux (car les lois doivent
être relatives aux nations), mais quant aux intérêts
communs. Cette loi commune, qui règle les intérêts généraux des États, les princes particuliers doivent la
recevoir du souverain monarque ; de même que l'entendement pratique reçoit de l'entendement spéculatif
la proposition générale, qui lui sert de majeure, et
sous laquelle il fournit lui-même une proposition particulière qui sert de mineure pour conclure à une proposition impérative ; de même le monarque fournit les
lois générales, que les princes appliquent d'une manière particulière, suivant l'esprit des différents
peuples.

Il y a une gradation entre l'être, l'un et le bien.
L'être produit l'un, et l'un produit le bien. L'un est la
racine du bien, comme le multiple est la racine du mal.
Pécher, c'est sacrifier l'un au multiple. La concorde,
en tant qu'elle est un bien, repose sur l'unité : c'est un
mouvement uniforme de plusieurs volontés, semblable
à celui qui incline toutes les graines vers le centre, et
pousse toutes les flammes à la circonférence. Or, cet
accord des volontés, qui constitue la concorde, ne peut
avoir lieu sans une volonté qui unit, et qui dirige (*uni-*
*tivam et directivam*), c'est-à-dire la volonté d'un monarque.

Ce qui donne une grande autorité au principe de la
monarchie, c'est que c'est au temps d'Auguste, lorsque
l'unité et la paix régnaient dans le monde, que Jésus-
Christ a voulu naître : c'est ce temps que saint Paul a
appelé la plénitude des temps.

Tels sont les arguments de Dante en faveur de la
monarchie. Il est facile de voir que la plupart de ces
raisons, entièrement métaphysiques, sont beaucoup
trop éloignées de la réalité, et trop étrangères au sujet.
Elles s'y appliquent, comme elles pourraient s'appliquer
à tout autre. Car ce qui est trop général convient à tout
et ne convient à rien. Ce sont en outre de perpétuels
paralogismes, où l'auteur s'appuie sur ce qui est en
question, ou de pures hypothèses, que n'autorise ni
l'expérience, ni l'histoire, ni le raisonnement. Enfin,
c'est plutôt une conception idéale de ce que pourrait
être le gouvernement de l'univers, qu'une démonstration de ce qu'il doit être, étant donnée la nature des
choses.

Après cette théorie métaphysique de la monarchie
universelle, Dante demande à l'histoire la justification

de ses doctrines, et il la trouve dans la suprématie universelle du peuple romain (1).

D'abord, il a vu avec étonnement cette domination
extraordinaire, ne la croyant appuyée que par la force
des armes. Puis, reconnaissant dans cette destinée
extraordinaire les signes manifestes de la Providence,
il a éprouvé d'abord pour ce peuple une admiration
sans bornes, puis du mépris pour les princes et les
peuples qui ont usurpé cette domination légitime :
enfin, au mépris a succédé le désir de les éclairer. Il
s'appuie sur deux forces, la raison humaine et l'autorité divine, Virgile et Béatrix.

Il s'agit de chercher quels ont été les droits du peuple
romain à la domination universelle. Le droit est en
Dieu ; puisqu'il est en Dieu, Dieu le veut. D'où il suit
que la volonté de Dieu, c'est le droit ; et chercher quel
est le droit, c'est chercher ce que Dieu veut. Mais la
volonté de Dieu est invisible en elle-même. Elle ne peut
se trahir que par des signes. Si cela est vrai déjà de la
volonté humaine, à plus forte raison de la volonté divine. Quels sont donc ces signes qui attestent la mission
divine du peuple romain?

Ces signes sont de toute nature : d'abord la noblesse
du sang romain prouvée par la noblesse d'Enée ; puis
les miracles faits en faveur de Rome, les boucliers tombés du ciel, les oies qui chantent, Clélie qui traverse le
Tibre, etc. ; puis la vertu romaine qui a négligé ses
propres intérêts, pour procurer l'avantage du genre
humain, et dont le souvenir se perpétuera sans cesse
avec le nom des Cincinnatus, des Fabricius, des Camille,
des Brutus, des Décius, des Caton, etc. ; enfin, le jugement de Dieu.

(1) *De monarch.* l. II.

Le jugement de Dieu, quand il ne se manifeste pas expressément et par des paroles manifestes, peut être cependant deviné à l'aide de signes visibles et apparents. Ainsi, dans un combat d'athlètes, on invoque le jugement de Dieu : or, lorsque les athlètes luttent pour l'empire du monde, qui peut nier que la victoire ne soit la déclaration et le témoignage de la volonté divine? Voyez tous les grands lutteurs de l'antiquité, aucun n'a égalé le peuple romain dans l'étendue de ses conquêtes. Ninus, qui vainquit l'Asie, ne toucha pas le monde occidental. Vesoges, roi d'Égypte, n'obtint pas la dixième partie du globe. Cyrus et Xerxès ne furent pas plus heureux. Alexandre, enfin, qui fut sur le point d'obtenir la palme de la monarchie, mourut au milieu de sa course. « O profondeur de la sagesse et de la science de Dieu, s'écrie Dante, qui pourrait ne point t'admirer? car au moment où Alexandre s'efforçait de devancer à la course le peuple romain, pour empêcher sa témérité d'aller plus loin, vous l'avez enlevé du combat ! »

Il est curieux de voir le principe du duel qui, au moyen âge, est considéré comme une des garanties de la justice, invoqué ici pour démontrer la légitimité des conquêtes romaines. Partout où le jugement humain fait défaut, ou est enveloppé des ténèbres de l'ignorance, il faut recourir à celui qui a tant aimé la justice, qu'il a complété ce qu'elle demandait en sacrifiant son propre sang. C'est un dernier remède, auquel nous ne devons avoir recours qu'à la dernière extrémité. Mais si Dieu est avec nous, il est impossible que la justice succombe. Et si la justice ne peut succomber dans le duel, n'est-il pas vrai que ce qui est acquis par le duel est acquis légitimement? Or, c'est par une suite de duels, d'abord

avec Albe, puis avec les Sabins, puis les Samnites, puis
les Carthaginois, puis les Grecs, que Rome a conquis
l'empire du monde. C'est le jugement de Dieu.

Après avoir établi qu'il y a un monarque pour le
genre humain, que ce monarque a été le peuple romain, et son héritier l'empereur, il reste à débattre la
grande question du moyen âge, la question des deux
pouvoirs, du pouvoir impérial et du pouvoir ecclésiastique, de leur indépendance ou de leur subordination.
La troisième partie du *De monarchia* est une discussion en règle de cette question (1). Cette discussion est
une des plus fortes du moyen âge sur le point en
litige.

Il distingue trois sortes d'arguments par lesquels on
a coutume de démontrer la suprématie du pape sur
l'empereur : 1° les arguments théologiques ou tirés de
l'Écriture ; 2° les arguments historiques ; 3° les arguments philosophiques.

Voici les arguments tirés de l'Écriture. Ils sont pour
la plupart symboliques. C'est : 1° l'argument tiré de
la création du soleil et de la lune, dont la seconde reçoit la lumière du premier. C'est une allégorie du pouvoir spirituel et du pouvoir temporel, celui-ci recevant
son autorité de celui-là ; 2° l'argument tiré de la naissance de Lévi et de Juda, dont l'un a précédé l'autre,
Lévi étant la figure du pouvoir sacerdotal, et Juda du
pouvoir laïque ; 3° la déposition de Saül par Samuel ;
4° l'encens et l'or offerts par les mages à Jésus-Christ,
symbole de sa double souveraineté ; 5° le texte : *Quodcumque ligaveris*, etc. ; 6° les deux glaives offerts par
saint Pierre à Jésus-Christ.

Dante répond avec subtilité et finesse à chacun de

(1) *De monarch.* l. III.

ces arguments bizarres, qui n'ont plus pour nous, à vrai dire, qu'un intérêt historique, mais qui ne méritent point le mépris, lorsque l'on réfléchit que c'est sous cette forme que l'esprit a pensé ou raisonné pendant quatre ou cinq siècles. Qui s'aviserait aujourd'hui de voir dans la création du soleil et de la lune, un symbole politique, et un argument en faveur des prérogatives d'une puissance? Et cependant c'était là une des raisons les plus autorisées, et des plus populaires qu'invoquaient les partisans du pape, et Dante croit devoir la réfuter par trois ou quatre arguments. Le plus solide est celui-ci : c'est qu'en admettant l'exactitude de cette allégorie, elle ne prouverait pas ce que l'on veut prouver. En effet, la lune ne reçoit point du soleil l'être, ni même l'action ; elle en reçoit seulement un secours pour mieux accomplir sa fonction. De même l'empereur ne reçoit du pape ni l'existence, ni la puissance, ni l'opération ; seulement il en reçoit la lumière de la grâce, qui l'aide à bien agir, mais qui ne détruit pas son indépendance.

L'argument de Lévi et de Juda n'est pas plus solide. Lévi précède Juda par la naissance, mais non par l'autorité. Mettons l'argument sous cette forme : A précède B en C. (Lévi précède Juda en naissance.) D et E (le pouvoir spirituel et temporel) sont entre eux comme A et B (Lévi et Juda). Donc D (pouvoir spirituel) précède E (pouvoir temporel) en F, c'est-à-dire en autorité. L'argument conclut mal ; car F n'est point identique à C.

Quant à la déposition de Saül par Samuel, Dante réplique, que Samuel n'était pas le vicaire de Dieu, mais un envoyé chargé spécialement de cette mission particulière. C'est conclure du tout à la partie. Car

Dieu peut faire par ses envoyés tout ce qu'il lui plaît :
il ne s'ensuit pas qu'il donne le même droit à son
vicaire.

L'argument tiré des mages est un syllogisme à quatre
termes. Dante le construit ainsi : Dieu est souverain au
temporel comme au spirituel ; le souverain pontife est
le vicaire de Dieu ; donc le vicaire de Dieu est souverain au temporel comme au spirituel. Il y a, dit Dante,
quatre termes dans ce syllogisme. Car Dieu qui est
sujet dans la majeure n'est pas le même terme que le
vicaire de Dieu qui est prédicat dans la mineure. Or,
un syllogisme ne peut se construire avec quatre termes.
Donc le raisonnement est faux.

Rien n'est plus curieux, si je ne me trompe, que de
voir ainsi à l'œuvre la logique du moyen âge, non plus
dans les matières spéculatives et abstraites, mais dans
les questions contemporaines, pratiques, vivantes. Ces
règles du syllogisme, aujourd'hui si oubliées, étaient
alors une arme. Un argument bien construit ou bien
combattu avait une véritable puissance. Le syllogisme alors marchait et vivait ; il avait une âme ; il
servait des passions ; elle luttait pour le pouvoir ou la
liberté. Mais n'insistons pas plus longtemps sur cette
argumentation de textes, dont il suffit d'avoir indiqué
le caractère.

Viennent ensuite les preuves historiques et philosophiques.

Les preuves historiques invoquées par les défenseurs
du pouvoir pontifical sont au nombre de deux : 1° la
donation de Constantin ; 2° la translation de l'empire
des Grecs aux Germains par le pape Adrien.

Dante, comme on le pense bien, ne discute pas la
valeur historique de ces deux faits ; mais il les attaque

en eux-mêmes, et essaie de prouver qu'ils n'ont pu fonder aucun droit. Il emploie donc contre l'un et l'autre des raisons *à priori*.

Sur le premier point, il avance qu'il n'est permis à personne de se servir de son pouvoir pour faire les choses qui sont contre son devoir. Or, il est contre le devoir de l'empereur de scinder l'empire ; car son devoir est de tenir le genre humain dans la soumission d'une seule volonté. De plus le fondement de l'empire, c'est le droit humain. Or, il est contre le droit humain que l'empire se détruise lui-même. Si un empereur peut distraire une partie de l'empire, un autre peut en distraire une autre partie, et ainsi de suite à l'infini. D'où il suit que l'empire tout entier pourrait disparaître par la faute des empereurs. La conséquence est que la donation de Constantin est illégitime, qu'il ne peut y avoir de prescription contre les droits de l'empire, et que, par conséquent, l'empire ne doit rien à l'Église.

Quant au second point, Dante oppose que l'usurpation ne fait pas le droit. Ainsi, que le pape Adrien ait couronné Charlemagne, cela ne prouve rien contre l'indépendance de l'empereur. D'ailleurs, on pourrait prouver de la même manière que l'Église dépend de l'empire. En effet, Othon a rétabli le pape Léon, et a déposé le pape Benoît. Ainsi, les deux parties peuvent invoquer le fait en leur faveur. Il reste donc à discuter le droit.

Quant aux preuves philosophiques, Dante n'en prête qu'une seule à ses adversaires. Elle est singulièrement subtile et mérite d'être rapportée, ainsi que la réponse.

« Toutes les choses qui sont d'un même genre, disent les partisans du pouvoir pontifical, peuvent se ramener

à une unité, qui est leur mesure. Or, tous les hommes
sont d'un seul et même genre; ils doivent donc être
ramenés à l'unité. Et puisque l'empereur et le souverain pontife sont hommes, il faut qu'ils puissent se
ramener à un seul homme. Mais le pape ne peut pas
être ramené à l'empereur; il est donc nécessaire que
l'empereur soit ramené au pape comme à sa mesure et
à sa règle. »

Dante répond : « Il faut distinguer dans ces deux
personnes la qualité d'homme et la qualité de pape ou
d'empereur. En tant qu'hommes, ils se rapportent au
type humain, ou à l'idée de l'homme parfait. En tant
que pape et empereur, ces deux termes sont irréduc-
tibles, et il faut chercher en dehors d'eux l'unité à
laquelle ils doivent se rapporter. Cette unité, c'est
Dieu. »

Nous craignons bien que toute cette scholastique ne
fatigue le lecteur. Cependant, il faut l'avouer, le *De
monarchia* et les autres traités du temps sont certainement légers et agréables, en comparaison des écrits
du plus grand polémiste du xiv° siècle, de ce redoutable adversaire des papes qui disait à Louis de Bavière : « Défendez-moi par l'épée, je vous défendrai
par la plume; » du célèbre, et aujourd'hui illisible
Guillaume Ockam.

Il serait impossible de s'imaginer jusqu'où a pu aller
la folie de la logique, si l'on n'a pas jeté les yeux sur
les traités polémiques de ce *doctor subtilissimus,* titre
qu'il méritait à tous égards. La scholastique a été très-
souvent comparée à un labyrinthe; mais, dans les docteurs du xiii° siècle, ce labyrinthe n'a rien d'inextri-
cable; quoique le chemin soit long à parcourir, on
s'y retrouve toujours; et même à quelque point que

l'on s'y engage, il est toujours facile de savoir où l'on
est : car chaque question est nettement séparée, chaque
article bien circonscrit ; dans chacun de ces articles le
oui et le non sont clairement opposés, et la difficulté
est d'ordinaire tranchée par une solution intermédiaire
bien caractérisée. Voilà la méthode scholastique des
grands docteurs, d'Alexandre de Hales, de saint Bonaventure, et surtout de saint Thomas d'Aquin, le plus
lumineux des scholastiques. Cette méthode, sans doute,
n'est pas agréable, mais elle est claire, et ne manque
pas d'une certaine grandeur.

Qu'est devenue cette méthode dans les traités polémiques d'Ockam? Celui-ci pose une question, et il commence par distinguer cinq ou six opinions différentes
dont il est déjà assez difficile de saisir les nuances ;
puis, reprenant la première de ces opinions, il expose
les arguments en sa faveur, qui sont quelquefois très-
nombreux. Il est telle opinion qu'il soutiendra par
dix, douze, vingt-quatre raisons. Il passe ensuite
à la seconde, dont il énumère également les raisons
et les preuves ; et ainsi de suite jusqu'à la dernière opinion. Alors, revenant à la première, il expo-
sera les arguments contre ; puis, reprenant l'une après
l'autre les raisons pour, il combattra chacune d'entre
elles par des sous-arguments, et ainsi de suite jusqu'à la fin. Mais ce n'est là qu'une question, c'est-
à-dire un point infiniment petit du sujet traité. Cette
question est subordonnée à une autre, celle-ci à une
autre ; enfin, c'est un tel enchevêtrement de problèmes, de thèses et d'argumentations, que nous trompe-
rions nos lecteurs en affirmant que nous avons été
nous-même jusqu'au bout de cette insipide dialectique,
et que nous en avons suivi tous les détours. Un docteur

du xv<sup>e</sup> siècle, grand admirateur d'Ockam, Badius Ascensius, dit, dans une lettre publiée à la tête d'un de ces écrits : « Sa subtilité et sa finesse sont telles, que *quelques-uns de la foule ignorante* lui reprochent d'avoir construit un labyrinthe dans lequel, une fois engagés, ils ne savent pas (car que savent-ils?) revenir sur leurs pas. » N'en déplaise à ce vénérable docteur de l'Université de Paris, nous sommes, sur ce point, du même avis que la foule ignorante de son temps ; et tout en admirant l'adresse et la fécondité du logicien, nous ne pouvons que déplorer un aussi fastidieux emploi des facultés de l'esprit.

Ce qui complique encore la difficulté et l'ennui d'une pareille lecture, c'est que, par des raisons de prudence faciles à comprendre, Ockam s'est toujours attaché à dissimuler sa propre opinion. Il semble ne donner aucun avantage à aucune doctrine. Il ne soutient pas une thèse, mais il donne toutes les raisons possibles pour toutes les opinions possibles. Il prétend n'être que le rapporteur désintéressé de la question, et laisser au lecteur le soin de juger d'après les débats. Ce n'est pas là une intention que nous lui prêtons : c'est un dessein expressément expliqué par lui dans le préambule de ses deux principaux écrits : l'un intitulé *Octo questiones super potestate summi pontificis;* l'autre, beaucoup plus considérable et cependant encore incomplet, sous ce titre, *Dialogus magistri Guillelmi Ockam* (1). Voici ce qu'il écrit dans la préface du premier : « Les choses saintes ne doivent pas être données aux chiens, et les perles jetées aux pourceaux : c'est l'Écriture qui nous le dit... Pour cette raison, pensant que cet écrit peut tomber entre les mains de personnes envieuses, qui

(1) Voy. ces écrits dans la collection de Goldast. (*Monarch.* t. II.)

condamneraient même ce qui leur paraîtrait vrai, ou qui pourraient l'interpréter dans un mauvais sens, je m'efforcerai d'écrire de manière à ce qu'elles soient forcées de faire attention à ce qui sera dit, et non à celui qui le dira. Je ferai les deux personnages, et j'exposerai les opinions contraires à la mienne, en n'indiquant ni les doctrines que je combats, ni celles auxquelles je suis attaché... de telle sorte enfin qu'après avoir entendu les allégations de part et d'autre, l'ami de la vérité puisse discerner par lui-même le vrai du faux. »

Dans la préface du *Dialogus*(1), le disciple dit au maître : « Je désire que notre discours ait lieu par interrogation et par réponse. J'interrogerai, et vous me répondrez. Mais vous pourrez, à une seule de mes questions, me répondre par plusieurs opinions, en ayant bien soin de ne pas me dire quelle est la vôtre... Je vous le demande pour deux raisons. La première, c'est que j'ai une telle estime de votre science, que si je connaissais votre opinion véritable, je serais en quelque sorte contraint d'y adhérer ; or, je ne veux point, dans cette question, me décider par autorité : je veux éprouver quelle force auront à mes yeux les raisons et les autorités proposées par un autre, ou découvertes par ma propre méditation. La seconde raison, c'est que l'amour et la haine, l'orgueil, la colère et l'envie, éloignent l'esprit humain de la vérité, et pervertissent le jugement. Si vous cachez votre propre pensée, vos amis ne l'embrasseront pas par faveur pour vous, et vos ennemis ne la rejette-

---

(1) Le *Dialogus*, à lui seul, se compose de mille pages in-f°, de l'impression la plus compacte. Il est inachevé. Il devait se composer de sept traités. L'auteur n'en a fini que deux. Que serait-ce si nous avions le tout?

ront pas par animosité; mais les uns et les autres re-
chercheront la vérité avec désintéressement. »

Pour donner une idée plus exacte des écrits d'Ockam,
nous exposerons seulement l'une des questions traitées
par lui d'après sa méthode; puis nous essayerons de
dégager de cet imbroglio logique la vraie pensée de
l'auteur, cette pensée qui, malgré les voiles dans lesquels elle s'enveloppait, paraissait alors si redoutable
aux papes et si utile aux rois.

Dans ses *Octo quœstiones super potestate et dignitate
papali*, Ockam pose cette question : la puissance laïque
et la puissance ecclésiastique peuvent-elles être réunies
dans un même homme (1)? C'est, sous une forme particulière, la grande question du moyen âge.

Ockam expose d'abord le non, puis le oui. Le non est
soutenu par cinq arguments, et le oui par neuf. Voyons
d'abord les arguments en faveur du *non*.

1° Ce qui est opposé par nature ne peut pas être réuni.
Or la puissance laïque et la puissance ecclésiastique
sont opposées par nature. Donc...

2° Deux têtes de deux corps divers ne peuvent se
réunir en un seul. Or le pape et l'empereur sont les
deux têtes de deux corps. Donc...

3° La puissance laïque enveloppe l'idée de domination, la puissance ecclésiastique l'exclut. Donc...

4° On ne peut être à la fois père et fils. Or l'empereur est le fils de l'Église. Donc...

5° On n'est pas inférieur à soi-même. Or l'empereur
est inférieur au pape. Donc...

Il est aisé de voir que ces arguments sont très-faibles.
Les trois premiers partent de ce qui est en question ;
les deux derniers sembleraient plutôt favorables à la

(1) *Octo quœstiones super potestate*, q. ı.

thèse contraire. Cependant, la thèse dont il s'agit semble bien être l'opinion particulière d'Ockam, puisque c'est la thèse de l'indépendance des deux pouvoirs. Pourquoi cette thèse, qui est la sienne, est-elle soutenue par de si faibles arguments, qu'il va lui-même réfuter tout à l'heure? Pourquoi la thèse opposée est-elle, au contraire, soutenue par neuf arguments qui, relativement, sont plus sérieux que les précédents ? Voilà pourtant ce qui charmait les contemporains d'Ockam ; plus habitués que nous aux jeux de la scholastique, ils avaient le tact de deviner la pensée de l'auteur dans le conflit de ces arguments divers ; ils éprouvaient sans doute quelque chose de ce malin plaisir que faisaient éprouver à nos pères les réticences et les sous-entendus de Bayle et de Voltaire. Mais tout cela est disparu pour nous; et si l'histoire ne nous disait quel a été le rôle politique d'Ockam, il nous serait sans doute assez difficile de le déterminer d'après ses écrits.

Les arguments que fait valoir Ockam en faveur de la thèse affirmative, c'est-à-dire en faveur de cette opinion que les pouvoirs laïque et ecclésiastique peuvent se réunir sur une même tête, sont ceux que nous connaissons déjà, ce sont les textes si souvent cités : 1° *Tu es Petrus* (Saint Matth.). 2° *Ecce constitui te* (Jérémie). 3° *Nescitis quoniam angelos* (Saint Paul). En second lieu, les arguments historiques : Samuel et Saül; Alexandre et le grand pontife; Totila se retirant devant saint Léon. Puis les arguments théologiques : Jésus-Christ a eu un plein pouvoir temporel et spirituel. Enfin les arguments philosophiques : 1° l'âme est supérieure au corps; 2° celui qui est délié de toutes lois séculières est supérieur au pouvoir séculier ; 3° celui à qui tous doivent obéir sans exception est souverain ; 4° celui du ju-

gement duquel on n'appelle pas est supérieur à tous les
pouvoirs.

Voilà donc les deux thèses posées en face l'une de
l'autre, avec leurs arguments que l'auteur paraît reproduire avec une parfaite impartialité. Il passe alors,
selon sa méthode, à la réfutation des uns et des autres,
mais il y a ici quelques différences qui ont sans doute
leur importance. D'abord sa réfutation de la seconde
opinion, c'est-à-dire de la thèse ecclésiastique, est beaucoup plus étendue que sa réfutation de la première,
c'est-à-dire de la thèse laïque. Celle-ci ne contient
qu'un chapitre, le chapitre v; celle-là contient douze
chapitres, de vi à vii. De plus, contre la première opinion, celle qui sans doute est la sienne, il n'oppose qu'un
argument à chaque argument; mais pour la seconde
opinion, il commence par la discuter en elle-même, et
la combattre par des arguments nouveaux; puis, reprenant chacune des neuf raisons qu'il a exposées d'a-
bord en faveur de cette thèse, il en fait le siége en règle,
et leur oppose une artillerie d'arguments pressés, accu-
mulés, les uns forts, les autres faibles, mais avec une
insistance qui ne paraît pas trop conforme à l'impartialité dont il se targue.

Suivons-le encore dans cette double lutte.

Aux arguments de la première thèse, Ockam répond :

1° Deux opposés peuvent se réunir dans un même
sujet considéré sous différents points de vue.

2° Les clercs et les laïques ne forment pas deux corps,
mais un seul : *Omnis unum corpus sumus in Christo.*

3° Le pouvoir ecclésiastique exclut le despotisme,
mais non la domination sur des hommes libres : *Vos
genus electum regat sacerdotium.*

Quant à la solution des deux derniers arguments,

j'avoue qu'il m'a été impossible de la comprendre, tant elle est subtile et embrouillée.

Mais c'est surtout contre la seconde thèse, c'est-à-dire la thèse ecclésiastique, que Ockam emploie toutes les ressources de sa subtilité dialectique.

Cette seconde opinion, dit-il, est hérétique. En effet :

1° La loi évangélique, comparée à la loi de Moïse, est une loi de liberté; mais si le pape avait une telle plénitude de puissance, la loi évangélique imposerait une intolérable servitude, et bien pire que celle de Moïse.

2° Jésus-Christ, en tant que Dieu, a eu une telle puissance ; mais, en tant qu'homme, il y a renoncé : *Regnum meum non est ex hoc mundo.*

3° On ne peut avoir une telle puissance si l'on n'a point sous sa domination toute la terre. Or toute la terre n'est pas soumise au pape.

4° Il n'y a point prescription contre une telle puissance. Or il y a prescription contre le pape.

5° Le pape ne peut pas aliéner les fiefs et les biens temporels. (Lex auth., Col. i.)

6° Le pouvoir existe en vue du sujet. Or si le pape avait un tel pouvoir, il serait plutôt un mercenaire qui cherche son gain, qu'un pasteur qui fait paître ses brebis.

7° Il y a eu des papes dont la personne était incompatible avec une telle domination; car, en tant que religieux, ils avaient fait vœu d'obéissance et de pauvreté.

Vient ensuite la solution des neuf raisons proposées en faveur de la seconde opinion :

I. Le *Quodcumque ligaveris* n'a pas rapport à une puissance absolue. Une telle puissance serait dangereuse pour le pape, dont elle exalterait l'orgueil ; pour les sujets, dont elle encouragerait la révolte. Ces mots n'ont rapport qu'au sacrement de la pénitence. Le *Pasce oves meas,* le *Tibi dabo claves cœlorum,* prouvent que cette puissance est limitée à l'usage spirituel.

II. Le passage de Jérémie, *Constitui te super regna,* ne prouve rien. 1° Il n'était pas un prêtre, mais un prophète ; 2° il ne s'est jamais attribué une telle autorité ; 3° il ne faut point appliquer les principes de l'ancienne loi à la nouvelle.

III. Le passage de saint Paul, *Nescitis quoniam angelos judicabimus,* ne s'applique pas seulement au pontife et aux prêtres, mais à tous les fidèles, laïques ou clercs. Ockam, ici, en attribuant à tous les fidèles le pouvoir de juger les anges, c'est-à-dire les choses spirituelles, posait, sans le savoir, le principe de Wiclef et de Luther.

IV. Aux arguments historiques tirés de l'ancienne loi, Ockam répond :

1° Le sacerdoce est plus spirituel dans la nouvelle loi, parce que la loi elle-même est plus spirituelle. On dit que l'ancienne loi est le symbole de la nouvelle, et que, dans celle-ci, le pape doit être, à l'égard de l'empereur, ce que dans celle-là le prêtre est à l'égard du roi. Il faudrait donc tout imiter dans l'ancienne loi, même la circoncision. Le prêtre de la loi portait les armes et versait le sang.

2° D'ailleurs, même dans la loi ancienne, le prêtre n'était supérieur au roi que dans le spirituel. L'exemple de Samuel ne conclut pas : 1° Samuel n'était pas prêtre, mais il était juge ; 2° il obéissait à un précepte spécial de Dieu, soit en sacrant Saül, soit en le déposant ; 3° Samuel ne déposa pas lui-même Saül, mais il lui annonça seulement que Dieu le déposait. *Abjccit te Domi-nus ne regnes.*

3° et 4° Totila ne recula pas devant saint Léon, comme devant un supérieur temporel, mais comme devant un homme saint. Constantin n'a jamais abandonné sa puissance à l'Église, et n'en a pas reçu son propre pouvoir, mais il lui a donné des priviléges et des possessions temporelles : preuve évidente qu'il se considérait comme son maître. Justinien s'est également cru le supérieur de l'Église, puisqu'il a fait des lois sur les clercs, et a accordé à l'Église romaine la prescription centenaire.

5° Comme on l'a dit, Jésus-Christ, en tant qu'homme mortel, n'a jamais eu plein pouvoir dans le temporel ; mais il n'a pas même transmis à saint Pierre le plein pouvoir qu'il avait au spirituel, par exemple, le pouvoir d'instituer des sacrements.

6° La supériorité de l'âme sur le corps n'empêche pas que le corps n'ait certaines opérations qui ne dépendent que de lui seul.

7° Le pape n'est libre que des lois qu'il a faites lui-même, puisqu'on ne s'engage pas soi-même, et encore des lois des conciles et des empereurs qui ne concernent que sa propre puissance. Mais quant aux lois positives, qui ont rapport aux droits ou aux libertés des autres, le pape n'est pas libre.

8° Tous ne doivent pas obéir sans exception au pape, mais seulement dans les choses qui sont nécessaires au salut de la congrégation des fidèles. Si l'on demande qui jugera de ces choses, il faut répondre que c'est le simple bon sens, et que tous ceux qui sont instruits dans la loi divine peuvent en juger, qu'ils soient sujets ou maîtres, séculiers ou religieux, pauvres ou riches. Lorsque le pape vient à errer, les sages, quels qu'ils soient, sont tenus de lui résister, selon le lieu, le temps, et toutes les autres circonstances ; mais chacun doit lui résister, selon son grade et son état. Autre doit être la résistance des savants, autre des prélats, autre des rois, autre des princes, autre enfin celle des simples, et de ceux qui sont destitués de toute puissance temporelle.

Ce passage est un des plus hardis que l'on rencontre dans les écrits du moyen âge. On y pressent le souffle avant-coureur de la réforme. Le même esprit est encore plus frappant dans l'argument suivant :

9° Il est permis d'en appeler du jugement du pape, puisqu'il est permis de le mettre lui-même en jugement. Or, cela est permis dans trois cas : 1° S'il est hérétique. Il doit alors être jugé par les évêques. Mais si les évêques ne peuvent ou ne veulent juger un pape hérétique, les autres catholiques, et surtout l'empereur, s'il est catholique, pourront le juger. Car là où la justice ecclésiastique fait défaut, il faut recourir au bras séculier. 2° Quand il a commis un crime notoire. Alors il doit être cité devant le tribunal des Romains, dont il est l'évêque ; et, à son défaut, la puissance de juger est dévolue à un catholique quelconque qui est armé d'une assez grande puissance pour le contenir par la force temporelle. 3" Enfin, s'il envahit ou s'il détient injustement les droits et les biens des fidèles. Dans ces trois cas, on peut le mettre en jugement : donc, à plus forte raison, peut-on appeler de son jugement.

Pour mesurer la témérité de pareilles assertions, il ne faut pas oublier qu'Ockam écrivait plus de cent ans avant les grands conciles de Bâle et de Constance, au lendemain de la grande lutte entre Boniface VIII et Philippe le Bel, lorsque la papauté, humiliée sans doute, mais non vaincue, encore toute frémissante de l'affront subi, pouvait exercer de si terribles représailles contre un adversaire audacieux et impuissant.

Nous comprenons aussi pourquoi Ockam tenait à dissimuler sa pensée, à paraître garder une balance égale entre les opinions contraires. Mais cette balance est loin d'être égale ; et peut-être maintenant pouvons-nous mieux juger de sa tactique. Lorsqu'il s'agit d'établir directement, dans la première thèse, l'indépendance des deux pouvoirs, Ockam semble ne pas vouloir s'engager : il avance mollement quelques arguments qu'il réfute de même. Mais il a fait porter tout le poids de la discussion sur la seconde thèse, celle de l'omnipotence du pape. Ici, on dirait qu'il se complaît à rassembler des arguments pour les combattre ; il s'abandonne à la polémique, se dégage des arguments abstraits et métaphysiques, en découvre de nets, de vifs, de téméraires, qui devaient faire frémir à la fois ses amis et ses ennemis, et qui étendaient singulièrement la question, en transportant l'opposition de l'empereur à la multitude laïque. C'est le premier symptôme de cette démocratie religieuse, que les scandales du grand schisme allaient faire éclater, et qui plus tard franchissant les bornes mêmes de l'Église, se traduirait dans cette formule célèbre : « *Nous sommes tous prêtres.* »

Un des traits remarquables de cette argumentation, et qui indique aussi un esprit nouveau, c'est que le christianisme y est invoqué comme une loi de liberté. Ockam revient sur cet argument important dans le *Dialogus*, et il y insiste assez longuement (1). C'est une preuve qu'il y attache du prix, et qu'il ne le confond pas dans la foule des raisons qui ne sont là que pour faire nombre.

(1) *Dialog.* pars III, tractat. i, l. I, c. v, vi, vii et viii.

S'il était vrai, dit-il, que le pape eût une telle plénitude de puissance, tous les chrétiens seraient esclaves,
et aucun ne serait de condition libre ; tous seraient les
esclaves du souverain pontife, qui posséderait par l
sur l'empereur, les rois, les princes et tous les laïques,
enfin tous les chrétiens, relativement à leurs personnes
et à leurs biens, autant de puissance qu'aucun chef
temporel a jamais pu en avoir sur un esclave.

On répond que la loi chrétienne est à la vérité une
loi de liberté, mais pour avoir délivré les chrétiens de
la servitude du péché, ou de la servitude de la loi mosaïque, non pour avoir aboli toute domination ; car il
s'ensuivrait qu'aucun chrétien ne pourrait avoir d'esclaves, et ainsi, les rois, les princes, les laïques et
l'Église même n'auraient pas d'esclaves ; ce qui est
contraire aux lois civiles et aux saints canons.

Ockam répond à cette objection, que le Christ en
nous délivrant de la servitude de la loi, nous a délivrés
de toute servitude égale à celle-là ; et sa loi ne serait
pas une loi de liberté si, en nous délivrant d'une servitude, il nous en infligeait une plus forte. Sans doute la
loi chrétienne ne délivre pas de toute espèce de servitude, puisqu'elle permet encore que le chrétien ait des
serfs ; mais elle ne peut pas accabler les chrétiens d'une
servitude plus grande que celle des juifs ; ce qui serait,
si tous les chrétiens étaient serfs.

Mais il faut aller plus loin, et prouver que les chrétiens ne peuvent pas être les serfs du pape. Ockam
l'établit de cette façon : L'esclave ou le serf n'a pas la
propriété des biens temporels. Or, les chrétiens ont la
propriété de leurs biens : donc ils ne sont pas serfs.
Mais comment prouve-t-on que les chrétiens ont la propriété de leurs biens ? C'est que ce sont les lois des em-

pereurs qui règlent la possession des biens temporels
pour les papes eux-mêmes ; car ils font à l'Église des
dons temporels. Le pape n'est donc pas le seul propriétaire. Autre raison : Il y a des chrétiens qui ont des
serfs ; or un serf n'a point de serf. Donc tous les chrétiens ne sont pas serfs. Enfin l'Église a affranchi des
serfs ; donc il y a des chrétiens qui ne sont plus serfs.

Cette argumentation est remarquable, toute perdue
qu'elle est au milieu du conflit de tant d'arguments
innombrables : c'est un point de vue nouveau apporté
dans cette question complexe. Jusqu'ici l'empire avait
réclamé l'indépendance, en s'appuyant surtout sur
le droit divin : « *Omnis potestas à Deo.* » Ockam semble déplacer la question, et la porter sur un autre
terrain en invoquant le principe de la liberté. C'est, à
ce qu'il nous semble, la première fois que la liberté
chrétienne sert à défendre la liberté politique. Ce sera
là plus tard le point de départ, on le verra, de la démocratie moderne. Le protestantisme, en partant de
la notion de la liberté chrétienne, sera entraîné presque malgré lui, ou du moins malgré ses premiers auteurs, à transporter cette notion dans l'ordre politique.
On disait, il est vrai, au temps d'Ockam, comme plus
tard au temps de Luther : « La servitude dont l'Évangile nous a délivrés n'est autre chose que la servitude
du péché et la servitude de la loi. » Mais cette réponse
n'est pas suffisante ; car pourquoi l'Évangile aurait-il
délivré l'homme d'une servitude, pour lui en infliger
une autre ? Il y a des liens si étroits et un passage si
insensible de l'ordre spirituel à l'ordre temporel, qu'il
est impossible de circonscrire l'action du christianisme dans l'enceinte de l'âme. Une âme libre et un
corps esclave sont deux idées contradictoires. Mais

Ockam était bien loin de comprendre lui-même toute
la force de l'argument qu'il employait. L'esclavage ou
le servage était évidemment contre lui une objection
considérable ; mais, au lieu de déclarer hardiment la
contradiction du christianisme et de la servitude sous
toutes ses formes, il aime mieux tomber lui-même en
contradiction ; il établit que les chrétiens ne peuvent
point être esclaves, et il avoue qu'ils peuvent avoir des
esclaves. Ainsi la cause de la liberté naturelle des
hommes était si loin d'être gagnée que le plus téméraire des penseurs et des politiques du xive siècle ne
pensait pas même à contester la légitimité de l'esclavage.

Le xive siècle est un siècle de mouvement et d'agitation, dans lequel on voit germer la plupart des idées
politiques des temps modernes. Il commence par la
grande lutte de Philippe le Bel et de Boniface VIII ;
mais dans sa seconde moitié il nous présente le spectacle de l'insurrection populaire contre le pouvoir absolu et la tyrannie seigneuriale. Ainsi déjà la question
commence à se déplacer. Bientôt elle ne sera plus entre
Rome et le roi, entre Rome et l'empereur, mais entre
le roi et le peuple, ou bien entre les seigneurs et les
vassaux. L'histoire de ces révolutions nous entraîne-
rait trop loin de notre sujet : cherchons cependant si
nous n'en trouverions pas quelque trace dans les ouvrages du temps.

Nous avons vu que la doctrine la plus générale des
jurisconsultes du moyen âge a été la doctrine du droit
divin. Il ne faudrait pas croire cependant que tous les
défenseurs du pouvoir impérial, les jurisconsultes
mêmes, aient été sans exception partisans du pouvoir
absolu. On trouve dans quelques-uns des idées indé-

pendantes, et souvent même singulièrement hardies pour le temps. Je citerai particulièrement l'un des jurisconsultes les plus célèbres du xive siècle, Marsile de Padoue, qui a écrit comme Ockam pour la défense de Louis de Bavière, et dont le *Defensor pacis* peut être considéré comme un ouvrage très-libéral (1).

L'auteur ne fait guère, il est vrai, que résumer ou commenter la politique d'Aristote ; et ce n'est pas là qu'est son originalité. Mais dans la dernière partie de son ouvrage, il termine par des conclusions curieuses, qui sont fort opposées aux doctrines des glossateurs et des jurisconsultes.

Dans l'une de ces conclusions, Marsile de Padoue établit nettement le principe de la souveraineté du peuple : « *Legislatorem humanum, solam civium universitatem esse, aut valentiorem illius partem* (2). » Il démontre ainsi cette thèse (3), « selon la vérité, et selon Aristote, dit-il » (deux autorités, comme on voit, à peu près égales). Le vrai législateur, ou le souverain est le peuple, c'est-à-dire l'universalité des citoyens, ou une partie d'entre eux, élue par tous. Car la vérité et l'utilité d'une mesure est plus certaine, lorsque la totalité des citoyens s'y applique de toute son intelligence et de toute son âme (*intellectu et affectu*). Ajoutez que personne ne se nuit volontairement à soi-même (*nemo sibi nocet scienter*). Aussi la communauté est-elle seule apte à juger si telle mesure est conforme à l'intérêt d'un seul ou de quelques-uns, plutôt que de tous. De plus, une loi est mieux observée par les citoyens, lorsqu'ils croient se l'être imposée à eux-mêmes.

(1) Goldast, *De monarch.* Defensor pacis, ann. 1311.
(2) Concl. VI.
(3) Pars I, c. xii.

L'État est une société d'hommes libres. Ce qui ne serait pas, si un seul ou quelques-uns portaient des lois
de leur autorité privée sur l'universalité des citoyens ;
car ils seraient alors les véritables maîtres de tous les
autres (*aliorum despotes essent*), et les autres citoyens,
n'étant pas appelés à porter ces lois, ne les observe-
raient pas.

Les hommes se sont réunis en société civile pour y
trouver leur avantage, obtenir ce qui est nécessaire à
leur subsistance, et éviter ce qui leur est contraire. Il
faut donc que tous connaissent les règles qui peuvent
être utiles ou nuisibles à chacun, c'est-à-dire les lois.
Des lois bien faites sont la plus sûre garantie du bonheur d'un État.

Ainsi, le peuple, selon Marsile de Padoue, n'est pas
seulement, comme l'admettaient la plupart des juristes
du moyen âge, la source du pouvoir impérial, en ce
sens qu'il aurait conféré à l'empereur la souveraineté, mais s'en serait ensuite dépossédé. Le peuple est
toujours le souverain de droit, puisqu'il est seul le vrai
législateur. Demander qui est le souverain dans une
société, c'est demander à qui appartient le pouvoir de
lui donner des lois ; et absolument parlant, le droit de
souveraineté n'est autre chose que le droit de faire la
loi.

Mais Marsile de Padoue va plus loin. Car après avoir
donné au peuple le pouvoir législatif, il fait dépendre de
celui-ci le pouvoir exécutif : « *Cujuslibet principatus,
aut alterius officii, per electionem instituendi, præcipuè
vim coactivam habentis, electionem a solius legislatoris
expressa voluntate pendere* (1). » Le mode de cette élection peut varier selon les formes de gouvernement :

_____

(1) Concl. X et pars I, c. xii.

mais de quelque nature qu'elle soit, le choix de cette
autorité appartient au législateur, c'est-à-dire à l'universalité des citoyens, ou à la meilleure partie d'entre
eux. C'est encore au souverain à déterminer la forme
selon laquelle les actes de la vie civile doivent être réglés, c'est-à-dire, la loi, ainsi que la matière ou le sujet
qui doit réaliser cette forme, c'est-à-dire, l'autorité
exécutive. Quant aux autres fonctions de la république, leur institution appartient en principe au législa-
lateur, mais secondairement à la puissance exécutive
ou instrumentale, en vertu de l'autorité qui lui a été
transmise par le législateur, et dans les formes fixées
par lui. Le législateur est la première cause de tout ce
qui se fait dans l'État; mais il ne peut pas s'occuper de
tous les détails ; et l'exécution des lois se fait mieux par
un seul et par plusieurs, que par tous qui seraient par
là continuellement distraits de leurs occupations nécessaires (1).

Marsile de Padoue ne recule pas devant aucune conséquence de ses doctrines, et il admet que si le pouvoir
exécutif s'égare, il peut être corrigé, et même déposé.
En effet, dès qu'un homme possède le pouvoir, étant
composé d'intelligence et de passion, il peut se faire
qu'il conçoive ou de fausses idées des choses ou de faux
désirs, et qu'à la suite de ces fausses impressions, il
agisse contrairement à la loi. Il faut alors qu'il y ait
quelque autorité qui puisse mesurer la sienne, et juger
ses transgressions. « *Alioquin despoticus fieret quilibet
principatus, et civium vita servilis et insufficiens.* »
Or, le jugement, l'ordre, l'exécution d'une sentence
contre un pouvoir prévaricateur appartient au législa-
lateur ou à ceux qu'il a investis de cette mission.

(1) *Ibid.* c. xv.

On rencontre donc dans Marsile de Padoue les trois points essentiels de toute doctrine démocratique : 1° Que le pouvoir législatif appartient au peuple ; 2° que c'est le pouvoir législatif qui institue le pouvoir exécutif ; 3° enfin qu'il le juge, le change ou le dépose, s'il manque à ses devoirs. Quelques-unes de ces doctrines se rencontrent aussi dans saint Thomas d'Aquin et dans son école. Mais, dans cette école, ces principes s'unissent aux doctrines théocratiques. Marsile de Padoue, au contraire, est un défenseur du pouvoir civil. Il soutient l'indépendance des pouvoirs. Il voit donc plus loin que son temps, puisqu'il veut non-seulement séparer l'État de l'Église, mais affranchir l'État lui-même du pouvoir absolu.

Il est encore un point sur lequel Marsile de Padoue est très-supérieur à son temps : c'est la question de la liberté de conscience. Voici l'une de ses conclusions : « *Ad observanda præcepta divinæ legis, pœna vel supplicio temporali, seu præsentis seculi, nemo Evangelica scriptura compelli præcipitur.*» Le prêtre n'est autre chose que le *docteur* de la loi divine ; il est chargé de nous apprendre ce qu'il faut faire ou rechercher pour mériter la vie éternelle. Mais il n'a pas la puissance coercitive pour forcer à l'observation de ses préceptes. Ce serait d'ailleurs vainement qu'il essayerait de contraindre personne ; car des actes forcés ne serviraient à rien pour le salut éternel. L'Apôtre dit : « Toute écriture inspirée par Dieu est utile pour enseigner, reprendre, corriger, instruire dans la justice.» Il ne dit pas : « Pour forcer et pour punir.» Saint Chrysostome dit encore : « Il est impossible de soigner personne malgré lui... On ne ramène pas par la force un égaré.» De telles doctrines au xive siècle font le plus grand honneur à l'esprit libéral et tolérant qui les a soutenues.

Ce n'est pas seulement dans un écrit spéculatif et scientifique que les idées libérales et démocratiques et même démagogiques se firent jour au xive siècle. Il faudrait en chercher la trace dans les grandes assemblées politiques du temps, dans les doctrines novatrices de Wiclef et de Jean Huss (1), dans les doctrines révolutionnaires des paysans d'Angleterre (2), et enfin dans les luttes des Frères mendiants, soit avec le pape, soit avec les rois. Donnons quelques éclaircissements sur ces différents points.

Les ordres mendiants, qui comptent dans leur sein la plupart des écrivains éminents du moyen âge, furent pendant un siècle la milice dévouée de la papauté. Mais au xive siècle cette alliance semble se dénouer ; la guerre éclate entre les frères mineurs et le pape. C'est de l'ordre des franciscains qu'est sorti le redoutable Ockam. Enfin le général de l'ordre, Michel de Giséna, soutint lui-même une lutte personnelle très-vive contre

---

(1) Voyez cet article de Wiclef, condamné par le concile de Constance: *Populares possunt ad arbitrium dominos delinquentes corrigere* (Constantiense concilium, Lép. 1700, t. III, pars xii, p. 180, 183).

(2) Voir plus loin p. 513. Il est facile de voir que dans les réclamations populaires recueillies par Froissard, le bien et le mal étaient mêlés. Lorsque « ces méchantes gens, » comme il les appelle, demandaient à ne travailler que pour un salaire, ils exprimaient une réclamation de la plus stricte justice : mais lorsque leur chef, John Ball, demandait que tous les biens fussent en commun, il était dupe d'une utopie grossière qui s'est mêlée et se mêlera toujours dans tous les temps aux révolutions populaires. La communauté est la forme sous laquelle le peuple mal éclairé comprend l'égalité. Mais cette erreur ne doit pas nous faire méconnaître ce qu'il y avait de juste dans la cause des paysans d'Angleterre. C'était la cause prématurée d'un droit mal compris et qui ne devait triompher que quatre siècles plus tard.

le pape Jean XXII, lutte dans laquelle il n'est que le représentant de l'ordre tout entier (1).

Sur quoi portait cette lutte? Sur la question de la
propriété.

La question débattue était de savoir si Jésus-Christ
et les apôtres avaient renoncé à toute propriété, ou
s'ils avaient conservé la propriété temporelle. Le pape
Jean XXII soutenait que Jésus-Christ et les apôtres
étaient restés propriétaires ; les ordres mendiants prétendaient le contraire, et affirmaient que Jésus-Christ
et ses apôtres avaient donné l'exemple du renoncement
à la propriété.

Ce débat peut nous paraître aujourd'hui assez étrange
et fort éloigné de toute application. Mais si l'on réfléchit qu'au moyen âge toutes les questions prenaient
la forme théologique, on n'aura pas de peine à comprendre que la question débattue était au fond la question sociale de la propriété elle-même. En effet, déclarer que Jésus-Christ et les apôtres avaient renoncé
à toute propriété, c'était implicitement faire entendre
qu'ils avaient condamné la propriété, et c'était dire
par conséquent que la propriété est un mal plus ou
moins nécessaire et plus ou moins licite, mais essentiellement contraire à la perfection chrétienne. De telles
conséquences étaient loin d'être soutenues par les frères
mendiants ; cependant quelques-unes de ces idées ne
laissèrent pas que de se glisser dans la discussion, et
elles étaient certainement au fond du débat.

Mais comment la papauté et les ordres mendiants,
qui avaient toujours marché d'accord depuis l'établissement de ces derniers, pouvaient-ils se diviser sur une
question de cette importance? Comment la papauté

(1) Goldast, t. II.

prenait-elle tout à coup parti contre les ordres mendiants, qu'elle avait si souvent défendus contre leurs
adversaires? Comment élevait-elle des objections contre la doctrine de la pauvreté évangélique dont les
ordres mineurs étaient les représentants institués par
elle? Etait-ce un simple hasard d'opinions, un choc
fortuit d'influences et de personnes? Non, la question
avait une autre portée.

Les moines mendiants, en soutenant que la perfection évangélique consistait dans le renoncement absolu
à toute propriété, même à la propriété des choses indispensables à la vie, des choses d'usage, *usu con-
sumptibilium,* se réservaient évidemment le rôle et
l'honneur d'un tel degré de perfection ; et par conséquent se plaçaient au-dessus de tout le clergé séculier
et même de son chef, le souverain pontife, qui n'était
pas astreint à de telles règles. Il était donc à craindre
que les ordres mendiants, devenus extrêmement puissants, après avoir été la milice du pape, ne préten-
dissent s'élever au-dessus de lui, au nom de la supériorité de leur règle et de leur plus grande ressemblance
avec les apôtres et Jésus-Christ.

Mais il y avait un point bien plus grave encore. Si
Jésus-Christ n'avait rien possédé temporellement, le
pape, qui était le vicaire de Jésus-Christ, ne devait rien
posséder temporellement, ni richesses, ni territoire, ni
domination, ou du moins, s'il possédait ces choses, ce
n'était plus à titre de vicaire de Jésus-Christ, mais en
vertu d'un droit purement temporel. A ce point de vue,
l'attaque des moines mendiants portait directement sur
le pouvoir politique du souverain pontife, et indirecte-
ment sur les richesses ecclésiastiques. D'une part, les
ordres mendiants semblaient renouveler l'hérésie des

vaudois en soutenant que la possession d'un bien temporel est incompatible avec la perfection évangélique ;
de l'autre, ils donnaient la main aux adversaires laïques du pouvoir pontifical, en excluant toute idée de
pouvoir ou de propriété temporelle de la mission de
Jésus-Christ.

L'influence des ordres mendiants se montre encore,
quoique d'une manière assez couverte, dans le grand
débat soulevé au xvᵉ siècle par le cordelier Jean Petit.
On sait quel était le sujet de ce débat : c'était la question soulevée déjà au xiiᵉ siècle par Jean de Salisbury.

Il est à remarquer, du reste, qu'au moyen âge la
question de la tyrannie avait, il me semble, un intérêt
bien plus présent et bien plus direct qu'elle n'en peut
avoir dans les temps modernes, où la violence ne saurait prévaloir contre certaines lois générales, écrites
ou non écrites, qui constituent la civilisation. Mais au
moyen âge, sauf les grandes souverainetés qui paraissaient se maintenir et se perpétuer d'après un ordre
régulier, il y avait une multitude de petites puissances
secondaires qui se renversaient les unes les autres avec
une extrême rapidité. Là où le poids d'un pouvoir cen-
tral et reconnu ne se faisait pas sentir, les tyrannies
succédaient aux tyrannies, les usurpations aux usurpations. C'est ce qui avait lieu surtout en Italie, où
chaque ville, comme les anciennes républiques de la
Grèce, avait continuellement à lutter contre les entreprises de quelque chef puissant qui cherchait à les opprimer. Ce qui prouve l'intérêt pratique que pouvait
avoir la question de la tyrannie au moyen âge, c'est le
traité de Bartole sur ce sujet, *de Tyranno* (1). Bartole
n'est ni un politique, ni un philosophe : c'est un juris-

(1) Barth. oper. éd. de Bâle 1522, t. V, tract. vi, p. 587, 592.

consulte. Il traite de la tyrannie au point de vue juridique. Il examine ce qu'il peut y avoir de légal dans les actes du tyran. Il distingue les actes faits par lui *per modum jurisconditionis* des actes faits *per modum contractus.* Les uns sont illégaux, et leur validité cesse avec le pouvoir du tyran; les autres sont valables même après le renversement du tyran. En un mot, les actes politiques périssent (à l'exception des décisions judiciaires rendues selon les lois du pays); mais les contrats et les engagements subsistent : distinction qu'on a eu plus d'une fois lieu d'appliquer dans les révolutions des temps modernes. Ce qui est certain, c'est que de telles questions ne pouvaient être soulevées par un esprit aussi peu spéculatif que Bartole, si elles n'eussent pas répondu à des intérêts présents et de tous les jours. On ne s'étonnera donc pas de l'éclat qu'eut au xvᵉ siècle la discussion soulevée par J. Petit, cordelier, sur le droit de tuer le tyran, discussion portée aux grandes assises de Constance par Gerson et l'Université de Paris (1).

On sait quelle a été l'origine de cette discussion : ce fut le meurtre du duc d'Orléans par le duc de Bourgogne pendant la folie du roi Charles VI. Le cordelier Jean Petit, stipendié par le duc de Bourgogne, fut appelé à parler devant le conseil du roi; et, en présence du roi même, à justifier l'action de son patron. Son discours, dont Monstrelet (2) nous a conservé le résumé, est devenu le texte de la longue et célèbre discussion que nous allons analyser. Ce discours se résumait en huit propositions dont voici les principales :

« I. Que *tout vassal et sujet* qui, par convoitise et

---

(1) Gerson. oper. t. V tout entier.
(2) Enguerr. de Monstrelet, c. xxxiv.

sortilége, machine contre le salut corporel de son roy et souverain seigneur pour lui tollir et distraire sa très-noble seigneurie, est digne de double mort, première et seconde.

» II. Au cas dessus dit, il est licite à chacun sujet, sans quelque mandement, selon les lois morale, naturelle et divine, d'occire ou faire occire iceluy trahistre déloyal et tyran, et non pas seulement licite, mais honorable et méritoire, mêmement quand il est de si grande puissance que justice n'en peut bonnement être faite par le souverain.

» V. En cas d'alliances, serments, promesses et confédérations faites de chevalier à autre, ou en quelque manière que ce soit ou puisse être, s'il advient que icelles tenir et garder, tourne au préjudice à son prince et à ses enfants, ou de la chose publicque, n'est tenu de les garder ; ains les tenir et garder en tel cas, serait contre les lois morale, divine et naturelle. »

Il est à remarquer que dans cette apologie Jean Petit ne soutenait que ce qui était strictement nécessaire pour la justification de son patron, le duc de Bourgogne. Ainsi, ce qu'il appelle tyran, c'est le *vassal rebelle à l'autorité du roi*. C'était en effet là le prétexte dont se couvrait Jean de Bourgogne pour excuser le meurtre du duc d'Orléans. Mais il est évident qu'il n'était pas difficile de tirer de telles prémisses la justification absolue du tyrannicide dans tous les cas. Cependant il faut convenir qu'en dénonçant la doctrine de Jean Petit à l'Université de Paris, le chancelier Gerson eut le tort d'en dénaturer les termes et de lui prêter ce qu'il n'avait pas dit (1). Il le dénonce comme s'il avait parlé du tyran en général, sans rien spécifier, tandis

(1) Gers. oper., t. V, p. 55.

que Jean Petit n'avait parlé que du vassal rebelle.
Aussi, les partisans de Jean Petit ne manquèrent-ils
pas de relever cette équivoque dans la longue discussion qui suivit.

Gerson eut gain de cause devant l'Université de
Paris. La doctrine de Jean Petit, malgré quelques protestations, fut condamnée. Il n'en fut pas de même au
concile de Constance, où Gerson porta l'affaire au nom
du roi et de l'Université. C'est là que se fait jour le rôle
des ordres mendiants dans cette question. L'Université
avait cru voir leur main dans l'affaire de Jean Petit.
Lui-même était un cordelier, et il paraît que ses doctrines s'étaient surtout répandues parmi ses confrères.
C'est ce qui semble résulter d'une lettre de l'Université
de Paris au concile de Constance, qui impute surtout
aux ordres mendiants la propagation de ces doctrines(1).
On peut, il est vrai, expliquer cette imputation par
l'animosité ancienne et invétérée de l'Université contre
les ordres mendiants. Mais eux-mêmes parurent autoriser ces soupçons en prenant en main la défense de
Jean Petit au concile. On voit, par exemple, un certain
père de la Roque (de Roqua), des frères mineurs, prendre
la défense des propositions de Jean Petit, déclarer
qu'elles ne sont pas contre les bonnes mœurs, et enfin
s'attaquant à Gerson lui-même, dénoncer dans ses écrits
cette doctrine même du tyrannicide qu'il impute à
d'autres (2). A cette levée d'armes, Gerson se lève et
répond « qu'il était bon que l'on sût enfin ces choses,
et que l'on connût les vraies intentions des quatre
ordres. Et, quoiqu'il y eût lieu de gémir de ce que le
poison était dans la plaie, il fallait se réjouir en même

(1) Gerson. oper., t. V, p. 507, 543.
(2) *Ibid.*, p. 492.

temps que cette plaie s'ouvrît et que la corruption s'en
répandît au dehors ; car il serait alors plus facile et
plus court de la guérir. » On voit par ces paroles de
Gerson que, dans sa pensée, les ordres mendiants en
général étaient tous plus ou moins complices des maximes de Jean Petit. Enfin, ce qui semble venir encore à
l'appui de ces présomptions, c'est le traité d'un autre
moine jacobite, Jean de Falkenberg, en faveur de la
proposition de Jean Petit, traité qui, du reste, fut condamné par le concile.

Quoi qu'il en soit de la part que les ordres mendiants
prirent à ce débat, Gerson s'efforça de montrer que les
maximes de Jean Petit étaient au fond les mêmes que
celles de Wiclef déjà condamnées. « Les peuples, avait
dit celui-ci, peuvent punir leurs chefs à leur volonté. »
Et cette doctrine avait été rejetée par le concile. Au fond
la doctrine du tyrannicide n'est pas autre que celle-là.
Le sujet et le vassal n'est pas le juge légitime de son
maître. Quelle loi peut permettre à personne d'être,
dans la cause d'autrui, témoin, juge, partie et exécuteur? C'est une loi dans les écoles que nul ne peut se
rendre justice à soi-même ; autrement, l'autorité du
maître est supprimée. Cette loi subsiste jusque chez les
brigands, les Turcs et les païens. Si celui qui veut tuer
le roi peut être tué par qui que ce soit, sans mandat et
hors le cas de légitime défense, on peut tuer aussi celui
qui peut induire le roi au péché; car il est plus mal de
vouloir le péché du roi que sa mort. S'il suffisait pour
avoir le droit d'assassiner, de déclarer que celui que
l'on tue voulait lui-même tuer le roi, sans aucune autre
preuve notoire, qui ne voit à quel arbitraire serait livrée la vie des supérieurs? Il n'y a qu'un seul cas où
une pareille prétention pourrait être juste : ce serait le
cas de péril pressant et immédiat : si, par exemple, le

roi était sous nos yeux en danger de mort. Le juge ordinaire lui-même, c'est-à-dire le roi, ne peut pas tuer lui-même un tel coupable sans l'avoir averti et convaincu ; à plus forte raison, un simple particulier ne le peut-il pas. Le roi ne doit condamner à mort aucun criminel sans les formes légales, tant qu'il peut le faire juger par la justice ordinaire. Or celui qui veut tuer le tyran ne peut jamais savoir, de science certaine, qu'il ne peut pas en être fait justice autrement. De plus, il n'est pas un ordre, une société quelconque où la tyrannie ne puisse s'exercer : le pape lui-même peut être un tyran. Qui ne voit qu'avec un tel principe tout le monde peut être tué comme tyran? Argument bien redoutable devant un concile qui déposait un pape, comme notoirement tyran. C'est justifier toute sorte d'homicide : car on peut toujours supposer d'un homme qu'il conspire contre la vie du roi. Les principes de la morale doivent être clairs et ne point se prêter à mille interprétations. Ce précepte « Tu ne tueras pas » a un sens clair et évident : c'est que nul ne doit tuer un autre homme spontanément ou par inspiration, s'il n'est pas revêtu de l'autorité publique. Et de même ce second précepte : « Tu n'invoqueras pas en vain le nom du Seigneur ton Dieu » doit être observé jusqu'à la mort tant qu'il ne compromet point le salut. Enfin, si dans l'histoire on rencontre avec éloges les noms de quelques-uns de ceux qui ont tué les tyrans, c'est qu'ils étaient investis d'une fonction publique, ou qu'ils en auraient reçu l'ordre de Dieu lui-même.

Cette discussion si forte, si exacte, si lumineuse, ne trouva pas grâce devant le conseil. Le duc de Bourgogne triompha. Jean Petit ne fut pas condamné. Vingt-six voix se prononcèrent pour, soixante et une contre la condamnation.

Il est remarquable qu'au moyen âge, où il y eut tant d'hérésies, et aussi remarquable hardiesse de pensées sur presque toutes les questions, l'on rencontre à peine de rares indices d'opposition à l'une des institutions les plus contraires à l'esprit chrétien et au droit naturel, le servage, transformation assez peu adoucie de l'esclavage ancien. Tandis que le christianisme primitif avait tout fait pour détruire ou pour atténuer le mal de l'esclavage, lorsque l'on voit la plupart des Pères prononcer de si fortes paroles contre l'esclavage et pour les esclaves, il est triste de ne voir, pendant tout ce moyen âge, aucune voix s'élever du sein de l'Église contre l'injustice et l'iniquité du servage. Nous en avons dit une des raisons. Saint Augustin avait trouvé un argument plein de logique en faveur de l'esclavage. Aristote l'avait démontré philosophiquement, et c'étaient là les deux grandes autorités de la philosophie scholastique. De plus, il faut dire que la conquête barbare avait créé un nouveau principe d'inégalité entre les hommes. Il fallait bien des siècles avant que ces races victorieuses et la race vaincue pussent se fondre l'une dans l'autre, et former une seule famille. Aussi, la loi sociale au moyen âge fut-elle la séparation de la société en deux classes : nobles et serfs ; la première dont la fonction était la guerre, la seconde, le travail (1).

(1)  Lex humana duas indicit conditiones,
      Nobilis et servus simili non lege tenentur.

      . . . . . . . . . . . . . . .
      Hi bellatores, tutores ecclesiarum
      Defendunt vulgi majores atque minores
      Cunctos et sese parili sic more tuentur.
      Altera servorum divisio conditionum,
      Hoc genus afflictum nil possidet absque labore.
          (Adalberonis carmen ad Robertum Regem ap. script.
          de r. Gall. et Franc. t. X, p. 69.)

Cependant, on voit bien de loin en loin dans cette nuit du moyen âge quelques éclairs lumineux, mais passagers, d'une justice supérieure. Quelques cris échappés aux serfs du moyen âge, quelques paroles admirables de la royauté au xive siècle, tels sont les rares pressentiments que la doctrine de l'égalité peut recueillir à cette époque. Rien de plus beau et de plus fier que la chanson des serfs que Wace nous a donnée dans le roman de Rou (1). Quelle plus grande philosophie que celle des considérants des édits de Philippe le Bel et de Louis le Hutin, sur l'affranchissement des serfs dans le domaine de la Couronne : « Attendu que toute créature humaine, qui est formée à l'image de Notre-Seigneur, doit être généralement franche par droit naturel (2). »... « Comme, selon le droit de nature, chacun doit naître franc, et par aucuns usages et coutumes qui de grant ancienneté ont été introduites et gardées jusqu'ici en notre royaume, et par aventure pour le meffet de leurs prédécesseurs, moult de personnes de notre commun peuple soient esclaves en lieu de servitude, et de diverses conditions, qui moult nous déplaît ; considérant que notre royaume est dit et nommé le royaume de France, et voullant que la chose en vérité soit accordant au nom... (3). »

Ces belles paroles eurent peu de suite ; et le servage

---

(1)    Nus sumes homes cum il sunt,
        Tez membres avuns cum il unt,
        Et altresi grant cors avuns
        Et altretout sofrir pouns,
        Ne nus faut fors cuer sulement.

                    (Wace, roman de Rou, t. I, p. 306.)

(2) Ordonn. de Phil. le Bel, 1311. — *Ordonn. des rois de France*, t. XII, p. 387.

(3) Ord. de Louis le Hutin, 1315, 3 juillet ; Philippe le Long, 1318, 23 janvier.

ne cessa pas d'exister dans toute la chrétienté. Mais c'est surtout en Angleterre qu'il était le plus répandu. Aussi est-ce là que naquirent les résistances les plus énergiques. Déjà en France, au milieu du xive siècle, la Jacquerie avait donné aux serfs l'exemple de la révolte. Mais la Jacquerie est une insurrection brutale, dans laquelle il est impossible de découvrir l'ombre d'une idée. La révolte des paysans d'Angleterre, vers la fin du même siècle, eut un caractère plus élevé. Elle paraît avoir été déterminée par des principes, les uns très-subversifs, les autres très-légitimes. Le principal instigateur fut un certain Jean Ball, dont Froissart nous a transmis un discours des plus curieux (1).

C'est surtout à la fin du xve siècle que l'on voit les doctrines démocratiques commencer à prendre conscience d'elles-mêmes et proclamer quelques principes, dont les publicistes du siècle suivant donneront la

---

(1) Froissart, *Chronique*, t. II, ch. lxxiv, p. 132, éd. de Lyon, 1559. « Ces méchans gens se commencèrent à élever : pourre qu'ils disayent que l'on les tenait à trop grand' servitude : et qu'au commencement du monde il n'avait été nuls serfs : et que nul ne le devait estre; s'il ne faisait trahison envers son seigneur, comme Lucifer fit envers Dieu... En ces machinations les avait au temps passé grandement mis un fol prestre de la Comté de Kent (qui s'appelait Iehan Valée ou John Ball). Car celuy Iehan avait d'usage, les jours du dimanche, après la messe, quand les gens venaient du moustier, de s'en venir en la place, et là preschait, et leur disait : Bonnes gens, les choses ne peuvent pas bien aller en Angleterre, et n'iront jusques à tant que biens iront tout de communs, et qu'il ne sera ne villains, ne gentilshommes, et que nous serons tous unis, et que les seigneurs ne seront plus grands maîtres que nous. Comment l'ont-ils desservy? Ne pourquoi nous tiennent-ils en servage? Nous sommes tous venus d'un père et d'une mère, Adam et Ève? En quoy peuvent-ils dire qu'ils soyent mieux seigneurs que nous, fors par ce qu'ils nous font gagner et labourer ce qu'ils dépendent? Ils sont vêtus de velox et de camocas... et nous de povres draps; ils ont les vins, les épices et les bons pains; et nous avons le seigle, et le reget de la paille; et si ne buvons que de l'eau. Ils ont le séjour et les beaux manoirs, et nous avons la peine et le travail, la pluye et le vent aux champs... »

théorie et la démonstration. Tout le monde connaît le
discours célèbre de Philippe Pot aux États de 1484;
nous sommes étonnés, dans nos préjugés modernes,
d'entendre au xv° siècle des paroles si nettes et si
fermes en faveur des droits du peuple. Où ce petit
gentilhomme avait-il pris de telles maximes : « La
royauté est une charge et non un héritage. Les historiens rapportent, et j'ai appris des anciens, qu'à l'origine, les maîtres étaient élus par le suffrage du peuple,
et que ceux qui se sont emparés du pouvoir par force
ou autrement, sans consentement du peuple, sont des
tyrans. — Il est évident que le roi ne peut disposer par
lui-même de la république. C'est aux États à valider
les faits accomplis par leur approbation, et rien de
saint et de solide ne peut subsister malgré eux et sans
leur avis. » Ce principe de la souveraineté nationale si
clairement aperçu et si vivement exprimé, se rencontre
encore vers la même époque dans un écrivain éminent,
que ses fonctions auprès de Charles de Bourgogne et
de Louis XI ne paraissaient pas avoir préparé à accepter de tels principes : c'est l'historien Comines. Nul
n'a exprimé avec plus de force et d'éloquence ce grand
principe du droit politique moderne, qu'un peuple ne
peut pas être taxé sans son consentement. Mais il suffit,
quant à présent, de signaler le commencement de ces
doctrines, et de montrer surtout leur séparation d'avec
les doctrines théocratiques, dont elles avaient subi toujours l'alliance au moyen âge. Nous devons réserver de
les étudier avec plus d'étendue lorsqu'elles se présen-
teront dans toute leur force et leur étendue.

En résumé, que devons-nous penser de la philosophie
morale et politique du moyen âge? En morale, nulle

originalité : Aristote uni à saint Augustin, voilà la
scholastique. Discuter la morale de saint Thomas, c'est
discuter la morale d'Aristote. La seule chose qui appartienne à saint Thomas, c'est l'entreprise de cette alliance entre le péripatétisme et le mysticisme. C'est là
une œuvre des plus artificielles : c'est une philosophie
morte, une philosophie d'école, admirable combinaison
logique, dont on ne ranimera pas les cendres. La seule
doctrine vivante du moyen âge, c'est le mysticisme ;
j'entends le mysticisme libre du joug scholastique, le
mysticisme de saint Bernard et de l'*Imitation*. Par là,
le moyen âge a vécu et vit encore : car il a connu à fond
tout un côté de l'âme, le plus profond peut-être et le
plus grand, celui par lequel l'âme s'unit à Dieu. Mais
cette doctrine elle-même, quelque grande qu'elle soit,
manque d'étendue et de fécondité ; elle encourage trop
la tristesse, l'ennui, l'inertie ; et préoccupée du seul
soin de rapprocher l'homme de Dieu, elle reste trop
indifférente aux plus grandes injustices sociales, qu'elle
connaît à peine ou qui lui paraissent de peu d'intérêt.

C'est ce qui arriva au moyen âge. Les doctrines sociales sont de beaucoup inférieures à celles de l'Église
primitive. Sur la question de l'esclavage, la scholastique
est revenue purement et simplement à Aristote. Les
objections du stoïcisme et même du christianisme contre
l'esclavage lui paraissent inconnues. La scholastique
est évidemment, sur ce sujet, esclave de la méthode
d'autorité. Quant à la question de la liberté de conscience, ce n'est pas la doctrine des premiers Pères,
c'est celle de saint Augustin dans la dernière période
de sa vie, que la scholastique a adoptée. Le droit de
réduire les hérétiques par la force, est la doctrine
constante du moyen âge. La seule protestation écla-

tante contre cette doctrine est celle de Marsile de Padoue, vers la première moitié du xiv⁰ siècle. Enfin,
la question de la propriété n'est guère étudiée en elle-
même : les débats portent principalement sur la propriété ecclésiastique, et ne sont, par conséquent, qu'une
des faces du grand débat politique du moyen âge, de la
lutte entre le pouvoir spirituel et le pouvoir temporel.

C'est là surtout, c'est sur le terrain de ce dernier
problème que le moyen âge est original et a une opinion (1). Il a soulevé, discuté, résolu en partie, une
question que l'antiquité n'avait pas connue. On peut
dire même que c'est la seule question que le moyen âge
ait traitée en connaissance de cause; pour toutes les
autres, il ne les a qu'effleurées, et souvent même à peine
comprises. Ce n'est donc point sur ces questions secondaires, où il n'a eu que des germes d'idées, que le
moyen âge doit être jugé : c'est sur la question capitale,
qui lui appartient en propre.

Qui a raison dans ce grand procès du moyen âge, du
pape ou de l'empereur, des jurisconsultes impériaux
ou des jurisconsultes canonistes, de saint Thomas ou
d'Ockam? La papauté a-t-elle le pouvoir suprême au
spirituel et au temporel (2)? Est-ce de l'Église que le

(1) Encore faut-il bien comprendre ce dont il s'agit. La question
n'était nullement de savoir alors quels doivent être les rapports de l'É-
glise et de l'État dans un pays donné. Personne ne mettait en doute
la nécessité des religions d'État. Personne n'aurait osé séparer complétement l'État de la religion. En un mot, l'État laïque est une
théorie dont le moyen âge n'a pas même eu le pressentiment. Mais
ce que le moyen âge a connu, et ce dont il n'a pas voulu, c'est de la
théocratie. Or, la théocratie au moyen âge se présente sous la forme
de la suprématie du pape sur les couronnes. L'indépendance des couronnes par rapport à l'Église romaine, voilà tout le problème du moyen
âge. C'est de ce problème que nous croyons pouvoir dire que le moyen
âge l'a parfaitement compris, et l'a résolu.
(2) Ici encore, il faut bien s'entendre. Il ne s'agit pas du pouvoir

pouvoir civil tient son autorité? Est-ce à elle qu'il en
est responsable? Prête-t-il serment entre ses mains?
Peut-il être changé et renversé sur son ordre? Enfin,
où est le principe de la souveraineté? Réside-t-il dans
l'Église, ou dans l'État?

Historiquement, il est bien difficile de dire qui a eu
raison, et qui a eu le bon droit de son côté. S'il est vrai
que les empereurs d'Allemagne, et en général les monarques du moyen âge, ont été peu recommandables ;
que, livrés à des passions sans frein, il a été utile qu'ils
rencontrassent un obstacle et une surveillance dans un
pouvoir jaloux et moralement supérieur, on ne peut
cependant s'empêcher d'accorder sa sympathie à quelques-uns de ces princes, qui ne faisaient que défendre,
après tout, l'indépendance de leurs États et l'argent de
leurs peuples. S'il est certain que la vente des bénéfices
ecclésiastiques, l'altération des monnaies, les exactions
de toute sorte, méritaient souvent les justes censures
de Rome, d'un autre côté il faut reconnaître que les
princes avaient parfaitement le droit d'empêcher l'argent des bénéfices d'aller à Rome au lieu d'entrer dans
leurs trésors; de s'opposer à ce que des étrangers vins-
sent dévorer les fruits de leur territoire, n'ayant de
fidélité que pour le souverain qui les choisissait; enfin
ils avaient bien le droit d'exiger de leurs sujets ecclésiastiques, comme de tous les autres, de contribuer aux
dépenses publiques, puisqu'ils leur accordaient une
même protection. On voit que le tort et le droit se partagent peut-être entre les deux puissances rivales. Mais
c'est là, après tout, une question qui appartient à l'historien. Pour nous, ce qui nous importe, c'est de savoir

temporel du pape dans ses propres États, mais de son pouvoir sur les
couronnes, c'est-à-dire sur tous les États.

qui a eu raison, non en fait, mais en droit ; qui a le mieux raisonné, des partisans ou des adversaires du pouvoir pontifical ; enfin de quel côté est la vérité.

On peut considérer la question au point de vue théologique et philosophique.

Théologiquement, on ne peut s'empêcher de donner raison à Dante et à Ockam contre Grégoire VII et Innocent III. Sans nous engager dans cette guerre de textes que nous avons rapportée, pénétrons au fond du débat. Quel est le caractère essentiel et original du christianisme ? C'est d'être une religion d'esprit. Il repose sur la distinction du spirituel et du charnel. L'ancienne loi était toute charnelle ; la loi nouvelle est spirituelle. Tout ce que les juifs entendaient dans un sens concret et réel, les chrétiens l'entendent dans un sens mystique et figuré. Pour les juifs, la royauté du Messie est une royauté humaine, terrestre, temporelle ; mais la véritable royauté du Messie, c'est la royauté des âmes. La richesse, la puissance, les biens temporels en général, sont les récompenses promises à chaque pas dans l'ancienne loi à l'accomplissement de la vertu ; les récompenses chrétiennes sont toutes célestes. Dans le royaume chrétien tous les rangs sont renversés : les pauvres sont heureux, les riches sont malheureux ; car ils ont ici-bas leur récompense ; les premiers sont les derniers ; et le premier de tous est le serviteur de tous. Cette conception du royaume chrétien est donc l'opposé du royaume temporel. Aussi Jésus-Christ dit-il : « Mon royaume n'est pas de ce monde. » Il suit évidemment, de cette première donnée du christianisme, que l'idée d'un Messie empereur et prêtre est une idée grossière et charnelle, toute judaïque et non chrétienne : et c'est là pourtant le fond des doctrines théocratiques du

moyen âge. La papauté faisait donc rétrograder l'idée
chrétienne, et invoquait en sa faveur, sans le savoir, le
préjugé mosaïque d'un Messie roi du monde.

Une autre considération conduit aux mêmes conséquences. L'idée mère du christianisme, c'est l'idée du
sacrifice : Dieu meurt pour l'homme! Mais comment
meurt-il? Est-ce avec éclat et avec gloire, comme meurent les héros? Non, c'est là une mort charnelle, qui
n'aurait ni le sens ni le prix de la mort du Christ. La
mort du Messie est une mort d'esclave : c'est une mort
humiliante, honteuse, affligée, accompagnée d'outrages
et de sarcasmes. Est-ce là la mort d'un roi? Non ; il a
voulu boire le calice jusqu'à la lie ; et le mystère de la
rédemption n'est accompli que lorsque les dernières
épreuves ont été subies. Ainsi c'est la bassesse du supplice, c'est la honte même qui s'y attache, c'est la croix,
la couronne d'épines, et toutes les insultes, qui achèvent
la mission du Christ. Comment cette mission annonce-
rait-elle un empire temporel? Si Jésus-Christ a voulu
fonder un tel empire, que lui a servi de prendre les
marques de la servitude? Sans doute Jésus ressuscite,
et d'humilié il redevient triomphant ; mais son triomphe
ne fait point partie de sa vie terrestre. Ce qu'il a fondé,
c'est une Eglise militante et non triomphante, une
Eglise servante et non dominatrice ; et son vicaire ne
peut aspirer à l'empire du monde lorsque lui-même
n'a pris pour lui que le mépris du monde. Tel est le
grand et invincible argument du moyen âge contre la
monarchie pontificale. « Vous êtes, disait-on au souverain pontife, le vicaire de Jésus-Christ, mais de Jésus-
Christ crucifié et humilié, et non de Jésus-Christ dans
la gloire. »

La révolution chrétienne a été une révolution spirituelle : le gouvernement chrétien ne peut être que le gouvernement spirituel. Or un tel gouvernement n'est pas le pouvoir politique. S'il n'a pas été permis à l'Église opprimée de prendre les armes contre l'injustice et l'iniquité, comment un tel pouvoir appartiendrait-il à l'Église victorieuse? Les doctrines théocratiques du moyen âge rendent le martyre inexplicable, ou lui ôtent toute sa beauté. L'Église des premiers temps déclarait qu'il fallait obéir à Dieu plutôt qu'aux hommes ; mais elle défendait de résister les armes à la main. Mais, en vertu des principes du moyen âge, n'aurait-elle pas pu excommunier les oppresseurs, délier tous les fidèles du serment de fidélité; et l'empire étant électif, nommer un empereur contre l'empereur, et mettre ainsi la guerre civile dans l'État. En quoi une telle conduite aurait-elle été différente de celle de Grégoire VII, Alexandre III, Grégoire IX, Innocent III, déposant les empereurs et faisant choisir à leur gré un empereur nouveau qu'ils opposaient au précédent ? Il est vrai que les empereurs romains étaient infidèles, qu'on ne peut excommunier un infidèle, et que, selon la doctrine de saint Thomas, le pape n'a d'autorité que sur les princes fidèles et non sur les infidèles; d'où il suit que le privilége d'un prince chrétien, c'est de pouvoir être déposé par l'Église, tandis qu'un prince païen est inviolable. Si Constantin eût connu cette distinction scholastique, il est fort douteux qu'il eût aussi aisément consenti à une conversion dont le premier effet était de mettre en question la solidité de son pouvoir.

On revendiquera pour une Église le droit d'exclure de son sein, et par conséquent d'excommunier ceux qui violent ses lois fondamentales : par exemple, une

Église chrétienne n'est pas tenue de conserver et d'admettre à ses cérémonies religieuses un homme notoirement athée, tel que Frédéric II. Je l'accorderai, quoiqu'il reste encore à décider dans quels cas une mesure si extrême peut être employée ; car, comme toutes choses, elle peut avoir ses abus, et nul doute qu'on n'en ait fait, au moyen âge, un abus déplorable. Mais il faut distinguer l'excommunication de la déposition : le premier est un acte religieux, le second est un acte politique : le premier est un acte spirituel, le second est un acte temporel. Le second n'est point du tout la conséquence du premier. La preuve en est que les docteurs ultramontains du moyen âge avaient soin d'établir que l'excommunication n'emporte pas la déposition *ipso facto*, et après l'excommunication, il fallait un nouvel acte pour délier les sujets du serment de fidélité : cet acte était donc essentiellement distinct du précédent.

L'acte de déposition dont les papes accompagnèrent plus d'une fois l'excommunication ne peut donc pas se défendre au point de vue chrétien. Or, quoique ce fût là l'effet le plus violent des prétentions théocratiques de la papauté, ce n'était pas le seul, et les mêmes principes démontrent l'illégitimité de toute intervention, quelle qu'elle fût, du pouvoir spirituel dans les affaires temporelles.

Quant au point de vue philosophique de la question, il a été à peine traité par les scholastiques. Ils se bornent à quelques arguments sans portée, ou dont ils n'entrevoient pas la portée. Le principal est tiré de la distinction de l'âme et du corps. Si l'âme est supérieure au corps, dit-on, le gouvernement de l'âme est supérieur à celui du corps. Or le gouvernement de l'âme est le pouvoir de l'Église, et le gouvernement du corps appartient au pou-

voir laïque. Donc le pouvoir ecclésiastique est supérieur
au pouvoir laïque. A cet argument, les laïques répon-
daient : le corps est soumis à l'âme, il est vrai ; mais
néanmoins il en est distinct : il a ses fonctions propres
qu'il accomplit sans l'intermédiaire de l'âme, et dans
lesquelles il est indépendant. Le même pouvoir laïque,
soumis à l'Église dans l'ordre spirituel, en est indépendant dans l'ordre temporel. Mais cette réponse n'était
pas suffisante et c'était beaucoup trop accorder. Si l'État
n'est que le gouvernement du corps, il est. nécessaire qu'il soit subordonné à celui de l'Église, car
les actions du corps dépendent des actions de l'âme,
et d'ailleurs toutes les fonctions de l'État ont plus ou
moins rapport à l'âme, et par ce côté dépendraient
de l'Église, à qui seule appartiendrait le gouvernement de l'âme. Mais les scholastiques auraient dû ajouter que l'Église n'a le gouvernement des âmes qu'à un
point de vue : celui du salut, et que l'État a aussi le gouvernement des âmes à son point de vue, puisqu'il n'est
autre chose que le défenseur armé de la justice, et que la
justice est la règle des âmes et non des corps. C'est donc
une erreur, commise encore de nos jours même par
certains écrivains, de ne voir dans l'État qu'une force
brutale, faisant mouvoir des corps par une certaine discipline, par cette raison que l'État est devenu entièrement
séculier. L'État, même laïque, s'occupe autant, et plus
peut-être, des intérêts moraux que l'État ecclésiastique
du moyen âge.

Une autre distinction plus sérieuse, et qui pénètre
plus au fond du sujet, est la distinction du droit humain
et du droit divin. Saint Thomas disait que le gouvernement civil était de droit humain, et sur ce principe il
établissait l'indépendance des infidèles, car, disait-il, la

distinction des fidèles et des infidèles est de droit divin,
et le droit humain est antérieur au droit divin. Mais il
faisait une exception pour les princes fidèles. Or cette
exception était une inconséquence. Si le gouvernement
est de droit humain, qu'importe que le prince soit fidèle
ou infidèle? son droit reste le même, et il ne peut pas
avoir, parce qu'il est fidèle, moins de prérogatives que
l'infidèle. Il est vrai que le prince chrétien est soumis
spirituellement à l'Église ; mais cette soumission spirituelle ne change rien à son droit temporel. Infidèle, il
était, comme prince, indépendant du pouvoir de l'Église ;
il reste indépendant au même titre après sa conversion,
et il en est de même de ses successeurs. Il est vrai qu'en
établissant que le pouvoir est de droit humain, les scholastiques prétendaient combattre par là même la doctrine
de l'inviolabilité royale, et ils avaient raison ; mais ils
avaient tort de croire que les conséquences de ce principe
pussent être favorables à l'Église. Sans doute, si le
pouvoir est de droit humain, il peut être modifié,
limité, soumis à telle ou telle condition par la volonté
humaine ; mais à quel titre l'Église interviendrait-elle
dans ce débat? Fondée sur un droit surnaturel, elle ne
pourrait changer quelque chose à l'ordre naturel que par
une institution spéciale et une volonté expresse de Dieu.
Or nous avons vu que tous les textes invoqués à l'appui
de cette prétention ne sont relatifs qu'à l'ordre spirituel.

Le moyen âge n'a donc pas résolu entièrement la question du spirituel et du temporel, parce qu'il n'a pas été
assez loin dans les conséquences de ses principes. Il n'a
pas vu que l'État est une institution naturelle, résultant
de l'essence même de l'homme, en tant qu'homme, et
gouvernant les citoyens, non comme chrétiens, mais
comme hommes. A ce titre, l'État est indépendant de

toute Église : n'y eût-il pas d'Église, il y aurait un État ; avant que l'Église fût, l'État était. Que l'Église, par le gouvernement des âmes, rende les citoyens plus aptes à faire partie de l'État, cela n'est pas douteux ; mais l'État n'en est pas moins par lui-même : il lui suffit, pour être, qu'il y ait entre les hommes des relations naturelles de justice et d'équité. Mais une telle sécularisation de l'État est à cent lieues des idées du moyen âge. Il a fallu les conflits religieux des temps modernes pour donner naissance à cette conception.

La confusion des scholastiques sur ce point essentiel leur rendait impossible de voir clair et de voir juste dans une des questions capitales de la politique moderne : la liberté de conscience. L'Église avait eu un sentiment très-vrai de cette vérité au temps de la persécution. En effet, le pouvoir étant alors entre les mains des infidèles, et l'Église, avec saint Paul, reconnaissant la légitimité de ce pouvoir, devait invoquer, pour préserver sa croyance, le droit d'adorer Dieu selon sa conscience. C'est ce que firent les apologistes. Mais, lorsque l'empereur fut devenu chrétien, l'État par là même fut chrétien, car l'empereur, c'était l'État. Tout le moyen âge repose donc sur l'idée de l'État chrétien, et, parmi les publicistes les plus hardis, il ne s'en trouve pas un seul qui, en défendant le pouvoir laïque contre le pouvoir ecclésiastique, soit allé jusqu'à concevoir l'État comme désintéressé entre les différentes formes religieuses. Mais la foi chrétienne faisant partie de la constitution de l'État, attaquer la foi chrétienne, c'était attaquer l'État. Toute liberté de conscience était impossible dans ces principes. C'était revenir, par un autre chemin, à la confusion de l'antiquité, qui absorbait l'homme tout entier dans l'État. Si l'État est séparé du christianisme, le christianisme représente

les droits de la conscience en face des droits de l'État, et
de ce conflit naît nécessairement la liberté ; mais si le
christianisme se confond avec l'État, l'autorité religieuse
avec le pouvoir politique, l'infaillibilité théologique avec
l'inviolabilité de la loi, aucun refuge ne reste à l'individu.

L'Église ne le garantit pas des injustices de l'État, ni
l'État des injustices de l'Église. De là, l'Inquisition, tribunal odieux, qu'aucun sophisme ne réhabilitera dans la
conscience de plus en plus éclairée des peuples modernes.

Qu'est-ce que le moyen âge a donc prouvé dans la question du temporel et du spirituel ? Il a prouvé que l'esprit
du christianisme était absolument contraire à toutes prétentions de l'Église au pouvoir temporel. C'est ce que le
XIVᵉ siècle a démontré avec une force irrésistible. Aussi,
à partir de cette époque, la cause théocratique est perdue. Il reste encore beaucoup à démêler entre l'Église et
l'État, et la liberté de conscience est un de ces débats qui
sont à régler, ou qui n'est pas même entamé. Mais, quant
à l'indépendance du pouvoir laïque, c'est un point résolu
et gagné, au moins théoriquement. La politique se sécu-
larise peu à peu et s'affranchit de la théologie. De nouvelles questions vont naître : les peuples qui n'étaient
que sur le second plan dans les débats du pape et
de l'empereur commencent à paraître sur la scène.
Le prince, libre du joug de Rome, va voir son pouvoir
discuté par ses sujets ; la science politique met aux prises
ces droits et ces prétentions opposées. Le principe de la
liberté politique, qui avait régné dans l'antiquité, et qui
depuis n'avait jamais été invoqué qu'incidemment par les
partisans du pouvoir sacerdotal, reparaît en son propre
nom et combat avec ses propres armes. En même temps,
les questions de droit, d'égalité, de liberté naturelle, de
liberté de conscience, que le moyen âge avait ignorées et

étouffées, naissent ou renaissent avec éclat. Le libre examen pénètre jusqu'aux fondements du droit politique et
du droit naturel ; en cherchant les principes de l'État, il
trouve ce que l'antiquité n'avait pas connu, les droits de
la personne et de la conscience ; il sépare l'homme du
citoyen, et il se met à la poursuite d'un État fondé sur la
philosophie et sur la raison. Tels sont les travaux de la
science politique dans les trois siècles qui s'écoulent depuis la fin du moyen âge jusqu'à la révolution française,
terme de nos études. Quant à la morale, nous aurons
beaucoup moins à en parler, car on n'a guère ajouté
aux théories spéculatives des anciens et aux doctrines
pratiques de l'Évangile ; c'est seulement à la fin du
xviiie siècle que nous rencontrons une grande philosophie
morale. Dans l'intervalle, la morale ne fait autre chose
que de réfuter les fausses doctrines. Mais, si la philosophie moderne manque en général d'originalité dans sa
théorie du devoir, elle est fort supérieure à l'antiquité et
au moyen âge dans sa théorie du droit. C'est là surtout
qu'est sa force et sa nouveauté. Mais c'est assez préparer
l'exposition de ce qu'on va lire. Il est temps d'entrer dans
le détail de ces débats si grands, si variés, si complexes
et encore en suspens.

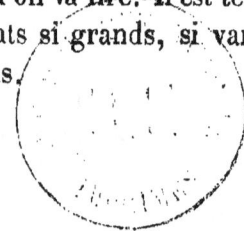

FIN DU TOME PREMIER.

# TABLE DES MATIÈRES

## DU TOME PREMIER

## CHAPITRE PRÉLIMINAIRE

### L'ORIENT.

# LIVRE PREMIER

## ANTIQUITÉ

## CHAPITRE PREMIER

### SOCRATE.

## CHAPITRE II

### PLATON.

# TABLE DES MATIÈRES

## DU TOME PREMIER

# LIVRE PREMIER

## ANTIQUITÉ

—

## CHAPITRE PREMIER

### SOCRATE.

## CHAPITRE II

### PLATON.

# LIVRE SECOND

## CHRISTIANISME ET MOYEN AGE

---

### CHAPITRE PREMIER

#### L'ANCIEN ET LE NOUVEAU TESTAMENT.

### CHAPITRE II

#### LE SACERDOCE ET L'EMPIRE.

# CHAPITRE III

### SAINT THOMAS D'AQUIN ET SON ÉCOLE.

# CHAPITRE IV

### DANTE. OCKAM.

FIN DE LA TABLE DES MATIÈRES DU TOME PREMIER.

PARIS. — IMP. SIMON RAÇON ET COMP., RUE D'ERFURTH, 1

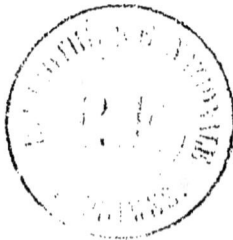